国家重点档案专项资金资助项目

抗日战争档案汇编

成都市金牛区档案馆藏抗战档案选编

1

成都市金牛区档案馆 编

中華書局

图书在版编目（CIP）数据

成都市金牛区档案馆藏抗战档案选编 / 成都市金牛区档案馆编．－ 北京：中华书局，2022.10
（抗日战争档案汇编）
ISBN 978-7-101-15184-8

Ⅰ．①成… Ⅱ．①成… Ⅲ．①抗日战争－历史档案－汇编－金牛区 Ⅳ．① K265.063

中国版本图书馆 CIP 数据核字 (2021) 第 087762 号

书　　名	成都市金牛区档案馆藏抗战档案选编（全二册）
丛 书 名	抗日战争档案汇编
编　　者	成都市金牛区档案馆
策划编辑	许旭虹
责任编辑	李晓燕
装帧设计	许丽娟
责任印制	管　斌
出版发行	中华书局 （北京市丰台区太平桥西里38号 100073） http://www.zhbc.com.cn E-mail:zhbc@zhbc.com.cn
图文制版	北京禾风雅艺文化发展有限公司
印　　刷	天津艺嘉印刷科技有限公司
版　　次	2022年10月第1版 2022年10月第1次印刷
规　　格	开本889×1194毫米 1/16 印张63¾
国际书号	ISBN 978-7-101-15184-8
定　　价	1000.00元

抗日战争档案汇编编委会

编纂出版工作领导小组

组　长　陆国强

副组长　王绍忠　付　华　魏洪涛　刘鲤生

编纂委员会

主　任　陆国强

副主任　王绍忠

顾　问　杨冬权　李明华

成　员（按姓氏笔画为序排列）

于学蕴　于晓南　于晶霞　马忠魁　马俊凡　马振犊

王　放　王文铸　王建军　卢琼华　田洪文　田富祥

史晨鸣　代年云　白明标　白晓军　吉洪武　刘　钊

刘玉峰　刘灿河　刘忠平　刘新华　汤俊峰　孙　敏

苏东亮　杜　梅　李宁波　李宗春　吴卫东　何素君

张　军　张明决　陈念芜　陈艳霞　卓兆水　岳文莉

郑惠姿　赵有宁　查全洁　施亚雄　祝　云　徐春阳

郭树峰　唐仁勇　唐润明　黄凤平　黄远良　黄菊艳

梅　佳　龚建海　常建宏　韩　林　程潜龙　焦东华

童　鹿　蔡纪万　谭荣鹏　黎富文

编纂出版工作领导小组办公室

主　任　常建宏

副主任　孙秋浦　石　勇

成　员（按姓氏笔画为序排列）

李　宁　沈　岚　贾　坤

四川省抗日战争档案汇编编纂委员会

编纂出版工作领导小组

组　长　陈念芜

副组长　张辉华

成员单位　省委办公厅档案管理一处
　　　　省委办公厅档案管理二处
　　　　省档案馆档案编研处

编纂出版工作领导小组办公室

主　任　王秀娟

副主任　付　劲

成　员　万　军　林　莉　王晓春　蒋筱茜　官　明　刘　勇

编纂委员会

主　任　陈念芜

副主任　张辉华

委　员　王秀娟　付　劲　张晓芳　万　军　米晓燕
　　　　蒋筱茜　官　明

成都市金牛区档案馆藏抗战档案选编编委会

组　长　陈艳军

副组长　朱祥明　付雪涛　李留根　何寿康　吴　玲

成　员　夏　莹　刘辉琳　任海剑　陈　照　徐其鹏

总序

为深入贯彻落实习近平总书记「让历史说话，用史实发言，深入开展中国人民抗日战争研究」的重要指示精神，国家档案局根据《全国档案事业发展「十三五」规划纲要》和《「十三五」时期国家重点档案保护与开发工作总体规划》的有关安排，决定全面系统地整理全国各级综合档案馆馆藏抗战档案，编纂出版《抗日战争档案汇编》（以下简称《汇编》）。

中国人民抗日战争是近代以来中国反抗外敌入侵第一次取得完全胜利的民族解放战争，开辟了中华民族伟大复兴的光明前景。这一伟大胜利，也是中国人民为世界反法西斯战争胜利、维护世界和平作出的重大贡献。加强中国人民抗日战争研究，具有重要的历史意义和现实意义。

全国各级档案馆保存的抗战档案，数量众多，内容丰富，全面记录了中国人民抗日战争的艰辛历程，是研究抗战历史的珍贵史料。一直以来，全国各级档案馆十分重视抗战档案的开发利用，陆续出版公布了一大批抗战档案，对揭露日本帝国主义侵华罪行，讴歌中华儿女勠力同心、不屈不挠抗击侵略的伟大壮举，弘扬伟大的抗战精神，引导正确的历史认知，发挥了积极作用。特别是国家档案局组织有关方面共同努力和积极推动，「南京大屠杀档案」被联合国教科文组织评选为「世界记忆遗产」，列入《世界记忆名录》，捍卫了历史真相，在国际上产生了广泛而深远的影响。

全国各级档案馆馆藏抗战档案开发利用工作虽然取得了一定的成果，但是，在档案信息资源开发的系统性和深入性方面仍显不足。正如习近平总书记所指出的：「同中国人民抗日战争的历史地位和历史意义相比，同这场战争对中华民族和世界的影响相比，我们的抗战研究还远远不够，要继续进行深入系统的研究。」「抗战研究要深入，就要更多通过档案、资料、事实、当事人证词等各种人证、物证来说话。要加强资料收集和整理这一基础性工作，全面整理我国各地抗战档案、照片、资料、实物等……」

国家档案局组织编纂《汇编》，对全国各级档案馆馆藏抗战档案进行深入系统地开发，是档案部门贯彻落实习近平总书记重要指示精神，推动深入开展中国人民抗日战争研究的一项重要举措。本书的编纂力图准确把握中国人民抗日战争的历史进程、主流和本质，用详实的档案全面反映一九三一年九一八事变后十四年抗战的全过程，反映中国共产党在抗日战争中的中流砥柱作用以及中国人民抗日战争在世界反法西斯战争中的重要地位，反映国共两党「兄弟阋于墙，外御其侮」进行合作抗战、共同捍卫民族尊严的历史，反映各民族、各阶层及海外华侨共同参与抗战的壮举，展现中国人民抗日战争的伟大意义，以历史档案揭露日本侵华暴行，揭示日本军国主义反人类、反和平的实质。

编纂《汇编》是一项浩繁而艰巨的系统工程。为保证这项工作的有序推进，国家档案局制订了总体规划和详细的实施方案，明确了指导思想、工作步骤和编纂要求。为保证编纂成果的科学性、准确性和严肃性，国家档案局组织专家对选题进行全面论证，对编纂成果进行严格审核。

各级档案馆高度重视并积极参与到《汇编》工作之中，通过全面清理馆藏抗战档案，将政治、军事、外交、经济、文化、宣传、教育等多个领域涉及抗战的内容列入选材范围。入选档案包括公文、电报、传单、文告、日记、照片、图表等多种类型。在编纂过程中，坚持实事求是的原则和科学严谨的态度，对所收录的每一件档案都仔细鉴定、甄别与考证，维护档案文献的真实性，彰显档案文献的权威性。同时，以《汇编》编纂工作为契机，以项目谋发展，用实干育人才，带动国家重点档案保护与开发，夯实档案馆基础业务，提高档案人员的业务水平，促进档案馆各项事业的发展。

守护历史，传承文明，是档案部门的重要责任。我们相信，编纂出版《汇编》，对于记录抗战历史，弘扬抗战精神，发挥档案留史存鉴、资政育人的作用，更好地服务于新时代中国特色社会主义文化建设，都具有极其重要的意义。

抗日战争档案汇编编纂委员会

编辑说明

一九三七年七月七日，卢沟桥事变发生，中国人民抗日战争全面爆发，抗日烽火燃遍中华大地。在抗战大后方，四川省成都市广大民众「有钱出钱，有力出力」，通过开展抗日宣传、送子（夫）参军（义勇壮丁）、参加捐募救国公债（废旧铜铁、寒衣寒被等）、筹募积谷、捐献军粮（金）、修桥（路）建机场、优待军属、慰问抗属、农业生产、对敌防范、后防演训等多种方式大力支援前方将士奋勇杀敌，表现出浓浓的爱国热情。

成都市金牛区档案馆馆藏大量抗战时期历史档案，涉及管理、经济、兵役、军事等四个方面，包括组织机构、抗战宣传、社会管理、市场管理、粮食管理、农业生产、公债发行、征兵征丁、征工征粮、军属优待抚恤、防空军训、对敌防范、修桥（路）建机场、军需物资、军事口令等内容。

本书收录馆藏抗日战争时期温江县、华阳县、成都县（市）三地抗战兵役管理、战时战后优待抚恤的档案。选用档案的形成时间起自一九三七年，迄至一九四七年，均为馆藏原件全文影印，未做删节。全书按照「主题—地区—时间」体例编排，共分为兵役管理、优待抚恤两个部分，在同一主题同一地区内按时间排序。对于同一事件相关联文件编排为文件组，并加拟文件组标题，以组内首件档案形成时间排序。

档案中原标题完整或基本符合要求的使用原标题；对原标题有明显缺陷的进行了修改或重拟；无标题的加拟标题。标题中机构名称使用机构全称或规范简称，历史地名沿用当时地名。档案所载时间不完整或不准确的，作了补充或订正。档案形成时间只有年份的，排在该年末；只有年份、月份而没有日期的，排在该月末。

本书使用规范的简化字，对标题中人名、历史地名、机构名称中出现的繁体字、错别字等，予以径改。限于篇幅，本书不作注释。

由于时间紧，档案公布量大，编者水平有限，在编辑过程中可能存在疏漏之处，考订难免有误，欢迎大家斧正。

编　者

二〇一九年八月

目录

（二）华阳县

第二册

二、优待抚恤

（一）温江县

（二）华阳县

（三）成都县

一、兵役管理

（二）温江县

温江县社会军事训练第一区队部关于奉饬造报受训壮丁名册致苏镇联保社训队长王公度的训令
（一九三七年一月三十一日）

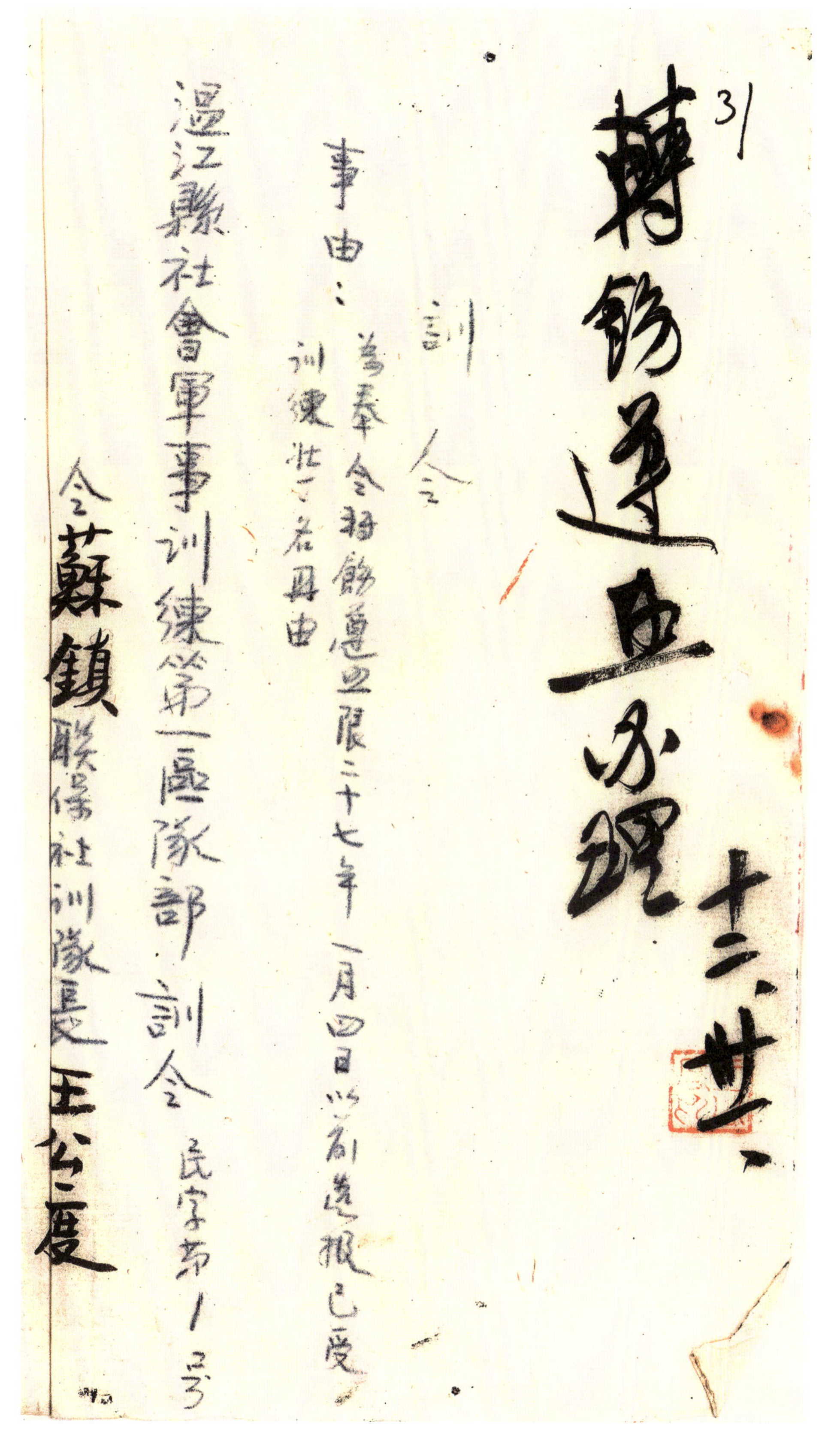

轉飭遵照辦理

訓令

事由：為奉令轉飭遵照限二十七年一月四日以前造報已受訓練壯丁名冊由

溫江縣社會軍事訓練第一區隊部訓令　民字第1號

令蘇鎮聯保社訓隊長王公度

二十六年十二月三十一日奉温江社会军事训练总队部□字第一号训令内开：「奉四川省国民军事训练委员会社字第七四号训令开：『案查四川省战时社会军事训练实施办法，业经四川省政府明令公布在案。兹查该办法第卅七条规定「二十五年以前或本年，依照规定，曾受训练壮丁，应先行调查，考其成绩合格者，认为已受基本军事教育第一年次训练，发给证书，编为义勇壮丁队」。本会亟须明瞭全省已受壮丁训练情形，及壮丁额数，以资统计，除分令外，合行令仰该部即便遵照，迅将本年（廿六年）以前，曾受训练壮丁，悉遵规定施行

考試，認為合格者即登記兵籍，發給證書，編為
勇壯丁，依鄉鎮社[illegible]區别，將認為已受基本教
育第一年次訓練之壯丁數目，應即造報來府，以憑調製
本省國民兵統計表，切切勿延！！此令。廿四，有[illegible]
本府壯丁前經　府令飭於十一月開始訓練，并限于十
二月二底完成國民兵第一年次應訓[illegible]程序，茲由本
部制定已受訓壯丁調查冊式樣通飭遵辦，除分令外，
合行抄發冊式一份，令仰該鄉長即便遵照轉飭所屬
各聯保於廿七年一月五日以前，將各保已受訓練之壯丁

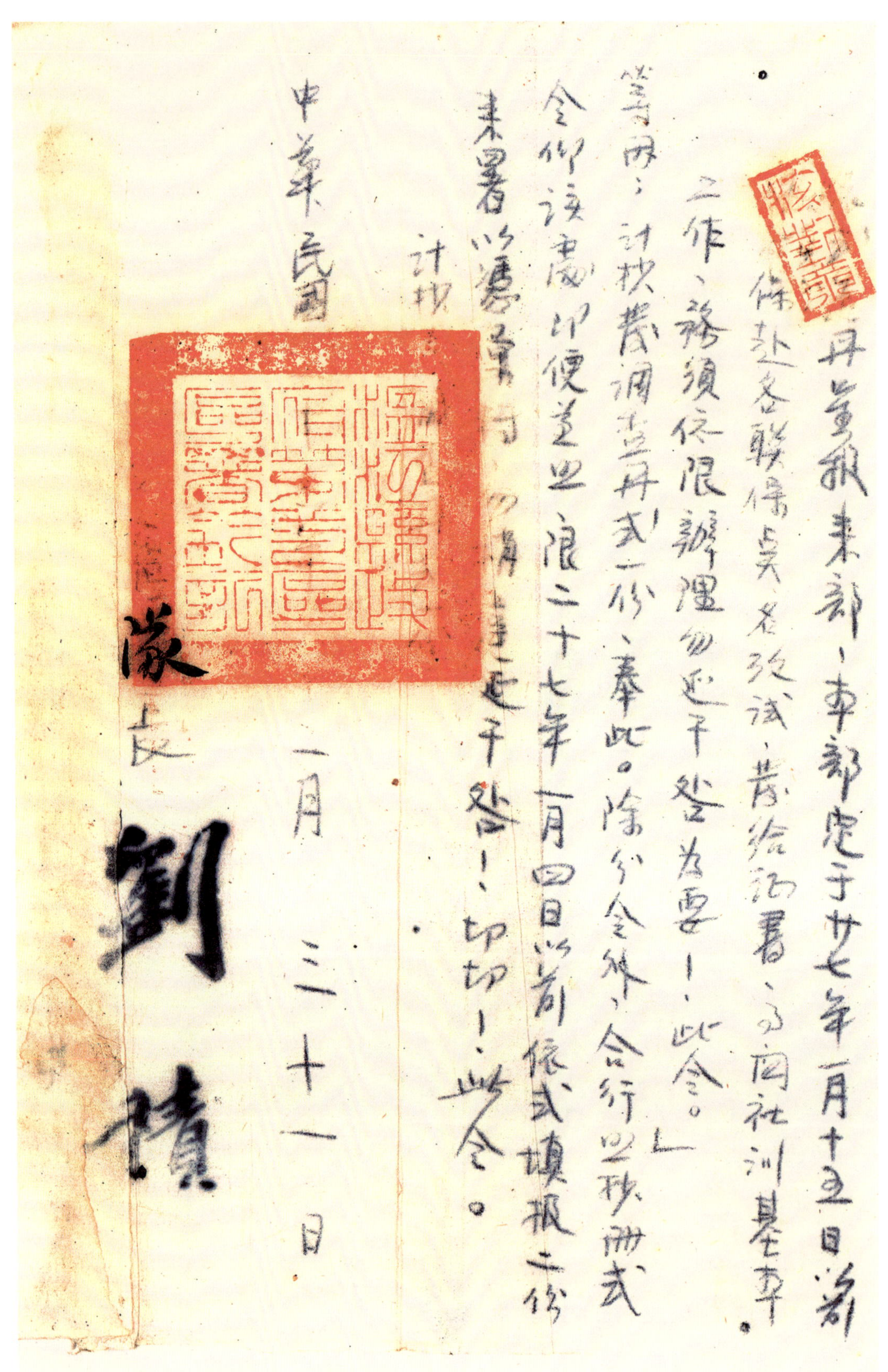

冉呈报来部，本部定于廿七年一月十五日前派赴各联保实施考试，发给证书，以为社训基本工作，务须依限办理勿延干咎为要！此令。」等因，计抄发调查表式一份。奉此。除分令外，合行抄发册式令仰该处即便遵照，限二十七年一月四日以前依式填报二份来署以凭汇转，勿再延干咎！切切！此令。

计抄

县长 刘绩

中华民国 一月三十一日

副

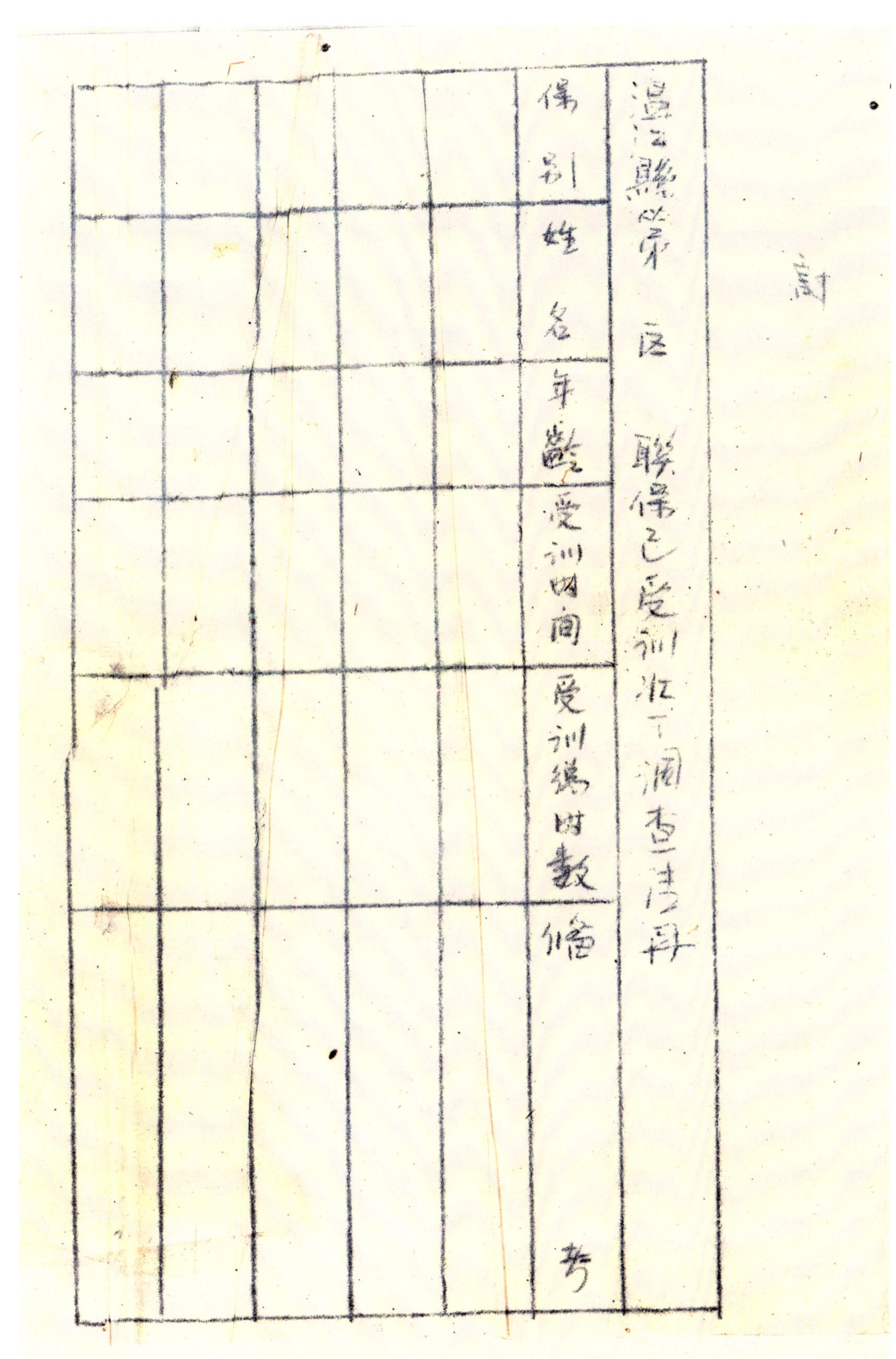

溫江縣第　區　聯保已受訓壯丁調查表冊

保別	姓名	年齡	受訓時間	受訓總時數	備考

說明：

1、清冊應由所屬各保依次填寫。

2、姓名年齡須與壯丁調查清單所載相符。

3、受訓日期填「某年某季」，為受訓兩次以上者須逐一填出。

4、受訓總時數填歷次受訓若干小時。

5、現在外出或有其他故障不能到場應試者應另聲明，各項均填備考欄。

6、壯丁曾充軍警保安隊士兵經過相當訓練者與壯丁訓練同。

温江县第一区区队部关于转饬造报第一、二、三期受训壮丁名册致苏镇联队部的训令（一九三七年五月九日）

36

訓令

令各區區長 [illegible]

民國廿六年五月十日時收到

温江縣第一區區隊部訓令　壯字第　號

令蘇鎮聯隊部

廿六年五月七日案奉

温江縣壯丁總隊部壯字第三六一號訓令開：

「查各區隊一二三期受訓壯丁名冊，統限文到兩日內分別造報來部，以資查考。至曾受一二期訓練之壯丁，仍須作小隊訓練，俾資熟練，至少每月三次，操作時間，由各區

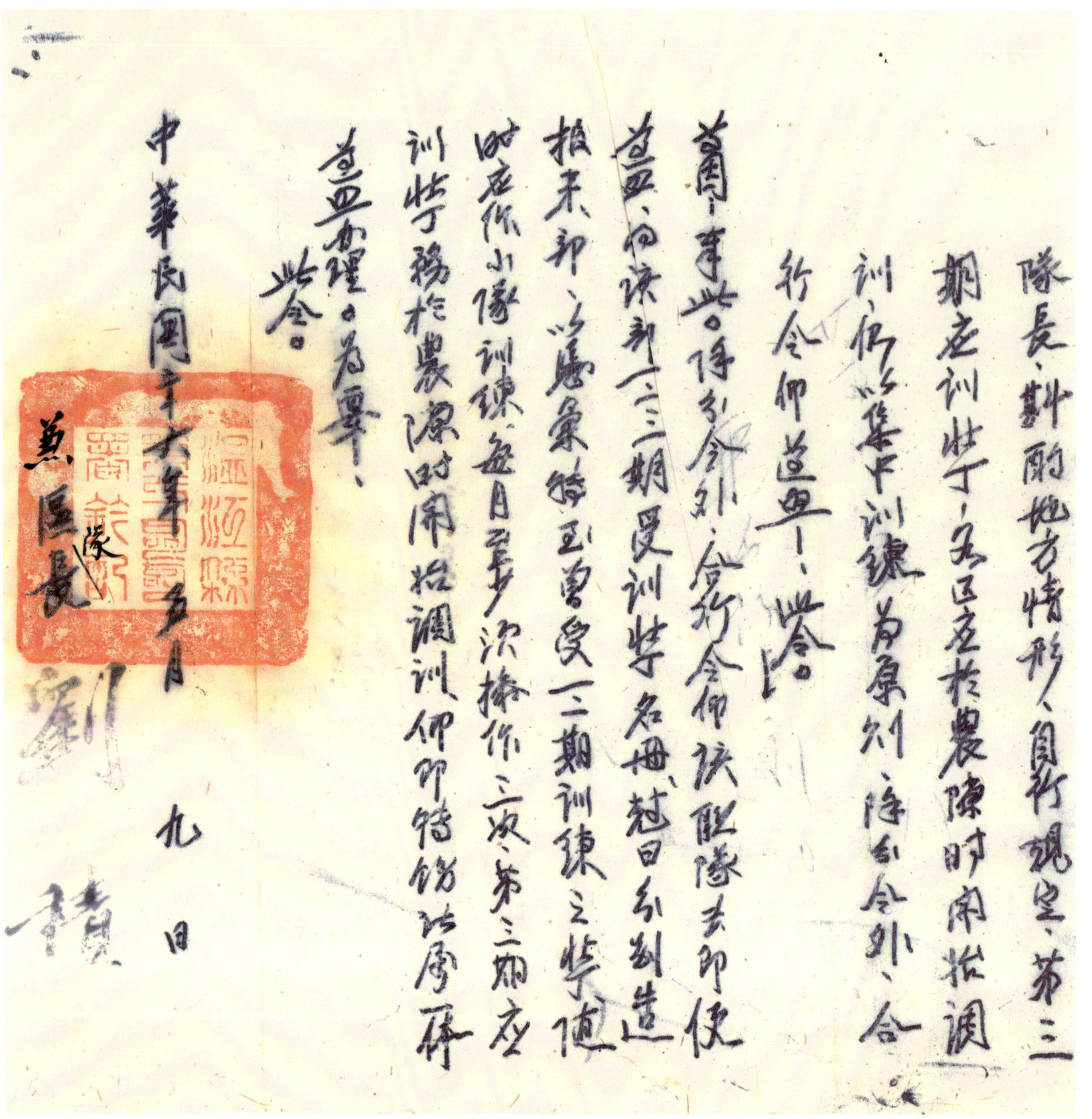

隊長，斟酌地方情形，自行規定，第三期應訓壯丁，各區應於農隙時間抽調訓，仍以集中訓練為原則，除分令外，合行令仰遵照！此令。

等因；奉此，除分令外，合行令仰該聯隊長即便遵照，將該部一、二、三期受訓壯丁名冊，剋日分別造報來部，以憑彙轉。至曾受一二期訓練之壯丁，隨時應作小隊訓練，每月至少須操作三次，第三期應訓壯丁務於農隙時間抽調訓，仰即特飭該管隊遵照辦理為要！

此令。

中華民國二十六年五月九日

兼區隊長 劉[illegible]

温江县第一区区署关于奉令饬办壮丁队演习的代电（一九三七年八月十日）

代电

事由：奉令饬办壮丁队演习事项转饬

特急。各联保主任鉴：顷奉县长陈佳代电开：各
区区长鉴：顷奉专员兼司令陈虞代电开：顷奉省府支
省民代电开，案奉行政院院长蒋沁院四电开，各地壮丁召集
演习应于一星期内实施，其分区召集地点、演习课目、时间及
各区负责指导人员，并仰预拟计划详报。各地演习尤应注
意区与区间、省与省间之联络演习，完毕，并将各区演习
成绩作详尽比较报院备核等因。奉此，本府特电示各节，
拟定四川省各区壮丁队演习计划，除呈报并分电外，合行电
检发演习计划三份，令仰该员即便遵照办理，务於奉

電後一星期內召集各鄉壯丁實施演習并於演習完畢後
將各鄉演習成績作詳令比較呈報來府以憑考核報備核為
因急要萬勿遲延并將擬發計劃特行該區保安副司令
暨政務視察員遵照為要等因奉此業於本年十月六日午前八
時召集區保安副司令全區視察員及本署各主管科人員會
議擬定實施辦法除呈報并分電外合行抄發四川省各區壯
丁隊演習計劃一份四川省第一區壯丁隊演習實施辦法一份演習部
隊編制表一份各鄉演習壯丁應攜帶具規定表一份各鄉攤解統
監部費用數目表一份各鄉演習部隊花名清冊式樣一份各鄉
演習傳令給養證式樣一份電仰該府即便遵照辦理并將
奉文日期及遵辦情形先行報查為要乃辦理間復奉准
代電及九日命令附須壯丁隊演習一般制令行軍注意各
項及宿營注意事項三種飭即轉發遵照各等因奉
此茲遵照奉頒章表將本鄉辦理壯丁演習各項規定

如下(一)團部經費及衛生什品費由保甲經費項下動支(二)各區營部演習九日費用各需洋四十七元弍角伍仙各連演習九日費用各需洋弍佰弍十七元七角，計第一第三兩區營部及所轄之連各需該洋壹千壹百捌拾伍元柒角伍仙，第二區營部及所轄四連共需該洋玖佰四十八元零伍仙，此款統限八月十五日以前在各該區宗祠等守護徵食米餘款內如數解繳來府，以憑撥交團部按日轉發各營以備用(三)各營官兵花名冊均應依照本府第十一項規定份數及附發冊式於八月十四日以前造報來府，以憑轉報(四)各區演習部隊應行準備事項務遵照奉頒本府發表式之規定於八月十四日以前準備完善，十五日午前十時集中各該區署聽候團部派員點驗，但本日不給伙食，以上各項除呈報并分電外合行抄發奉頒規章表式十種，電仰該署遵照，并轉飭所屬各聯保及演習部隊一體遵照，仍將奉文日期及遵辦情形先行報查為要。兼縣長陳光斗 秘書劉兆玉代行 印

等因，計發演習計劃、演習實施辦法、編制表、清冊式樣，暨具表、摊款表、清冊草式、一般制令、行軍注意事項、宿營注意事項各六份。奉此，除分電并呈報外，合行轉發奉頒規章表式十種，電仰該處即便遵照，不分晝夜，趕編就緒，務期健全整齊。花名冊統限于本月十二日以前造報，以憑彙署，不得稍有違延。至於各處演習部隊應行準備各項，務照奉頒辦法及表式之規定，於八月十四日以前準備完善。十五日午前十時集中本署，聽候團部派員點驗為要。區長劉穠庚（印）

計發演習計劃、演習實施辦法、編制表、清冊式暨具表、摊款表、清冊草式、一般制令、行軍注意事項、宿營注意事項各四份

60-1

四川省各區壯丁隊演習計劃

一、本計劃遵奉

行政院長蔣廿六年七月沁院四電擬定之。

二、各區行政督察專員公署應於奉令後一星期內將所轄各縣壯丁隊集中一地演習但因轄區過廣不便集中一地者得分為數地召集演習其演習時間各區至多不得超過兩星期。

三、各區壯丁隊演習程序及課目

甲、編制　由平時編制變為演習編制。

乙、召集　下達動員命令。

丙、集中　規定集合時間及地點。

丁、行軍　按次行軍及戰備行軍。

戊、宿營　舍營及露營。

己、警戒　行軍及駐軍之警戒。

庚、戰鬥　攻擊與防禦之對抗演習。
辛、復員　演習終了後講評後回復平時狀態。

四、各區壯丁隊演習指導員以區保安副司令担任之，各縣之演習以駐在之保安隊較高之各級官長或縣總隊附任之或分任之。

五、各區壯丁隊演習應注意區與區之聯絡，其毗連鄰省之區並應注意省與省間之聯絡。

六、各區壯丁隊演習，政務視察員應擇其重要地方前往切實視察其成績，並將視察結果詳報省政府備查。

七、各區壯丁隊演習時之編制名額、武器等項及演習成績應於演習完畢後即詳細呈報省政府核轉　行政院備查。

八、各區壯丁隊演習所需經費由各縣保甲經費臨時費項下酌量支給之，當此國難嚴重時期，各縣長應知撙節，不得絲毫妄費。

九、本計劃如有未盡事宜，省政府隨時以命令補充之。

15

四川省第一區壯丁隊演習實施辦法

1、本辦法遵照

四川省政府頒發各區壯丁隊演習計劃擬定之

2、全區壯丁隊演習預定為九日自二十六年八月十六日起至二十四日止為演習期間

3、各縣以聯保為單位每聯保動員全武裝壯丁一連（附演習編制表）

4、壯丁口食規定每日每丁支給壹角五仙連營團部兵夫同此規定連部官佐口食每日每員支給弍角營團部官佐每員每日支給口食旅費共五角（所有各該團營連部公旅伕雜等費概在官佐口食費內勻支）此款在各縣保甲經費臨時費內動支但各保甲經費不敷時須由各聯保召開保甲會議向所轄殷實住民募集繳由縣府統收統支（注意支給口食限於動員演習期內）

5、衛生醫藥費另給由演習團部統籌仍在保甲經費臨時費項下動支（注意此項衛生藥品以救急藥品為限）

6、各縣壯丁隊演習編制以壯丁總隊部副隊長或縣府第一科々長任團長區隊附或軍事區員任營長聯保主任或聯隊附任連長各部附屬人員在縣府區署聯保辦公處及駐在保安隊或壯丁隊調用（注意營轄之連即以該區之聯保數為所轄連數團轄之營即以該縣所轄之區數為所轄營數）

7、演習時各團之旗以總隊旗代營旗以區隊旗代連旗以聯隊旗代所有參加演習人員胸章符號務按規定臂章尤須照規定加註縣別至傳令給養人員等標記應照規定製備使用以資識別（附傳令給養證式樣）

8、演習應携裝具另有表規定（附表）

15-1

9、関于指導演習事項另組統監部辦理之統監部由區保安副司令負責組織一切費用預定為八百元由各縣按節分担至保甲經費臨時費項下動支限八月十二日解署呈分担数目另表規定（附表）

10、各縣演習準備事項限八月十五日以前辦理完竣待命

11、各縣演習部隊花名冊應繕造三份限八月十五日以前送區保安司令部（附冊式）

12、各縣電話桿線限一星期內修理完竣以便通訊

13、動員日期及演習計劃由統監部以命令行之

14、此次演習関于懲奬事項完全採用軍事法規各級負責人員不得稍事敷衍

15、本辦法有未盡事宜隨時以命令規定补充之

16、本辦法自公佈之日施行

附（三）四川省第一区各县壮丁队演习步兵团团部编制表

16

四川省第一區各縣壯丁隊演習步兵團團部編制表

職別	階級	員額	備考
團長	上校	一	
團附	中少校	一一	
副官	上中尉	一一	
校士（槍械）	准尉	一	不設
軍需	少中校尉	一一	
軍醫	少中校尉	一一	
司藥	少尉	一	
書記	上中尉	一一	
司書	上士	三	
軍械軍士	上士	一	不設
軍需軍士	上士	一	
看護軍士	上士	一	
看護兵	上等兵	四	
傳達軍士	中士	一	
傳達兵	上等兵	三	
勤務軍士	下士	一	
勤務兵	上一等兵	四五	
炊事兵	二等兵	四	
飼養兵	二等兵	四	如無乘馬即不設
乘馬	—	四	
共計	官佐	一三	
	士兵	三二	
	馬匹	四	
附記			

附（四）四川省第一区各县壮丁队演习步兵营营部编制表

17

四川省第一區各縣壯丁隊演習步兵營營部編制表

職別	階級	員額	備考
營長	少校	一	
營附	上尉	一	
副官	中尉	一	
軍需	中尉	一	
軍醫	中尉	一	不設
書記	中尉	一	
司書	上士	一	
軍械軍士	中士	一	不設
看護軍士	中士	一	
司號軍士	中士	一	
傳達軍士	中士	一	
看護兵	一等兵	二	
傳達兵	一等兵	二	
勤務兵	一等兵	二	
炊事兵	二等兵	二	
飼養兵	二等兵	二	如無乘馬則不設
乘馬		二	
合計	官佐	六	
	士兵	一五	
	馬匹	二	

附記

附（五）四川省第一区各县壮丁队演习步兵连编制表

18

四川省第一區各縣壯丁隊演習步兵連編制表

職別	員額	備考
連長	一	
排長	三	
特務長	一	
文書軍士	一	
軍需軍士	一	
軍械軍士	一	
觀測軍士	一	
班長	九	
副班長	九	
列兵	一二六	内步槍兵七十二名杭槍兵五十四名
傳達兵	二	
號兵	二	
看護兵	一	
炊事兵	九	
總計 官佐	五	
總計 士兵	一六二	

附記

一、本表連編爲三排，每排設排長一員，編成三班，每班設班長一名、副班長一名，分爲兩組，輕機關槍組兵士六名，步槍組兵士八名，全班共十六名。

二、連在戰鬥間應以特務長、觀測軍士、傳達兵、號兵等組成指揮班，隨從連長担任戰鬥間之指揮連絡。

附（六）四川省第一区××县参加演习壮丁队官佐队丁花名清册

四川省第一区　××县参加演习壮丁队官佐队丁花名清册									
职别	姓名	年龄	所属保甲	枪种	口径	枪身号码	枪机号码	刺刀号码	携带弹数	备考

填册注意事项：

一、本册式所有参加演习之官佐队丁均适用之

二、造报本册所有职别姓名年龄所属保甲等项务须照实详填，不得虚拟填注，希图塞责，致干查究

三、造报本册以联保为单位，由联保主任签盖图记，署名盖章后，送由区署加入区部人员汇订成册，签盖区署关防，区长并应署名盖章，再由县集合各区署加入团部人员会订为一总册，另加面页，由县长署名盖章，并加盖县印

四、各队丁所携枪弹，应照本册所列各项逐一填明，毋得稍有不符

五、如有困难情形，务须于备考栏内注明

六、遵造时规定各县均用大十行纸缮造

附（七）四川省各县参加演习壮丁应携装具规定表

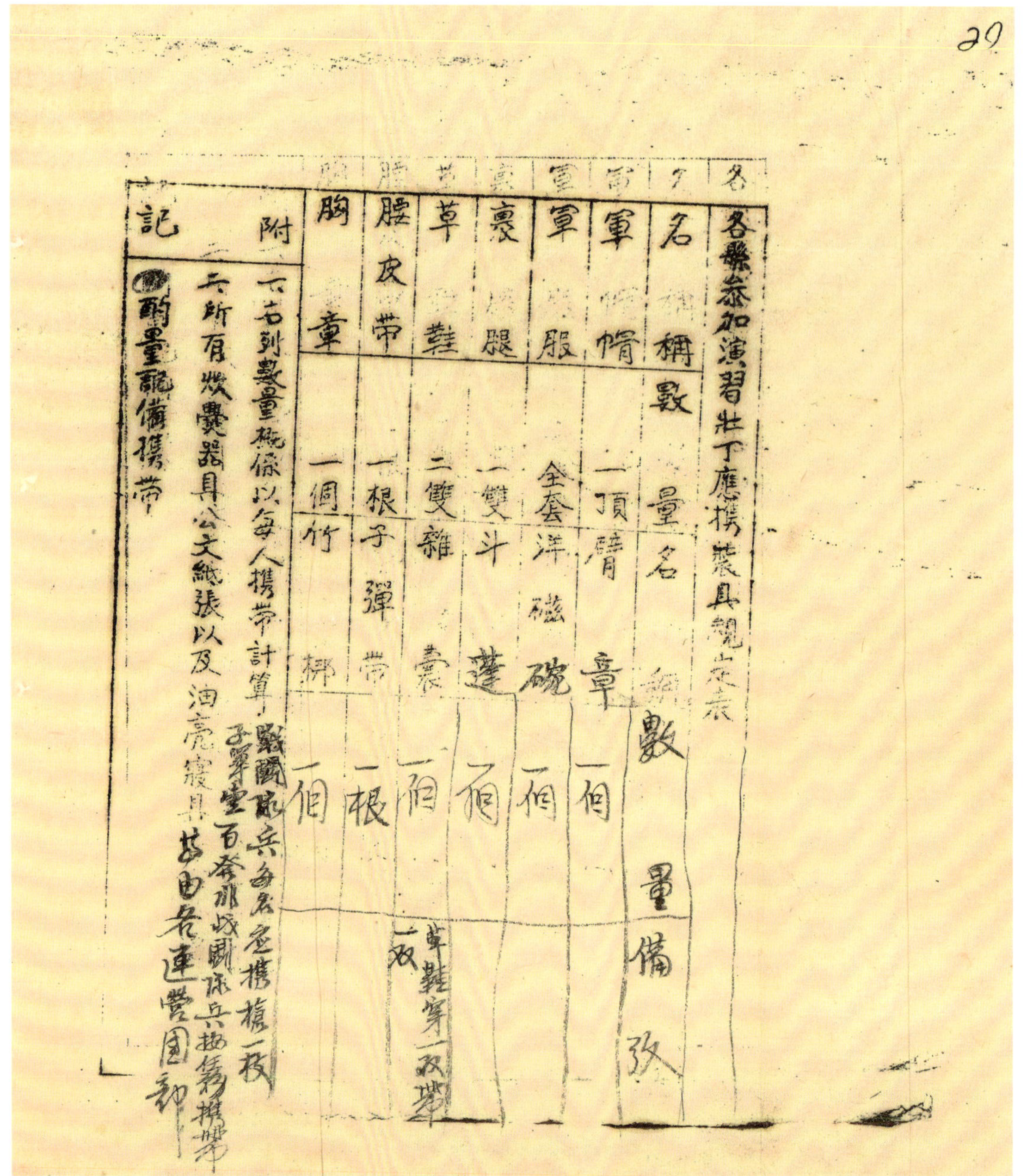

各縣參加演習壯丁應携裝具規定表

名稱	數量	名稱	數量	備考
軍帽	一頂	臂章	一個	
軍服	全套	洋磁碗	一個	
裹腿	一雙	斗蓬	一個	
草鞋	二雙	雜囊	一個	草鞋穿一雙帶一雙
腰皮帶	一根	子彈帶	一根	
胸章	一個	竹梆	一個	

附記

一、右列數量概係以每人携帶計算，戰鬭兵每名應携槍一枝，子彈壹百發，非戰鬭兵按[illegible]務携帶

二、所有炊爨器具、公文紙張以及油亮寢具，均由各連營團部酌量配備携帶

各县摊解统监部费用数目表

县别	应解数	备考
华阳	八〇元	
崇庆	八〇元	
成都	七五元	
灌县	七五元	
彭县	七五元	
双流	六三元	
新津	六三元	
温江	六三元	
郫县	六三元	
新繁	五〇元	
崇宁	五〇元	
新都	六三元	
合计	八〇〇元	

21

○○县壮丁演习第　团第　营第　连

传令证

第　号

注意

一、尺寸如图，使用时佩于左上臂
二、用白布制成，宋楷书写字
三、由县统制编号，加盖县印，发各该使用
四、每团每营每连各发二个，演习完毕后缴还县府
五、给养证式样、尺寸、制法、用法均同

附（九）四川省第一行政督察区壮丁队演习一般制令

22

四川省第一行政督察區壯丁隊演習一般制令

一、凡參加演習部隊奉令調集演習時間於駐營地絕對聽從統監部分配不得有自由覓地駐營及攘奪爭執情事

一、凡奉令調集參加演習部隊一經集合後即由各該隊隊長率領在行進中須確守紀律不得稍有騷擾及阻礙交通情事在休息時不得進入場市或擁塞道路妄語喧嘩

一、演習部隊一經進入演習區域即絕對聽從接受統監部指導官審判官分區指導

一、演習部隊對於森林房屋廟宇祠堂學校竹籬牆垣電線橋樑農作物牲畜等不得輕視毀壞

一、演習部隊對於人民應絕對親善不得有騷擾侮慢情事

一、演習部隊借用器物不得強制應由官長出條負責借用交還

一、演習部隊因休息駐營進入人民家宅，務須和平禮貌，對於房舍器物在部隊離去時由官長負責一一清點交還，對房舍尤須打掃潔淨。

一、演習部隊不得無故鳴槍鳴砲。

一、演習部隊應絕對遵守時間。

一、演習部隊須特別注重清潔衛生，尤不得隨地便溺。

一、演習部隊攤販須絕對禁止巴巾買進入。

一、演習部隊隨時隨地均須注意火警發生。

一、各隊槍彈器具由各該率領隊長嚴飭負責保管，不得因演習虛耗損失。

右列規令由本部令飭各該參加演習人員遵行外，仰祈查照並希尤應嚴飭各該兩士兵詳細解說，嚴加遵行，並列為各該隊出操之一。本部隨時派員明察，設查如有犯者，除移送究辦外，并按律從嚴。

附（十）宿营注意事项

23

宿營注意事項

一、官兵應注意本連宿營地集合場緊急集合場

二、就宿人員務遵本隊官長分配不得紊亂尤宜靜肅無聲

三、住宿時應整理武器裝具并按規定放置注意着裝時順序以免有警愴惶

四、大小便地點應嚴規定不得隨地便溺

五、注意火警發生

六、未經報告官長許可禁止擅離宿舍地區

七、就寢應遵規定時刻不許深夜閒談妨害睡眠

八、民間器物不得擅取即有必需應由官長交涉取得物主同意方能借用

九、宿舍要打掃清潔要以柏枝燻過然後就宿

十、官長要隨時檢点士兵人數察視就宿狀態予以糾正要士兵就寢完畢官長方能就寢

十一、日間行軍操作無論如何疲勞官長對於營地四週交通地形務必詳細偵察一遍

24

四川省第一行政督察區壯丁隊演習行軍注意事項

(A) 出發前之注意：

一、起床應依規定時刻

二、用膳集合不宜過早

三、官長應檢點武器彈藥裝具携帶水量如有不合應加調整

四、官長應令士兵注意大小便

五、出發應遵守時刻官長並須告知士兵行進中注意事項與本日所經道路及到達地。

(B) 行進中之注意：

一、步度不必拘守秩序不得紊亂如須離隊必報經官長許可

二、飲茶飲水解除頷扣使用斗笠槍枝換肩均應遵從官長命令

三、途中不得吸煙笑語不得高聲

四、行路要走左邊縱道路狹窄亦須讓出一旁以供他人通行進入市街應整齊服裝正其姿勢以保軍容

五、官長應時時注意行軍軍紀士兵体力以及傷病之預防

(乙)休息時之注意：

一、休息時要在道路一旁

二、休息時要注意調整服裝不得遠離隊伍

三、休息時飲茶飲水不宜過量

四、休息時笑語不得高聲不得損壞民間器物便溺應在僻靜地點

五、休息時不得睡眠未經官長許可不得卸下武裝

六、官長應注意選擇休息地點應告知士兵休息中應注意事項應隨時查視士兵休息中狀態加以糾正并对人數加以檢點

(丙)渡河之注意：

一、進入渡河場官長應將隊伍整頓及士兵服裝整頓按船筏搭載量妥為分配乘船人數并隨時監視士兵渡河狀態

二、乘船上下不得爭先恐後

24-1

三、乘船應注意船筏之重量平衡，一經乘船非經官長許可不得移動位置變更姿勢，尤不得在船舷上行走

四、漕渡中不得卸除武裝並不得作其他一切動作

五、漕渡中不得妨礙舟手動作

六、隊伍通過大河設渡河指揮人員

七、行李輜重不得與部隊同渡

八、上陸後不得在着陸場整頓隊伍

九、如通過橋樑，在橋樑上不得用跑步，不得在橋樑上變換隊形

十、如通過橋樑官長應於通過前先加偵察，通過时於進出口應配置監視官長

十一、通過橋樑乘馬者應下馬步行

十二、凡渡河場有特別規定者務須遵守

温江县第一区区署关于将各保受训壮丁编组造册致苏镇联保办公处的训令（一九三七年八月二十日）

27

训令

转令各中小学校遵照 八、廿一

民國廿六年八月廿一日 時收到

事由：为令饬于十日内将各保壮丁编组册汇报由

温江县第一区区署训令 民字第951号

令苏镇联保办公处

查各保壮丁编组册，曾经奉令饬照新编保甲按照前颁册式赶速造报，并经本署转饬遵办在案。现值秋收已届，壮丁训练亟待开始之

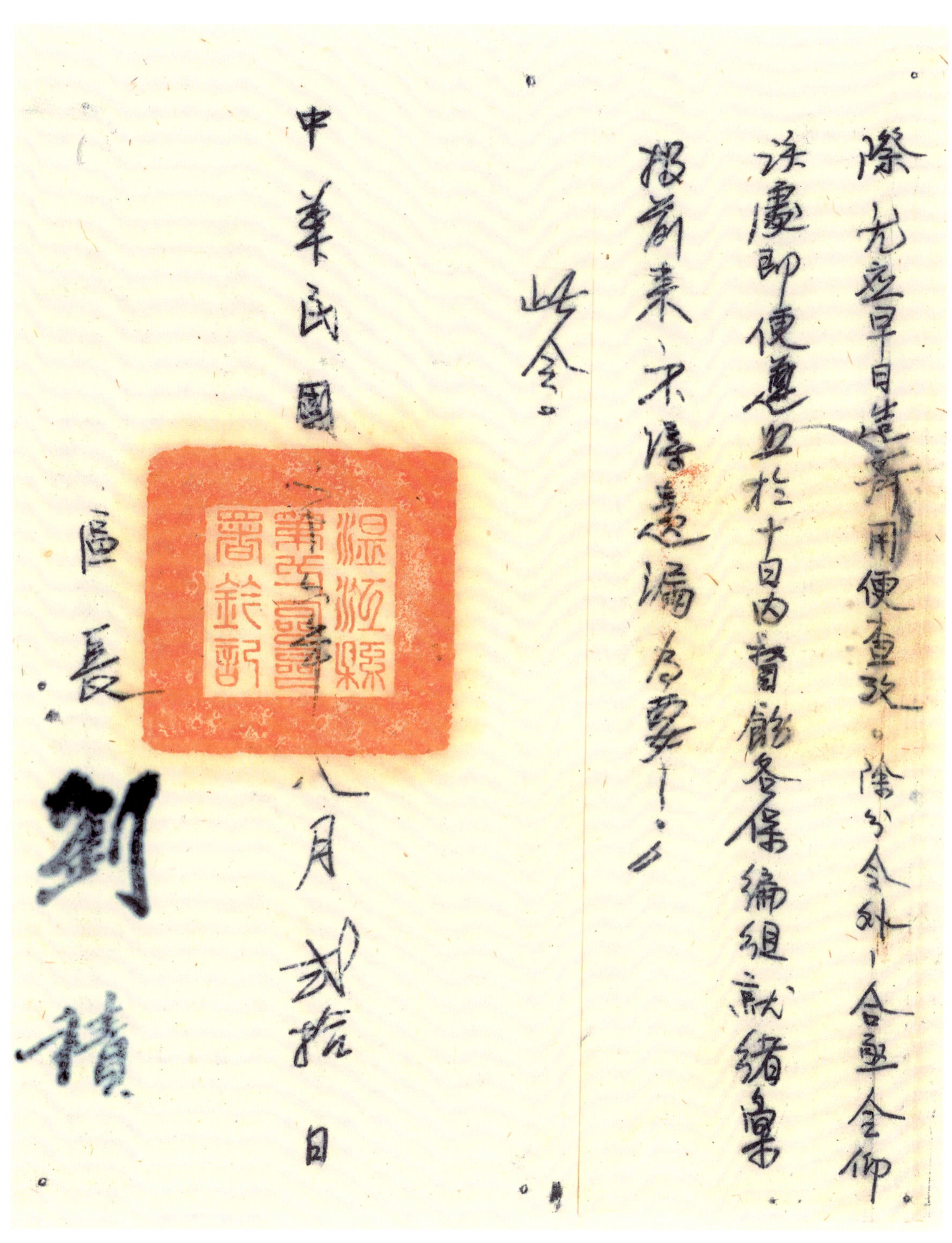

際先應早日速予用便查考。除分令外，合亟令仰該處即便遵照，於十日內督飭各保編組就緒，彙報前來，不得遲延遺漏爲要！

此令。

中華民國二十七年八月貳拾日

區長 劉積

温江县第一区区署关于填报壮丁训练调查表致苏镇联保办公处的训令（一九三七年八月三十日）

令饬各保各中队限日
表报 九、六

民国廿六年九月二日 时收到

事由：为奉令转饬填报壮丁训练调查表由

温江县第一区区署 训令 民字第956号

令苏镇联保办公处

本年八月廿八日，案奉

温江县政府民字第七六六九号训令开：

「案奉 四川省政府廿六年联训字第一三三号

訓令開：『查壯丁訓練關係國家總動員至鉅，际此非
常時間，尤宜加緊訓練，尅日完成，以應戰時徵調。本府為
確切明瞭各鄉壯丁訓練已達何種程度，目前可用
力量究有幾何，特規定壯丁訓練調查表式樣，隨文
發下，仰該鄉長於文到十日內依式詳為填報，以憑考核。
切切此令。附發表式一紙。』等因；奉此。查各鄉
聯保已訓、在訓、未訓壯丁人數，及各聯保民有槍彈
實數，均未據各該區署呈報有案。茲奉前因，
除分令外，合行抄發表式一紙，令仰該署即便
遵照於文到五日內填報來府，以憑彙轉，毋違
為要！切切此令！』

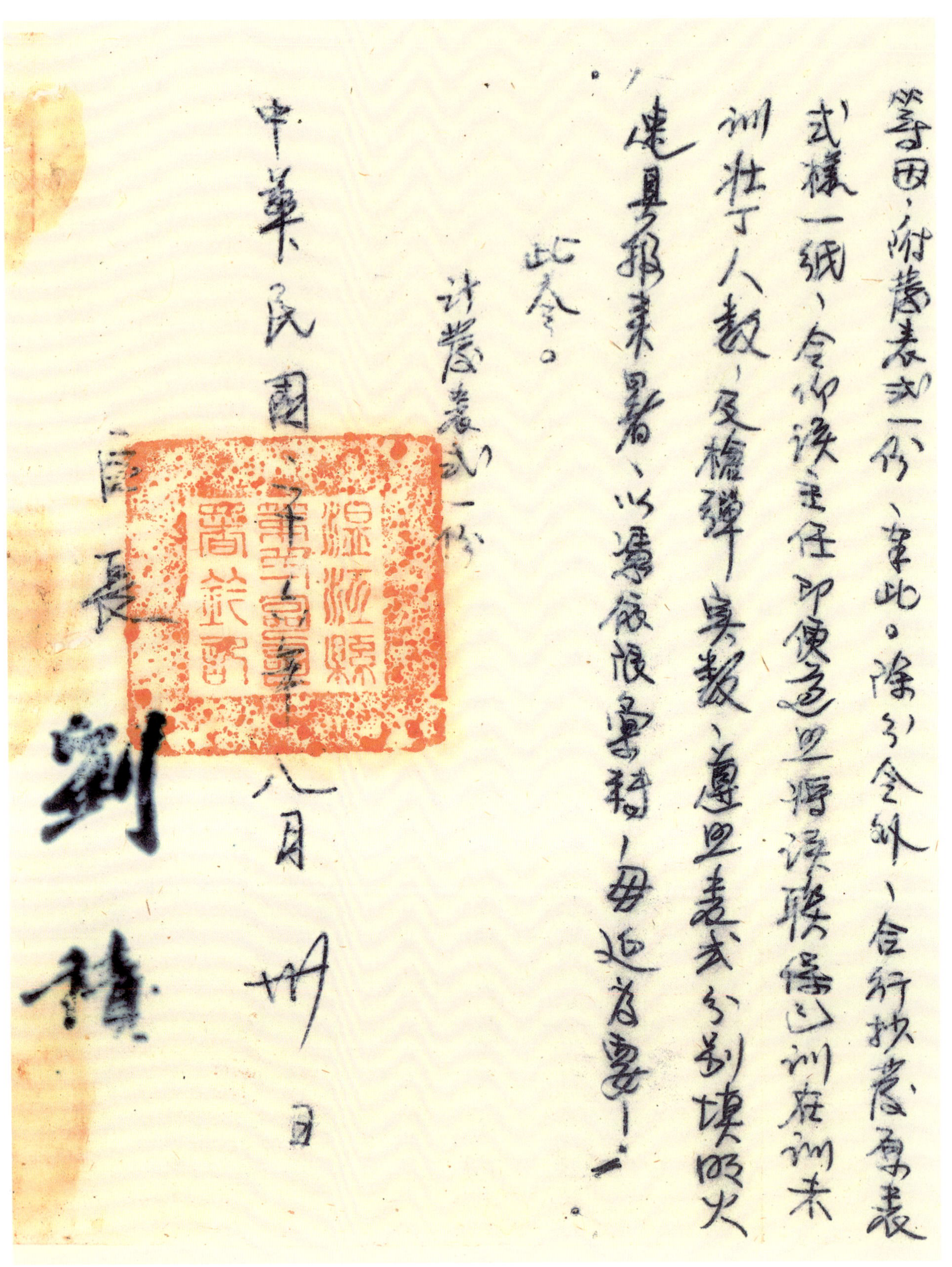

等因，附發表式一份，奉此。除分令外，合行抄發原表式樣一紙，令仰該主任即便遵照將該聯保已訓在訓未訓壯丁人數，及槍彈實數，遵照表式分別填明，火速具報來署，以憑彙報，毋延為要！

此令。

計發表式一份

中華民國二十六年八月卅日

區長 劉禛

附：温江县第×区壮丁训练调查表

10

温江县第　区壮丁训练调查表

联保名称	壮丁总数	已训人数	在训人数	未训人数	在训人数何时终结	未训人数何时开始	实有枪枝	备考

温江县第一区区署关于整顿义勇壮丁服装致苏镇联保办公处的训令（一九三七年十月五日）

48

訓令

事由：為奉縣令轉准省辦公處函為整頓義勇壯丁服裝一案轉飭遵照由

温江縣第一區區署訓令 民字第894號

令蘇鎮聯保處

二十六年十月三日，案奉

温江縣政府民字第八一五四號訓令開：

「二十六年九月廿八日，案准

四川省義勇壯丁登記辦公處廿六年壯字第貳號公函開：

查本處成立以來，各縣申送壯丁甚為踴躍，足徵川民愛國不後於人。惟各縣送來壯丁服裝均欠整齊，更有光頭赤脚，僅着一件破爛單衣，形同乞丐者，匪特不足以壯觀瞻，而此向送至京都，歷時旬餘，又何能維持其日常生趣。用特函知各縣，今後各期申送壯丁內于服裝一項，務須設法使之整齊劃一。如謂無款購置，即由各縣府督飭各機關、各法團、各級學校、各慈善團体及地方殷實富紳廣為募集捐款購置服裝，自不難衆擎易舉，集腋成球。如謂時間倉卒，或提用集團壯丁已成之制服移緩濟急，亦未嘗不可。其他一切並請之送回

川康綏靖公署優待出川之我勇壯丁條例辦理值此時難嚴
四川省政府
重期中國家存亡在此一舉凡我勇壯丁出川抗戰救國家
之危弱民族之生存凡我後方安居樂業之民衆亦須
盡量襄助於心始安除分函溫江縣旅省同鄉會派員
協助募捐外相應函請貴署查照辦理實級公誼此致
等由；准此。除分令外，合行令仰該署遵照！此令
等因；奉此。除分令外，令外令仰該處即便遵照！
此令。

中華民國二十六年十月　日

任

王公度关于奉转农隙期间操练壮丁并具报受训壮丁名册的训令（一九三七年十月九日）

75

來文 字第 號

文別

送達機關

類別

附件

事由 為轉令各保於農隙操練壯丁由

稿

核稿 擬稿

核稿 擬稿

中華民國 年

月 日 時交辦

月 日 時擬稿

月 日 時核簽

月 日 時刊行

月 日 時繕寫

月 日 時校對

月 日 時蓋印

月 日 時封發

去文 字第 號

檔案 字第 號

令

衔训令　字第　号

令

二十六年十月八日奉

第一区署民字第985号训令转奉四川省第一区行政督察专员署保安司令部

同年十月四日保字第一三四五八号训令开现值秋收农隙时间亟宜加

紧壮丁训练充实武力以应国难兹由本署部拟定训练办法通饬遵行仰即

遵照规定办法妥为计划严加督促仍将遵办情形报查等因计发训练

办法一份奉此合行令仰该保长（中队长）即便遵照限期十月十日开始训练并

将分批应训壮丁名册报来以凭造册转呈为要此令

计发保训练办法一份

中华民国二十六年十月九日

主任王[illegible]

79

四川省第一區行政督察專員公署保安司令部暫定各縣壯丁訓練辦法

一、本部署為增強民衆武力期能短期實用為主旨特擬定本辦法施行之

二、在省調社訓幹部未畢業回縣以前統按本辦法辦理

三、各縣應以聯保為準將各該聯保所轄保數以四保乃至五保編為一組為一訓練單位

四、在每一訓練單位內壯丁應分為三批每批訓練期間定為一月三個月將全組全數壯丁訓練完畢業

五、每日訓練時間規定為二小時，以早晚不妨害人民生為限，各地應酌量實際情形，將二小時分為兩次或一次均可。

六、訓練科目需求適用，規定務將集合、解散、賽跑、跳越溝渠、班以下制式動作及戰鬥動作（以壯丁演習總監部所頒班、排、連實施標準一覽表為準）、射擊術、刺刀術、刀矛術、棍術、拳術，並須操練嫻熟。

七、精神講話甚為重要，規定聯保主任每週須輪到各訓練單位講話一次，縣長或第一科長每期須輪到各區召集壯丁講話一次。

八、防空防毒之訓練尤為目前急切要務規定由各防空情報受訓畢業學員以及小學教師担任但此項訓練應由各長就該縣實况計劃之

九、其餘事項悉依省府須發各項有關規則及本部前發檢閱及應行整頓各項（除編組办法遵照省府民字第18112號指令指示外）辦理

十、訓練時間自十月十日開始

十一、本办法自令發之日施行

十二、本办法如有未盡之處宜由本署隨時以命令補充更改之

温江县第一区区署关于奉转开展征调壮丁意旨之开导教育致苏镇联保办公处的训令（一九三七年十月十三日）

訓令

事由：奉令為川西各縣強拉壯丁全無愛國觀念，飭即切實開導務使樂于從命，轉飭遵照由

温江縣第一區區署訓令　民字第996號

令蘇鎮聯保辦公處

二十六年十月十一日奉

温江縣政府民字第八二六一號訓令開：

「案奉四川省政府廿六年民字第二八〇七七號訓令開：

『案奉國民政府軍事委員會委員長行營□治寬字第四

七五〇号训令内开：「顷据报称：（一）川西各县壮丁多不应召，相率逃避，因之区署及各县保甲便有强拉壮丁受训之举。如崇庆县城之壮丁，因闻调训消息，於本月元日左右旬间溜避出境逃往他乡者三百多人。（二）召集之壮丁半为强迫前来，半为有钱人出钱雇来代替自己者，全无受训情绪，更说不上有爱护国家保卫民族训练观念。（三）各保甲办公处即系甲长所在地，常有受训者之家属前往哭泣」等语。合行令仰该省府查照，严查取缔，设法纠正」等因。奉此。查壮丁之受军训，为国家法定义务，参加民族抗战，为人民应有天职。乃川西各县乡训练壮丁，竟发生强拉及逃避情事，断於长期抗战中防空治安影响极大，奉令前由，除分令外，合亟令仰该府即便遵照，以后对于壮丁之训练及组调，务须遵照军府颁发各项法令，要慎办理，并剀切开导，使壮丁明瞭调训意旨，乐于从命，以免纷扰，而赴事功，并转饬所属一体遵照为要。此令。"等因；奉此。除分令外，合行令仰该县即遵照，并饬属遵照。此令。"

等因；奉此。除分令外，合行令仰该主任督率保甲要慎办理，随时剀切开导，激发壮丁爱国思想，乐于从命，是为至要。

中華民國三十年十月十七日

县长 劉積

温江县第一区区署关于奉发温江县一九三七年冬季壮丁训练实施办法、编练表及训练要旨致苏镇联保办公处的训令（一九三七年十月十七日）

訓令

事由：為奉縣令制發本縣廿六年冬季壯丁訓練實施辦法編練表及訓練要旨轉飭遵照辦理由

溫江縣第一區區署訓令 民字第1005號

令蘇鎮聯保辦公處

二十六年十月十七日，奉本

溫江縣政府民字第八三四六號訓令開：

「查抗戰期間，壯丁為補充前線之預備兵員，及維持後方之主要力量，亟應切實編練，養成勁旅，方足以負此重大任務，茲由本府參照法令制定本各壮丁隊訓練實施办法、編練第一二三表、訓練要旨，其の種隨令頒發，俾便遵循，各區長各級保甲人員各隊長對於務須共体時艱，列為重要中心工作，切實奉行！所有壮丁隊统限於十月内編組呈报，依期開始訓練，本府已請由 專署指派視察金存良分赴各區，逐隊点驗，適用軍法部勒，倘有玩延敷衍情事，定予從嚴议處，除分令外，合行抄發办法表式及訓練要旨各一份，令仰該區即便遵照，并轉飭所屬一体遵照，仍將奉文日期及遵辦情形具报備查為要！！此令。

等因，計發溫江縣廿六年冬季壯丁訓練實施辦法編練第一二種表訓練要旨各一份，奉此。自應遵辦。除分令外，合行抄發原件，令仰該主任即便遵照辦理，先行遴選合格隊長拾人，限于十月十九日，呈報來署，以憑轉請縣府正式委任。勿延！為要。

此令。

計抄發原件如前

中華民國二十六年十月十七日

區長　劉禎

附（一）温江县壮丁训练要旨

温江縣壯丁訓練要旨

一、訓練期間，樹立整個軍國民生活，並用各種訓育方法，改造受訓者之思想組織與習慣，務使受訓後養成堅確的信仰、完全的人格，產生堅強的自信力，創立我國家民族的新生命。

二、以學術科之訓練，講習灌輸現代國民必備之常識與技能。

三、以嚴格的軍隊生活及運動、國術，鍛練受訓者體格，並養成其忍耐、確實、肅靜、秘密、簡樸、整潔、活潑、諸習慣。

四、以諸般勤務，養成其勞動服務互助之德性，與管理整理創造建設之能力。

五、以野外演習，越山涉河等動作，養成其冒險耐苦沉着机警的能力，振作其奮發勇敢的精神。

六、以嚴密的紀律與規則，規範受訓者之行動，培養其服從守法共同動作之習慣。

七、以集團訓練，促進受訓者克己合群之觉悟，協同一致的精神。

八、以各種礼節及規範，端正受訓者之儀容，檢束受訓者之心身，達到莊嚴和諧的目的。

九、以軍樂軍歌鼓舞受訓者之志氣，發揚受訓者之情感，使發生自強不息、奮勵向上的進取精神。

十、以精神講話，剖析我國民族內外之形勢，敘述我古代忠士節操之偉烈，說明三民主義之偉大，以恢復我民族精神之必要，使受訓者篤信總理遺教，樹立盡忠報國之志願，及服從紀律，完成革命決心。

十一、詳闡日寇侵略我國家殺戮我民族之暴行計劃及在華南北之慘酷事實，以堅決抗日之決心、殺敵之勇氣。

十二、詳闡漢奸賣國之罪惡，俾民眾積極不受漢奸誘惑，消極清除漢奸。

46

温江縣二十六年壮丁训練实施办法

一、本年应受训練壮丁為全縣壮丁三分之一

二、本年壮训各級隊長由各聯保主任选荐區署呈请縣府加以委任之

三、本年壮训以聯保為训練單位區為督練單位

四、各聯保（除城區外）应编練巡查隊警衛隊通信隊各三隊（詳另表）

五、城區聯保应编練巡查隊警衛隊通信隊消防隊工兵隊救護隊各三中隊（詳另表）

六、各級隊長人选限十月廿日以前选定呈请核委

七、各隊壮丁统限十月底以前编组完竣

八、各隊一律自十一月一日起正式開始訓練，并呈報花名清冊。

（本府屆時派員分赴各區點驗）

九、訓練時間定為三個月，每月訓練廿捌，每日訓練兩小時。

（午前六時至八時）

十、訓練科目軍事方面除制式教練外，參加野外及實際習，另外政治方面除分組討論外，每日訓練畢，由官長加以訓導。

外，聯保主任每三日訓話一次，區長每半月訓話一次，縣府每月訓話一次。

十一、訓練地點：每聯保劃定三個訓練區，分別實施訓練。

十二、訓練期內分受訓壯丁服務要為，以三分之一為現役，三分之一為預備，三分之一為後備，輪流擔任應服地方勤務，一月一更代。

温江县第一区区署关于奉发违反兵役法治罪条例及陆军兵役法惩罚条例致苏镇联保办公处的训令
（一九三七年十月二十二日）

訓令

事由：為奉令頒發違反兵役法治罪條例及陸軍兵役法懲獎條例轉飭知照由

溫江縣第一區區署訓令 民字第1009號

令蘇鎮聯保辦公處

二十六年十月十六日，案奉

溫江縣縣政府民字八三二六號訓令開：

「案奉 四川省政府二十六年民字第二九七七二八號訓

令開：『案准 軍政部廿六年八月廿四日役（乙）字第三二七號咨開：「案查違反兵役法治罪條例及陸軍兵役懲罰條例，業經公布，并分行抄送各在案。茲查上項各條例已鉛印竣事，合訂一冊，除分行外，相應檢同原件，咨請查收，并轉發所屬備查。為荷。」等由，附違反兵役法治罪條例及陸軍兵役[illegible]懲罰條例廿份，准此。除函復并分令外，合行檢發原條例，令仰該府即便知照。并轉飭所屬知照。此令。』等因，計檢發違反兵役法治罪條例陸軍兵役懲罰條例一份，奉此。除分令外，合行抄發原條例，令仰該署知照，并轉飭所屬知照。此令。」

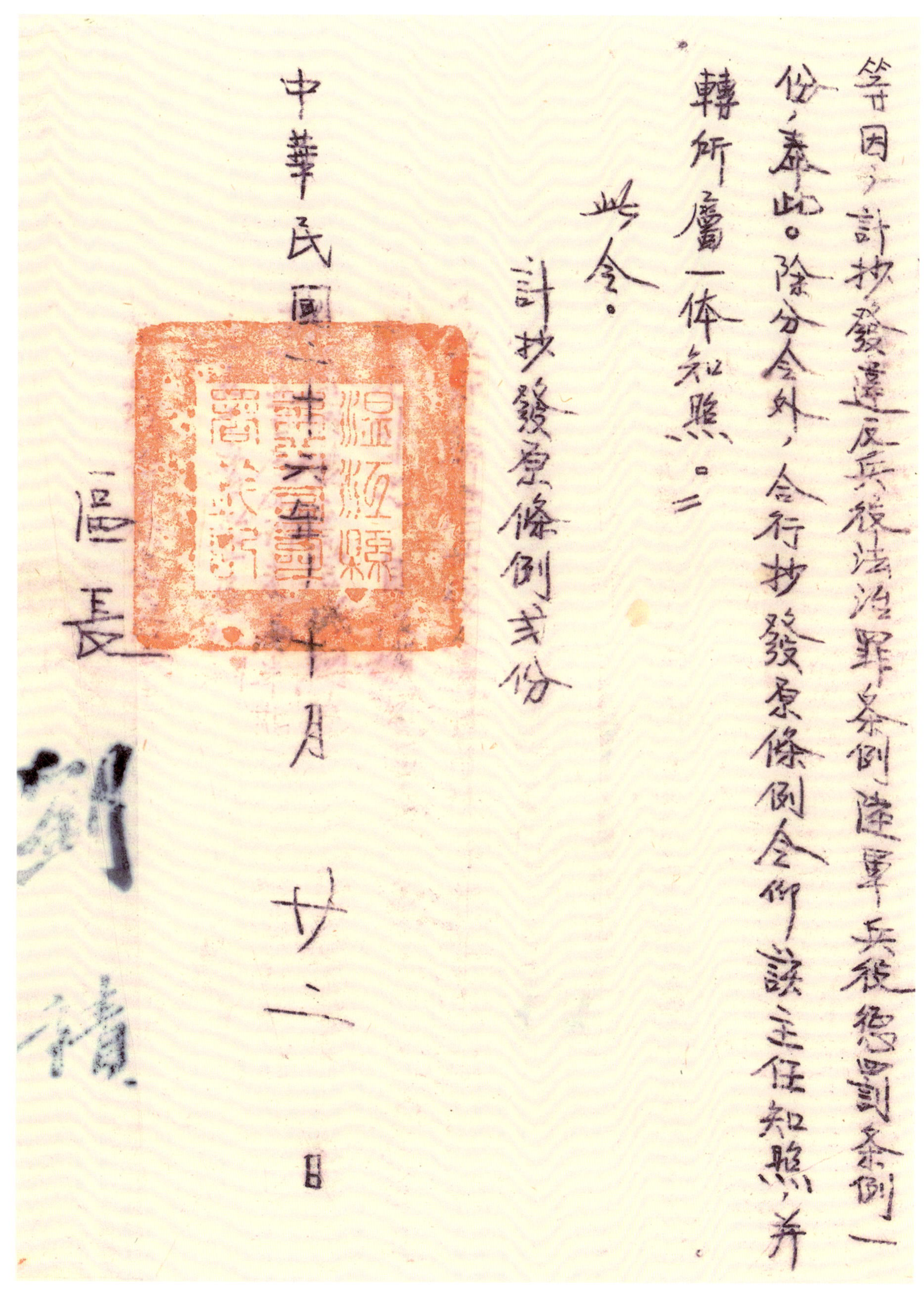

等因，計抄發違反兵役法治罪条例、違畢兵役懲罰条例一份，奉此。除分令外，合行抄發原條例，令仰該主任知照，并轉所屬一体知照。

此令。

計抄發原條例弍份

中華民國三十六年十月廿二日

區長

附（一）违反兵役法治罪条例

14

違反兵役法治罪條例 廿六年七月十六日 國府公布

第一條 本條例於應服兵役之男子及辦理兵役人員犯本條例之罪者適用之。

第二條 對於應服兵役男子隱匿逃避不報者，處一年以下有期徒刑或拘役。編造現役及齡壯丁名冊簿故為不確實之記載者亦同。

同居親屬或配偶有犯第一項之罪者減輕或免除其刑。

第三條 對於免役、緩役、禁役、停役、除役為虛偽之證明者，處二年以下有期徒刑，其囑託者亦同。

第四條　意圖避免兵役而有左列行為之一者，處一年以下有期徒刑或拘役。

一、緩役、停役、原因消滅，應行回役，而不依法令呈報者。

二、對於身體檢查、抽籤或因受徵集，而無故不到者。

三、平時受召集，無故不到逾五日者。

四、免役、緩役、停役、除役而無正當理由者。

五、居住所遷移而無故不報者。

第五條　意圖避免兵役而有左列行為之一者，處三年以下有期徒刑。一、故意毀壞身體，而妄托疾病者。二、徵集及入營前逃亡者。三、戰時受召集，無故不到，逾限在一日以上三日未滿者。

前項第三款情形，如逾期在三日以上者，處五年以上有期徒刑。

第六条　使人顶替兵役者，处二年以下有期徒刑，其顶替者亦同。

第七条　意图避免兵役，而有抗拒行为者，处六月以上、五年以下有期徒刑。

第八条　煽惑他人避免兵役者，平时处三年以下有期徒

第九条　意图避免兵役，公然聚众持械反抗者，处一年以上七年以下有期徒刑，首谋处死刑、或十年以上有期徒刑。前项之未遂犯罚之。

第十条　犯本条例之罪者，军人由军法机关审判，非军人由司法机关审判。

第十一条　本条例自公布日施行。

陸軍兵役懲罰條例

二十六年七月十七日國府公布

第一條　辦理兵役或應服兵役者違反本條例之規定時，依本條例懲罰之。

第二條　應受懲罰之行為如左：

一、平時受召集無故遲到在一日以上五日未滿者。

二、戰時受召集無故遲到一日未滿者。

三、征兵調查不依限呈報者。

四、檢查或抽籤時違反秩序不聽制止者。

五、漏報現役及齡壯丁非出於故意者。

六、意圖阻碍兵役進行，公然誹謗者。
七、玩忽兵役法令，貽誤役政者。
八、其他避免或阻碍兵役未立犯罪者。

第三條 懲罰之辦法如左：

一、撤職 二、停職 三、記過 分記過與記大過，記過三次等於記大過一次，記大過三次與撤職，記過均以一個月內不得復級。四、罰薪 扣罰月薪百分之十至百分之二十，其期間不得過三個月。五、禁閉 禁錮於禁閉室，其期間為一日至卅日。六、勞役 令服苦之工，其期間為一日至卅日。七、加訓 於教育內加訓一個以上一個以下。八、申誡 以書面或言詞為之。

前項規定，依受懲罰者身分分別懲罰之。

第四条 服務有功績者得減輕免除或抵銷其懲罰。

第五条 受禁閉苦役加訓之懲罰遇有疾病或天災人事變得暫停止其日數除因公致疾外不得抵銷。

第六条 兵役管區人員之申誡由該管長官核定行之罰薪記過呈由該管師管區司令轉報軍政部核定行之撤職停職呈由最高軍事機關核定行之 至縣地方政府辦理兵役人員之懲罰由軍政部內政部會同核定行之 自治機關人員之懲罰由該管區司令核定會同其主管機關執行之 其他受苦役禁閉未滿十五日及加訓未滿半個月或申誡者由團管區司令核定行之 在十五日以上及加訓在半個月以上者呈師管區司令核定行之

第七條 懲罰事項並由核定長官通行知照其由師或團管區司令核定者並於月終彙案報軍政部備案。

第八条 本条例自公布日施行

温江县第一区区署关于转饬准备申送义勇壮丁致苏镇联保办公处的训令（一九三七年十一月九日）

訓令

事由：為奉令轉飭準備申送義勇壯丁聽候分期申送仰
遵照由

溫江縣第一區區署訓令 民字第1022號

令蘇鎮聯保辦公處

二十六年十一月六日，案奉
溫江縣政府民字第八六〇五號訓令開：
「廿六年十一月四日，案奉 四川省政府廿六年民字第三三
八五三號訓令開：『案准 川康綏靖主任公署省務（三）字第四七
二八〇號公函開：「案奉本署軍務處簽呈稱：『查川省出
兵抗戰，各部將士遠赴前線，兵員補充至關重要，亟應從
速準備，以備撥補。經於十月十六日由綏署省府民師管區

籌備處會商，關於後方補充營之征募訓練事宜，决定先成立二十八個後方補充營，在成渝萬瀘順綿六處，設立第一至第六後方補充營訓練處，所有補充營新兵，由省府令飭各縣征調壯丁充任，由綏署派員組織訓練處，負責訓練，即於成都重慶萬縣瀘縣四處每處成立後方補充營五營，順慶綿陽兩處每處成立後方補充營四營，每營補充新兵計六百一十五名，各後方補充營訓練處，均限於十月一日以前組織成立，各縣應征調之壯丁，限於十月五日以前送達各指定地點，交後方補充營訓練處接收訓練，是否有當，謹簽呈鈞核示遵。」等情，據此。查屬可行，除各後方補充營訓練處由本署派員組織成立之外，相應函請貴府煩為查照，將各後方補充營訓練處各營應需之補充新兵，轉飭知照規定名額準備徵調，俟召集期間決定後，再行函請轉飭遵交，由指定地之徵兵補充營訓練處接收，以便訓練，而備補充，仍希賜復為荷」。等由，准此。查本府前曾以民字第二六五六之四號訓令，飭該縣登記義勇壯丁，準備調遣在案。准函前由，除函復照辦，并分令外，合行令仰該府即便遵照在所登記之義勇壯丁內，務須挑選適齡健壯之丁，暫准備叁百名，俟將召集期間決定，另令飭知，即依期遵交成都徵兵補充營訓練處接收訓練，勿得延誤，再此次所送壯丁，係備補充川軍開赴前方抗戰之用，經署派有檢驗醫官切實驗收，務仰注意勿被剔出，自賠旅費，為要。此令」等因，奉此。查本縣奉令選送義勇壯丁六百壹拾名之前，經分配名額令飭鄉鎮照登記，依期申送在案。茲奉前因，除分令外，合行令仰該署即便遵照，克日將業經登記之義

勇壯丁，照前派申送名額挑選精壯者二分之一，準備完善，靜候示期申送為要。此令。等因；奉此。除分令外，合行令仰該主任即便遵照按前次派定申送義勇壯丁名額，挑選精壯者二分之一，準備完善，靜候示期申送，勿誤為要！！

此令。

中華民國　　年　　月九日

區長　劉積

照轉　十二、六

温江县第一区区署关于选送义勇补充队及规定办法致苏镇保长联合办公处的训令（一九三七年十一月十二日）

训令

事由：为奉令选送义勇补充队及规定办法转饬遵办由

温江县第一区区署训令 民字第1031号

令苏镇保长联合办公处

二十六年十一月十一日奉

温江县政府民字第八七二号训令开：

「案奉四川省政府二十六年民字第三二九八四号

训令开：『查本省各部驻军已先后奉令出川参加

抗战，地方治安，既须设法维持，而出川各部队之兵员補充，尤應先予以籌劃，期能陸續接濟，以增強戰鬥力量。本府有見及此，特參照內政部、軍政、訓練總監三部會咨戰時國民兵義勇壯丁常備隊編成辦法，及本省地方實際情形，於各市縣編訓義勇補充隊，就各該縣財力治安情形，及壯丁人數多寡，分別飭編，并制定四川省各縣編訓義勇補充隊及兼顧地方治安辦法，各縣義勇補充隊編訓隊額表，暨義勇補充隊中隊編制伙餉表，以資遵守。此項義勇補充隊限于本年十一月十六日一律編成，屆時即集中市縣政府所在地，或分駐各區適中地點，加緊訓練，受指揮官之指揮調遣，兼顧地方治安，奉令抽調補充前線時，则依编训办法之第十条之规定，就补充队兵中，抽足征调名额，依限申送，以备补充，俾于地方治安、兵员补充，两能兼顾，除分令各行政督察专员公署暨各政府遵办外，合行检发办法及附表，令仰该府即便遵照，认真编训，并将奉令遵办情形，及义勇补充队花名清册具报备查！此令。计检发四川省各县编训义勇补充队暨兼顾地方治安办法一份，附表三份」等因；奉此。查依照表规定本市所应编训义勇补充队一中队，兹由本市府遵照办法拟定实施程序如下：（一）中队兵额计共一百一十五名，第一区先送四十五名，第二区先送三十名，第三区先送四十名，分于十一月十五日以前遵照办法第三条规定名额，按登记三倍人数，分作常备

伪、頑伪、及伪之頭[illegible]呈報，同时即將當中

伪壮丁召集，并[illegible]由该[illegible]之区验

编。（二）、補充隊中隊長由[illegible]府委派，分隊長由各区署各選

合格人員一人呈由本府併轉請核委。（三）各區以前奉令

集中之巡查隊壯丁限于十一月十六日解散。（三）各區存餘守

護隊食米統限于十一月二十日以前掃數收齊出售，將款

繳交縣金庫收存，以作補充隊經費，并取據報查。其原有

守護隊食米攤派花名冊，應着即繳呈本府，以便參照

繼續籌集。（四）補充隊槍彈由各區署着即[illegible]向民

間借用，繳造步槍，每槍配彈乙百發，服裝在省府撥服

未發到以前，各區申送隊丁應將原有巡查隊單服被蓋

壯丁具暫為借用。（五）補充隊成立後由本府斟酌各區治

其情形，指派隊丁輪防。以上各項，除分令外，合行抄發
奉頒辦法表式各一份，令仰該署即便遵照辦理，勿得
違延干咎為要！此令。」
等因，計抄發辦法一份，表三份。奉此，自應遵辦。查本區應
遵照本發辦法第二條規定，遴選忠義勇壯補充隊常備
丁四十五名，並應登記預備丁及後備丁各四十五名，茲由本署着
斟酌情形，平均分配，每一聯保各應先遴選義勇補充隊常備
備丁玖名，並各登記預備丁玖名及後備丁玖名，分別造冊
呈報來署，以憑彙案轉，並限于十一月十六日午前拾鐘，
將常備丁玖名申送來署，以便依限申送。至於守護隊
食米及借用槍彈各項，併仰遵照鈞府指示辦法辦理。
除分令外，合行抄發原辦法及表，令仰該主任即便遵

四办理，是为至要！！

此令。

計抄發原呈一份表三份

中華民國二十六年十一月十二日

區長 劉積

遵辦。十一、十五

奉任云此項由探隊開報請備辦

温江县第一区区署关于转饬限期申送义勇壮丁集中来署致苏镇联保处的训令（一九三七年十二月十三日）

训令

事由：为令饬申送义勇壮丁限本月十九日午后集中本署以凭转送由

温江县政府第一区区署训令　民字第1049号

令苏镇联保处

二十六年十二月十二日，案奉

温江县政府民字第九一〇七号训令开：

「廿六年十二月七日，案奉四川省政府鱼省民电开：

『本府为划一征募起见，已制定川省募送兵员办法通令

须行，前此各种规定已不适用，查该县新颁办法应

軍政部駐蓉驗編處壯丁〈540〉名，仰速申送，各於本年
十二月內送足報查，勿延干咎。」等因，奉此。查本縣各
區應送之壯丁，除十月廿日第一次申送實收人數外，
計第一區應續送式百零六名，第二區應續送一百四十
七名，第三區應續送壹百八十七名，統限十二月廿日
如數申送成都驗編處所屬集中處赴省，其沿日口
食，仰照前頒安家之規定，每丁每日給洋壹角五
由各區署先期來府承領，持發壯丁名冊應先具
二份送申送前一日送府，以便分別存轉，歡送典禮
即就各區署隆重舉行，以昭激勸。除分令外，
合行令仰該署即便遵照辦理為要！此令。」
等因，奉此。除分令外，合行令仰該主任即便遵照辦理

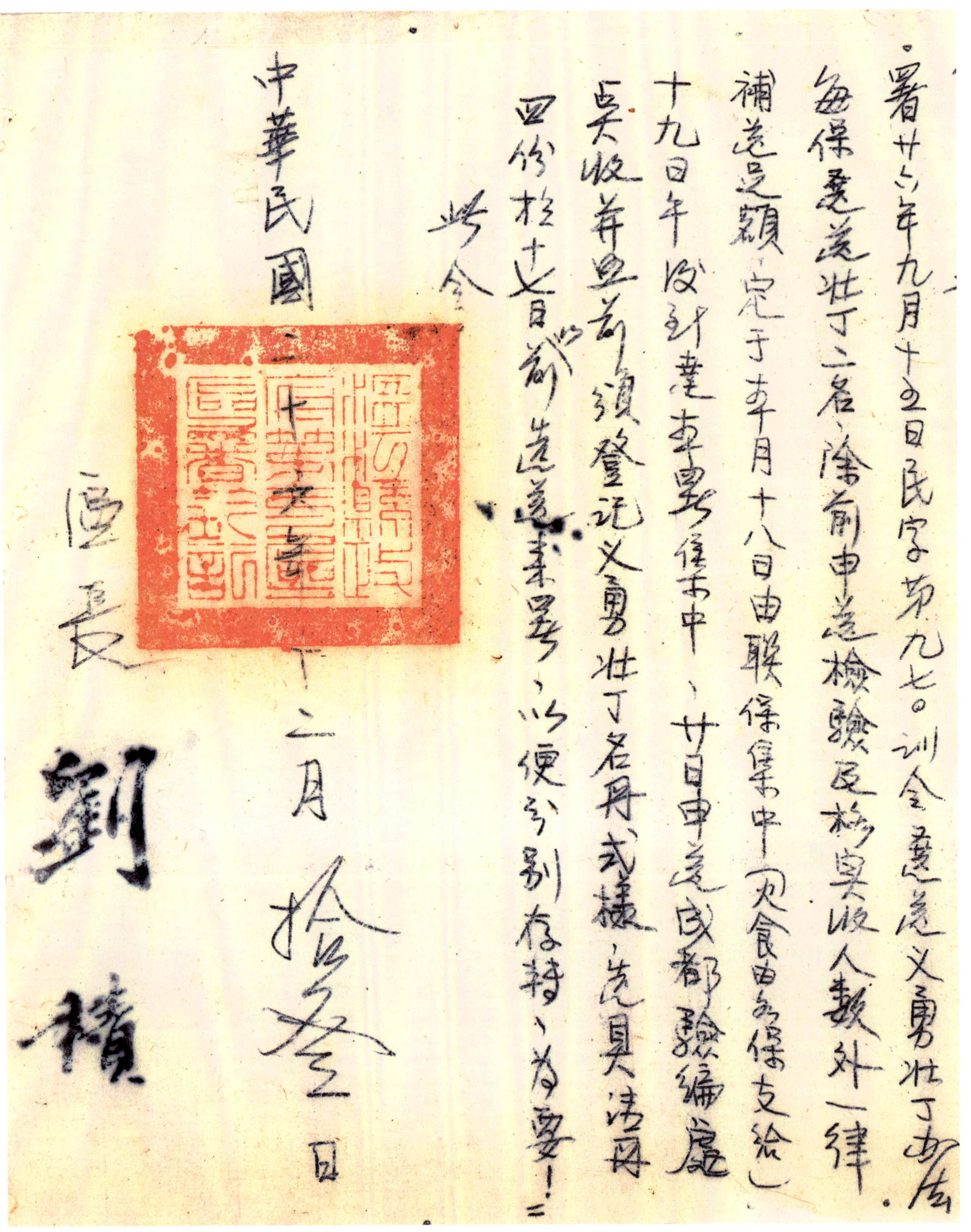

署廿六年九月十五日民字第九七〇訓令選送義勇壯丁出征，每保選送壯丁二名，除前申送檢驗及格點收人數外，一律補送足額，定于本年月十八日由聯保集中（伙食由各保支給），十九日午後到達本署集中，廿日申送成都驗編處點收，并照前頒登記義勇壯丁名冊式樣，造具清冊四份於十八日前送達來署，以便分別存轉，為要！＝

此令

中華民國二十六年十二月拾叁日

區長 劉積

温江县第一区区署关于奉转四川省各县市募送兵员暂行办法并按月申送致苏镇联保办公处的训令
（一九三七年十二月二十二日）

訓令

事由：為奉頒四川省各縣市募送兵員暫行辦法令仰遵照按月申送十名于每月十九日送署由

溫江縣政府第一區區署訓令 民字第1048号

令蘇鎮聯保辦公處

二十六年十二月十五日，案奉

溫江縣政府民字第九一五五号訓令開：

「二十六年十二月十一日，案奉四川省政府廿六年民字第三六八六六号訓令附發四川省各縣市募送兵員暫行辦法及檢查表〇種，飭即遵辦，等因，下府，查表列本縣於本年十二月内，应送成都军政部驻川壮丁验编处壮丁五百四十名，前已令饬各区遵照并于十二月二十日申送去讫，即限期办理，并表列本县自廿七年一月份起每月应送壮丁五百四十名，亦由本府规定第一第二两区每月各选送五十名，第三区每月选送四十名，定于每月廿日如数送至本府，以凭转送，所有壮丁选拔及办理手续，应确遵办法第十四、十五、十六各条之规定切实办理，不得稍有违误，致干未便，除分令外，合行抄发原附件令仰该区署即便遵照，仍将本月份及遵办情形具报备查，毋违此令。

等因，计抄发四川省各市县募送兵员办法一份，表一件，奉此，自应遵办，查表列十二月内该区应续送壮丁，本已遵钧府分派名额，转饬各联保于十二月二十日申送，俟验

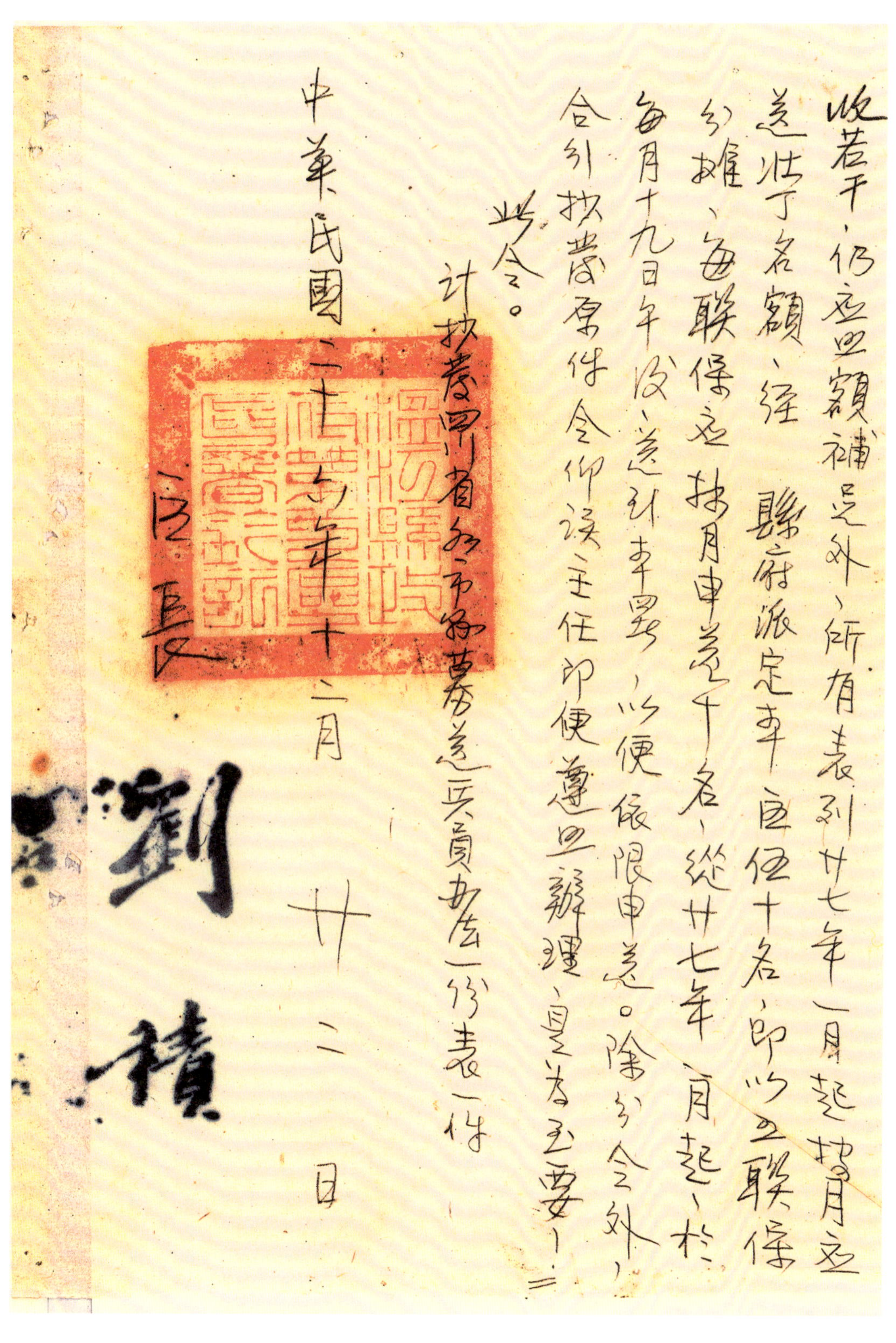

收若干，仍應照額補足外，所有表列廿七年一月起按月應送壯丁名額，經　縣府派定本區伍十名，即以五聯保分攤，每聯保應按月申送十名，從廿七年一月起，於每月十九日午後，送到本署，以便依限申送。除分令外，合行抄發原件，令仰該區主任即便遵照辦理，是爲至要！

此令。

計抄發四川省各市縣徵募兵員辦法一份、表一件

中華民國二十六年十二月廿二日

區長　劉積

附：四川省各市县募送兵员暂行办法

四川省各市縣募送兵員暫行辦法

一、四川省政府為劃一徵募以免各縣市辦理困難並使各方兵員補充均能兼顧起見特制定本辦法以資遵守。

二、本辦法依照　委員長行營頒發川省壯丁驗收編練輸送實施辦法、軍政部頒發川黔湘鄂豫陝甘等七省募兵辦法及四川省政府頒發四川省各縣市徵發義勇壯丁登記申送規程並參酌本省地方情形制定之。

三、本省募送兵員計分下列之種：

1、委員長行營飭於廿六年十二月底以前續送壯丁六萬五千名

2、委員長行營飭并七省募兵如所規定於廿七年一月起按月募送弍萬名

3、川康綏靖主任公署設立訓練補充營所需補充兵額每次十八營計一萬一千零七十名。

4、四十一軍四十五軍及四十七軍出川抗敵部隊所需補充兵額每次共廿四營計一萬四千七百六十名。

5、委員長行營核准各部隊自動派員招募由地方協助之兵員。

四、前條1、2兩項應由各市縣分別募送之壯丁其地点名額詳「軍政部駐川壯丁驗編處應收各市縣募送壯丁檢查表」（即附表二）表內指定之各市縣一律遵照表列數目申送駐蓉渝萬沪內順各驗編處并依限送達取據報查。

五、川康綏靖主任公署設立訓練補充營每次所需補充壯丁由附表二所列各縣照規定名額隨時準備奉令征調

附印申送指定地点取换报查。

六、四十一軍、四十五軍及四十七軍所需補充兵額每次均由各部派員照附表三所列各縣份丁額直接招募由各縣協助記募名額由各軍所派招募人員及各縣長會報備查。

七、委員長行營核准各部在川招募之區詳附表四所列川東南边區各縣為限由省政府呈請行營備案以免一縣之中各部同時征募無法兼顧且不便督責。

八、本辦法第三條第（一）（二）兩項由各市縣募送壯丁行營已規定每丁補助征募費式元此項征募費由省政府統籌核定行營各市縣詳細辦法另訂之。

九、省政府前頒四川省各市縣第一期登記申送义勇壯丁名額地点表又令飭各市縣準備壯丁申送川康綏署着後方補充營訓練處之廿六年民字第三二八五三三號訓令及令飭各市縣續送壯丁到軍政部各驗編處之廿六年

A.

温江县第一区区署关于转饬组织战时人民武装团体致苏镇联保办公处的训令（一九三七年十二月二十五日）

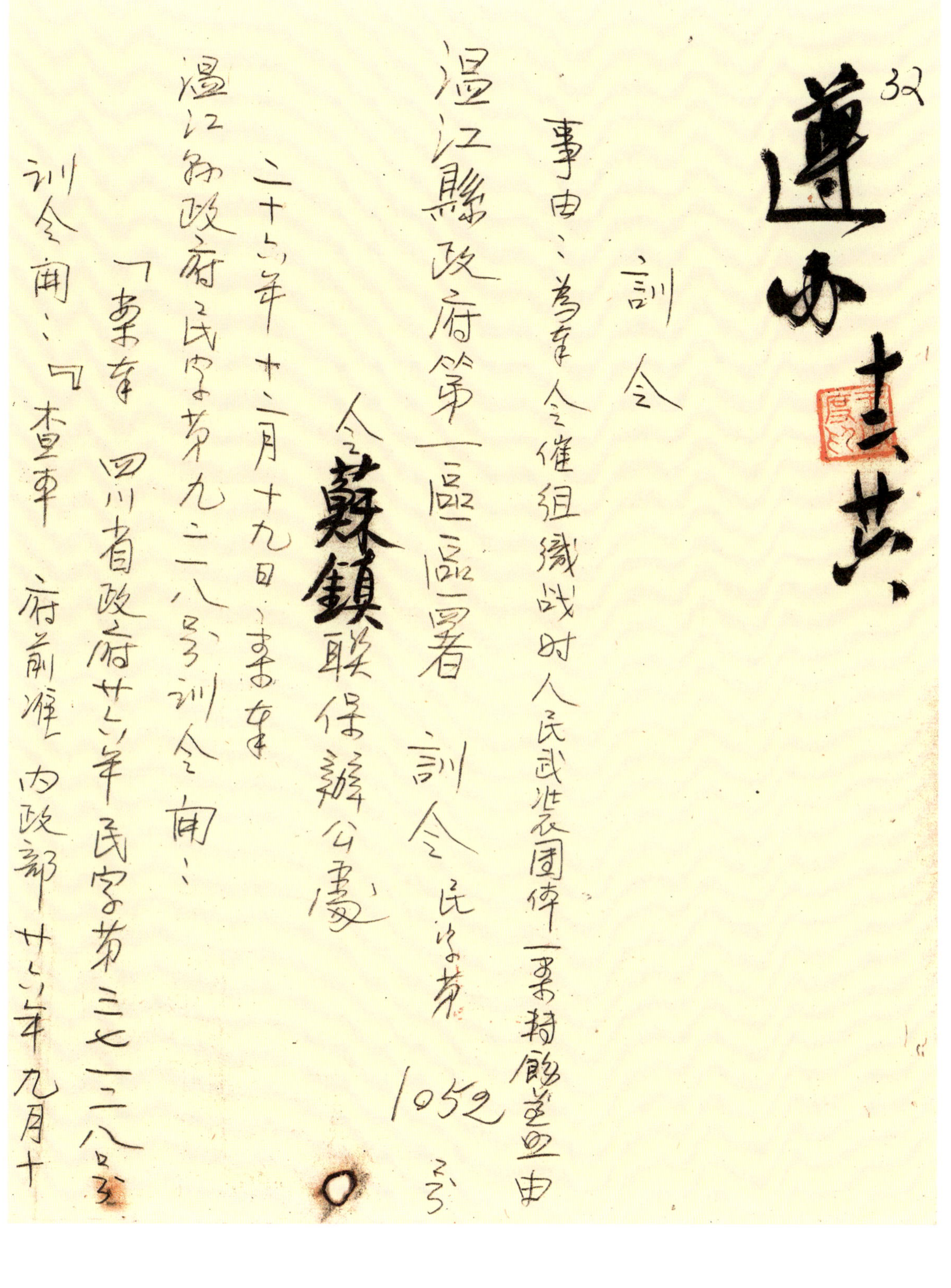
32

遵办

訓令

事由：為奉令催组織战时人民武装团体一案特飭遵照由

温江縣政府第一區區署訓令 民字第1052号

令蘇鎮联保辦公處

二十六年十二月十九日奉

温江縣政府民字第九二八号訓令開：

「案奉 四川省政府廿六年民字第三七一二八〇号

訓令開：『查奉 府前准 内政部 廿六年九月十

八日咨：为检送战时人民武装团体设置与运用实施办法，请饬属遵照办理，等由到府，当经以民字第三零八五七号密令，将原办法转发饬遵在案。迄今日久，尚未据呈报遵办情形前来，殊属延缓！除分令外，合行令仰该府即便遵照，十限赶办，迅将遵办情形及进度呈报查考，毋再违延干咎！切切此令。」等因，奉此。查奉颁战时人民武装团体设置与运用实施办法，经本府以民字第八四八〇号训令转发在案。其时以原办法第四条规定「此项组织，以国民兵义勇壮丁总队规定组织为单位」，故拟俟社会军训暨义勇壮丁总队奉令成立后，再行着手办理，以符规定。兹奉前因，立即於前先将各保已受训练之壮丁遵照原办法第四

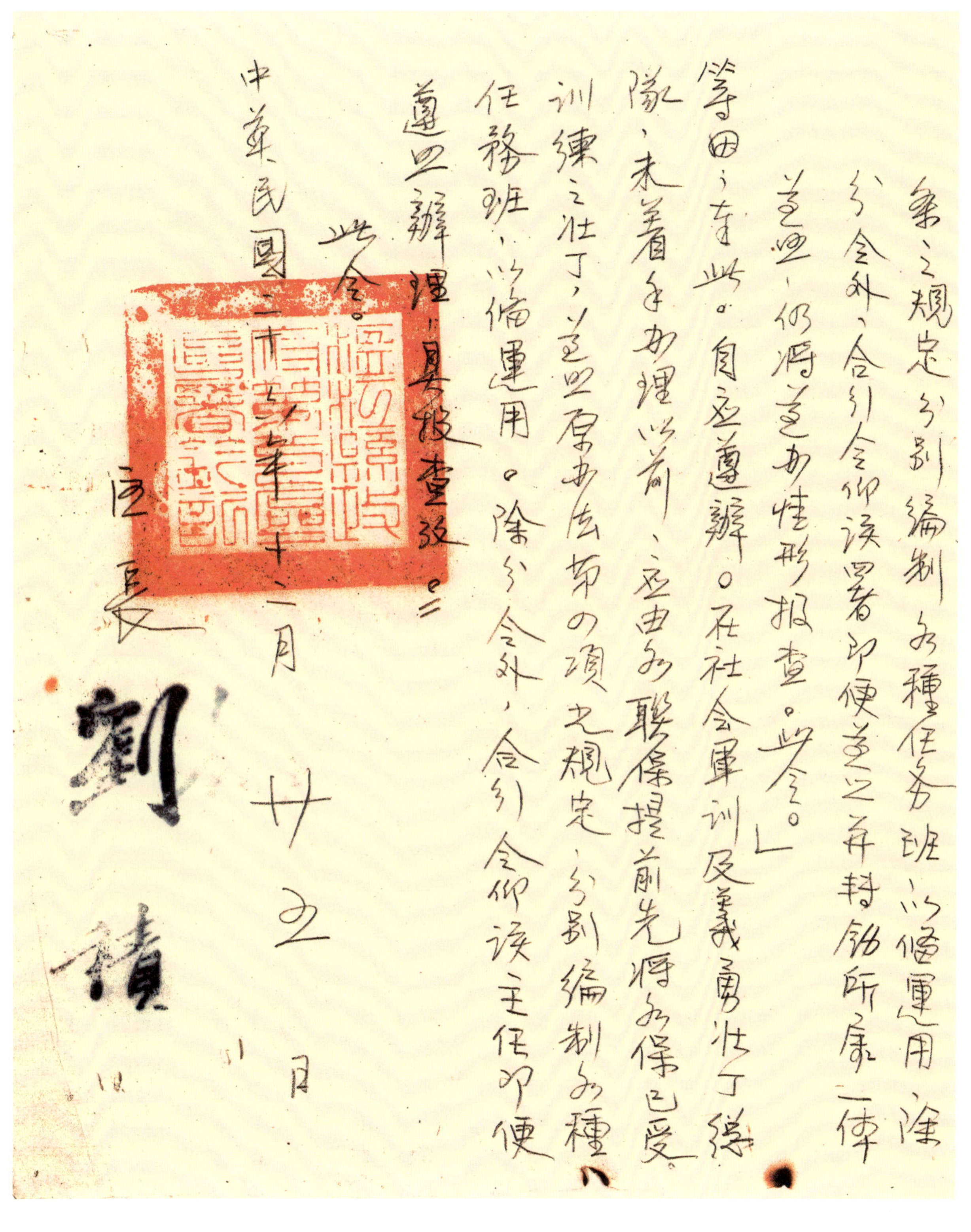

條之規定分別編制各種任務班以備運用。除分令外，合行令仰該署者即便遵照并轉飭所屬一律遵照，仍將遵辦情形報查。此令。」等因；奉此。自應遵辦。在社會軍訓及義勇壯丁總隊未著手辦理以前，應由各聯保提前先將各保已受訓練之壯丁，遵照原令第四項之規定，分別編制各種任務班，以備運用。除分令外，合行令仰該主任即便遵照辦理，具報查考。此令。

中華民國二十六年十二月廿五日

區長 劉績

温江县第一区区署关于转发战时人民武装团体设置与运用实施办法致苏镇联保办公处的训令
（一九三七年十二月二十六日收）

遵照办理 十二 廿六

训令

事由：为奉颁战时人民武装团体设置与运用实施办法令仰遵照由

温江县政府第一区区署训令 民字第1051号

令苏镇联保办公处

本署前于十月二十二日奉

温江县政府民字第八四四八号训令开：

「二十六年十月十八日奉 四川省政府同年民字

第三〇八五七号密令开：「案准内政部廿六年九月十

八日警字第〇〇七五九〇號咨開：「案查前准行政
院秘書處廿六年七月二十二日陽字第四號秘函，以奉
院長諭：『參謀本部函送行政院與各部應急辦理事項，
請轉飭提辦一案，應抄送各部署參攷。』等因，抄附
原件，函達查照辦理。查原送本部應急辦理
項第三款人民武裝團体及警察之設置，應如能
維持地方之治安及保衛後方之安寧一節，関於人
民武裝團体之設置運用，関係重要，業經本
訂定「戰時人民武裝團体設置與運用實施辦法」
一種，于廿六年九月一日呈請鑒核去後，茲奉行政
院廿六年九月十五日陽字第一一七〇號訓令，以據本
部呈擬戰時人民武裝團体設置與運用實施辦法
草案，經函准參謀本部核復補充意見數点，

令仰依照修正通饬施行，仍将修正之件具报备查。」等因，奉此。自应遵照，除呈复并分令外，理合检同该项实施办法，咨请查照并转饬所属一体遵照办理为荷。」等由，附送战时人民武装农团体设置与运用实施办法一份，准此。除分令外，合行抄发原实施办法一份，令仰该府即便遵照办理为要！计抄发战时人民武装农团体设置与运用原实施办法一份。」等因，奉此。除分令外，合行抄发原实施办法，令仰该区署即便遵照！此令。」

等因，计抄发战时人民武装农团体设置与运用实施办法一份，奉此。除分令外，合行抄发原办法，令仰该主任即便遵照！此令。

29

戰時人民武裝團体設置與運用實施办法

中華民國廿七、十月十六日內政部通行

第一條　為使非常時期各省市縣人民武裝團体之設置及運用適應戰時要求起見特訂定本办法

第二條　戰时人民武裝團体之設置与運用除抗戰以前已有規定外由師團管區司令部及師管區籌備處或其相當機關之省市保安處與省市國民軍事訓練委員會之同意督促各縣市義勇壮丁總隊办理之

第三條　戰时人民武裝團体係指左列團体而言

一、國民兵義勇壮丁隊　二、高中以上學校軍訓團隊

三、保衛團　四、民團　五、聯莊会　六、義勇警察

隊七、其他

第四條　人民武裝團體戰時服務組織以國民兵義勇壯丁總隊規定組織為單位按市總隊以下再分鄉鎮或聯保（市為區）各種任務中隊其下按保再酌量需要分為宣傳警備自衛游擊特務糾察交通運輸防空毒消防之種救濟看護慰勞埋葬及交通保護社會救濟等任務就場不分年次編組之

第五條　人民武裝團體戰時之任務如左：

一、清查戶口事項　二、出境入境人民之檢查及取締事項　三、輔助軍警檢查郵電事項　四、火災水災之警戒及救護事項　五、關于防空之監視並警備事項　六、公路鐵軌電線橋樑堤岸與一切交通設備之守護及破壞事項　七、取締漢奸及預防

36

暴動等項 八、偵察及拘捕敵之間諜等項 九、刺探敵情等項 十、離間敵軍等項 十一、劫奪敵方餉械等項 十二、擾亂敵人後方及破壞敵人交通等項 十三、通訊器材之保護使用修理及破壞等項 十四、其他動員任務

第六條 都市國民兵義勇壯丁擔任隊得依第四條所列成立各任務班組以適當之訓練與演習以為鄉鎮或聯保（市為區）各種任務中隊分别訓練為原則

第七條 人民武裝團體戰時服務應受當地動員機關或地方政府之指揮

第九〔八〕條 人民武裝團體之服務〔壯丁〕不規制裝定式但須一律短裝并縫兜着明之顏色如白色布

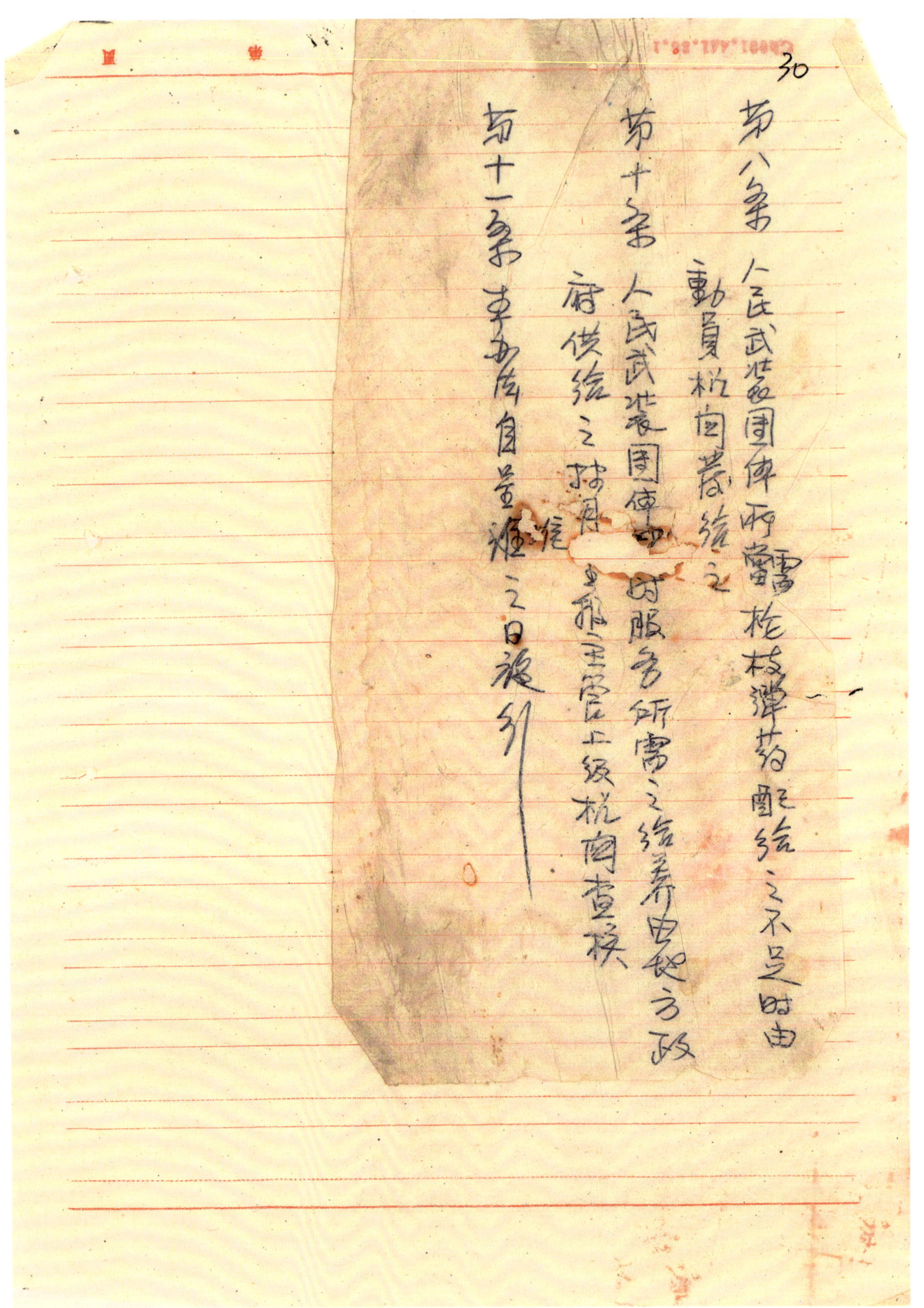

30

第八条 人民武装团体所需枪枝弹药配给之不足时由动员机构筹给之

第十条 人民武装团体战时服务所需之给养由地方政府供给之其有[illegible]者由主管上级机构查核

第十一条 本办法自呈准之日施行

温江县第一区区署关于抄发四川省各市县征募兵员补充办法致苏镇保长联合办公处的训令
（一九三八年一月三十日）

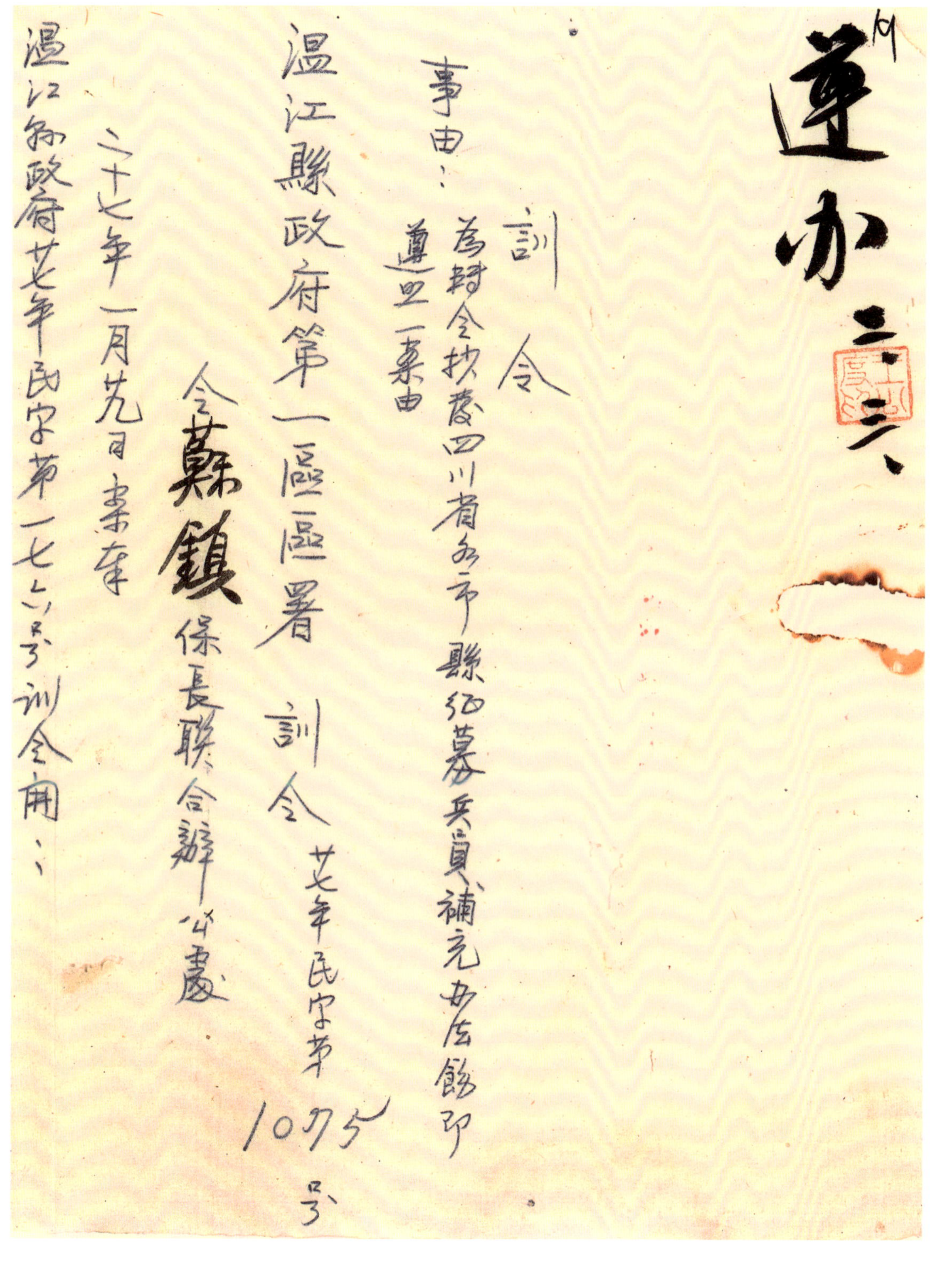
遵办 二·二八

温江縣政府第一區區署 訓令 廿七年民字第1075号

令蘇鎮保長聯合辦公處

事由：為封令抄發四川省各市縣征募兵員補充辦法飭遵照一案由

訓令

溫江縣政府廿七年民字第一七七六号訓令開：

二十七年一月廿九日來（下略）

「二十七年一月廿五日案奉 四川省政府同年民字第〇二八五号训令开：『查本省募送壮丁，前曾制定四川省各县市募送兵员暂行办法，颁布施行在案。惟该项办法规定各县市申送壮丁重在登记募送，现值长期抗战，补充频繁之际，仅恃募送，势难为继。兹特遵照国民政府之前颁民兵征集令，及各项兵役法令之规定，并参酌本省地方实际情形，制定四川省各县市政府征募兵员补充办法，颁布施行，以确定征募之顺序，划一征募之步调。除呈请 委员长行营备案并分令各区行政督察专员公署、各县市政府及省会警察局、各设治局一体遵照办理外，合行检发补充办法，仰该府即便遵照，妥慎办理，仍将奉令日期及遵办情形报查。此令。』等因，计检发四川省各县市政府征募兵员补充办法一份。奉此，除呈复并分令外，合行抄发

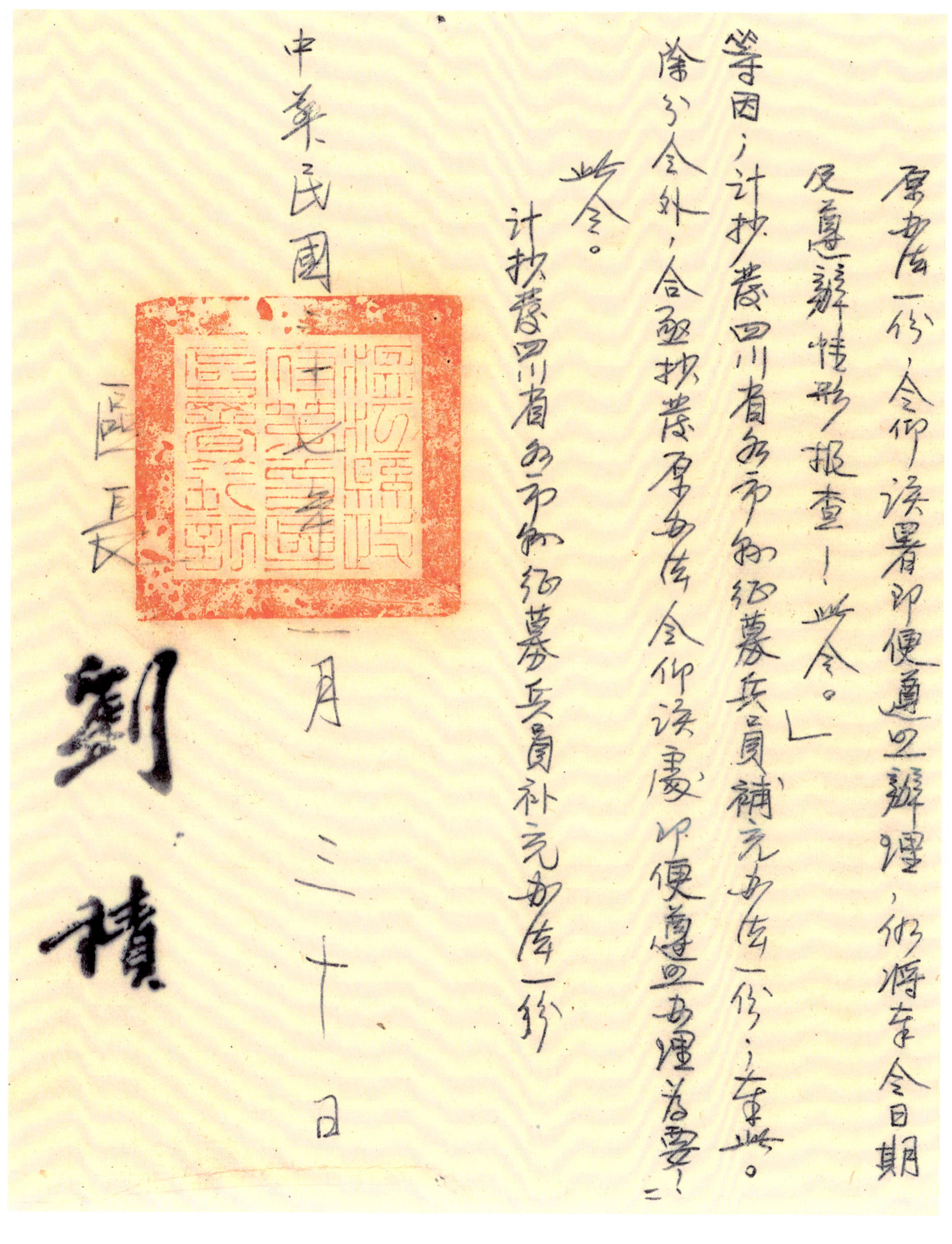

原办法一份，令仰该署即便遵照办理，仍将奉令日期
及遵办情形报查！此令。」
等因；计抄发四川省各市县征募兵员补充办法一份。奉此。
除分令外，合亟抄发原办法，令仰该处即便遵照办理为要！
此令。
计抄发四川省各市县征募兵员补充办法一份

中华民国三十七年一月三十日

区长 刘积

附：四川省各市县征募兵员补充办法

21

四川省各市縣征募兵員補充辦法

一、四川省政府為準備長期抗戰，整飭各征募實績起見，特依各項兵役法令及本省地方實際情形，制定四川省各市縣征募兵員補充辦法（以下簡稱本辦法）。

二、本省各市縣征募壯丁除遵照省政府前頒四川省各市縣征募送兵員暫行辦法及其他有關係法令辦理外，依本辦法辦理。

三、本省各市縣征募壯丁應照下列順序依次征送，例如某市縣自動登記之義勇壯丁已足規定之征送名額，即不必另征家庭間係較輕之壯丁，餘類推，其征募順序如下：

1、自動登記之義勇壯丁；

2、家庭間係較輕、現無職業、受服務軍團或受軍訓之壯丁，

3、同户共有壮丁五人以上之壮丁；

4、同户共有壮丁三人以上之壮丁；

5、同户共有二人以上之壮丁；

四、各市县征募上列各项壮丁，其年龄须在二十三岁以上，身体健壮，并无不良嗜好者，始得征调之

五、各市县征调第二条3、4、5项之壮丁，每次每户应以一人为限，如非有特殊情形，并不得再向该户重复征调之

六、各县征调壮丁，须以壮丁分类调查统计表为根据，按各项壮丁实有名额，及省政府规定各该市县每月或每次征募名额，由县市政府统一规划，平均分派，不得以保或联保或区为单位，因区及联保与保之壮丁名额，多少不齐，征调必即不易一致，一市县中征调如在此出，保甲人员最易舞弊，市县政府应深切注意，不可希图省事致生弊端

七、各市县征调壮丁，按照前条规定办理时，各项壮丁补征之先后，应用抽签法定之，举行抽签时，应由各县区署公开分别办理，以昭

郑重不得经手保甲长，以免发生弊窦。

八、各市县报兵逃亡，身体健壮，堪服兵役者，市县政府除登记申送外，并得强迫征送之。

九、各市县吸食烟毒壮丁，应征调服役者，市县政府务须精密统计，送或强迫入该市县戒烟院所，限期勒令戒绝后，征送服役。

十、各市县办理征募事项，应常派智识分子如中学校教员学生于假休假时间，分赴各地，会同办理征募人员，就国家人民之关系，长期抗战之重要，及被征壮丁之优待条例，违反兵役之惩罚法令，切实扩大宣传，务人人晓谕，使人民认清责任，明瞭利害，人人皆具有抗战救国之决心，踊跃应征，以免发生强迫逃亡之情事。

十一、各市县政府办理征募事项，务须依照本办法及前颁四川省各市县募送兵员暂行办法之规定，认真办理，严禁保甲舞弊，豪绅操纵，冒名顶替，及诈财贿纵，如有上项情事，除依照陆军兵役惩罚条例办理外，并照战时军律，从重议处。

十二、依照四川省各市縣募送兵員暫行辦法附表所規定，各市縣每月或每次應募送壯丁，其能依限送足者，從優獎叙，如貽誤限期，短送名額，或濫送充數，以少報多者，按其情節輕重，分別予以撤職記過罰俸申誡之處分，或依戰時軍律，從重議處。

十三、各市縣依照本辦法應征送壯丁有規避行為者，照違反兵役法治罪條例從嚴處之。

十四、各市縣征送壯丁入營後逃亡者，照海陸空軍刑法辦理。

十五、本辦法如有未盡事宜或應行增改事項，由省政府隨時以命令增改之。

十六、本辦法由省政府公布施行，并呈送國民政府軍事委員會委員長行營備查。

温江县社会军事训练第一区队部关于转饬将壮丁分组编队造册具报致苏坡镇社训队的训令

（一九三八年二月二十六日）

87

存查 二、廿八、

训令

事由：为转饬分组编队造册具报以便开始训练一事由

温江县社会军事训练第一区队部训令 训字第6号

令苏坡镇社训队

二十七年二月二十六日发

温江县社会军事训练总队部指字第五〇号训令开：

「查省令规定各市县壮丁训练，在二十七年一月一日即应开始，惟各地因壮丁在营模範队结束早迟不齐，致未能如限办理，本县亦因为事实上之种种限制，延缓至今；近日复奉上峰令催，饬即着手，故各境各联保壮丁

81

訓練分隊之編組,即應迅速完成,以便開始訓練。惟查編組之際,須有以下諸種顧慮:即不能破壞聯保之統系,不能混亂鄉街之區劃,不能超出每保抽二十人,每分隊編成五十人至一百五十人之限度,不能無集合交通難易遠近之忖度。必須將此諸項方方顧到,乃能符法令而利進行。本部為適合此種要求,曾將各區廿六年辦理民力統制時所呈報縣府之壯丁冊調部詳查,並制定各聯保鄉街保數調查表一種,分令各區填報,以作計劃之根據。同時更求其實際情形吻合計,業經請由本分政區主任副主任全德清專署主任科長化雲、金視察止戒分赴各該區實地考察,除將壯丁訓練分隊隊長應附之人選酌定外,並將各聯保應編分隊數目及編法亦曾加以估計,其結果俱由本部復加斟酌,擬定各區聯保壯丁訓練分隊編組依擬表一種,隨令頒發,仰即遵照所示將令各聯保於本月底編組後了，不得擅加變更，影響大計。茲再附發壯丁花名清冊式樣一份，仰於分隊編成後，即便繕造六份，妥善。每分隊一本，每聯保即將各分隊清冊彙訂一冊，報由該區隊及副區隊長轉報來部，以備稽核，以上各項，亦務切實着即轉令各聯保社訓隊，務須恪遵勿違，切切。此令。

等因。奉此。除分令外，合行抄同分組編隊依擬表、花名清冊樣式各一份，令仰該隊即便遵照，於令到之日立即着手編組，限五日內依照冊式彙造清冊二份來部，以資存轉，而便訓練，事關急要之件，務須恪遵，勿違為要，切切！此令。

計抄發分組編隊依擬表、花名清冊樣式各一份

中華民國二十七年 二 月 廿六 日

區隊長 劉積

副區隊長 趙 康

附（一）各区联保壮丁训练分组编队依据表

温江縣社會軍事訓練總隊部二十六年度下季（即二十七年一月一日起六月卅日止）各區聯保壯丁訓練分組編隊依據表

區別	聯保別	所有保數	應訓壯丁數	街市保數	應編分隊	鄉村保數	應編分隊	共應編分隊數	備攷
第一區	城區	四三	八六〇	三六	五	七	二	七	
	文鎮	二六	五二〇	三	一	二三	四	五	文鎮協街三保公平場街一保因距離過遠編入鄉村
	蘇坡	二三	四六〇	三	一	二〇	四	五	
	隆鎮	二〇	四〇〇	一		一九	三	三	街市保數太少應與鄉村合編
	清平	二〇	四〇〇	一		一九	四	四	批報街市僅一保應與鄉村合編
小計	五	一三二	二六四〇	四四	八	八八	一五	二四	
第二區	永興	二〇	四〇〇	一	一	一九	三	四	
	永安	二八	五六〇	二	一	二六	四	五	
	涌泉	二〇	四〇〇			二〇	四	四	批報街市一保實查不足應與鄉村合編
	三聖	二四	四八〇	四	一	二〇	三	四	
小計	四	九二	一八四〇	七	三	八五	一三	一七	
第三區	古鎮	一八	三六〇	二		一六	三	三	街保太少應與鄉村合編
	和盛	三二	六四〇	一〇	二	二二	三	五	
	壽安	三五	七〇〇	七	一	二八	四	五	
	通順	一七	三四〇	一		一六	三	三	批該區報街市二保實查不足一保與鄉村合編
	踏水	一四	二八〇			一四	三	三	批報街市三保實查不足一保與鄉村合編
小計	五	一一六	二三二〇	二〇	四	九六	一五	一九	
合計	一四	三四〇	六八〇〇	七一	一五	二六九	四三	六〇	外餘一分隊以備臨時之伸縮故前報總數為六一實有六〇分隊

附記：以上所編之分隊係遵令以每保抽二十人編組之，在不破壞鄉街分期分別訓練之規定及區鄉鎮之建制與不使集合困難之範圍內，大致以每分隊五十人至一百五十人為限

附（二）训练分队官长壮丁花名清册

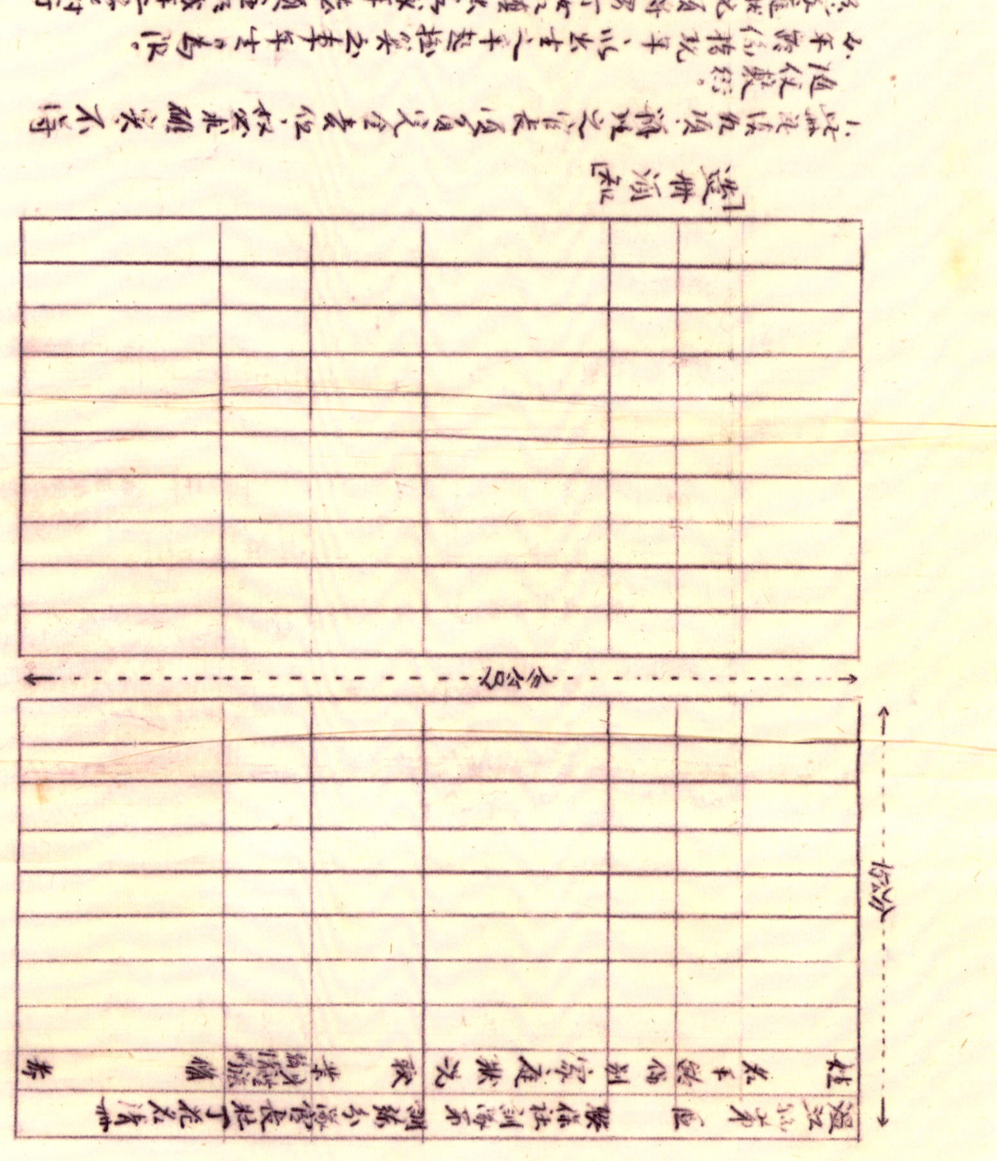

温江县第一区区署关于发送义勇壮丁致苏镇联保主任王公度的命令（一九三八年三月二十五日）

41

飭令……蘇 三、廿七

民國廿七年三月廿六日時收到

三月二十五日
於第一區區署

查該聯保申送義勇壯丁人數，除每次驗收不計外，截至本年二月份止，尚欠叁名，又三月份應送壯丁拾名，共應補送壯丁拾叁名，……定期于本月

三十日由各聯保處將應送壯丁遵送足
額，統限於廿一日午前十時集中城區聯
保處，由本署區員伍先光率領到
縣府點名編隊，除分令外，仰該主任即
便遵照，務將應送壯丁人數先期遵送足
額，以便屆期申送，切勿違延為要！
此令

王主任公度

區長 劉積

温江县社会军事训练第一区队部关于转饬各联队人事变迁有缺时保荐省保干班毕业学员充任致苏镇联保社训队的训令（一九三八年四月十一日）

10

訓令

事由：為遵令轉飭以後各聯隊副隊長分隊長隊附等人事變遷有缺時务必保荐省保幹班畢業學員充任令仰遵照由

温江縣社訓第一區區隊部訓令 社字第17號

令蘇鎮聯保社訓隊

廿七年四月九日，案奉
温江县社训总队部总字第一二二号训令开：
「廿七年四月一日，案奉 四川国民军事训
练委员会社字第一六六号训令开：『查四川
省保甲干部训练班毕业学员，未经实
任联保主任者，尚不乏人，现在壮丁训练开始，
管理训练需人正殷，应一律委充为该原
属乡镇社训队副队长兼分队长，或分队长，
俾为该学员学得其用，而利社训之推行，
除分令外，合行令仰该部即便遵照！此令。』

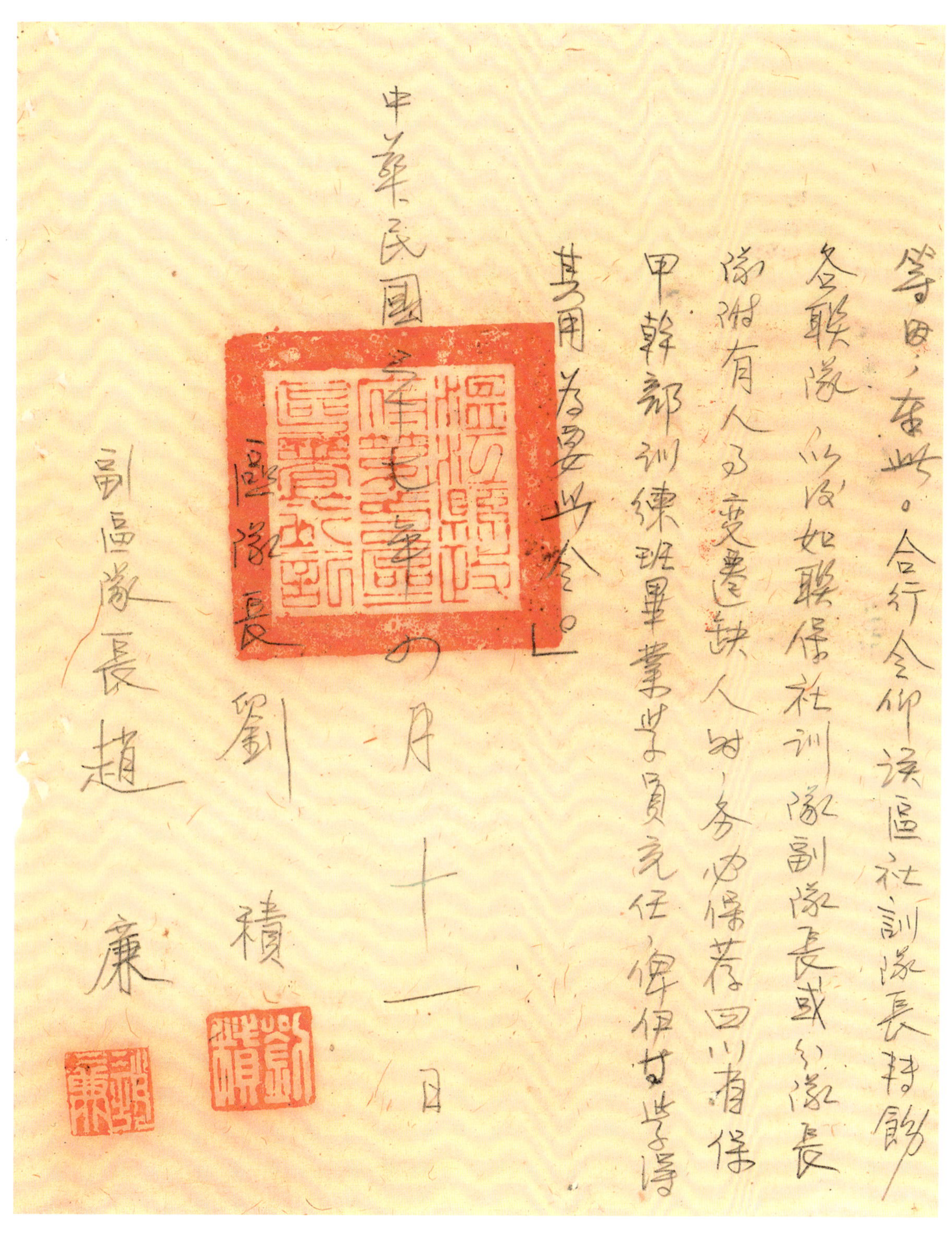
等因，奉此。合行令仰該區社訓隊長轉飭
各聯隊，以後如聯保社訓隊副隊長或分隊長
隊附有人另變遷缺人時，務必保薦四川省保
甲幹部訓練班畢業學員充任，俾伊等學得
其用，為要此令。
中華民國二十七年四月十一日
區隊長 劉積
副區隊長 趙廉

温江县社会军事训练总队部关于嘉奖第一期壮丁检阅成绩优异之分队及个人致第一区苏坡联保社训队的通令（一九三八年五月九日）

46

通令

温江縣社會軍事訓練總隊部通令　總字第　　號

令第一區蘇坡聯保社訓隊

查本縣本年次第一期壯丁檢閱，各區大體成績，雖不完好，而各聯保社訓隊各分隊各班及各個人之努力者，亦有可取之處；應予分別給奬，以資鼓勵。若以區隊評之：當以第一區隊為第一、第二區隊為第二、第三區隊為第三。惟範圍廣泛、不便議奬。今以聯保社訓隊評之，計平時臨時訓練紀律操作均佳者，當以蘇坡橋為第一、隆興場為第二、湯泉寺為第三。着按等次各給名譽奬旗一面，以示旌揚。至以當日所舉各種教練評之，連教練當以城廂分隊長袁子成指揮之隊為第一，着奬洋五元。排教練以第一區隊分隊長祝鏞指揮之隊為第一，奬洋五元。第二區

151

隊分隊長劉德林指揮之隊為第二，獎洋四元。第一區隊分隊長傅伯儒指揮之隊為第三，獎洋三元。孫教練以第一區隊班長楊德成指揮之班為第一，第二區隊班長牟楷指揮之班為第二，第一區隊班長傅文指揮之班為第三，因彼此相差太小，各給獎洋二元。其餘第一區隊指揮大刀表演之班長張漢卿，第三區隊指揮刺槍術表演之班長李雲龍，成績雖不見佳，而熱心可取，亦各獎洋三元。以上應受獎者，除由本部分別發給外，合行通飭週知，仰既得獎者以後更加努力，未得獎者亦應知所奮勉，勿得甘居人後。自強圖存，寄在于此，勉之！勉之！

此令。二

附發名譽獎旗壹面

中華民國二十七年五月九日

兼總隊長 陳志學

兼副總隊長 鄧有祿

温江县第一区区署关于先期选送足额壮丁致苏镇联保主任王公度的命令（一九三八年六月十五日）

附：补充队转送成都验收名单

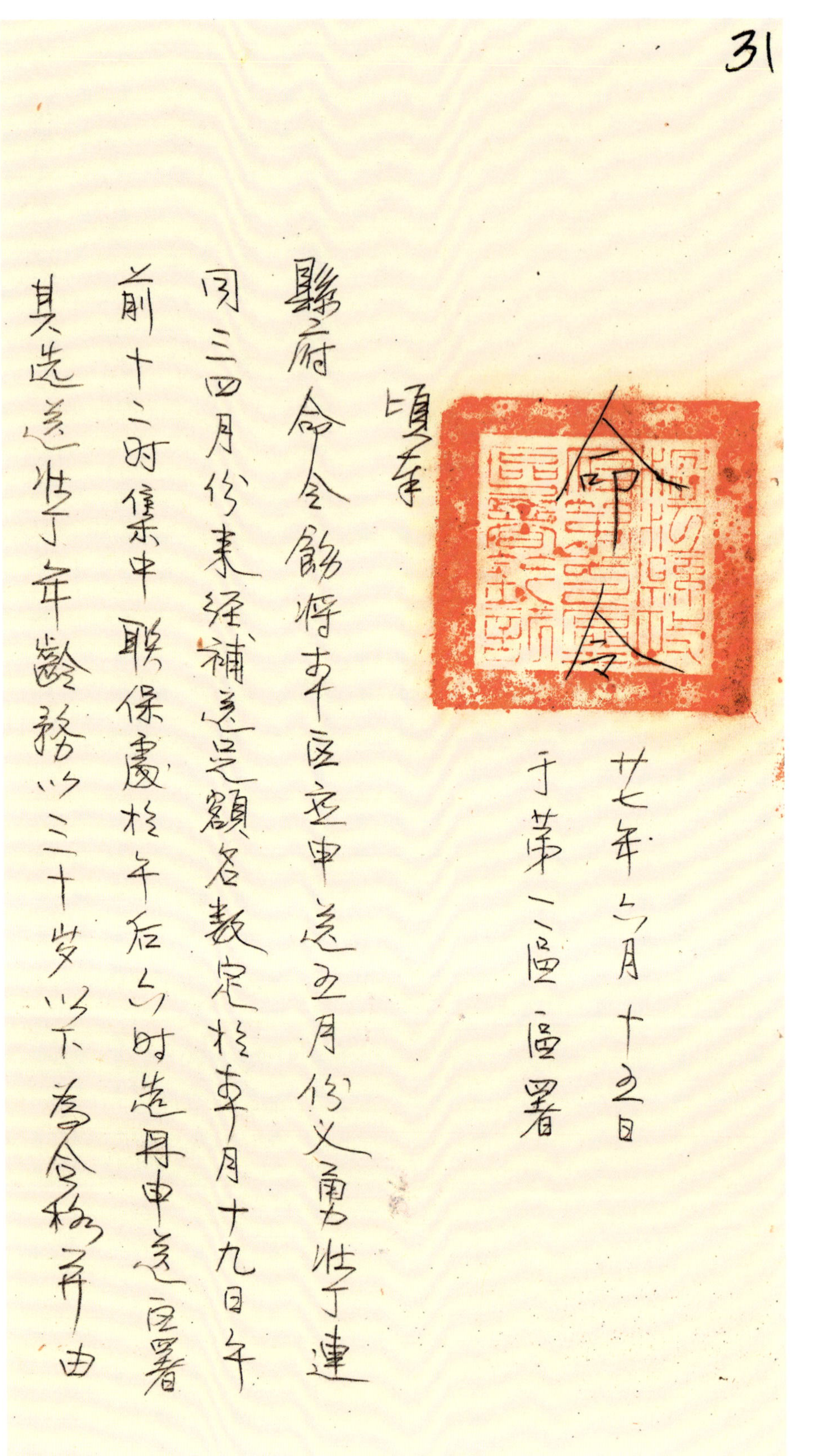

31

命令

廿七年六月十五日

于第一區區署

頃奉

縣府命令飭將本區應申送五月份义勇壯丁連

同三四月份未經補送足額名數定於本月十九日午

前十二时集中聯保處於午后六时造冊申送區署

其选送壯丁年齡務以三十岁以下为合格并由

各联保處自備伙食一日為要！

兹因查該联保四月份以前尚欠壯丁人數**叁**名，連五月份應送人數**叁**名，共應申送**陸**名，仰即照送，于本月十九日午前十二時集中联保處，于是日午后六時造册送署集中，並自備伙食一日，由本署着區員伍嵐光率領到縣府補充隊驗收，除分令外，仰該主任即便遵照，各將應送壯丁人數先期選送足額，以便届期申送，切勿違延為要！

此令。

計抄送補充隊轉送成都驗收名單

蘇鎮

聯保主任王公度

區長劉積

驗收單

王俊明　楊德輝　施占云　楊清和　賴國恩　周素云

賴素云　王成壽　劉素云　龍楷　徐萬春　嚴晋之

何遠　劉萬和　葛容光　劉漢文　雍正華　楊德臣

周少武　李少明

温江县国民自卫总队部关于通知第二期城镇街市壮丁训练毕业检阅成绩致苏坡联保社训队的训令（一九三八年八月二十三日）

29

訓令——為將本年次第二期城鎮街市壯丁訓練畢業檢閲之成績通飭知照由

溫江縣國民自衛總隊部訓令

訓字第　　號

令蘇坡聯保社訓隊

查本年次第二期城鎮街市之壯丁訓練，僅有城區聯保及第三區和盛聯保兩處，訓練之時期較長於第一期，而大體上成績則反不如之，足見多數官長未能努力，殊不無遺憾。然而為有少數隊之官長壯丁，較昔更為努力，表現成績，猶能差強人意，不能不酌予獎譽，以示推揚。計有城區聯保社訓隊分隊長祝鏞，指揮連教練，分隊附喻文彬及第三區和盛聯保社訓隊分隊附趙謙實，指揮排教練，祝趙二人，指揮頗為適宜，壯丁精神亦好，惟動作欠佳。喻之壯丁操作頗好，而其本人指揮間有未妥之處，衡其長短，大致相等，三人均列為乙等，各獎洋柒圓。另有城區聯保社訓隊分隊附趙國洪指揮間有可取之處，而壯丁動作則欠整齊，應列為丙等，獎洋伍元。分隊附張宇光指揮較差，壯丁操作熟習，較之以上諸人指揮之隊，處處均出其上，應列為甲等，獎洋拾圓，所有獎洋係由本部直接發給外，合行通飭遵照，仰得獎者以後加倍努力，再求長進，未得獎者應即奮勉，以圖迎頭趕上，幸勿得過且過，敷衍塞責，致負　喬峰之厚望，是為至要！

此令。

中華民國二十七年八月廿三日

兼總隊長　陳志學

兼副總隊長　鄧宵祿

温江县国民自卫总队预备队第一区区队部关于选送二十名壮丁以编组国民兵常备中队致苏镇联保队的训令（一九三八年八月二十四日）

訓令　為奉令轉飭該聯保隊選送壯丁貳十名以便編組國民兵常備中隊一案由

溫江縣國民自衛總隊預備隊第一區隊訓令　訓字第41號

令蘇鎮聯保隊

案奉

溫江縣國民自衛總隊部八月第三六三號訓令開：「本年八月十六日，案奉　溫江縣政府民字第一〇一三二四號訓令開：『案查本縣奉令編訓四川省國民自衛總隊常備隊兩中隊，担任地方治安一案，業經本府令委陳見德為第一中隊長，所有該隊士兵共一百四十三名，照本年一至二期已經受訓之壯丁中挑選年在廿歲以上卅歲以下，身體強健家庭閭鄰較輕，或同户有壯丁二人以上者，徵調入伍，編訓服務。此項壯丁，着由該鄉鎮飭分區，在訓練分隊壯丁中盡以選擇，先行列冊彙報，并限于八月底以前，全數層報來府，以憑統籌洽办，勿得延誤，致干未便，為要！至第二中隊士兵，應即限時選定，以憑完成徵集，合併飭知。此令。」等因；奉此。本部當即遵辦，查本縣應編常備兩中隊壯丁之總數，共為二七四人，以三區為分担，該區應征調壯丁壹百名，仰即于各聯保訓練分隊內擇其壯丁火速如數選定，并將何者為第一中隊、何者送第二中隊，先行確定，于一週內分別列冊呈報來部，以憑送第一中隊者，各于本年八月底以前派員護送中隊

鎮前來，所有該編，至第二中隊時，隨時調集，俾
縣府有令時，再行飭知，仰即依照遵辦理，勿得
違誤，致干未便！！此令。」
等因；奉此。自應遵照辦理，除分令外，合亟令仰該聯
保隊即便遵照，在所屬各分隊中，編調壯丁式拾名，以
抽名編為第一中隊，以抽名編為第二中隊，分别列冊（係
列姓名、年齡、住址）趕于擬後。檢列入第一中隊者，統限
于本年月廿八日午刻前著原列軍服全套、東腰皮帶，集
中克鎮，以便集合發給員牽領訓練，勿得違延干咎；
二中隊者，令[illegible]集中，所有冊名各于本月廿八日先行造
報來部，以憑轉報并令所飭知。此令。

中華民國三十七年八月二十四日

大隊長 劉積
副大隊長 趙康

温江县国民自卫总队预备队第一区区队部关于奉饬改组社训队致苏镇联保队的训令（一九三八年八月二十四日）

4

训令 为奉县指示社训队改组办法仰即遵照改组一案由

温江县国民自卫总队预备队第一区训令 训字第4号

令苏镇联保队

案奉

温江县国民自卫总队部总字第二六六号训令开：

「查本部前已奉令由社会军事训练总队改组为国民自卫总队，惟对于区队联保社训队及训练分队究应如何改组，尚未奉到明令，兹奉有规定前来，特为指示，以后各区队应即改称为「温江县国民自卫总队预备队第（社训区改称为温江县国民自卫总队预备队第△区队△△联保队）△区队」，△联保队，训练分队应一律改组为「温江县国民自卫總隊預備隊第△區隊△△聯保隊第△分隊」。並令後之國民軍訓（即社會軍訓）組織，統分為常備、預備、後備三種隊。常備隊係集中在營，常川駐縣城，受總隊之直接指揮。預備隊即原來之社訓隊，係以國民兵教育適齡現應受訓之壯丁輪流編組之。以鄉鎮隊為管理單位，以鄉鎮內之輪迴分隊為訓練單位，直隸于總隊。後備隊即國民兵義勇壯丁隊，令各區隊聯保社訓隊及訓練分隊之改為預備隊者，即以其性質合于新規定內預備隊之故，其編組詳情，仰即遵照本部前次轉發之戰時國民軍訓組訓教倫綱領辦理，不得有

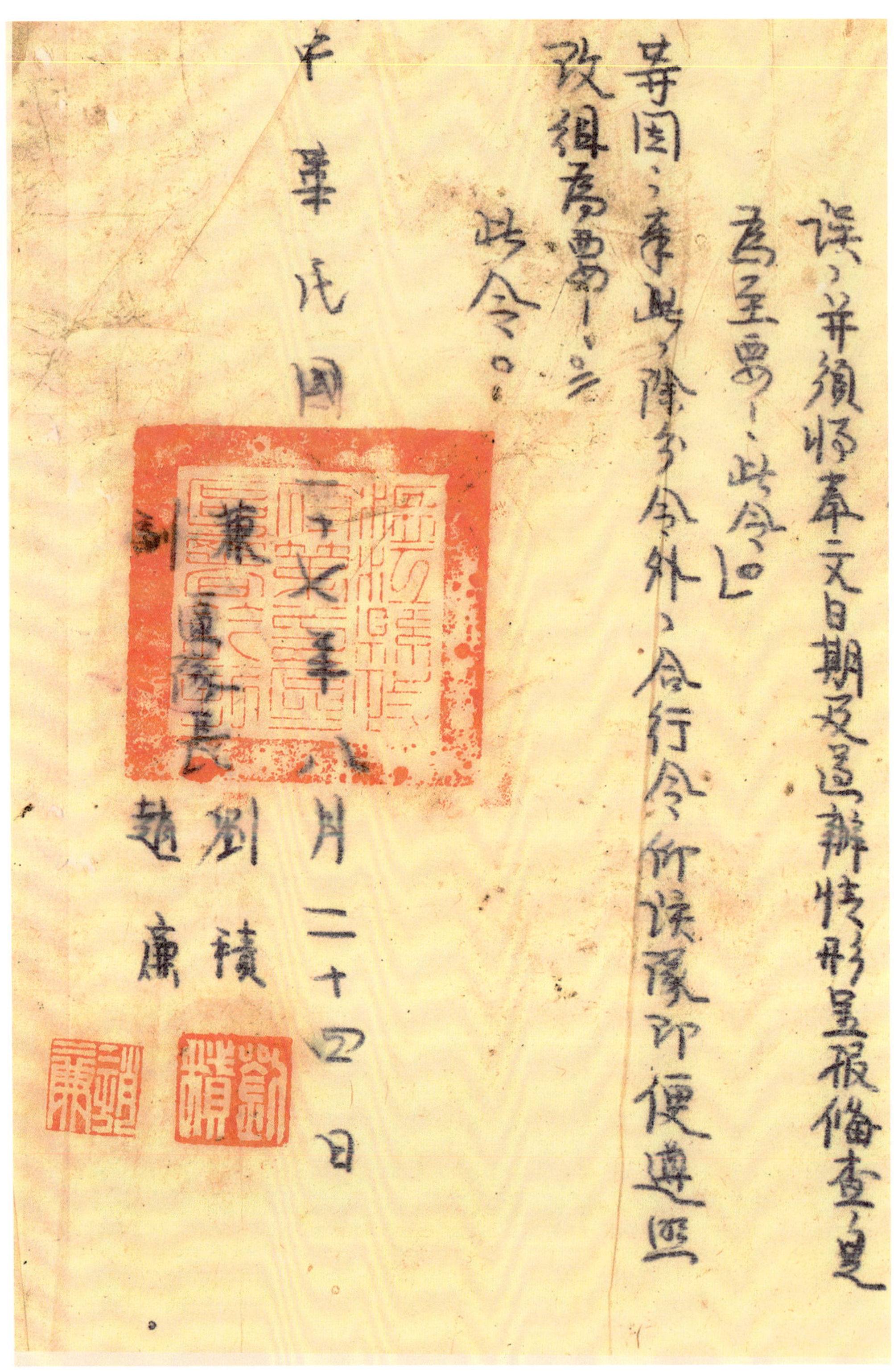
誤，並須將奉文日期及遵辦情形呈報備查，是
爲至要！此令。」
等因；奉此，除分令外，合行令仰該隊即便遵照
辦理爲要！！
此令。

中華民國二十七年八月二十四日

兼區隊長 劉積
副 趙廉

温江县第一区区署关于奉电转饬克日送足所欠壮丁致苏镇联保主任的代电（一九三八年九月二十四日）

77

奉查 九、廿六

代電（為轉電飭將欠送壯丁不分晝夜尅日補送足額一案由）

特急蘇鎮聯保主任釜頃奉縣長陳稷代電開：二十七年九月二十三日案奉省主席王等有代電開：頃奉行營張主任賀副主任灑禧電開：根據日前據前廳長及軍管區戴參謀長於渝會商壯丁問題，截至八月底止尚欠八萬餘名，連同九十兩月應送中央四萬八千名，又自六月份起至十月份止川省出征部隊自行補充計四萬名，共十七萬餘名，統限九月底以前送齊，自十一月一日起由軍管區接補。為迅速結束過去欠數計，決由行營增設驗編處及予壯丁隊以種種便利。現保衛武漢之大會戰正積極準備中，將來兵員補充需量甚鉅，且急於星火，請兄嚴令各市縣如期送足，勿任拖延。惟在此短期中取足上項壯丁，固賴承辦人員特別努力，尤盼多召

設法激發民眾[illegible]動員，如各地方機關團體及學校教職員等齊同動
作宣傳，務求普遍，並[illegible]激發愛國情緒，俾人民踴躍應徵，以迅赴事
機。[illegible]所見役爲要等由，准此。查各市縣八月底以前欠送壯丁及七八
九十四個月應征額，應於九月半征送一半，月底送清，業經本府
[illegible]准電前因，除電飭并分電外，合行電仰該府
即便遵照，務於此短時期中特別努力動員民眾，將規定丁
額依限送足，取據報查，勿稍違延干咎，等因，奉此。查各區本年
八月以前欠送壯丁及七八九十四個月應送壯丁數目，業經本府迭
令飭於本年九月底全數送清在案。奉電前因，除分電外，合行
電仰該區區長迅遵先令，務令將該區應送壯丁依期送足，勿
得違延干咎，等因，奉此。除分電外，合行電仰該主任即便遵
照本署從嚴令飭，將仍欠數補送足額，如稍逾限，不惟
自取咎戾，而又影響抗戰，各該主任等愛護國家民族，從不
後人，當此危疑震撼之秋，務恥一本初衷，不分晝夜，不辭勞瘁，
將明令規定應送名額竭力如數辦到，是爲至要。區長劉積敬叩

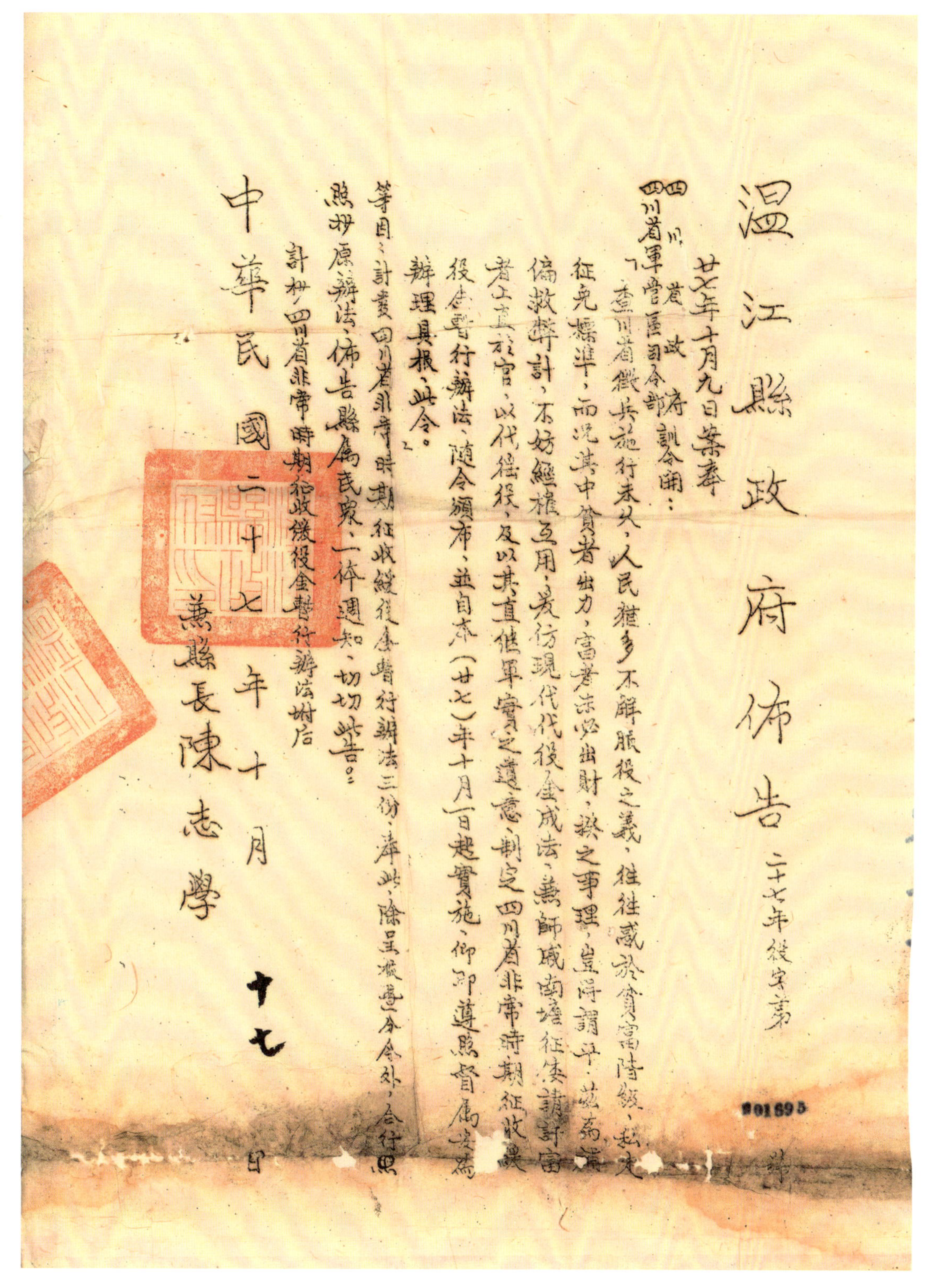
温江縣政府佈告

二十七年役字第　　號

廿七年十月九日案奉

四川省政府
四川省軍管區司令部 訓令開：

「查川省徵兵施行未久，人民猶多不解服役之義，往往惑於貧富階級，致起征免標準，而況其中貧者出力，富者亦必出財，揆之事理，豈得謂平。茲為補偏救弊計，不妨經權互用，爰仿現代代役金成法，兼師戚南塘征倭請討富者丁直於官，以代徭役，及以其直供軍實之遺意，制定四川省非常時期征收緩役金暫行辦法，隨令頒布，並自本（廿七）年十月一日起實施，仰即遵照督屬妥為辦理具報，此令。」

等因，計發四川省非常時期征收緩役金暫行辦法三份，奉此，除呈報查考分令外，合行照抄原辦法，佈告縣屬民衆，一體週知，切切此告。

計抄四川省非常時期征收緩役金暫行辦法附后

中華民國二十七年十月十七日

兼縣長陳志學

温江县政府关于奉发四川省非常时期征收缓役金暂行办法的布告（一九三八年十月十七日）

附：四川省非常时期征收缓役金暂行办法

四川省非常時期征收緩役金暫行辦法

第一章 總則

第一條 非常時期征集國民兵及征補義勇壯丁常備隊時應服兵役之男子緩役辦法除兵役法施行暫行條例第已章業有規定外概依本辦法辦理之

第二條 凡依本辦法緩役之人數以其抽籤區（即每保）應抽籤名額為標準不得超過其本區應抽籤人數十分之二

應加入抽籤之壯丁如確已出省旅行或經商因有故障一時不能回籍應抽者得儘先繳納緩役金申請緩役

第三條 申請繳納緩役金應在抽籤以前辦竣手續否則不得臨時規避抽籤

第四條 中籤之後概不適用本辦法之規定但第一期征收緩役金時如人數先已抽定可照抽定之人數十分之二辦理以後不得援例

第二章 組織

第五條　非常時期征收緩役金各機關之職掌如左

一、軍管區司令部監督指導辦理一切緩役金事項並飭師團管區遵照切實會同實施並督飭縣(市)兵役科認真辦理造冊彙報以備查核

二、縣兵役科統辦全縣有關緩役金之一切事務並管理緩役人員及金額之登記與呈報等事宜

三、區署管理人民申請繳納緩役金之登記及一切呈報事記

四、縣金庫為收款機關辦理兵役人民繳納之款及轉解呈報事宜無縣金庫者則由縣市出征抗敵軍人家屬優待委員會擔任此項事務

五、保管委員會由縣(市)兵役監察委員會委員組織而成為金額存儲機關其主任委員負管理金額存儲事項之責

第六條　軍管區兵役指導委員會為最高監督機關負監察督飭考核之責師團管區監察組織員為該區內緩役金事務監察之責

第七條 縣政府監察並督促全縣各區聯保辦理緩役金事項

第八條 各縣(市)聯保兵役監查委員會對於辦理緩役金人員有舞弊情事得層報監察組轉請軍管區司令部查核懲處

第三章 程序

第九條 在抽籤一月之前由兵役科將人民聲請徵納緩役金程序永爲縣令飭各區長施行並佈告週知

第十條 人民得見佈告後即呈請志願徵納緩役金並具聲請緩役理由書呈報區公署(經保甲蓋章)

第十一條 區公署將緩役人名登記後依本期應抽籤人數照比例推算人數足額時即停止登記於抽籤十日前造具志願徵納緩役金名冊三份一份連同聲請書呈繳緩役備案一份發存縣金庫原冊存本署備查

第十二條 人民在抽籤前十日之內親赴縣城將縣金庫徵納現款領取收據後經縣兵役科核定再領緩役證

第十三條 發給緩役證時其證書應由縣長兵役科長及人民監查委員會會蓋經

委員簽名蓋章

第十四條　第十條之志願繳納緩役金聲請書及前條之緩役証皆由兵役科預先製定其式樣見附式(二)(三)

第十五條　兵役科承辦收繳完竣後應造具本縣緩役統計表並註明金額呈報團管區司令部

第十六條　團管區司令部接到縣市呈報後於十日以內造團管區統計表呈報師管區司令部

第十七條　師管區司令部接到團管區呈報後於十日以內造師管區統計表呈報軍管區司令部

第四章　期限及金額

第十八條　緩役期限暫定以一年為一期期滿之後仍應依法服役如重新聲請者准繼續照本辦法辦理但每人先後至多不得過三次

第十九條　緩役金之金額每期每人暫定國幣二百元

第五章　繳金之處理

第二十條　縣金庫收齊金額後造冊呈縣政府備案並將全數徵金移存省

委員會負責保存

第廿一條　單管區司令部將全省所有徵金額總數分配以大部分作安置出

征極貧壯丁家庭生活之養金一部作補助義勇壯丁常備隊之經費

有餘則匯請中央購買抗戰武器

第六章　附則

第廿二條　本辦法如有未盡事宜得隨時增訂修改之

第廿三條　本辦法由四川省單管區司令部省政府公佈施行並報重慶行營軍政部

備案其施行及廢止日期以命令定之

附式一

……15公分……

……[illegible]公分……

繳納緩役金理由声請書

本籍地	（○○省○○縣（市）○○區○○鄉（鎮）（坊）○○保○○甲）	現住地	
本人姓名		出生年月	
本人与家長之親屬關係	（係家長何對該家長）	家庭狀況	
申請原因	（以与法規緩役規定不違反並相適為原則）		

右声請原由、確係實情、理合呈請

某某區公署　轉呈

某縣（市）政府

声請人　○○○（簽名蓋章）

該甲○長　○○○（蓋章）

某保保長　○○○（蓋章）

中華民國　　年　　月　　日（本声請書由兵役科存查）

附式二

正面

缓役证书

某省(市)某县(市)某区乡(镇)(联保)姓名　　字第　　号

右缓一期初某　家长姓名

民国　年　月　日

某省某县(市)县(市)长(签名盖章)

兵役科长(签名盖章)

监察主任(签名盖章)

反面

一、此证书自某年某月某日起至某年某月某日失其效力

二、此证书遗失时即须向县府兵役科请求补发

三、此证只限本人有效不准转移他人

附錄三（此面原有红線移作面内之線）

……15公分……

……27公分……

某縣（市）某區志願徵納緩役金壯丁名冊

姓名	出生年月	住址	職業	金額	備考

某省某縣（市）
（某省某師管區）
（某省某師管區某團區）
年度　期優役統計表

區別／項目（某區某縣或某團管區）	人數	金額
總計		
備考		

中華民國　年　月　日（銜名）謹呈

說明：一、區別欄內，在縣填某區，在團區填某縣，在師區填某團區。
二、題目一項，兵役科寫某縣，團區寫某團區，師區寫某師區。

温江县国民自卫总队部关于奉发四川省兵役实施计划纲要致苏坡联保队的训令（一九三八年十月二十二日）

5

事由：為奉令轉發四川省兵役實施計劃綱要仰即知照由

溫江縣國民自衛總隊部訓令　二十七年法字第　號

343

令蘇坡聯保隊

二十七年十月十三日案奉

四川省軍管區司令部同年同月軍役字第六六號訓令開：

「茲制定四川省兵役實施計劃綱要，除分令各級管區司令、

各行政督察專員、各縣市政府、各縣市社訓總隊部、各縣市國

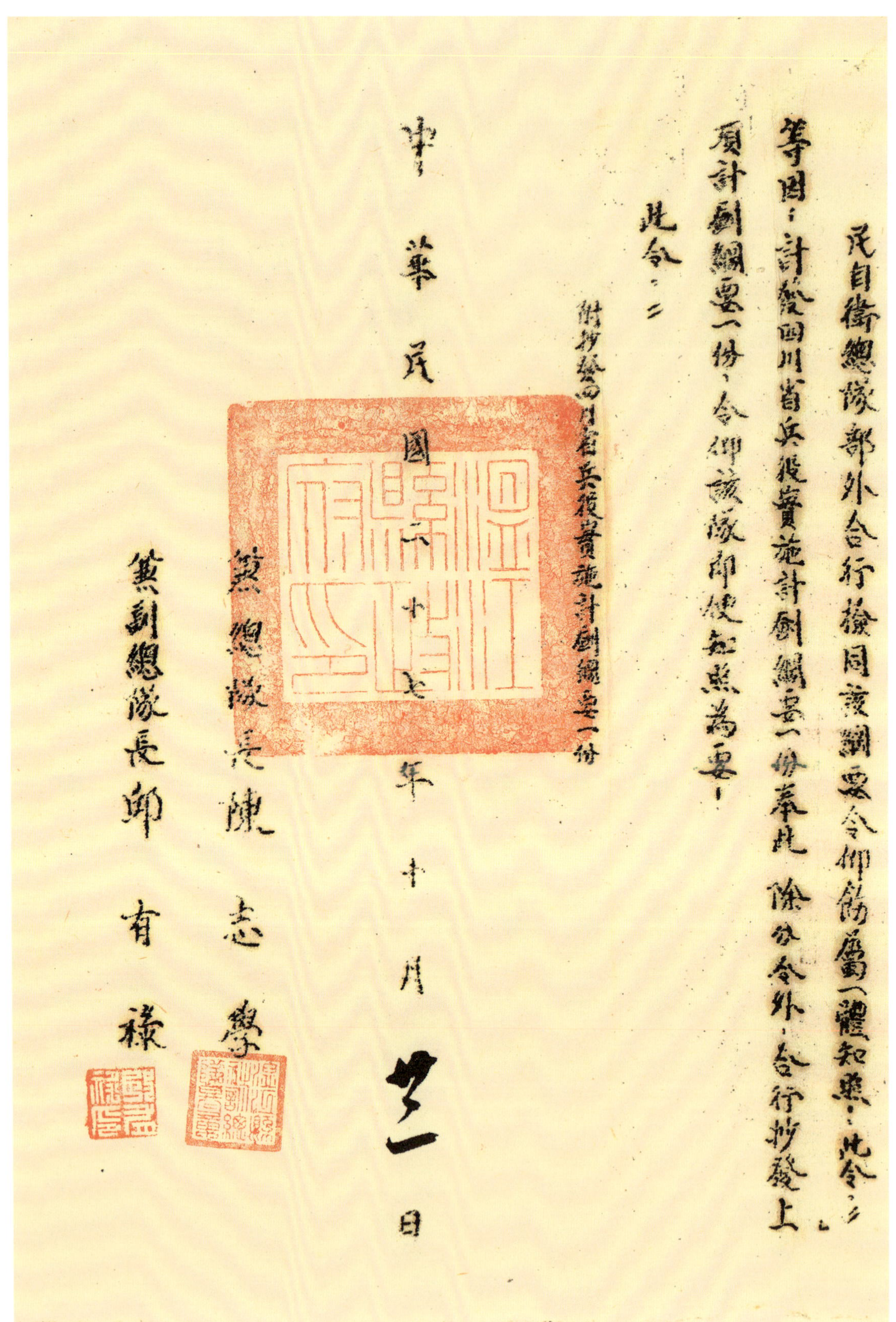
民自衛總隊部外，合行檢同該綱要令仰飭屬一體知照。此令。」等因；計發四川省兵役實施計劃綱要一份。奉此，除分令外，合行抄發上項計劃綱要一份，令仰該隊即便知照為要！

此令。

附抄發四川省兵役實施計劃綱要一份

總隊長 陳志學

兼副總隊長 鄭有禄

中華民國二十七年十月卅一日

四川省兵役實施計劃綱要

第一條　四川省軍管區司令部為謀兵役業務之有效推動，以征訓合一為最高原則，特參照各種成例、本國法規及川省一般之情形，制定本綱要，并於本（三十七）年十二月底完成之。

第二條　本省壯丁抽調辦法，分兩級辦理，均以抽籤法決定，并以按甲抽定一名為標準。初抽以保為單位，依甲分組，抽出應征人選；復抽以鄉保為單位，依保分組，抽籤決定應征壯丁，月出壯丁按順序以後，即按月依次征調，預定抽出壯丁總數為八十萬，其抽籤法另定之。

第三條　應征壯丁之訓練，分四個階級：第一階段為壯丁訓練，將所有抽中壯丁，於本年冬季，交由各社訓人員完成其應受之一百二十小時教育；第二階段為義壯常備隊訓練，以每月應送之壯丁三萬二千名，按月依次征入義勇壯丁常備隊，施以一個月之在營訓練；第三階段為後補團及新訓處訓練，即以義壯常備隊分別撥交各師管區後方補充團及直屬部暨川各新兵訓練處，施以兩個月之新兵教育，以後即按月准下此繼續編訓；第四階段為野戰團訓練，即由後補團及新訓處補充各野戰團，再施以一月之戰鬥教育，始正式編入部隊，擔任作戰。

第四條　義勇壯丁常備隊，以本省每月壯丁征額三萬二千名，依各縣征送之壯丁數目為比例，而決定各縣應編之隊數，乙月應征送之壯丁，丙月一日即須入常備隊，開始訓練。常備隊之幹部，由在鄉軍人中選任，并於每縣設一大隊部，直隸團管區司令；實施訓練訓練期滿，調赴各後方補充團及各新兵訓練處，其隊官長須以半數，率領前往，並呈每中隊須有各該縣在鄉軍官一人，隨隊編為後補團及新訓處編為隊職員官，以補及新訓處補充各部隊時，統須依照軍政部規定，以營連為單位，不得再行分割，上述之在鄉軍官，亦須隨隊編入為正式隊職軍官，如有違法分割及不接收此項軍官者，下月即停止補充。

第五條　後方補充團幹部之來源，決定將各師管區軍官隊，由軍管區司令部集中訓練，軍官隊之學員，由各師管區考選大部，其餘請軍政部事前須為指定接收新兵之部隊機關，令飭軍管區，由軍管區請其酌派幹部前來，加入軍官隊，一体受訓，隨時用以補充各後補團之幹部，又川省新兵於後方補充團受訓畢業，統由各團管區就地接交川軍各野戰補充團（因六個後補團每月只能交出三團約計七千二百名）預定補充川軍之八千名尚差八百名，則以新訓處新兵補足之），至每月訓成之義壯常備隊，則應以二萬四千八百名補充軍政部及川各新兵訓練處（因此擬請將各新訓處駐於各師管區附近）至直接補充前線部隊，則由川軍各野戰補充團及川各新兵訓練處行之，運送則由行營統籌辦理。

第六條　無論義壯常備隊或後方補充團補充兵，照軍政部規定均應在各團管區所在地，按月接交應交之團隊及機關接收，因此特規定均以每月三十日為新兵交接期，逾期之伙食夫雜，統由接收團隊機關擔負，並須於交接同時付清，以免妨害新兵之繼續征訓。

第七條　為實施征訓合一之一貫辦法起見，當陸續制定若干補助辦法，以資推進，其最要者先成立各級監察系統，在縣以下由民意所選設縣兵役監察委員會、聯保兵役監察委員會、保兵役監察委員會，縣以上則由團管區，於兩縣至三縣間，組一監察組，巡迴監查，軍管區設一兵役指導委員會，為最高監督指導機關，各級監察機關所負任務，為監察各級辦理兵役人員，有無舞弊，人民是否依法服役，及優待出征抗敵軍人家屬，是否如法實行等事，以補救戶籍調查之不確實，及執行機關之不盡責任與違法。

第八條　為使出征壯丁安心入伍計，除遵照行政院規定優待辦法，擇要辦理外，並由穀倉，按壯丁入常備隊之月半，給谷兩担，三個月後由第四個月起，按月再給谷三斗，共給九個月為止，出征壯丁中之極貧者，再由優待委員會向殷戶募集若干現金，並決定保甲建金時，分別實行征收緩役捐，用以酌量分別補助之。

第九條　應令各縣兵役科，並於八月份起，設班分期考訓各縣兵役科人員，每期訓練一個月，以三期為度，訓畢再調集各級社訓人員，施以訓練，以期征訓合一之能澈底實施。

第十條　根據上述辦法，分期辦理，其程序如下：（一）八月份為調查時期。（二）九月份為宣傳時期。（三）十月份為完成征訓合一各級機構時期。（四）十一月份為依征額開始訓練新兵時期，至十一月底並開始交接新兵。（五）十二月底以後即按月完成常備隊一月教育二萬四千八百名之壯丁，曾受後方補充團教育七千二百名（係以每團二千四百名計算）之新兵，陸續施行補充。

第十一條　本計劃逐步實施時，當另行明令之。

温江县第一区区署关于转饬成立兵役监察委员会致苏镇联保处的训令（一九三八年十一月三日）

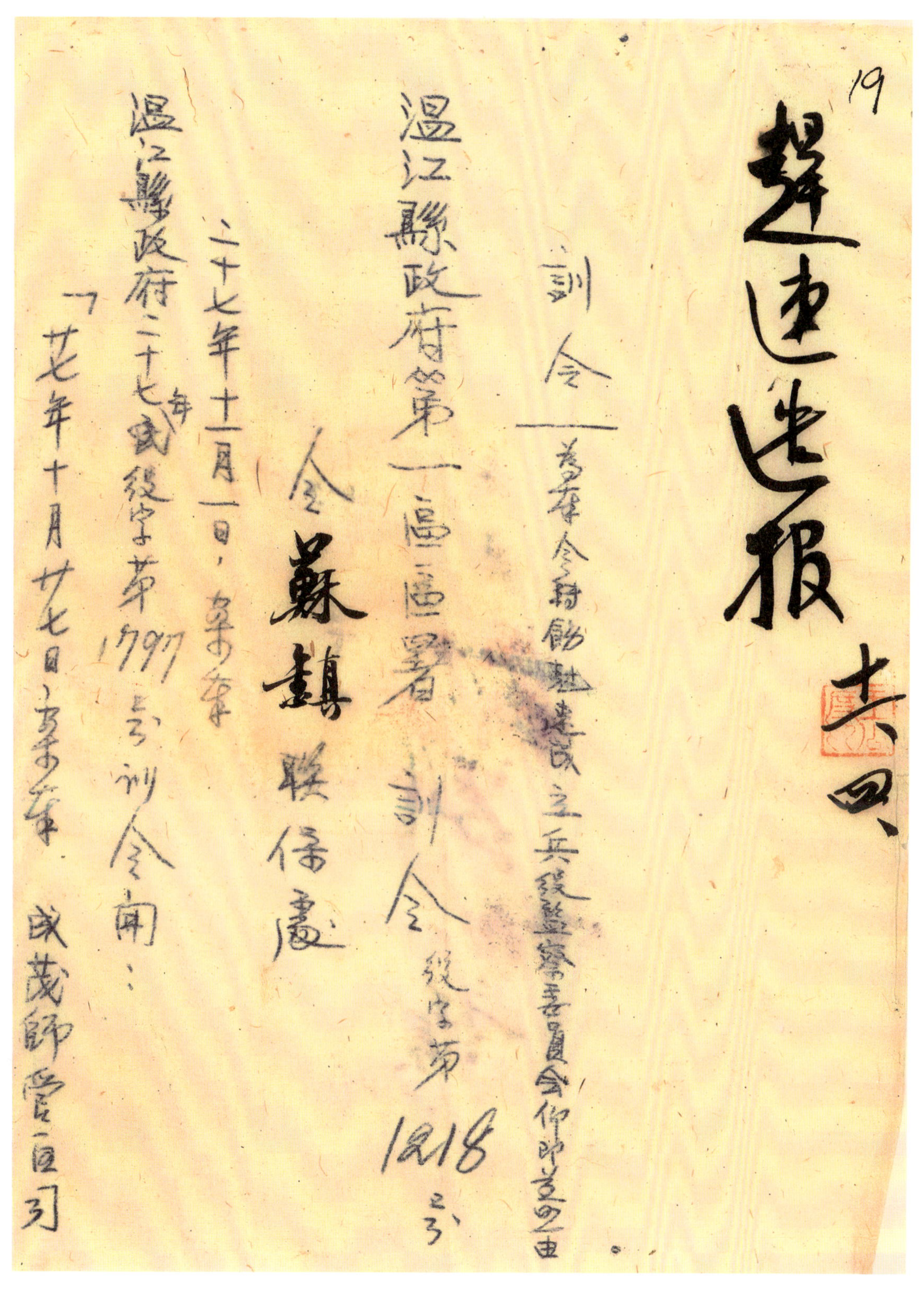

19

提速催报 十六、四

训令 为奉令转饬赴速成立兵役监察委员会仰即遵照由

温江县政府第一区区署训令 役字第1218号

令苏镇联保处

二十七年十一月一日，案奉

温江县政府二十七年武役字第1797号训令开：

「廿七年十月廿七日，案奉

成都师管区司

令部代電開：「查各縣市聯保兵役監察委員會尚未完全成立，現值抽籤時期，希特令遵照，并督飭剋日成立，仍將各該委員會成立日期報部備查」等因，奉此。除分令外，合行令仰該區長遵照，飭屬剋速成立，并將成立日期、詳報備查爲要！」此令。

等因，奉此。查本區各聯保兵役監察委員會除清平鎮聯保業已遵章組織成立具報外，其餘各聯保

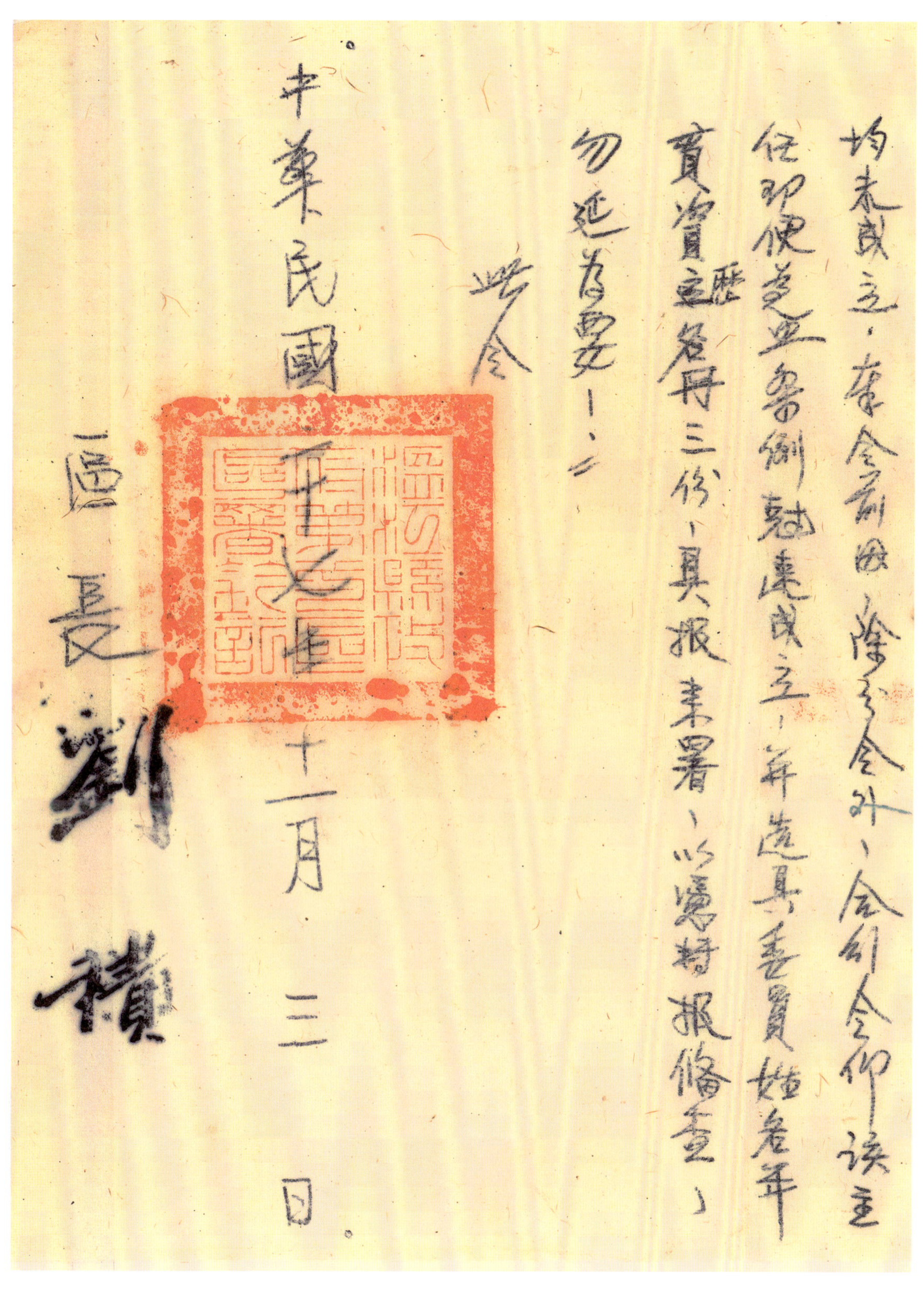

均未成立，本令前因，除分令外，合行令仰該主任即便遵照前令，趕速成立，并造具委員姓名年貢資歷名冊三份，具報來署，以憑轉報備查，勿延為要！此令。

中華民國三十七年十一月三日

區長 劉犢

温江县第一区区署关于转饬征集兵员须抽签并榜示致苏镇联保办公处的训令（一九三八年十一月十六日）

16

訓令

為奉縣令轉飭征集兵員抽籤及須榜示週知令仰遵照由

温江縣政府第一區區署訓令

廿七年役字第12224號

令蘇鎮聯保辦公處

廿七年十一月十二日案奉

温江縣政府同年役字第〇一九六六號訓令開：
「卅七年十一月五日，案奉 四川省軍管區司令王東
軍役字第〇三七号代電開：『查本省恒常時期征集
兵員及第一次抽籤實施辦法，早經頒佈并飭遵照
辦理在案。現在抽籤即須舉行，爲昭示大公起見，須
將辦法中規定之初抽後抽中籤壯丁姓名及抽得之
号次於抽籤決定後，由聯保主任及保長立即分別榜
示，週知，希即轉飭遵照』，等因，奉此，除分令外，合行

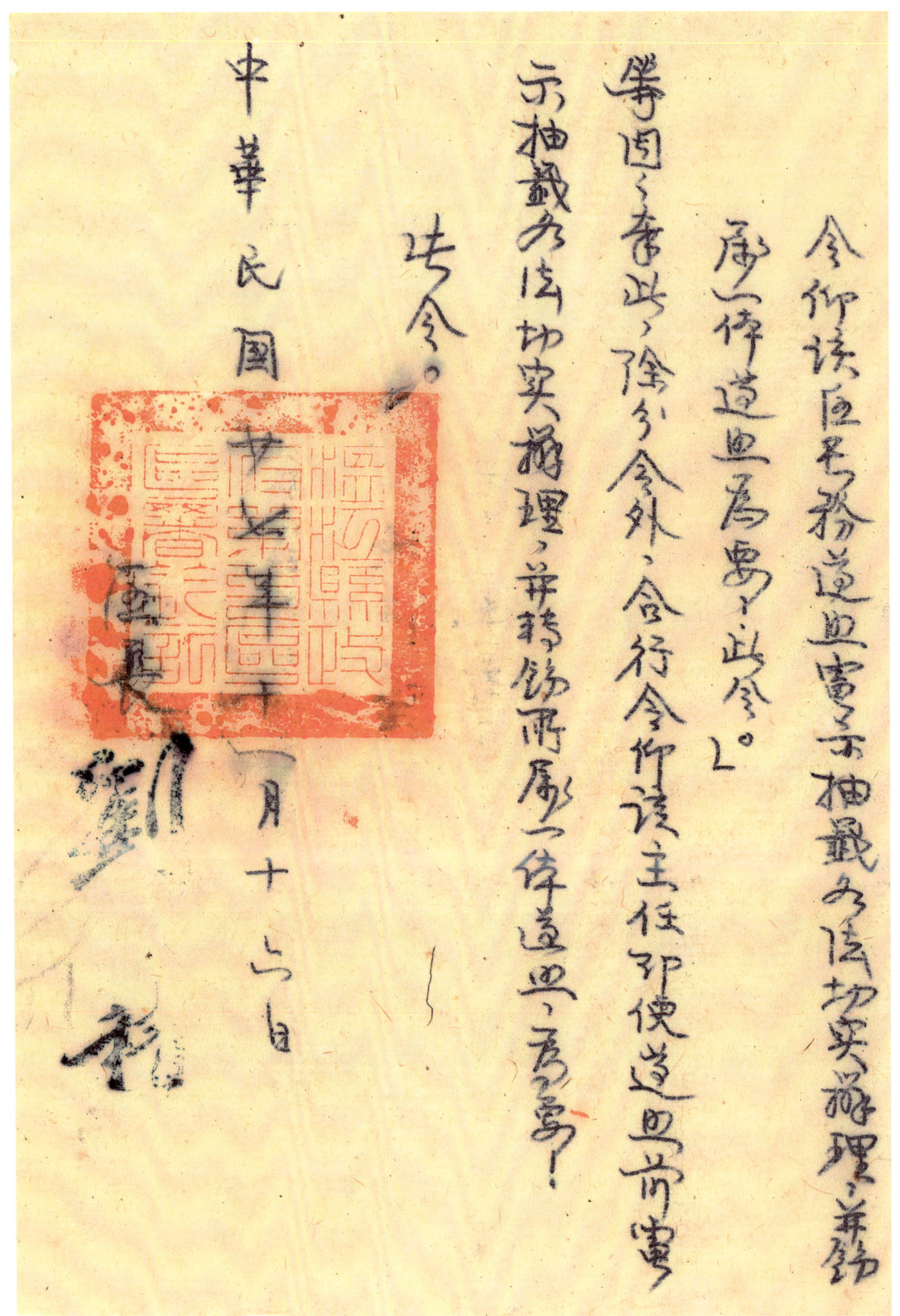

令仰該區長務遵照憲示抽藏務須切實辦理，並飭
屬一體遵照為要。此令。
等因；奉此。除分令外，合行令仰該主任即便遵照前憲
示抽藏務須切實辦理，並轉飭所屬一體遵照，為要！
此令。

中華民國廿九年十一月十六日

區長 劉

温江县第一区区署关于转饬申送壮丁来署致苏镇联保办公处的训令（一九三八年十一月二十一日）

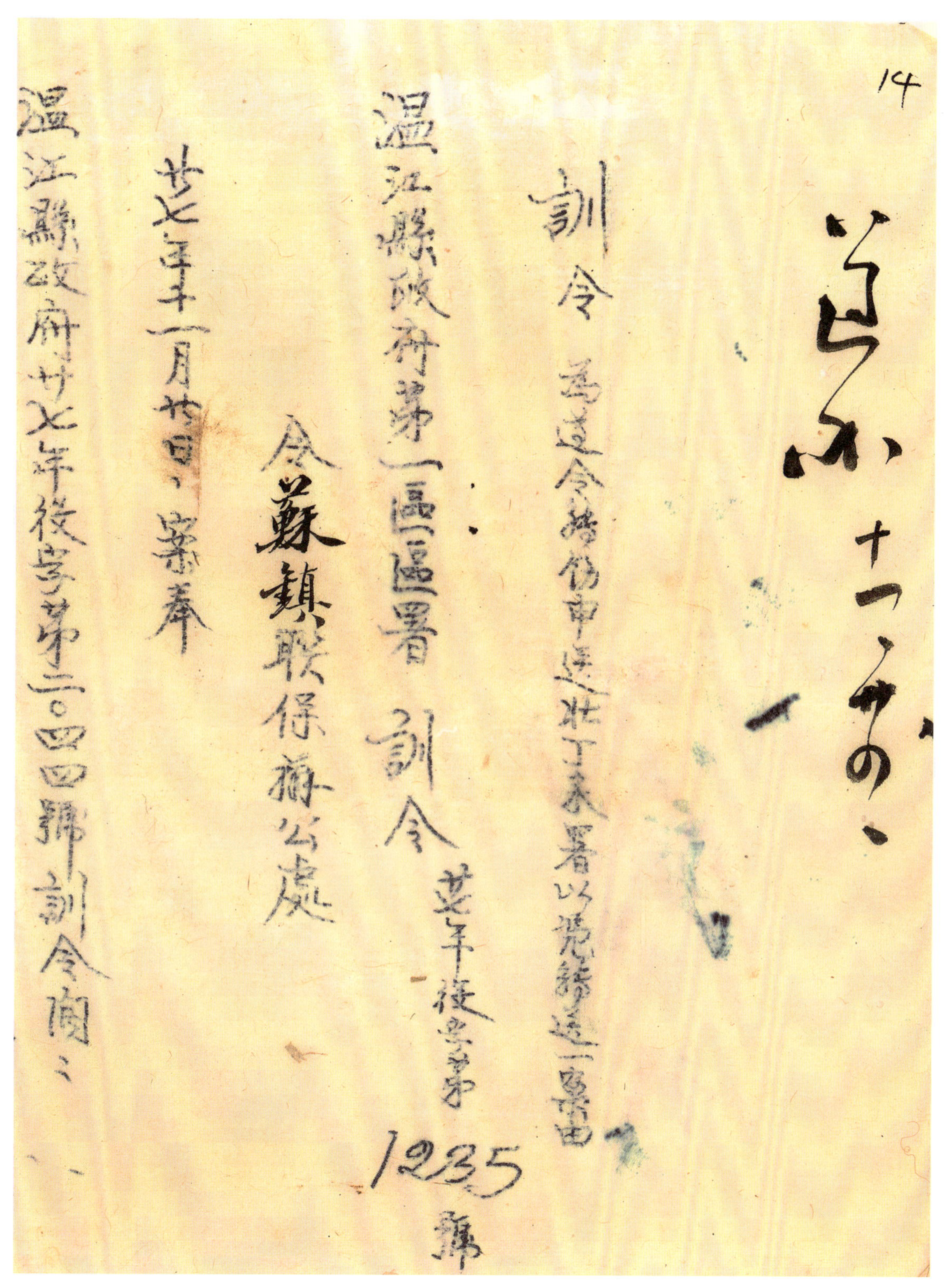

14

遵办　十一、廿四、

训令　为迳令转饬申送壮丁来署以凭转送一案由

温江县政府第一区区署训令　廿七年役字第1235号

令苏镇联保办公处

廿七年十一月廿日、案奉

温江县政府廿七年役字第二〇四四号训令开：

「案查本府前奉 四川省政府軍管區司令部訓令開：

「為國民義務壯丁常備徵送須訓規程，飭遵照辦

理。等因。查撥表所列本府每月應送壯丁壹百柒

拾壹名，茲特酌為配賦，計第一區六十六名，除分令

外，合行令仰該區長即便遵照，限十一月廿三日如

數申送來府驗收，俾得檢查，再予轉送為要，

切切此令。」

等因。奉此，查本區本月份應送壯丁共六十六名，茲

特酌配賦，計該鄉應送壯丁拾貳名，除分令外，合行

令仰遵照，先飭各丁自覓妥保，限本月二十三日往集中聯保處，廿四日晨派員率領來署，由縣府派醫官檢驗後，送編入伍，以免往返延誤。事關兵役要政，勿得玩延干咎。切切！

此令。

中華民國廿三年十一月廿一日

區長 劉積

温江县第一区区署关于转饬告知各级民众依法服役致苏镇联保处的训令（一九三八年十一月二十四日）

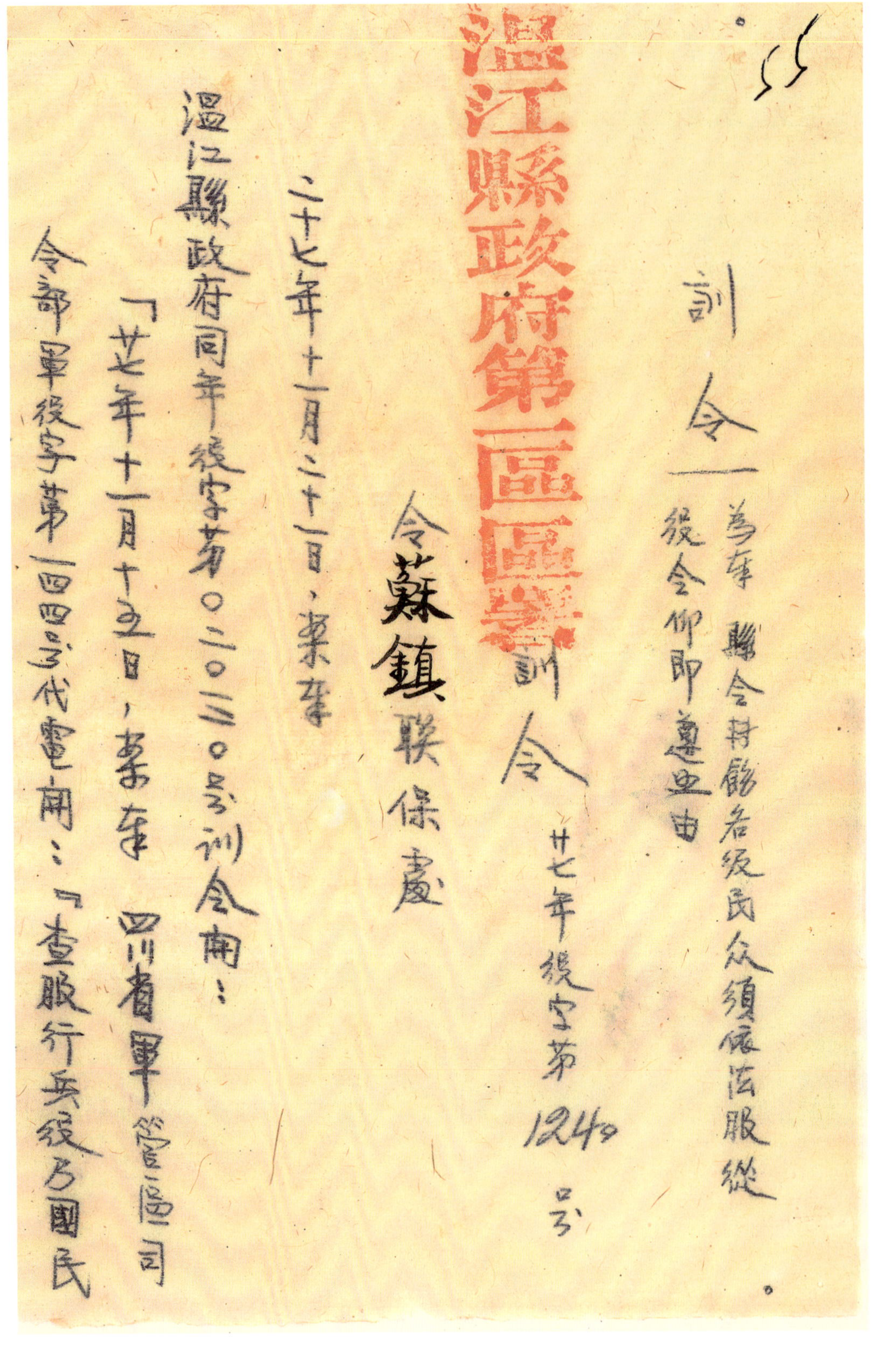

55

訓令 為奉縣令轉飭各級民眾須依法服從兵役令仰即遵照由

溫江縣政府第一區區署訓令 廿七年役字第1240號

令蘇鎮聯保處

二十七年十一月二十一日，案奉

溫江縣政府同年役字第〇二〇三〇號訓令開：

「廿七年十一月十五日，案奉四川省軍管區司令部軍役字第一四四號代電開：『查服行兵役乃國民

应尽之義務，值此彊土日削，逼患益深之際，凡我國民
应如何淬勵奮發，共秉天下興亡匹夫有責之義，投
袂而起，踴躍從公，共赴國難。不圖兵役施行以來，間有
無知之徒昧於天良，罔顧大義，或藉端避免，或煽眾阻
撓，莫屬違法已極。為此電仰該縣長即便佈告各級
民眾，今後務須依法服役，倘敢再有上項情事發生，一经
查覺，或被人告發，定予從嚴懲處，決不寬貸」等因；
奉此，除佈告并分令外，合行令仰該區長遵照，
并飭屬一體遵照為要！此令。」

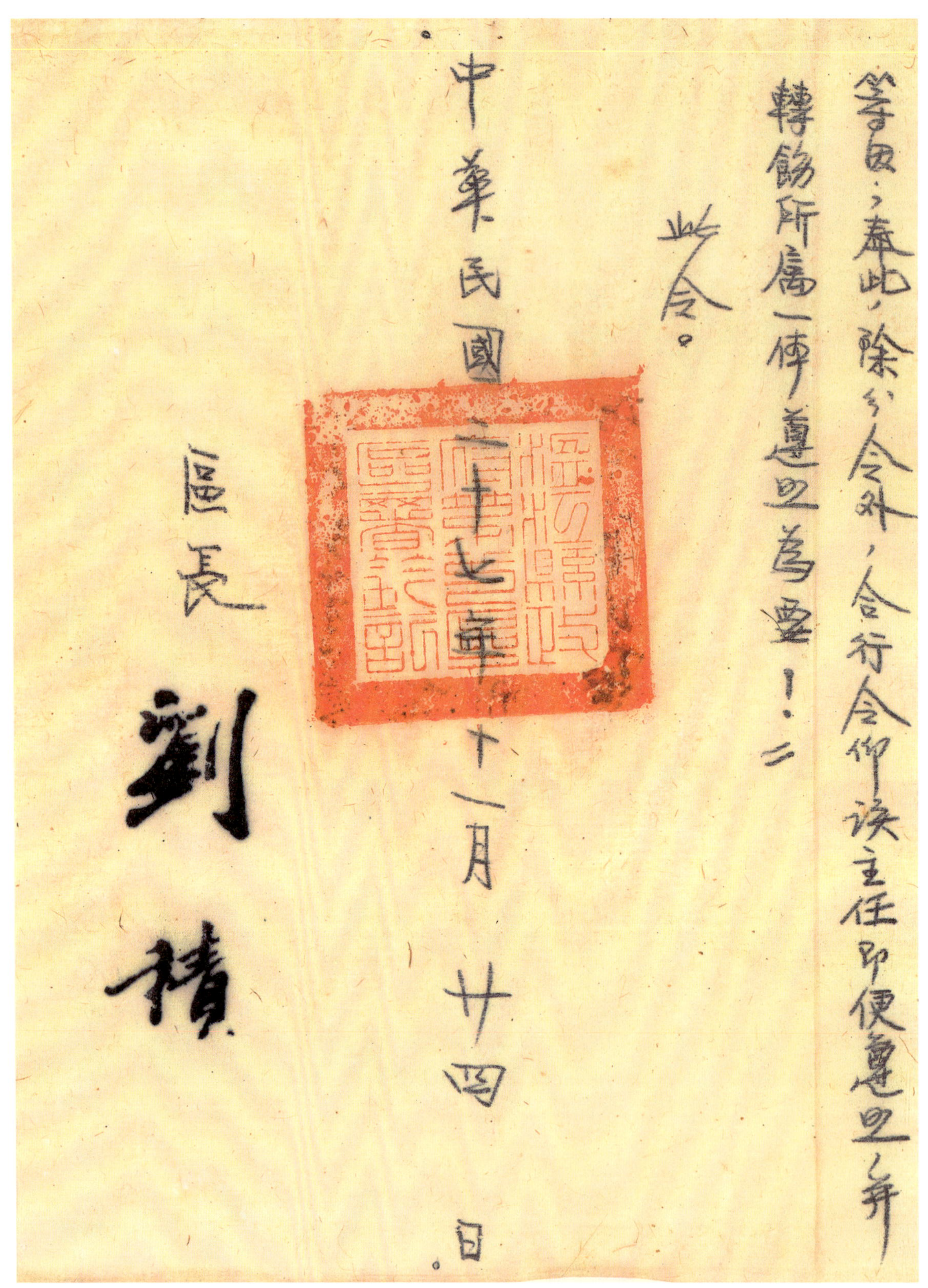

等因；奉此，除分令外，合行令仰该主任即便遵照，并转饬所属一体遵照为要！

此令。

中华民国二十七年十一月廿四日

区长 刘积

温江县第一区区署关于转饬征调补充兵役如有冒名顶替情事当从严论处致苏镇联保办公处的训令（一九三八年十二月五日）

69

訓令

令　為征調補充兵役如有冒名頂替情事當從嚴論處仰遵由

溫江縣政府第一區區署訓令　廿七年役字第　號

令蘇鎮聯保辦公處

案奉廿七年十一月卅日

溫江縣政府廿七年役字第○二一二號訓令開：

廿七年十一月廿六日，案奉　成茂师管區司令部第六九三號訓令開：案奉　四川省軍管區司令部軍法字第二三號訓令開：案奉　國民政府軍事委員會委員長行營渝法一字第一三七五七二號訓令開：本行營主任案呈奉軍事委員會法審寅銜一字第五五五二號代電開：值此抗战时期，前方战鬥力量端賴後方征調補充，如有冒名頂替、日兵役入營後又复逃亡，即係二罪俱發，例由有軍法現權机関從嚴論處，希查照并轉飭遵照，等因。除分令外，合行令仰該司令即便遵照并轉飭遵照，等因。奉此，除分令外，合亟

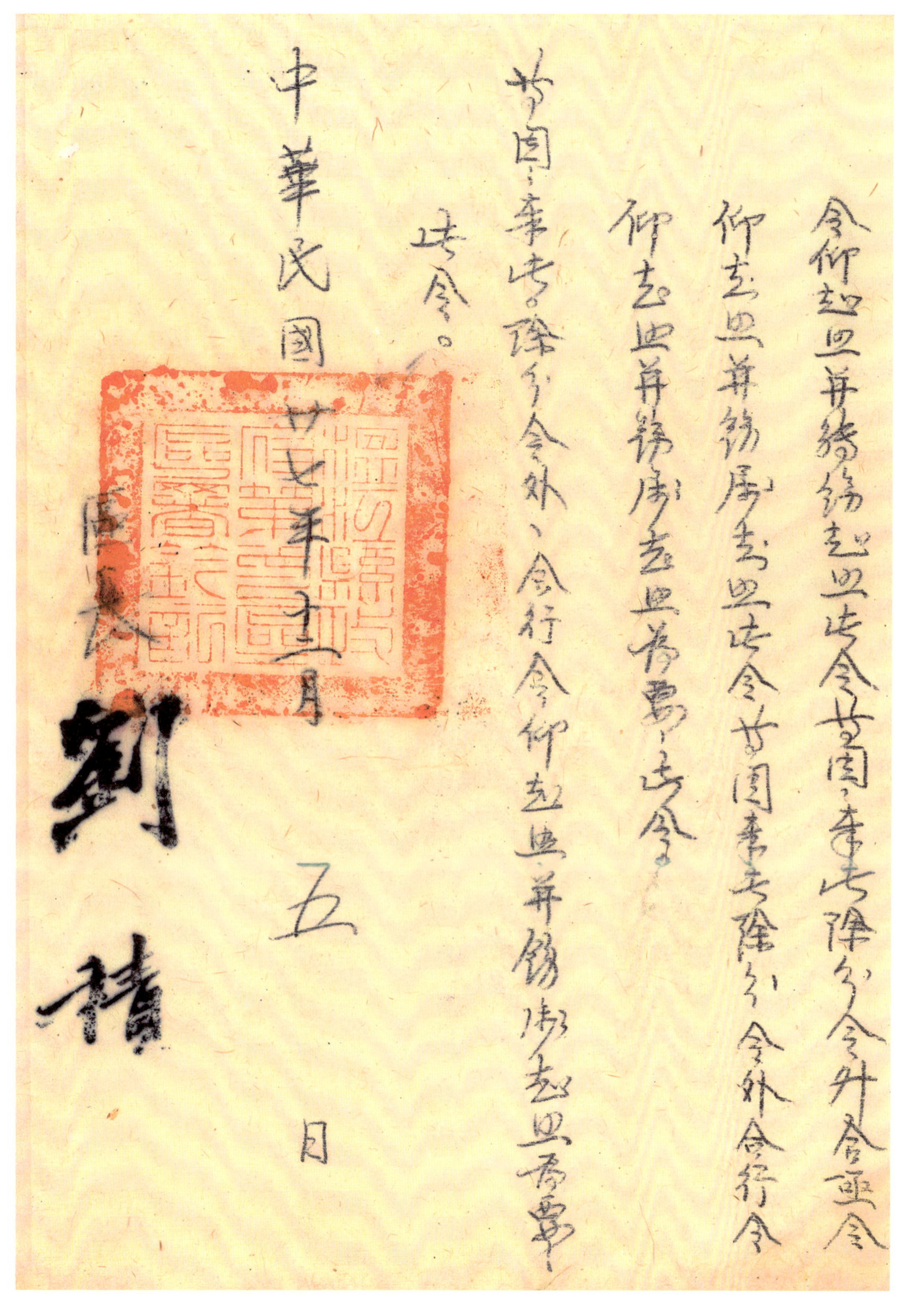

令仰遵照并轉飭遵照此令等因奉此除分令外合亟令

仰遵照并飭屬遵照此令等因奉此除分令外合行令

仰遵照并飭屬遵照爲要此令

等因奉此除分令外合行令仰遵照并飭屬遵照爲要

此令。

中華民國廿七年十二月　五　日

區長　劉積

温江县第一区区署、苏镇联保办公处关于征送及验收一九三八年十二月份义勇壮丁的有关训令、命令

温江县第一区区署关于转饬依限办理壮丁征集抽签事宜致苏镇联保办公处的训令（一九三八年十二月十七日）

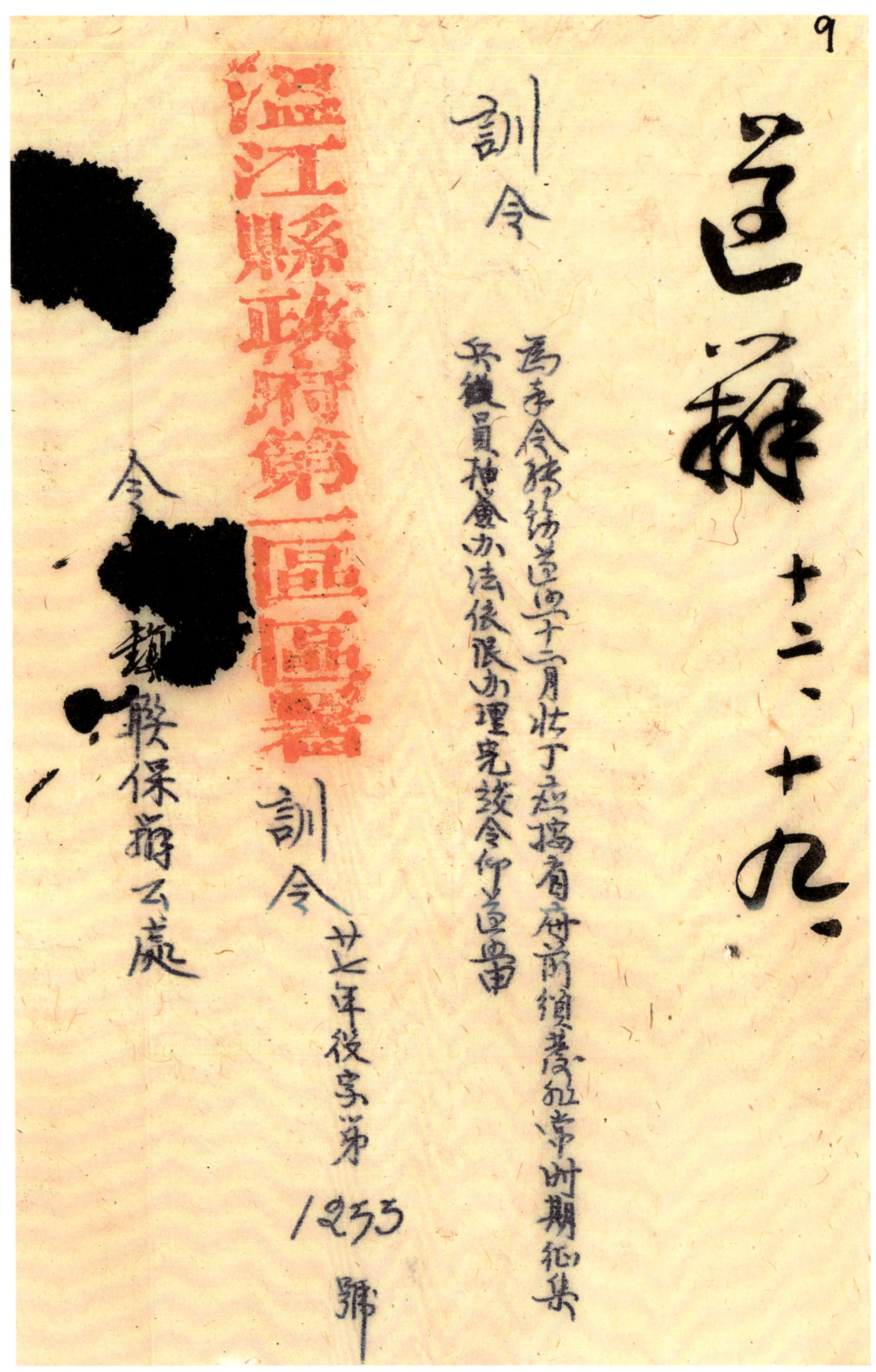

9

遵办 十二、十九

训令

温江县政府第一区区署

训令 廿七年役字第1233号

令苏镇联保办公处

为奉令转饬遵照十二月壮丁应遵本府前颁规定时期征集兵役员抽签办法依限办理完竣令仰遵照由

二十七年十二月十三日、案奉

温江縣政府同年役字第〇〇四五號訓令開：

「案查國民義勇壯丁常備隊、應按照省府頒發非常時

期第一次抽籤辦法、完成複抽、再按次徵調、業經本府通

飭各在案、茲以十一月份應送兵員、已將結束、本月複抽時

期、由本府規定、第一區於十三日舉行、第二區於十五日舉行

第三區於十四日舉行、應征調名額、每月均與十一月同、惟

每月徵調送縣數目、須照配賦名額加倍、以便補足身

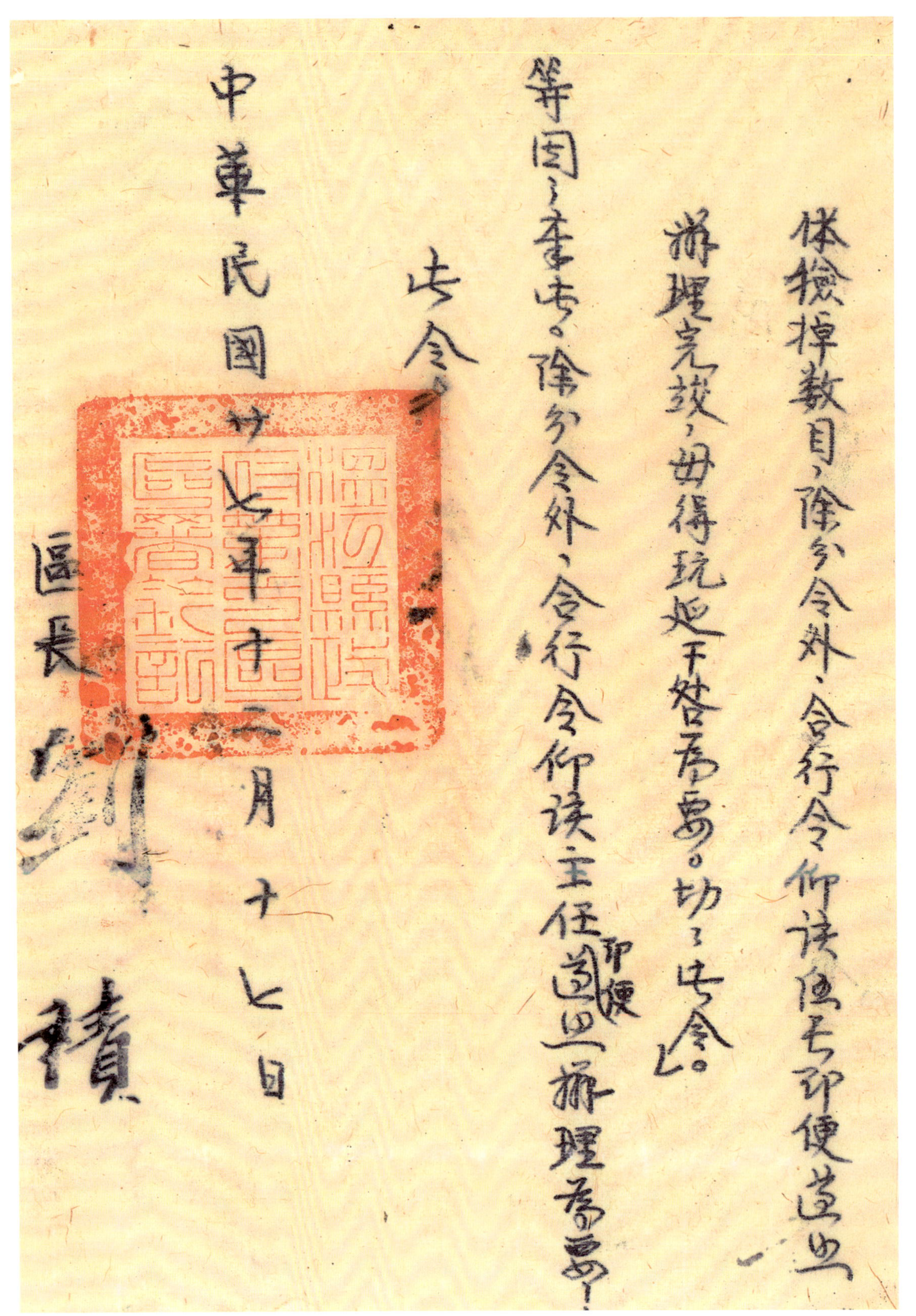

体检掉数目，除分令外，合行令仰该保长即便遵照办理完竣，毋得玩延干咎为要。切切此令。

等因；奉此。除分令外，合行令仰该主任即便遵照办理为要！

此令。

中华民国廿七年十二月十七日

区长 刘积

温江县第一区区署关于将壮丁填报名册依限发送壮丁致苏镇联保主任王公度的命令（一九三八年十二月二十五日）

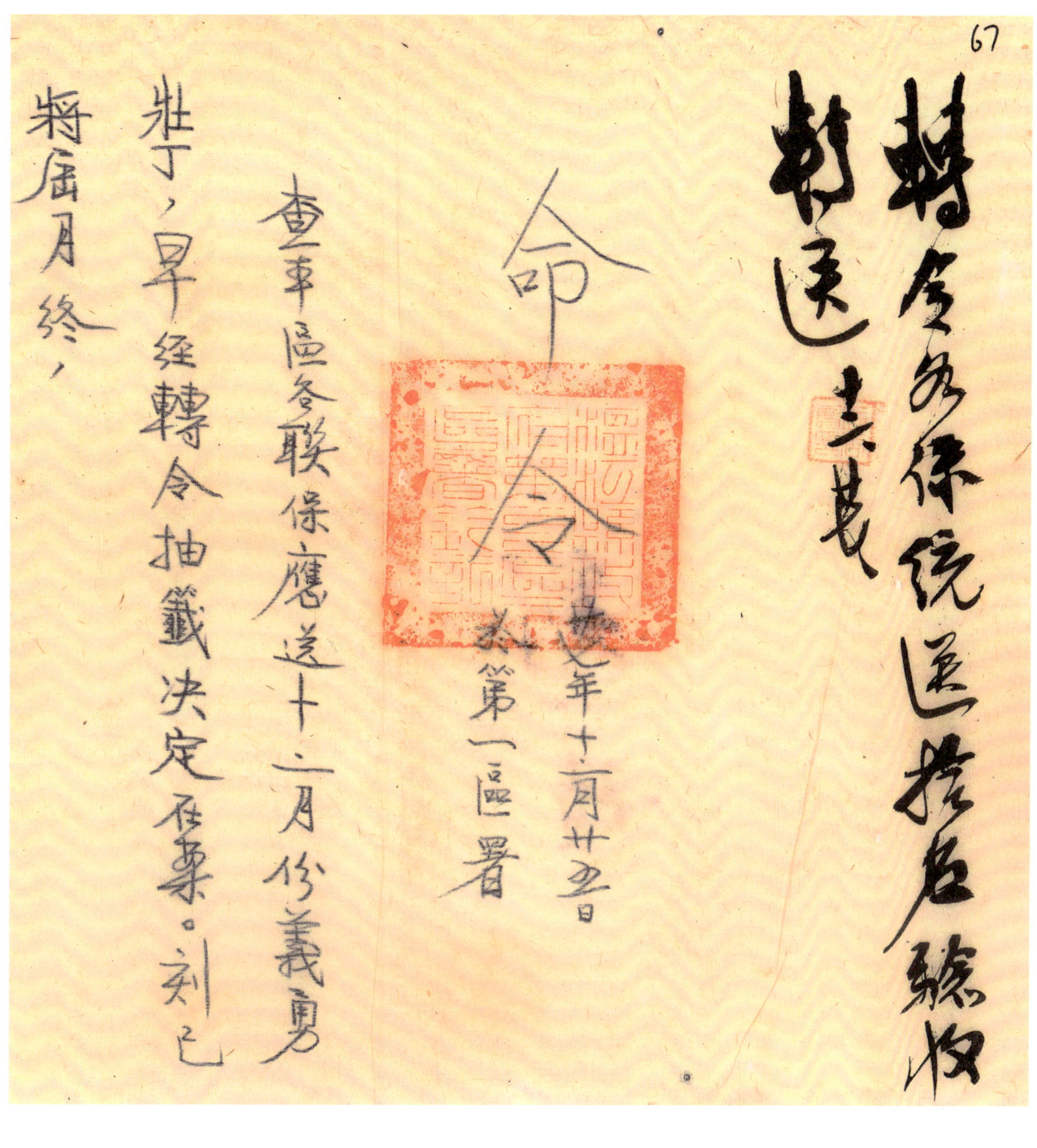
67

將各保統送按名驗收轉送兵長

命令

查本區各聯保應送十二月份義勇壯丁，早經轉令抽籤決定在案。茲已將屆月終，

廿七年十二月廿五日

第一區署

縣府來電催送，除已由電話飭遵外，仰即遵照十一月份數額於本月卅日以前逕送

縣府主管科驗收轉送，并將名冊照式填報本署，以憑查核，是為至要！切切！！

此令。

蘇鎮聯保主任王公度

區長劉 積

温江县第一区区署关于转饬依限送足壮丁致苏镇联保处的训令（一九三八年十二月二十七日）

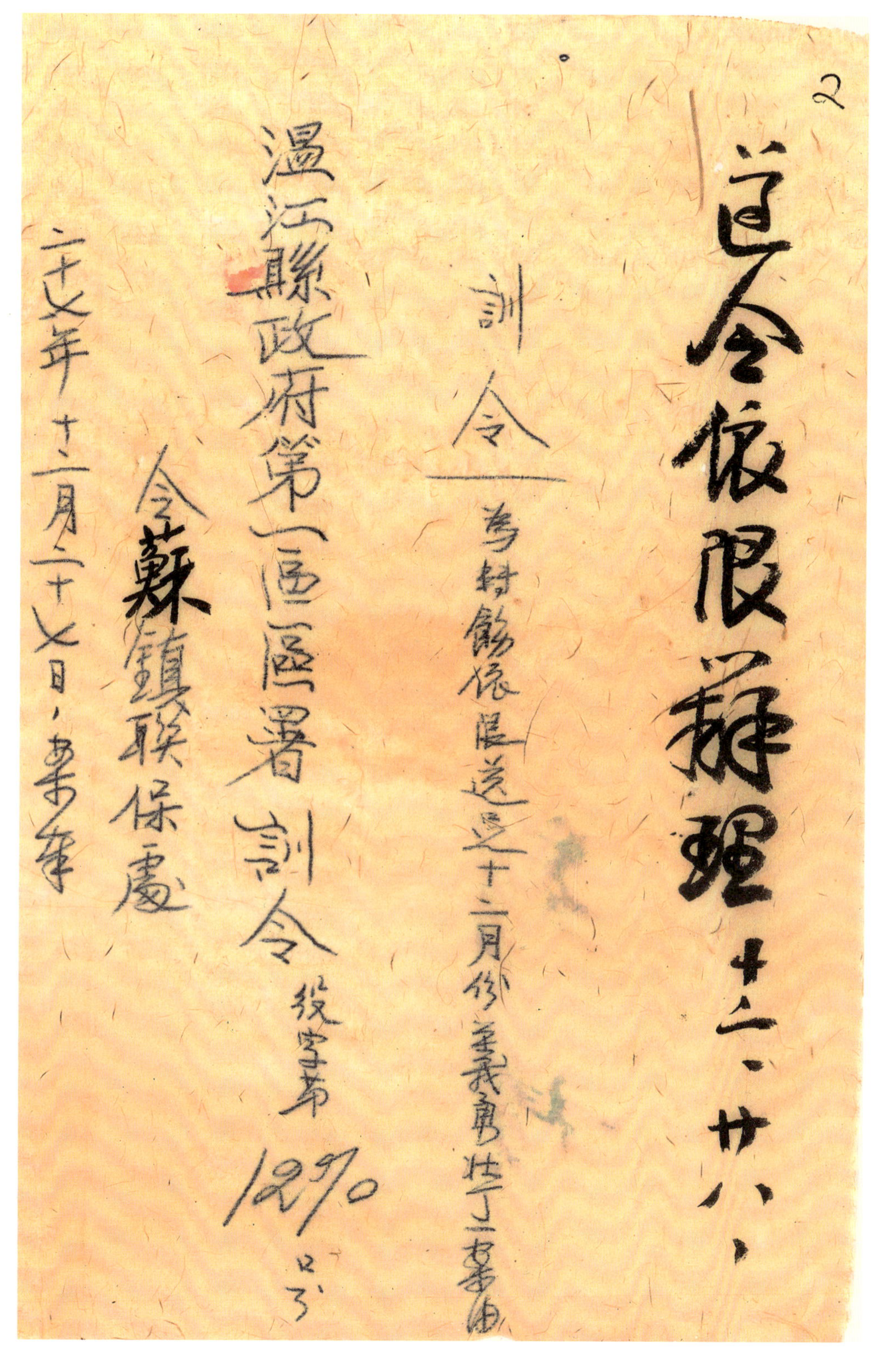

遵令依限辦理 十二、廿八

訓令

為轉飭依限送足十二月份全義勇壯丁一案由

溫江縣政府第一區區署訓令 役字第1290號

令蘇鎮聯保處

二十七年十二月二十七日

溫江縣政府役字第二十號訓令開：

「案查十二月份應送壯丁，業經本府以同年役字第四五號訓令通飭調送在案。茲再重申前令，仰即於十二月二十八日以前，按照配備名額徵調，兼程送縣，以憑撥交國民兵義壯常備隊受訓。除分令外，合行令仰該區長即便遵照辦理，以關要政，毋得玩忽干咎！為要！此令。」

等因，奉此，查本區十二月份應送壯丁，業經本

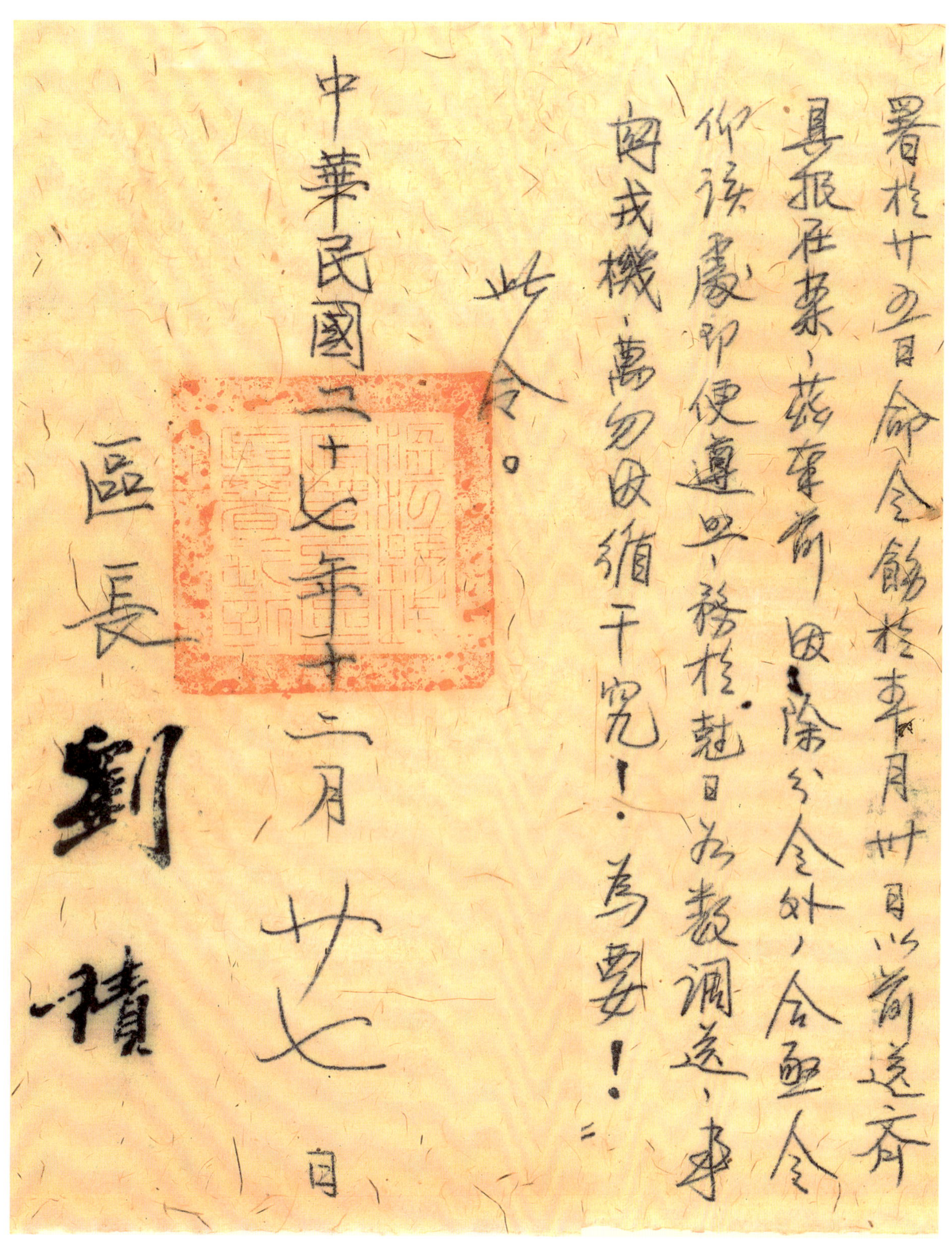

署於廿五日命令飭於本月廿日以前送齊具報在案、茲查前因、除分令外、合亟令仰該處即便遵照、務於越日如數調送、毋誤戎機、萬勿因循干究！為要！

此令。

區長 劉積

中華民國二十七年十二月廿七日

温江县第一区区署关于转饬征调特征兵员致苏镇联保处的训令（一九三八年十二月二十九日）

68

温江县政府第一区区署训令（为转饬征调特征兵员一案由）（各额配备表一份）

令苏镇联保处

廿七年发字第1271号

二十七年十二月廿八日，案奉

温江县政府同年发字第二三一号训令开：

「二十七年十二月二十二日案奉成都团管区司令部发字第九五号代电开：『案奉军管区司令部军役天字第七一号代电开：『奉委员长蒋令川省特征兵六万名，限本年十二月底征齐，不得延误，经即商承行营决定由本部于本年十二月份分配各团管区征足，通知军政部各验编处派队接收，分别拨送，兹特订定是项特征兵征拨办法六项，仰即遵照办理，并由师管区就近先行函达各验编处知照。（一）团管区

奉到電令速照附須知特徵兵配備表分配所屬各縣市除十
二月份義壯常備隊應徵人數外另以其餘之中籤壯丁依其
應徵調之順序如額徵集為特徵兵(二)各市縣徵集特徵兵時
須照新兵身體檢查規則挑選合格送往團管區駐在地集中
倘遇交通困難集中不便或因路線接近驗編處無須集中團
區之接者可陳明團區由團區兵接收之驗編處洽商辦理。
(三)各市縣徵送特徵兵日期由團管區規定飭遵之接日期亦由各
團管區通知各驗編處(四)驗編處接到團管區通知須如
期派隊攜帶被服給養前往團管區駐在地接收(五)交接
日期統以十二月底為限(六)徵集費規定每兵每日貳角以行程六
十里為一日計算核實支報其費由師管區向軍部具領轉
發。此令。計抄附特徵兵配備表一份奉此除分電外合行電仰該

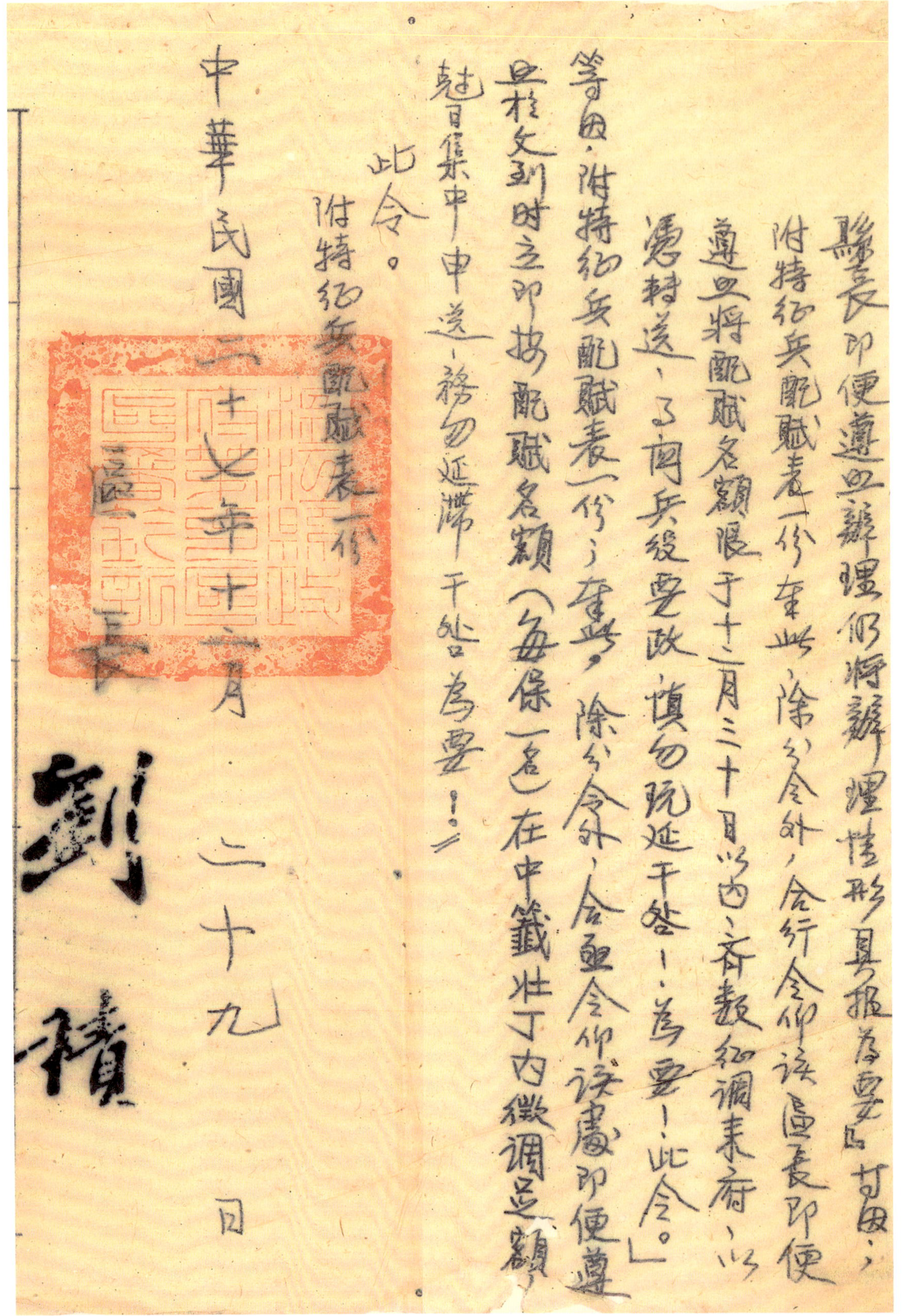

縣長即便遵照辦理，仍將辦理情形具報為要」等因；附特征兵配賦表一份。奉此，除分令外，合行令仰該區長即便遵照，將配賦名額限于十二月三十日以內，齊數征調來府，以憑轉送，事關兵役要政，慎勿玩延干咎！為要！此令。」等因；附特征兵配賦表一份。奉此，除分令外，合亟令仰該處即便遵照，文到時立即按配賦名額（每保一名）在中籤壯丁內徵調足額，尅日集中申送，務勿延滯干咎為要！

此令。

附特征兵配賦表一份

區長 劉積

中華民國三十二年十二月二十九日

附：特征兵配赋表

温江縣政府第一區特征兵配賦表

鎮別	項目	名額
蘇鎮	特征名額	22名
文鎮	特征名額	26名
隆鎮	特征名額	20名
清平鎮	特征名額	20名
城區	特征名額	38名
總計	特征名額	126名

温江县国民自卫总队部关于造报壮丁名册及武器册致苏波镇联保队的训令（一九三九年三月七日）

19

由：為令飭提造壯丁名冊及武器冊迅速彙報來部以備檢閱由。

温江縣國民自衛總隊部訓令 二十八年訓字第162號

令蘇波鎮聯保隊

案查國民政府軍事委員會此次所頒之壯丁檢閱團服務細則第二條之規定：各縣常備隊、預備隊（各區聯保刻正訓練者）、後備隊（各區聯保去歲已訓畢業者）俱應同時檢閱。又第七條之規定，壯丁檢閱團檢閱壯丁執行左列任務：一、考查壯丁隊之管教方法及一般官長之精神學術。二、點驗壯丁隊之武器。三、查核壯丁名冊（每人須于姓名下蓋指紋）。四、考查壯丁之精神及体格（特宜注重民族觀念及抗戰意識）。五、學科測驗。六、術科測驗。七、附帶攷查各地兵役實施辦法。以上二条，除第二条第七項無須準備，及常備隊逕由本部督訓外，凡我各區、聯保對於預備隊後備隊務宜針對規定迅加整飭，同時并將本期應訓壯丁隊造具預備隊官丁花名清冊。格式即照去岁本部所頒國民兵義勇壯丁隊官丁花名清冊式樣辦理，惟銜名應改爲為：「綦江縣國民自衛總隊預備隊第厶區隊」，聯保隊分隊則于區隊下加聯保隊及分隊字樣。至于武器冊，僅限于後備隊填造辦理，惟冊式及人名均依照去岁所報之國民兵義勇壯丁隊官丁花名清冊樣式，須將「年齡」欄改爲「槍種」。「詳細住址」欄改爲「槍身號碼」。

「職業」欄改為「機炳號碼」，「家屬姓名」欄改為「子彈數目」。有無刺刀均附帶武器，及係本人所有或借來，均填入備攷欄内。須知檢閱期迫，時不我待，該各級隊長除對於應準備各項迅即加緊準備外，所有壯丁名册及武器册務速遵照令示詳細編造，剋日彙報來部，除分令外，合行令仰該隊即便遵照，不得玩忽干咎為要！！此令。

中華民國二十八年三月七日

兼總隊長 王國璠

兼副總隊長 邱有祿

温江县国民自卫总队预备队第一区区队部关于检发检阅课目表致苏镇联保队的训令（一九三九年三月九日）

訓令

一案令檢發檢閱課目表令仰遵照由

溫江縣國民自衛總隊預備隊第一區隊部訓令　廿八年訓字第59號

令蘇鎮聯保隊

廿八年三月八日，奉本

溫江縣國民自衛總隊部同年訓字第161號訓令開：

「查現值　國民政府軍事委員會所

派之檢閱組，行將來縣檢閱之際，本部

為顧及各該隊成績計，特將應行注意

之課目列表須發，仰該隊即便督飭所

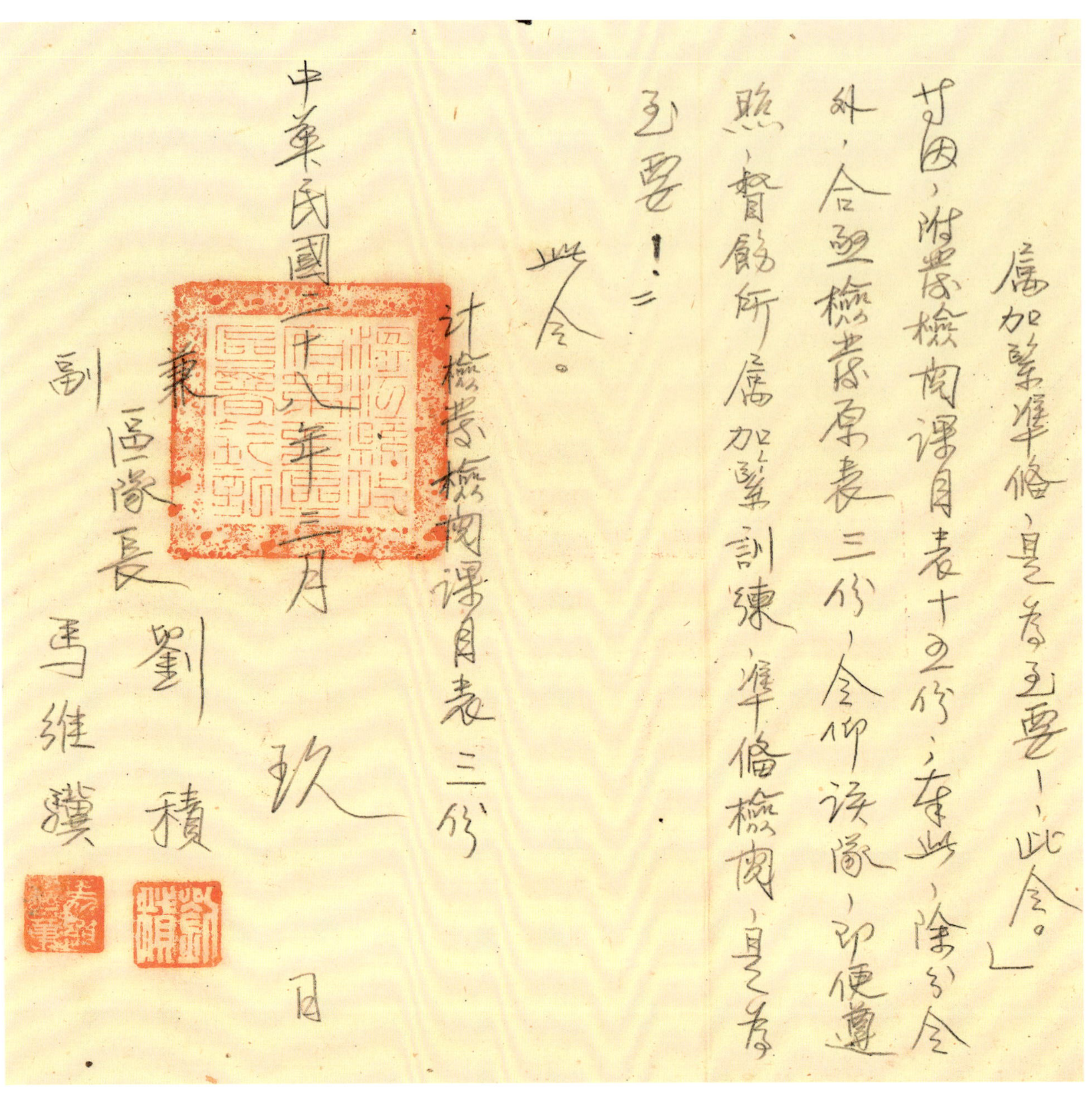

屬加緊準備，是爲至要！此令。」

等因，附發檢閱課目表十五份；奉此，除分令外，合亟檢發原表三份，令仰該隊，即便遵照，督飭所屬加緊訓練，準備檢閱，是爲至要！！

此令。

計檢發檢閱課目表三份

中華民國二十八年三月玖日

兼區隊長 劉積

副 馬繼驥

21

檢閱課目

一、各個及班排戰鬥教練

甲、兵之動作

1. 地形地物之利用
2. 接敵運動中各階級姿勢
3. 動作是否敏活
4. 運動間武器之保持

乙、排長射擊指揮

1. 目標之選定與指示
2. 射擊開始時機
3. 表尺決定及修正
4. 兩組運動與特種之協調

丙、排長之戰鬥指揮

1. 排戰鬥區域之指示及班射擊目標區分
2. 火線之推進與聯絡
3. 與鄰隊間之連繫

二、射擊動作

1. 目測距離
2. 據槍瞄準擊發諸動作是否確實
3. 射擊姿勢是否正確
4. 利用各種地物之射擊

三、築城作業
1. 掘土法
2. 積土法
3. 卧姿使用工作器具法
4. 散兵坑構築
5. 掩蓋及掩蔽部構築法
6. 偽裝要領·

四、手榴彈使用法
1. 攜帶法
2. 投擲法
3. 投遠程度及命中程度
4. 工事內之投擲

五、步哨斥候
1. 步哨守則
2. 步哨之武器保持
3. 步哨地物之利用
4. 斥候應具之性能·
5. 斥候利用地形地物之運動
6. 斥候發現敵情之動作

六、防空常識
1. 對空監視哨動作
2. 對空射擊部隊之射擊準備
3. 行軍間遇空襲動作
4. 人馬偽裝

七、政治常識
1. 國民何以有服兵役義務
2. 中國抗戰意義
3. 軍人何以要守紀律
4. 軍人責任

温江县国民自卫总队部关于规定官丁胸臂章式样致苏波镇联保队的训令（一九三九年三月十一日）

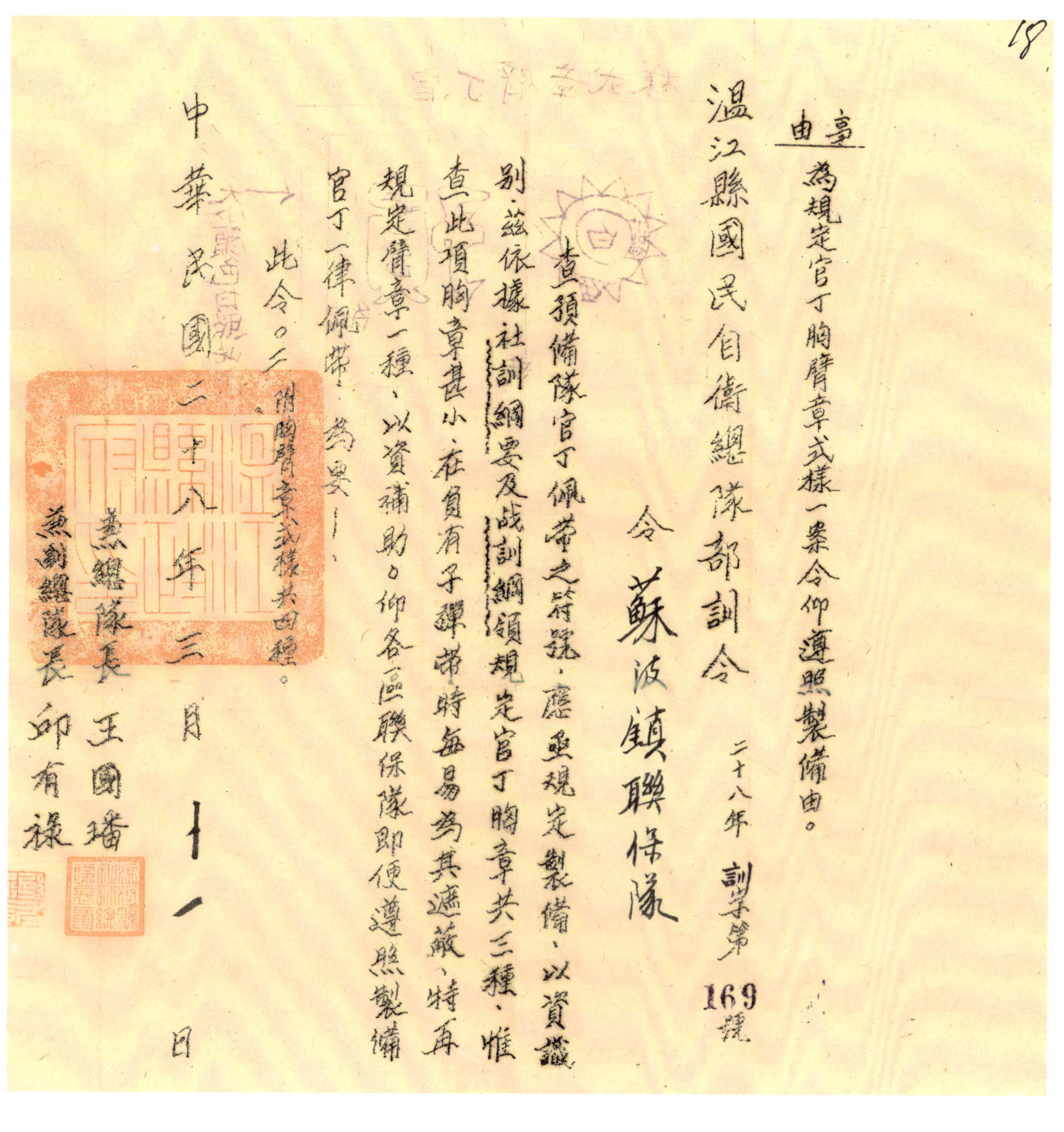

事由

為規定官丁胸臂章式樣一案令仰遵照製備由。

溫江縣國民自衛總隊部訓令　二十八年　訓字第169號

令　蘇波鎮聯保隊

查預備隊官丁佩帶之符號，應照規定製備，以資識別。茲依據社訓綱要及战訓綱領規定官丁胸章共三種，惟查此項胸章甚小，在負有子彈帶時每易為其遮蔽，特再規定臂章一種，以資補助。仰各區聯保隊即便遵照製備官丁一律佩帶，為要！

此令。（附胸臂章式樣共四種。）

兼總隊長　王國璠

兼副總隊長　邱有祿

中華民國二十八年三月十一日

附：官丁臂章式样

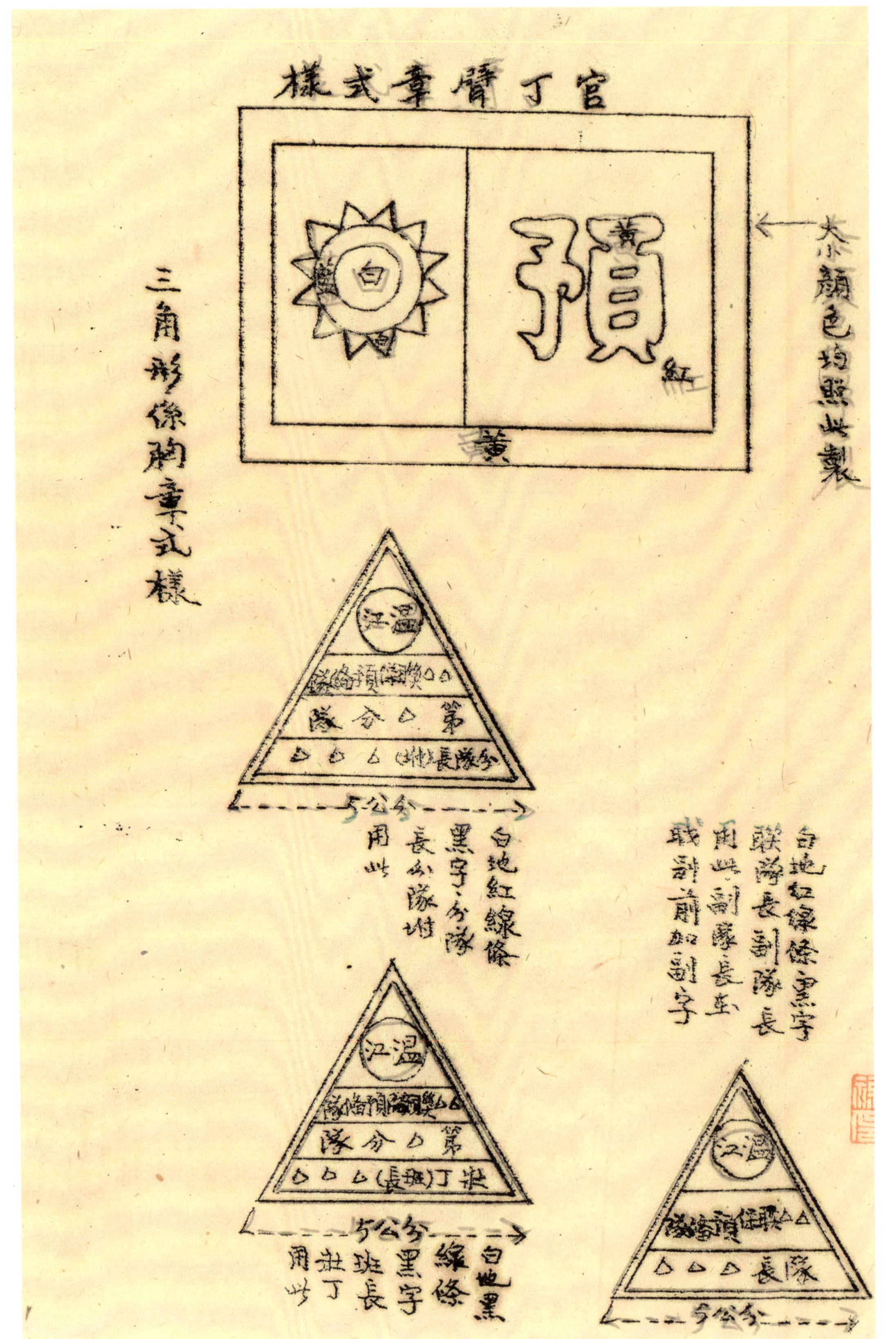

温江县第一区区署关于奉发验收合格壮丁名册致苏镇联保办公处的训令（一九三九年三月二十七日）

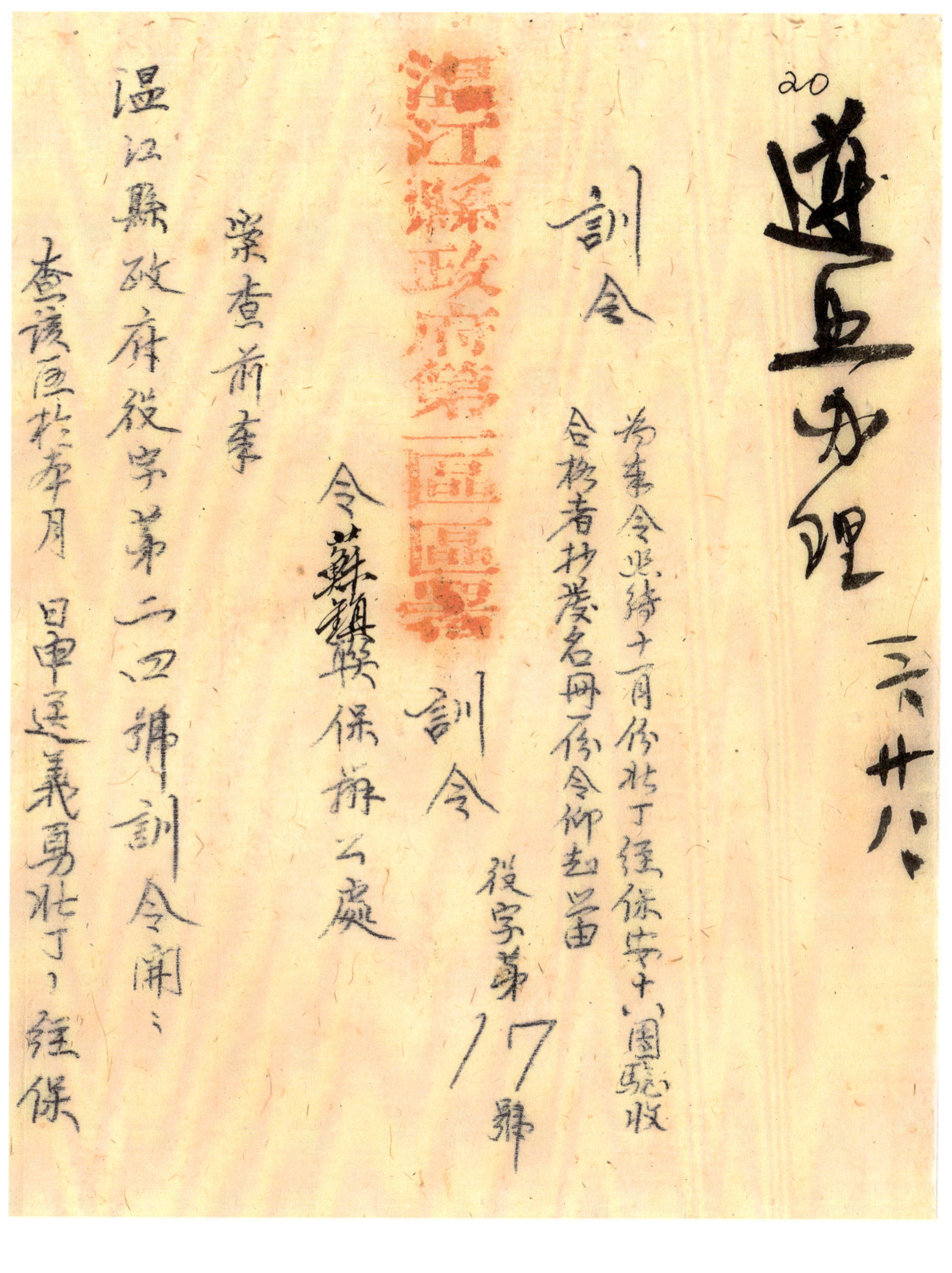
20
遵照办理
三、廿八

温江县政府第一区区署

训令　　役字第17号

令苏镇联保办公处

为奉令照缮十月份壮丁经保安十八团验收合格者抄发名册仰存令仰知照由

案查前奉
温江县政府役字第二四号训令开：
查该区于本年月　日申送义勇壮丁经保

案十八圖驗收合格者，計有李紹垚等拾貳名，合行抄發名冊，令仰該區長印便知照。此令。

等因，奉此，當由本署復查各聯保驗收合格者，計蘇鎮拾貳名，文鎮拾叁名，隆鎮拾名，清平鎮玖名，城區聯保拾玖名，除分令外，合行抄發名冊，令仰該主任印便遵照，如有未送足額者，於文到後，迅即徵集送縣驗收，以憑備查為要。

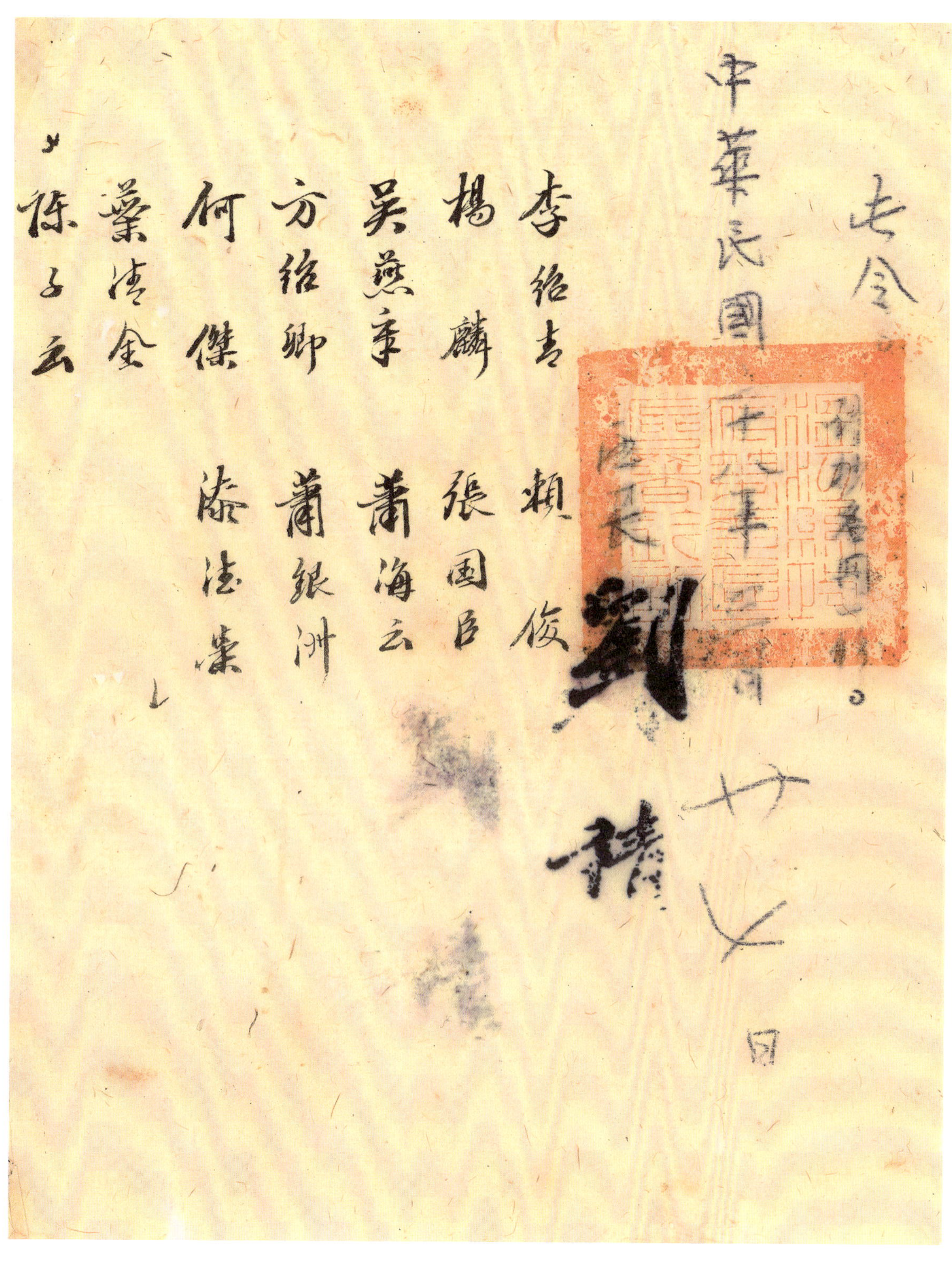

右令。

中華民國十六年 月廿七日

劉

李紹吉　賴　俊

楊　麟　張国臣

吳燕年　蕭海云

方紹卿　蕭銀洲

何　傑　添法業

葉清金

陳子云

温江县政府关于奉抄省县兵役协进会组织大纲致苏坡桥联保主任王公度的训令（一九三九年四月三日）

附：省县兵役协进会组织大纲

13

温江縣政府訓令　二十八年役字第124號

令蘇坡橋聯保主任王公度

二十八年三月　案奉

成都團管區司令部役字第七二九訓令開：「案奉成茂師管區司令部役字第一七七號訓令開：「案奉軍管區司令部軍役乙字第五三四號訓令開：「案奉軍政部二十八年一月渝役乙字第一七七二號訓令開：「案准軍事委員會辦公廳二十八年一月三日辦規渝字第四八號公函開：「查抗戰勝利之條件，首賴後方人力物力財力之補充，兵役法之實施，尤為適應戰時之要政；然自施行以來，因一般民衆，未盡了解政府立法之至意，及國民對於國家應盡之義務，適齡壯丁，既有潛逃規避情事，辦理人員，又不無舞弊瀆職之處，對於抗戰前途，影響甚鉅，茲擬具省縣兵役協進會組織大綱一份，除呈中央執行委員會備案，及電各級黨部策動人民團體及地方公正人士，在各地方普設兵役協進會，協助征募機關推行兵役，並切實執行優待抗敵軍人家屬各種辦法外，相應檢附該項大綱，函請查照為荷」。等由，附抄送省縣兵役協進會組織大綱一份到部，除分別咨行外，相應抄同原附組織大綱，令仰知照，並轉飭所屬知照」。等因，附抄發省縣兵役協進會組織大綱一份；奉此，除分令外，合行抄同省縣兵役協進會組織大綱令仰知照」。等因，附抄發省縣兵役協進會組織大綱一份；奉此，除分令外，合行抄發省縣兵役協進會組織大綱一份，令仰知照，並轉飭所屬遵辦為要」。等因，附省縣兵役組織大綱一份；奉此，除分令外，合行抄發省縣兵役組織大綱一份，令仰知照，並轉飭所屬遵辦為要。此令。

等因，附省縣兵役協進會組織大綱一份，奉此。除分令外，合行令仰該主任，即便遵照辦理為要。

此令。

計抄發省縣兵役協進會組織大綱一份。

中華民國二十八年四月　日

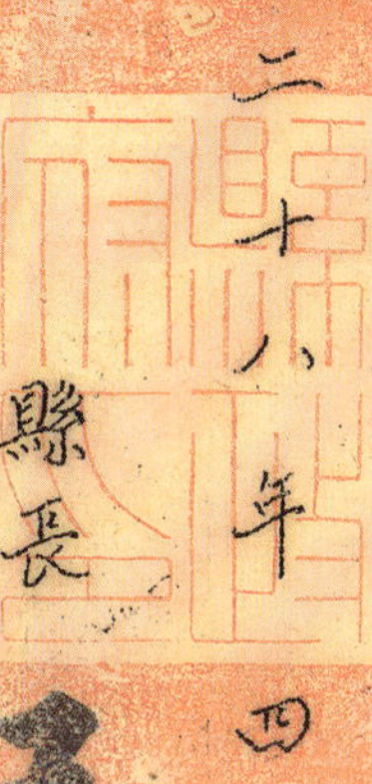

縣長 王國璠

中華民國廿八年四月叁日

省縣兵役協進會組織大綱 二十七年十二月二十六日公布

第一條 兵役協進會以遵照兵役法規研究協助征募機關推行兵役並撫慰抗敵軍人家屬增強抗戰力量為宗旨。

第二條 兵役協進會省設省兵役協進會，縣設縣兵役協進會，均冠以省縣之名稱。

第三條 兵役協進會會員如左：

(甲)團体会員凡當地農工商青年婦女自由職業及特種社團等人民團体履行入會手續後均得為本会会員。

(乙)個人会員凡當地黨政軍機關人員熱心公正人士及抗敵軍人家屬履行入會手續後均得為本會會員入会手續另定之。

第四條 兵役協進会之任務如左：

(1)關於兵役推行之研究與設計事項。(2)關於兵役之宣傳事項。(3)協助征募機關辦理適齡壯丁調查統計事項。(4)協助政府策動社會切實執行出征軍人家屬各種優待辦法並舉辦撫慰出征軍人及其家屬各種事項。(5)辦理出征軍人家屬請求事項。(6)關於兵役事項得建議於征募機關並答其諮詢。(7)處理征募機關委辦事項(8)協助兵役實施之其他事項。

第五條 兵役協進會由会員大會或代表大会選舉理事九人至二十五人組織理事會並互推三人至五人為常務理事監事五人至九人組織監事會並互推一人至三人為常務監事本會理監事均為義務職。

第六條 理事会之下設文書士事務宣傳調查慰勞各組及設計委員會由理事互推担任之各組得設幹事若干人由理事會就會員中聘任之本會職員均為義務職。

第七條 兵役協進会之經費除会員繳納會費外以團体會員分担為原則必要時得由指導監督機關補助之。

第八條 省兵役協進会之指導機關為省黨部監督機關為省政府及軍管區司令部縣兵役協進会之指導機關為縣黨部監督機關為縣政府及所在地之團管區司令部

監印趙洪源

校對趙玉笙

温江县第一区区署关于奉电严催依限征集欠送壮丁并迳送县府致苏镇联保办公处的训令（一九三九年六月十七日）

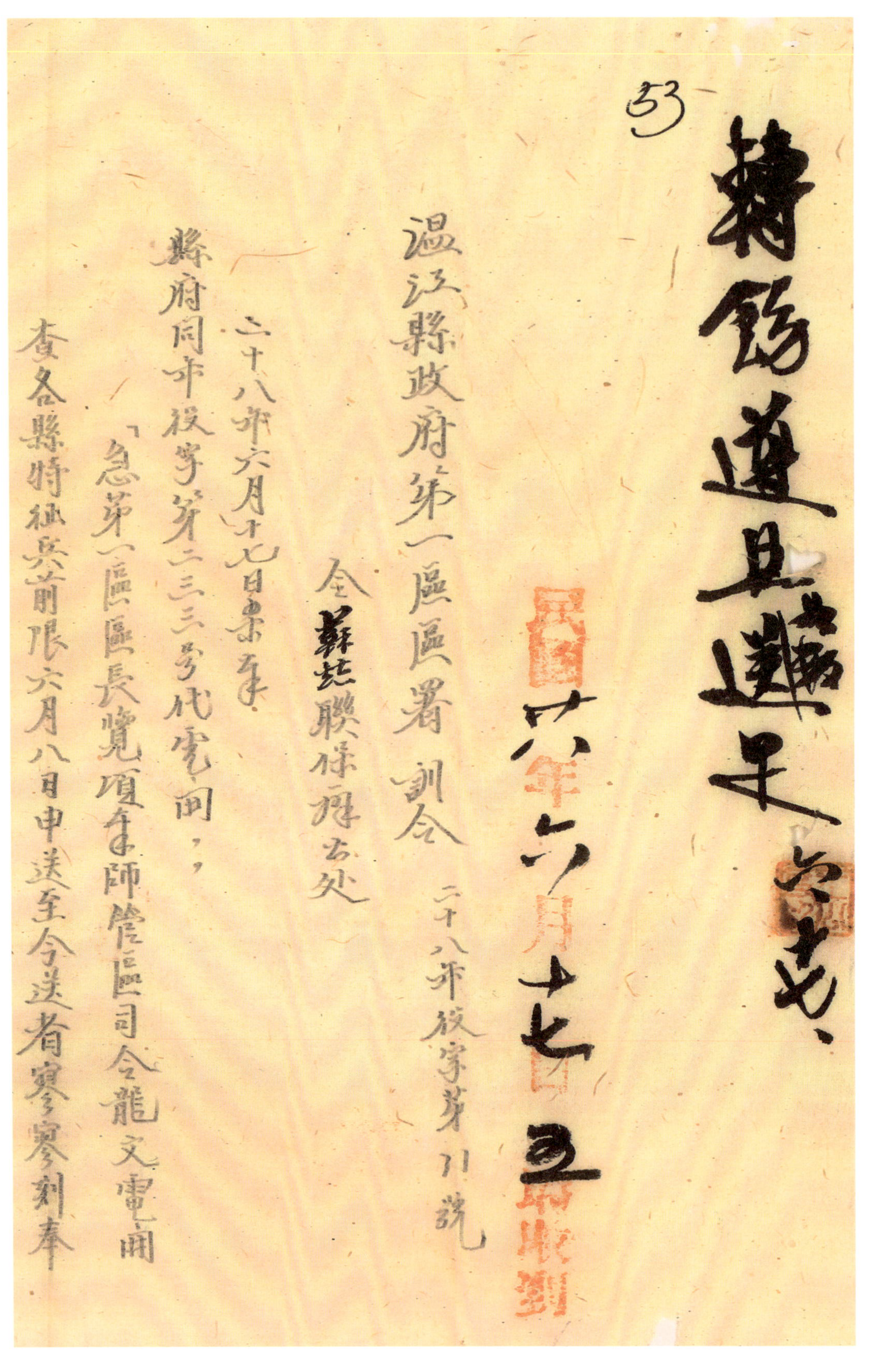

温江县政府第一区区署训令 二十八年役字第11号

令苏镇联保办公处

二十八年六月十七日案奉

县府同年役字第二三三号代电开：

「急第一区区长览：顷奉师管区司令龙文电开：

查各县特征兵前限六月八日申送至今送者寥寥刻奉

部令急於星火，合再電令嚴催所有欠丁，統限於六月廿八日以前掃送來部，如延以貽誤戎機論處，仰遵辦為要等因，奉此，除分電外，特電飭遵，仰於電到時，務將該區所欠丁額立即送足，勿得逾延，致干嚴譴。縣長汪國璠銑印」

等因，奉此，除分令外，合行令仰該處即便遵照，立將欠送壯丁征集足額，依限速送縣府，勿得逾延干究為要！

此令。

中華民國二十八年六月拾柒日

區長吳孝思

吳孝思章

温江县第一区区署关于转饬汉族僧人仍须服国民兵役致苏镇联保主任王公度的训令（一九三九年七月五日收）

117

温江縣政府第一區署訓令 二十八年財字第 號

令蘇鎮聯保主任王公度

二十八年七月二日案奉

縣政府同年財字第三四〇號訓令開：「案奉 四川省政府財字第一四七〇三號訓令開：『案准財政部今年五月二日渝賦字第三九七四號咨開：案查前奉院令以本年 國民政府令交參政員謝健等所提推行佛教及喜饒嘉錯等所提注意佛教化文化一案，關于僧眾不當兵納稅各部份，交軍政、財政兩部議復，等因。遵經由兩部分別簽具意見呈復去後，茲奉院令抄發呈復 國民政府原呈，飭遵下部，查原呈關於僧眾不當兵納稅部份節開：（三）查人民依法有納稅及服兵役、工役之義務，為中華民國訓政時期約法所明定，設因種族

宗教問係而有所例外深恐減削全面抗戰力量亦為撫恤邊疆民衆
起見役由本院核定蒙藏僧衆應准緩役漢族僧人仍須照服國民
兵役以免壯丁藉為逃避影响役政至納稅義務與服兵役義務性質不同凡
屬中華民國人民應一律遵照國家法令加理并已飭軍政財政兩部分別
轉飭有關机關遵办等因奉此除分行外相應錄案咨達即希查照遵
办等由准此除分令外合亟令仰該府即便遵照此令等因奉此除分令外合
行令仰該區長即便遵照并轉飭遵照此令
等因奉此除分令外合行令仰該主任即便遵照并飭屬遵照
此令

中華民國二十八年七月　日

區長　吳孝思

温江县政府关于颁发调查壮丁程序与奖惩规约致苏坡桥联保办公处的训令（一九三九年七月十日）

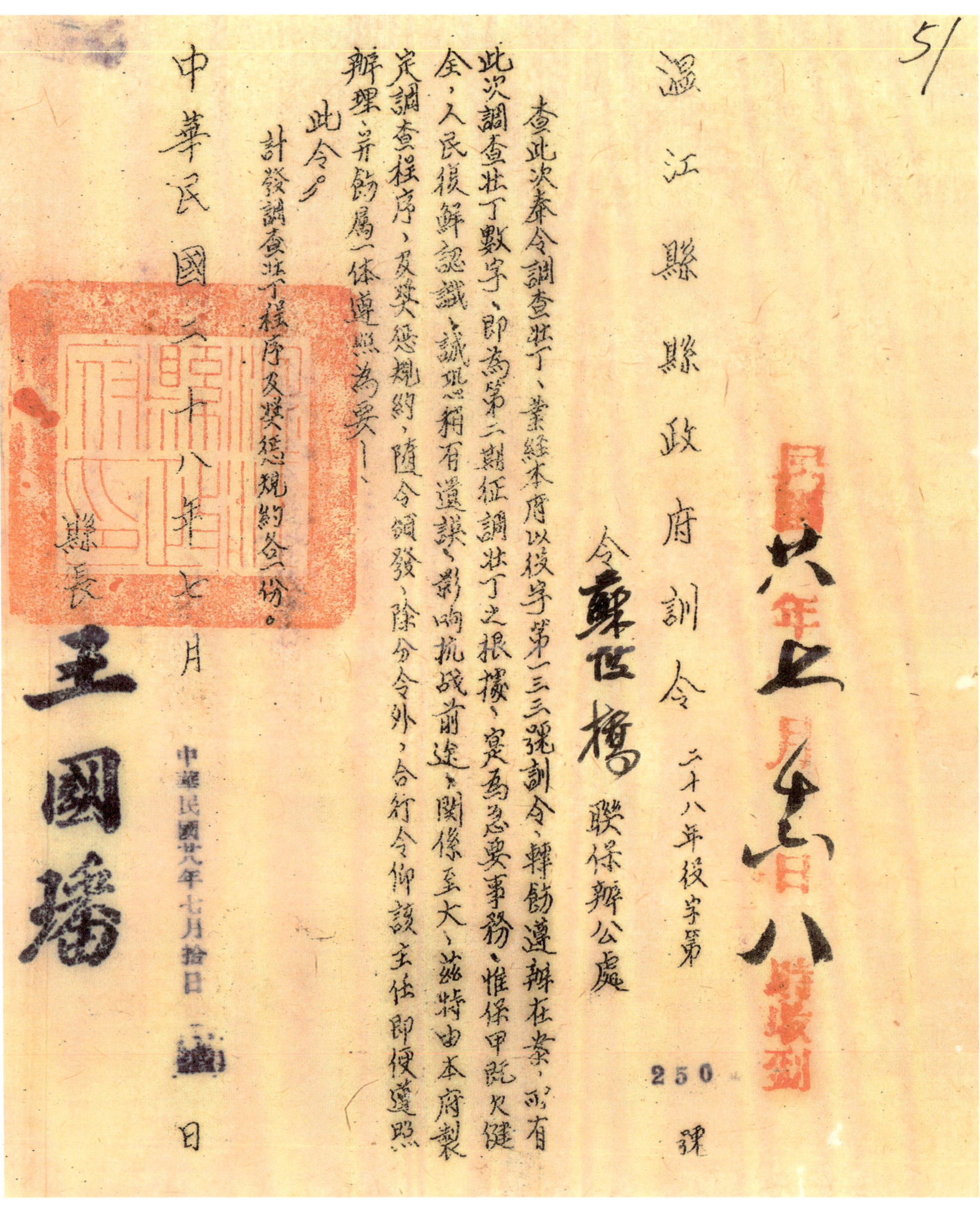

51

温江縣縣政府訓令 二十八年役字第 250 號

令蘇坡橋聯保辦公處

查此次奉令調查壯丁，業經本府以役字第一三三號訓令，轉飭遵辦在案。所有此次調查壯丁數字，即為第二期征調壯丁之根據，實為急要事務，惟保甲既欠健全，人民復鮮認識，誠恐稍有遺誤，影响抗戰前途，關係至大。茲特由本府製定調查程序，及奬懲規約，隨令頒發，除分令外，合行令仰該主任即便遵照辦理，并飭屬一体遵照為要！

此令。

計發調查壯丁程序及奬懲規約各一份。

中華民國二十八年七月 日

縣長 王國璠

調查壯丁程序

第一次調查

1、以各調查冊為根據，由保長督率甲長先行調查

2、此次調查完竣，不須榜示，即由聯保組查後彙報縣府

3、在此次調查中合于免緩禁役等條件者，由聯保主任切實詳密考查，以免徹底清查時有不確定之記載

第二次調查

1、聯保彙齎各保呈報調查所抽查後，并將免緩禁等役聲請書及証件彙齎，加以考核，一面呈報縣府，一面榜示

2、縣府審查免緩禁役等聲請書及証件後，派員分赴各聯保徹底清查，對免緩等役者更格外注意詳密查考

3、縣府清查完竣後，彙報層峯

調查壯丁獎懲規約

1、意圖免役緩役增加或減少年齡者，處一年以下有期徒刑

2、意圖免役緩役隱匿不報者，處一年以下有期徒刑

3、意圖免役緩役捏造證明文件者，處一年以下有期徒刑，代人為不確之証明者亦同

4、如有徇私情而漏列壯丁姓名者，處一年以下有期徒刑，受賄漏列者加倍其刑

5、對調查壯丁散佈謠言，淆亂聽聞者，以漢奸論罪，處死刑

6、調查壯丁既無遺漏，對免役緩役亦甚穩當者，記功一次

7、對徇私舞弊隱匿不報或漏列壯丁能密報本府者，免代耕或優待金一次

8、最先完成而又確實者，傳令嘉獎

監印趙洪源　校對趙玉堂

温江县第一区区署关于奉抄军事参议院建议案第五项致苏镇联保主任王公度的训令（一九三九年七月十八日）

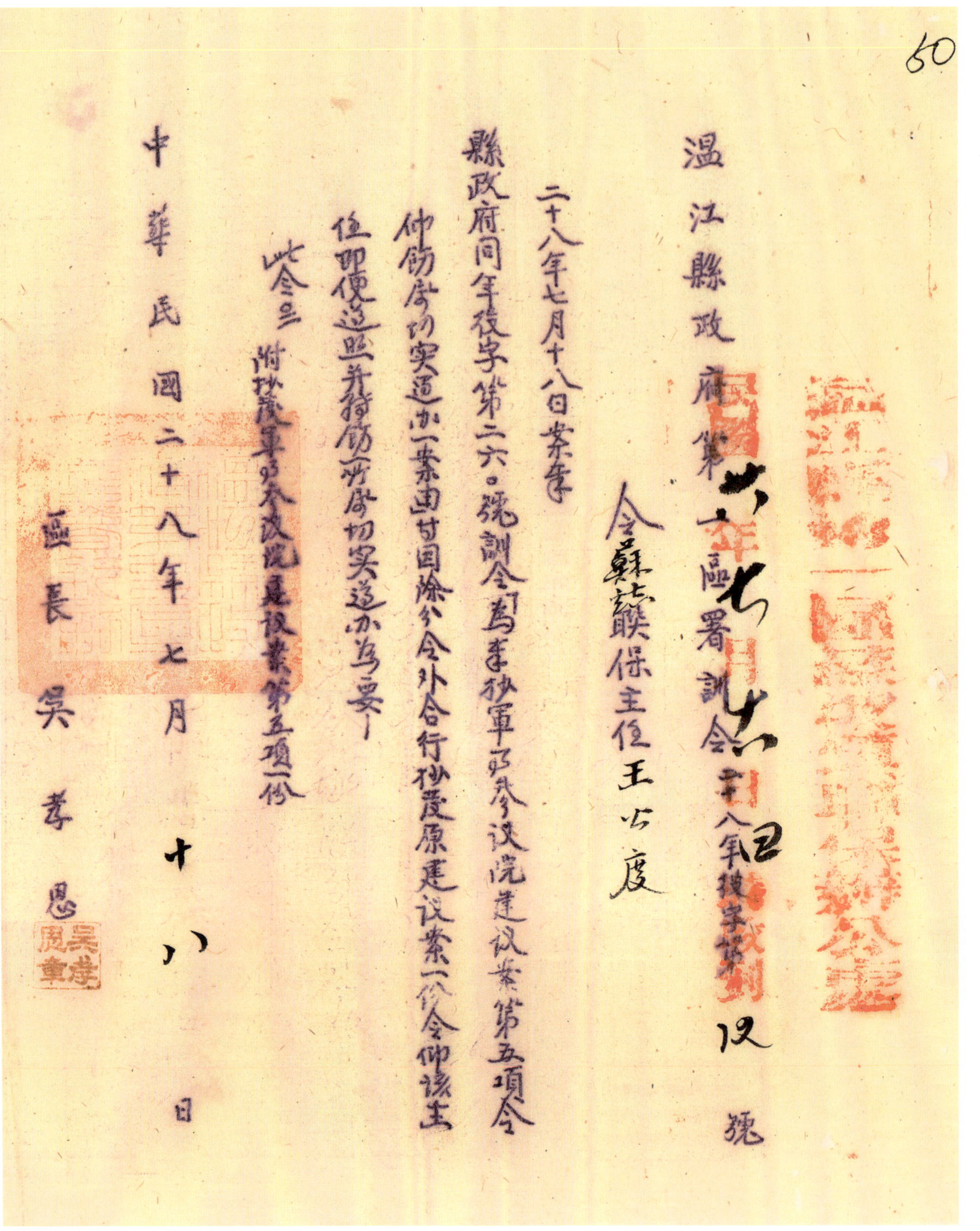
温江县政府第一区署训令 廿八年楼字第 号

令苏镇联保主任王公度

二十八年七月十八日案奉

县政府同年役字第二六〇号训令，为奉抄军事参议院建议案第五项，令仰饬属切实遵办一案，由甘因，除分令外，合行抄发原建议案一份，令仰该主任即便遵照，并转饬所属切实遵办为要！

此令。

附抄发军事参议院建议案第五项一份

区长 吴孝恩

中华民国二十八年七月十八日

計擬軍事參議院建議案第五項

丞令各區司令及縣政府對於區內適齡壯丁無論何人均須遵照征兵征調入伍，毋得徇情瞞縱，以重役政。查現今各區辦理征兵多未遵照征兵令施行，然調查所得，其最普遍流行之弊端約有數種，如下：

1、各級辦理兵役行政人員如團縣區鄉保甲長等常有徇情舞弊情事者

2、各聯保主任保甲長等辦理應免役緩役壯丁時有敲詐金錢情事者

3、應入營服役壯丁有出資雇人冒名頂替者

4、各聯保甲長有偽造免役及緩役証明書

5、有應征適齡壯丁不報戶口，以致漏未抽籤，或聯保主任保甲長等有明知而不予共同抽籤者

6、壯丁籤役即藉故規避或逃匿他鄉保者

7、已征入營壯丁有私自潛逃回鄉，而保甲長不能送回營者

以上各種均為現時役政中最顯之弊端，其餘如賄縱及強拉等弊，在本省征兵區內已常見不鮮。以故每遇征兵令下，各區勞苦農民均視為畏途，且紛紛議論，藏抱不平，因而負氣逃匿者亦所在多有。應請嚴令各區司令及各縣政府對於征兵事務須切實嚴密監督施行，除有特別規定允許者外，無論何人均須應征入伍，以昭公允。或予各區設告密箱，如鄉保甲長等舞弊，人民得以指名告訴，如查屬實，即行重辦；如係虛誣，亦即予告密者以反坐。如斯設施，則弊端當可減，民憤亦能平息，庶長期抗戰中兵員補充無缺乏之患矣。

温江县第一区区署关于奉转兵役会议提案有关奖惩及防止弊端二十一案致苏镇联保主任王公度的训令（一九三九年八月二日）

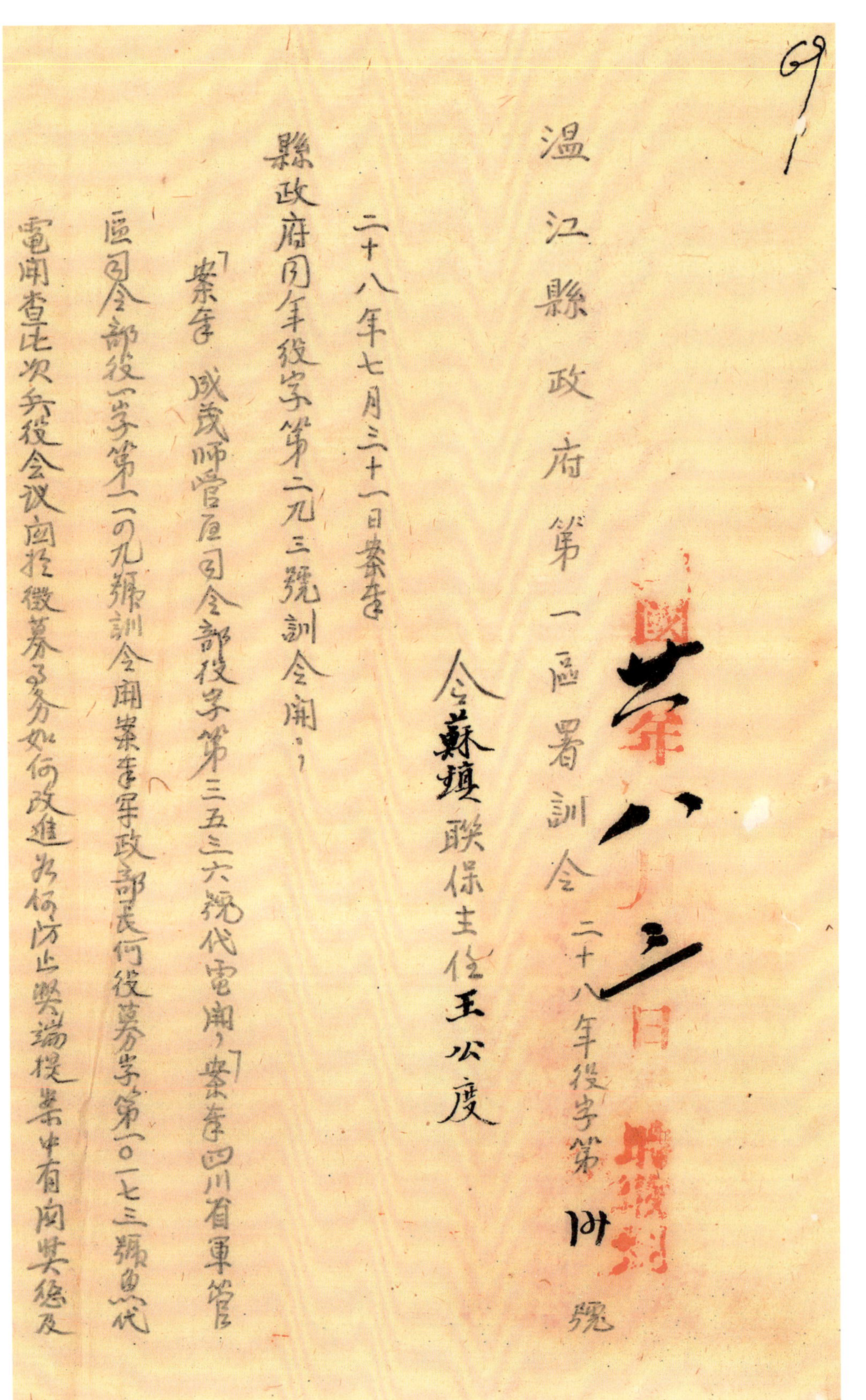
温江縣政府第一區署訓令　二十八年役字第卅號
令蘇鎮聯保主任王公度
二十八年七月三十一日案奉
縣政府同年役字第二九三號訓令開：
「案奉　成茂師管區司令部役字第三五三六號代電開，「案奉四川省軍管
區司令部役字第一〇九號訓令開，案奉軍政部長何役募字第一〇一七三號魚代
電開，查此次兵役會議關於徵募事務如何改進，如何防止弊端提案中有關獎懲及

防止弊端者共二十一条（一）壮丁顶替服役除严惩外并罚及保甲长（二）保甲长及兵役人员企图改壮丁年龄希图避免征集准以军法惩办（三）征兵有贿买顶替贪赃枉法为百元以上者枪决不满百元者处徒刑（四）县区保甲长有拉买顶替情弊以连坐法惩治（五）杜绝冒名顶替申签壮丁须照相粘贴壮丁名簿（六）县政府为征兵策动机关依其成绩明定赏罚（七）请制定县（市）及兵役科长征送壮丁罚则及严防护送员兵舞弊（八）如县不能实行抽签致多顶替者（九）兵役人员玩忽法令贻误征集应定惩罚办法法令不统一办法不一致冒名顶替层出不穷应切实遵照中央法令（十）保甲长舞弊以军法从事为区及县（市）设密告箱（十一）保甲长交出壮丁应具切结方免顶替雇买舞弊情事（十二）违反兵法者判决后不得缓刑请军政部命令定之（十三）对征集组训之贪污人员加重处罚（十四）保甲长徇情舞弊者依法严办及办不力之区乡镇长由县长查明法办玩忽役政之县长师管区司令部有直接撤换之权（十五）佈告民众

对兵役人员之违法舞弊行为报请严究（十六）贯彻三年原则随时明察考查实行奖惩（十七）各县党部学校法团及地方耆老组织兵役协进会共同防止制奖弊随时检举（十八）设立评议会负责检举舞弊之责严惩贪污土劣（十九）设乡县区乡协助招募委员会延地方公正士绅充任防止一切不法行为可工作（二十）将各县区设立之征兵协会与党部合作改为兵役协进会负监察责任（廿一）出征军人家属优待委员会合併于兵役协进会以加强其人组织并讨论经小组审查本案第一项至二十一项归纳拟办如次（一）各级区及各县市政府应遵中央颁定法令施行（二）兵役人员舞弊者按律惩办（三）冒名顶替者除服役外并追出原应征壮丁及该管保甲长惩治（四）办理兵役人员勤劳卓著者者准由各军（师）（团）区择优请奖（五）中签壮丁应按规定造册并粘贴相片或指模（六）豁免玩忽兵役者准由师团管区司令部转军管区司令转省政府惩办（七）每县可由绅耆组织兵役协进会宣传兵役及监察并检举兵役流弊由各县长会同县党部负责组织之均经大会决议通过

在案自應切實施行以利役政除分呈軍事委員會行政院並核備查在案並分電

各行營各行轄各戰區及省政府各省軍管區各補訓處查照外希即轉飭所屬

一體遵照為要等因奉此除分令外合行令仰該局全遵照并轉飭所屬遵照為要

等因奉此除分電並逕電州利國西區各縣各級市外轉電知照并轉飭遵照等

要等因奉此除分令外令行令仰遵照并轉飭遵照為要此令

等因奉此除分令外合行令仰該主任遵照并轉飭一體遵照為要

此令

中華民國二十八年八月　日　二

區長　吳孝寬

温江县政府关于奉电转饬各乡公所附设兵役询问处致苏坡桥联保办公处的训令（一九三九年八月二十五日）

73

温江縣縣政府訓令 二十八年役字第314號

令蘇坡桥聯保辦公處

本年八月九日，案奉

成茂師管區司令部役字第（3883）號代電開：

"案奉四川省軍管區司令部役導字第七九零號訓令開：案奉軍政部渝役常字第五一五一、渝警字第〇二九一號寒代電開：查我國施行征兵業已數年，惟一般民眾對於兵役制度及兵役法規多屬未能明瞭，因之疑慮恐懼，甚至有規避兵役情事。我各級兵役機關為維繫兵員補充源源不絕，以利長期抗戰起見，除積極宣傳外，並應通飭各縣（市）於各鄉（鎮）（聯保）公所附設兵役詢問處，由各該公所指定一員富有兵役常識者負辦各兵役責任但為節省公帑計各縣辦各人員仍以各該公所人員兼任為原則又各該處成立之後應即將該兵役詢問處牌示或張貼於各該公所門口之旁又適宜處所以便民衆知所詢問而利兵役之推行除分電外希轉飭遵照切實辦理並具復為要等因奉此除呈復並分令外合行令仰遵照轉飭所屬切實辦理具復為要等因奉此除分電並逕蕪電國區所轄各縣(市)外合行電仰遵照轉飭所屬切實辦理並具報查考為荷。

等因。奉此。除分令外，仰即切實遵辦具報為要！

此令。

中華民國二十八年八月

中華民國廿八年八月廿五日印

縣長 王國藩

監印趙洪源

校對趙玉笙

温江县政府关于检发欢送新兵入伍大会仪式流程致苏坡桥联保办公处的训令（一九三九年九月二十日）

79

温江縣縣政府訓令

廿八年役字第349號

令蘇坡橋聯保辦公處

本年九月九日、案奉

四川省政府代省民三代電開：

「頃准軍政部何部長江酉役兵二代電開：查兵役實施辦法第十六項六款規定各縣

城鎮須舉行歡送新兵入伍大會俾造成隆重熱烈空氣舉行者固多而因循玩忽者亦復不少茲為

保障出兵人權利增強抗戰力量起見特訂定歡送新兵入營大會儀式以資普遍舉行

俾克鼓勵人民踴躍應徵務希每次舉行歡送大會時以各縣縣長市警察局長均應親

自出席非因公出巡不得另派代表以縣（市）黨部及其區分部應由書記長負責派員參加

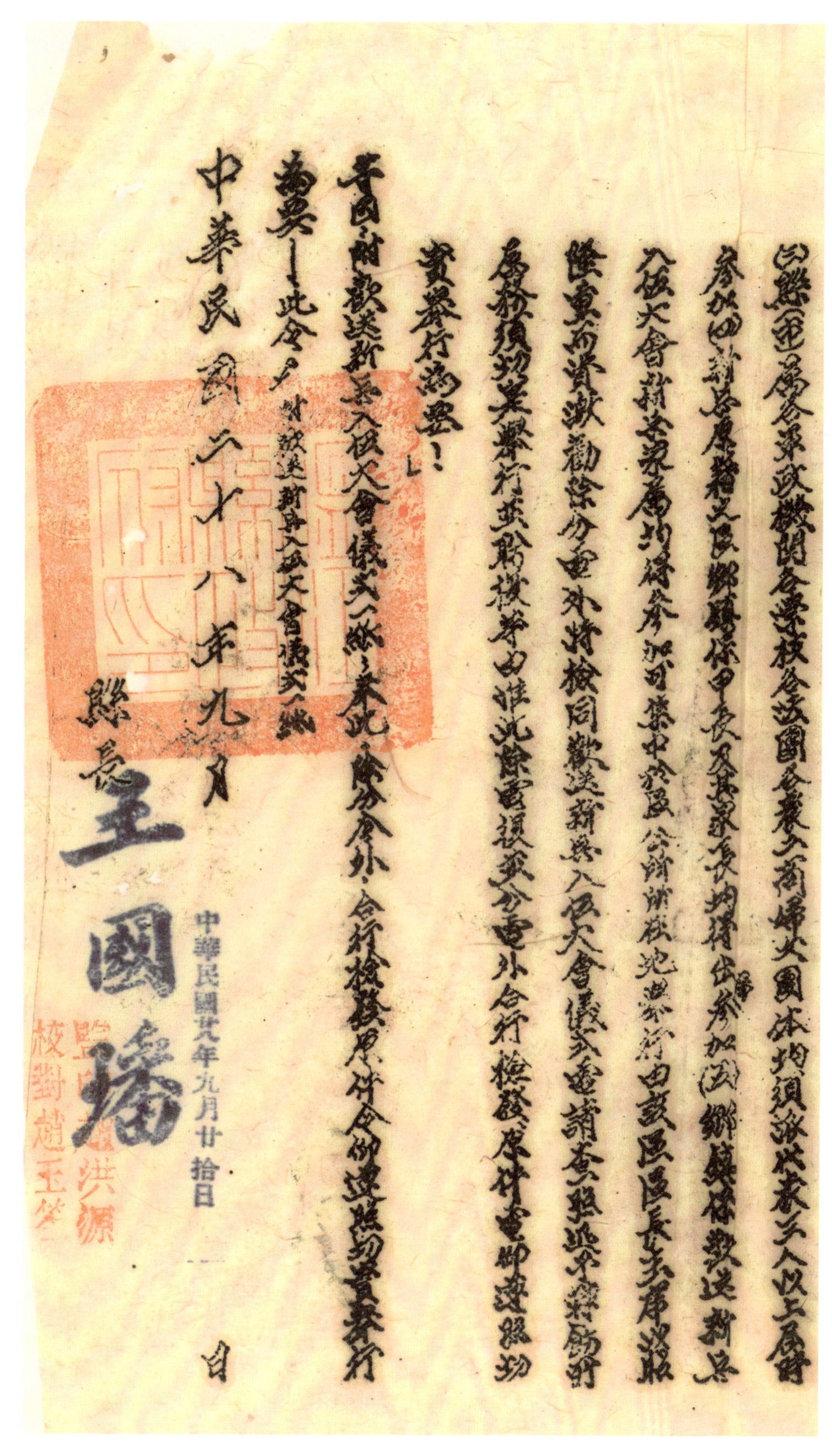
(三)縣(區)屬各黨政機關各學校各法團各農工商婦女團體均須派代表一人以上屆時
參加(四)新兵原籍之區鄉鎮保甲長及其家長均須依時參加(五)鄉鎮保歡送新兵
入伍大會新兵家屬均得參加可集中於區公所前歡迎參加由該區區長親自主持從豐
隆重為資激勵除分電外特檢同歡送新兵入伍大會儀式壹份請查照並希轉飭所
屬務須切實舉行並聯絡等由准此除電復並分電外合行檢發原件電仰遵照切
實舉行為要!

等因,附歡送新兵入伍大會儀式一紙。奉此,除分令外,合行檢發原件,令仰遵照切實舉行
為要!此令。附歡送新兵入伍大會儀式一紙

中華民國二十八年九月　日

縣長　王國璠

中華民國廿八年九月廿拾日

監印　趙洪源
校對　趙玉笙

附：欢送新兵入伍大会仪式流程

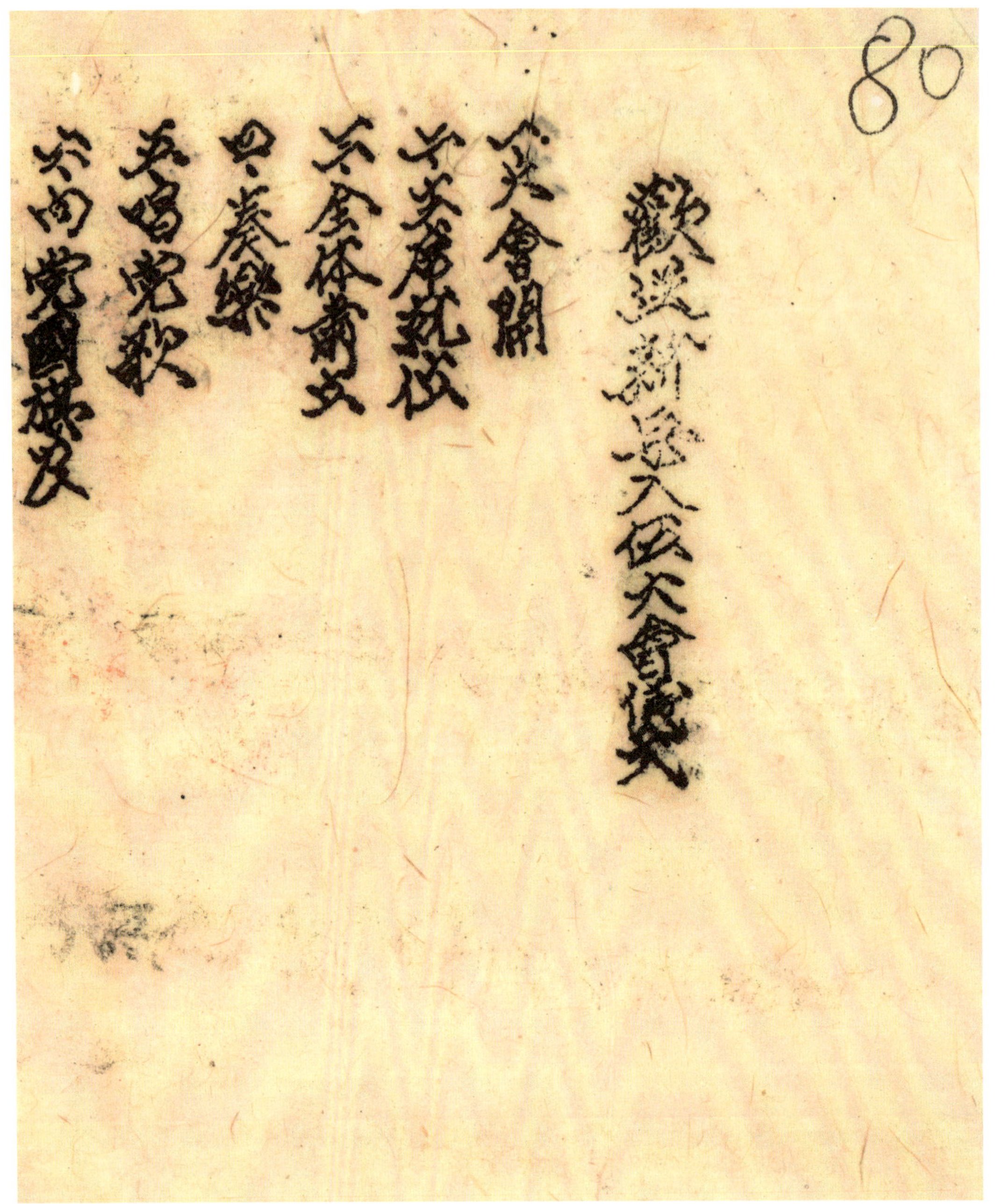

歡送新兵入伍大會儀式

一、大會開

二、主席就位

三、全体肅立

四、奏樂

五、唱党歌

六、向党國旗及

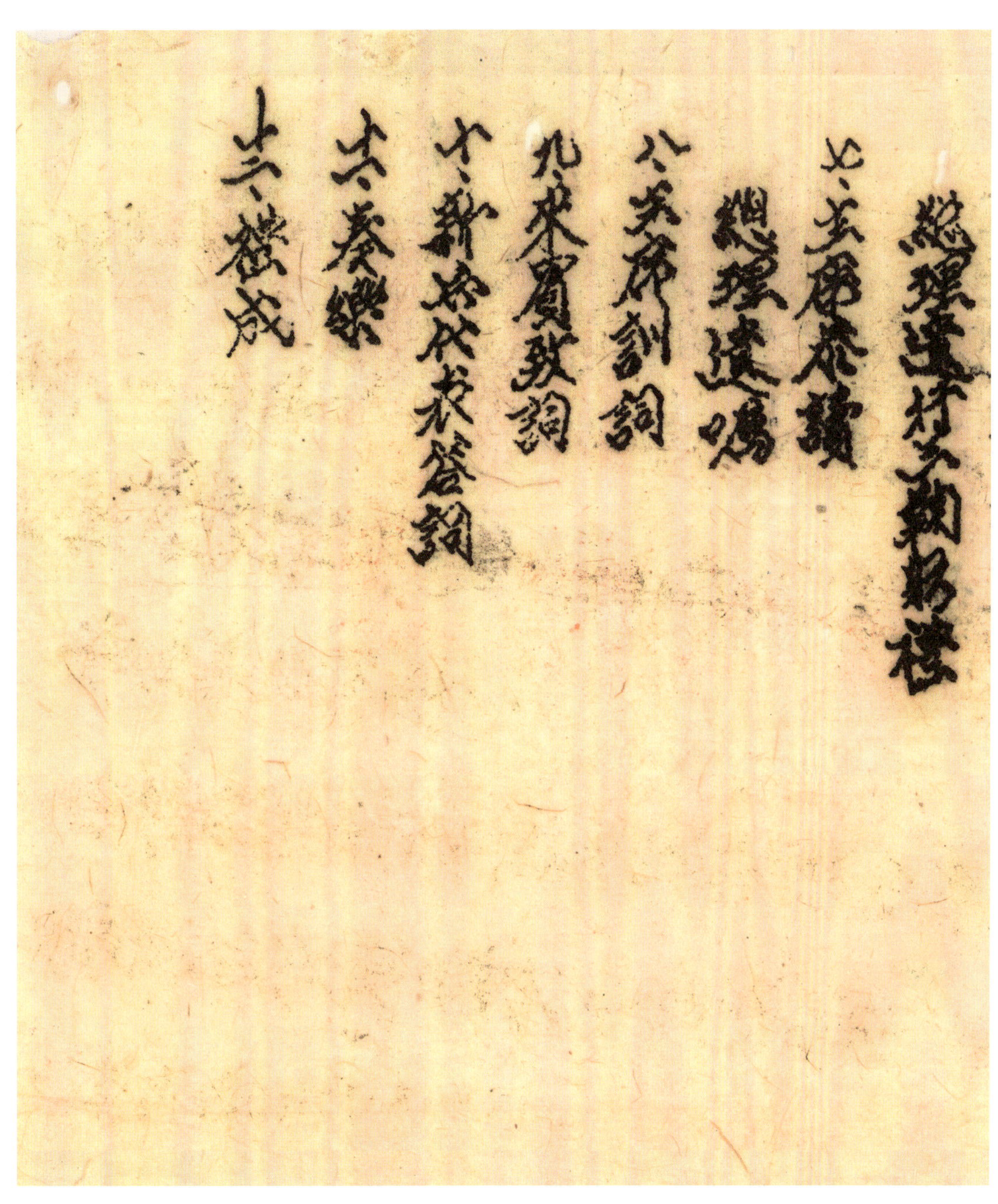
總理遺行三鞠躬禮
七、主席恭讀
總理遺囑
八、主席訓詞
九、來賓致詞
十、新任代表答詞
十一、奏樂
十二、禮成

温江县第一区区署关于奉电依照航空委员会特务旅招募标准招募士兵并送县府验收致苏镇联保办公处的训令（一九三九年九月二十四日）

77

訓令

温江縣第一區區署訓令　二十八年役字第1號

令蘇鎮聯保辦公處

二十八年九月二十三日，案奉

温江縣政府役字第三二四八號訓令開：

本年九月七日案奉成都師管區司令部役字第（4570）號

代電開：案奉四川省軍管區司令部軍役編字第一〇六六號代電

為奉軍政部電航委會特務旅缺乏軍士，飭由該區代為招募

射擊適齡壯丁三〇〇名等因，飭遵照此次兵額准由該區加徵

兵額内如數抵扣等因奉此又奉四川省軍管區司令部軍役編
字第一四九〇號銑代電為奉軍政部電為航委會特務旅在該
區招募軍士三〇〇名准予列入加征兵額但不發征費等因轉飭知照
各等因奉此并着温江双流兩縣協助各代招募適齡壯丁一五〇名
除分電該旅派員前往各縣接洽辦理外合亟電仰遵照准在加征兵
額如數抵扣並將辦理情形具報為要等因奉此又准航空委員會
特務旅司令部參毛第(2380)號代電節開並將招募標準分别
述下：一、資格高小畢業或初中肄業者；二、年齡十八歲至三十歲者；三、
体格無傳染病及無暗疾身長一六七公分左右者；四、待遇在訓練
期間為二等兵(十二元叁角)；五、訓練六月期滿分發部隊服務，在服務一
年以上勤勞昭著學術優良則保送空軍軍士學校及機械
學校暨中央陸軍軍官學校深造；六、份子須健全有切實

保結書（附保證書一紙）為合度等由，附保證書一紙，准此，除分令外，合行令仰該署迅即遵照招募標準招募六十名於本月廿一、廿二兩日申送來府以憑驗撥為要。此令。等因，附保證書式一紙，奉此，除分令外，合行抄發保證書式一紙，令仰該主任迅即遵照招募標準招募十二名務於本月二十七、二十八兩日連送縣府驗收為要。

此令。

附保證書式一紙。

中華民國二十七年九月廿九日

區長 王國璠

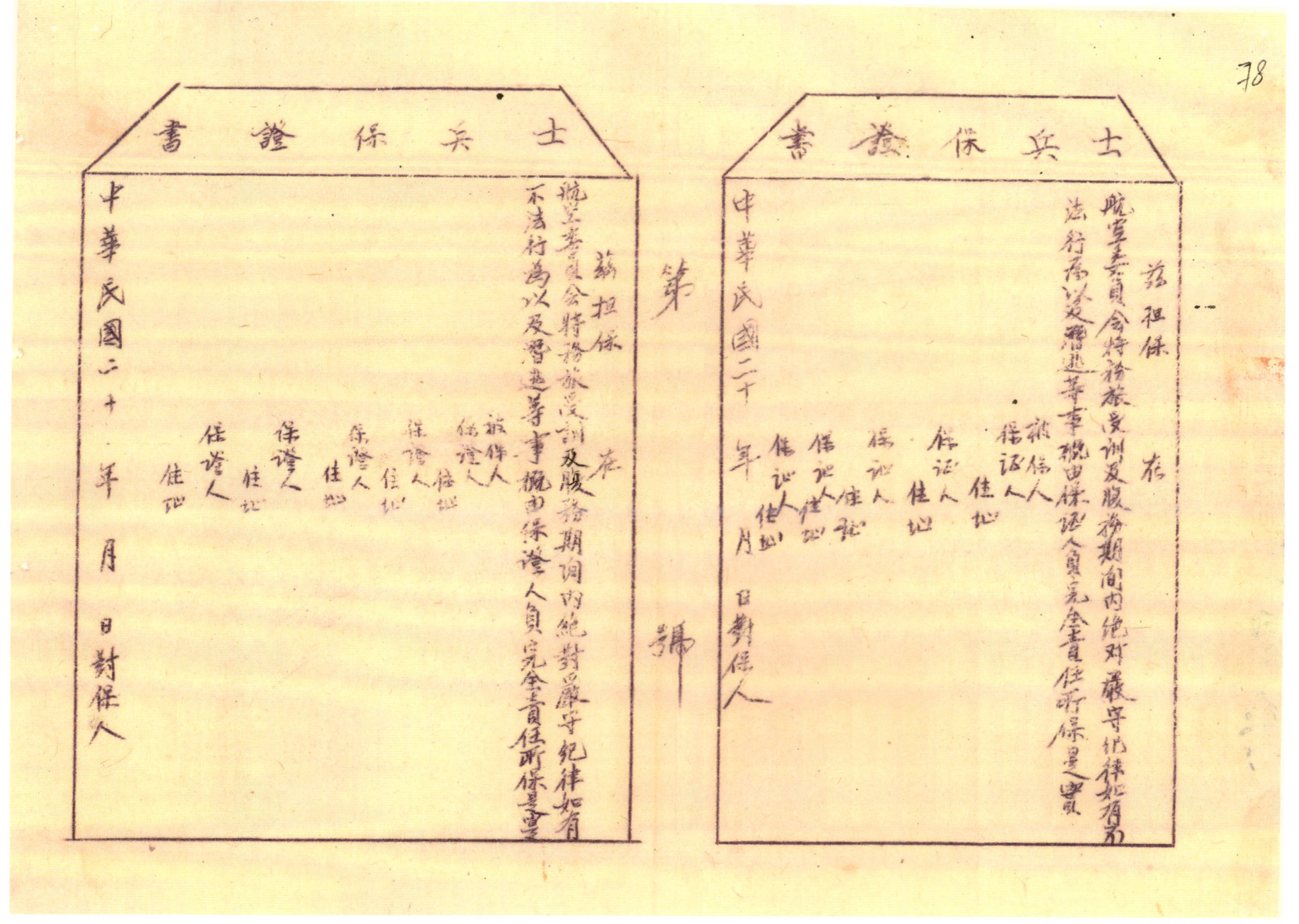

士兵保證書

兹担保　　在

航空委員會特務旅受訓及服務期間內絶对嚴守紀律如有不

法行為及潛逃等事概由保証人負完全責任所保是實

被保人

保証人　住址

保証人　住址

保証人　住址

保証人　住址

中華民國二十　年　月　日　對保人

第　　號

士兵保證書

兹担保　　在

航空委員會特務旅受訓及服務期間內絶對嚴守紀律如有

不法行為以及潛逃等事概由保證人負完全責任所保是實

被保人

保證人　住址

保證人　住址

保證人　住址

保證人　住址

中華民國二十　年　月　日　對保人

温江县政府关于奉抄四川省第二期兵役实施计划纲要、抽签实施办法、四川省各管区征兵拨兵暂行办法及处理逃役壮丁暂行办法致苏坡桥联保办公处的训令（一九三九年十月十四日）

191

温江縣縣政府訓令 役字第385號

令蘇坡桥聯保辦公處

二十八年十月一日，案奉

四川省軍管區司令部役一字第二二六九號訓令開：

"茲將四川省第二期兵役實施計劃綱要、四川省非常時期徵集國民兵第二次抽籤實施辦法、四川省各管區征兵撥兵暫行辦法、四川省處理逃役壯丁暫行辦法，隨令頒布，仰即遵照辦理，再優待緝正式收據，統由本部製發，在未頒到以前，准由縣市政府（重慶市由警察局）填給臨時節收，俟正式收據頒到，按名換發，又國民兵團實施辦法第十三

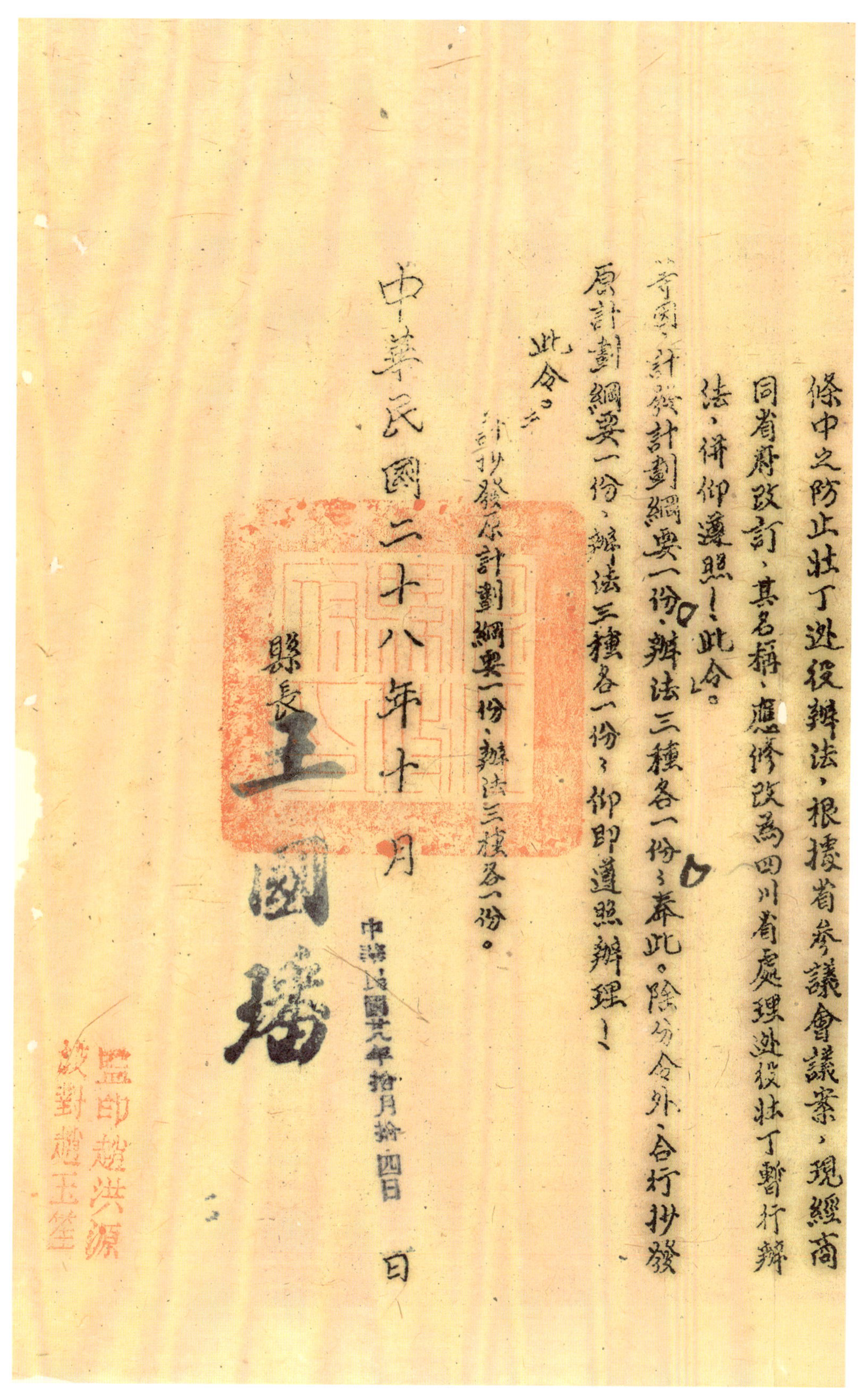

條中之防止壯丁逃役辦法，根據省參議會議案，現經商同省府改訂，其名稱，應修改爲四川省處理逃役壯丁暫行辦法，併仰遵照！此令。

等因，計發計劃綱要一份，辦法三種各一份。奉此。除分令外，合行抄發原計劃綱要一份，辦法三種各一份，仰即遵照辦理！

此令。

計抄發原計劃綱要一份，辦法三種各一份。

中華民國二十八年十月　　日

縣長 王國播

中華民國廿八年拾月拾四日

監印趙洪源

校對趙玉箋

附（一）四川省第二期兵役实施计划纲要

四川省第二期兵役實施計劃綱要

第一條 本綱要根據第一期兵役實施之經過參酌重慶全國兵役補充會議議決事項遵照 中央法令關於兵役政令及採納各方改善兵役合理之建議制定之

第二條 本綱要悉以征訓合一為最高原則

第三條 征募：

甲、征調名額暫以甲級壯丁（年滿十八歲至未滿三十五歲者）調查所得之結果為標準必要時並得征調乙級壯丁免役緩役禁役壯丁除外

乙、征調方式以抽籤為原則非經許可不得採用挨次選派方式（抽籤辦法另定之）適齡壯丁因特別情形一時不能參加抽籤如獲准完納緩役金得分別緩受征集

丙、為便於人民志願參加抗戰計得參酌情況實行募兵制

第四條 組訓：

甲、儲補兵採有給征營集訓制其經費為固定分配辦法另定之

乙、儲補兵之教育以完成新兵教育為度期滿如不撥出視其情形得以有組織之歸休法令其歸休待令征集

第五條 撥補：

甲撥兵一律由師管區補充團撥充為原則萬一有少數必須另行撥交者亦由接收部隊幹部前往指定之地點接收由歸休兵或在營兵或未受訓之壯丁撥交臨時由軍師團管區按其情形以命令定之驗收新兵標準以軍政部最近頒行之兩項為準

乙補兵補充團之兵由各補充團幹部到各縣市以在營集訓之壯丁征補在營受訓之壯丁缺額由已受壯丁訓練或受訓練之合格壯丁征補

第六條　應征壯丁家屬優待消極積極獎懲其辦法另定之

第七條　處理應征壯丁逃役務用密報勸征罰款等方法及征其家屬合格壯丁其辦法另訂之

第八條　監查事務縣以下由兵役協會負通常監查之責另由各級管區隨時派員監查軍政部規定之監查組仍繼續

第九條　宣傳以縣長親赴各鄉宣傳為主以委託各地人民信仰之對象宣傳為輔過去舉行一般之宣傳凡不經濟而又無效果者酌予停止

第十條　本綱要自公佈之日起施行並報軍政部備案

第十一條　本綱要施行後凡以前本省所頒關於辦理兵役之各種法令有與本綱要抵觸者一律廢止

壹

附（二）四川省非常时期征集国民兵第二期抽签实施办法

四川省非常時期征集國民兵第二期抽籤實施辦法

第一條　本辦法依據四川省第二期兵役實施計劃綱要第三條規定之

第二條　各縣（市）凡年滿十八歲起至三十五歲之甲級壯丁除緩征兵役法核定之免役緩役禁役停役者外均應照本辦法之規定參加抽籤候令征集

第三條　適齡壯丁之抽籤通常於原籍地行之，原籍不明或因其他情形為未參加原籍抽籤者得由住在地保甲飭其就地加入抽籤，或自行申請參加抽籤，如原籍及住在地均未參加抽籤者即為漏丁，經查明後不經抽籤手續儘先征送入營

第四條　各縣（市）應於第二期第一次抽籤未抽以前將各該聯保參加抽籤甲級壯丁名冊（附式如附式（一））審核確定，或令由各聯保照實層報縣府以便準備抽籤事務，如有異動（全家異動者須計入乙）轉役或新入境時參加抽籤者應於備考欄內註明，第二次以後之抽籤除有異動死亡及新入境壯丁應事前呈報縣府外，其餘即依照定名冊抽籤

第五條　本辦法之抽籤規定為每月一次或不定期，壯丁不必親身參加，由縣長依上級征兵機關之命令所定兵員額數召集縣屬區長或代表各鄉鎮聯保主任或書記到城舉行之，屆時縣長須邀同縣中各機關法團公正士紳等於該縣武廟或文廟（有中山紀念堂者可在紀念堂行之）監視，先令代表舉行宣誓然後開始抽籤（儀式及誓詞如附式（二））以昭鄭重，如縣屬聯保距縣城在二百里以上者由區長代表參加，或由縣長先行召集商洽，令各區或各鄉鎮分區輪番抽征，總以平均出丁為原則

83

第六條　全縣(市)壯丁除依法免役緩役禁役停役或已出征者外，所有應行參加抽籤人員，應由縣(市)府製成記名竹籤(竹籤式如附式三)及各聯保名冊，按其有繳納緩役金或優待捐者(優待捐辦法詳後第十五條)，須由各區聯保代表抽籤人於抽籤前依規定同現款繳足，抽籤時即將名籤取出交兵役協會保存，並於名冊該欄上註明繳納優待捐或緩役金等字樣，然後依應征名額與實際參加抽籤壯丁總額計算應由若干人中征集一人，即以若干名為一次，為一組，列表公布於會場(表式如附式四)，每一組內抽出應征中籤壯丁一名，預備中籤壯丁(第一、第二兩名)，以備遞征。壯丁分組方法依現行區與保甲番號之順序，由第一保起按各冊依次編至末尾，其有餘或不足一組者，得與其他區鄉鎮合編，至最餘額為次，如有小數得酌量情形另編若干組以資公正，該號由縣府先行分配編定之。

第七條　抽籤時應有監察之組織如左：

一、總檢察組：總理抽籤一切事務，以縣(市)府各科職員及國民兵團全體職員組織之，並以縣(市)長兼國民兵團團長為主任。

二、監察組：監察抽籤監查事務，以縣(市)黨部書記長為主任，兵役協會副主任、委員或常務委員為副主任，由縣(市)黨部、兵役協會及各機關法團組織之，除黨部、兵役協會全體一律留場監察外，其餘各機關法團至少留負責人一員在場擔任監查事務。

三、抽籤組：直接參辦抽籤事務，依壯丁組數多寡酌量分為若干籤，抽組分別舉行抽籤，每組由總檢察組派組長一人(以縣府或國民兵團高級職員充任)，書記員、登記員、核對員、唱名員各一人(以縣府職員或鄉鎮各機關人員充任)組織之，由監查組派出監查員一人擔任各該抽籤組監查事務。

第八條　抽籤時關於行事規定分配之記名竹籤，當眾翻籤後交監查員與核對員按名核對，核對完畢即將所有竹籤當場投於籤筒內攪亂，由聯保主任本人或書記本人(保長代表者為區長本人)抽出正式中籤壯丁，交唱名員當眾開籤登記，登記員登記於中籤壯丁登記簿內，再抽第一、第二預備籤，亦照樣登記(簿式如附式五)，登記完畢後由監查員將抽籤登記簿逐一核對，並簽名於簿上，呈縣政府並兵役協會

第九條　國記證即另由縣政長抄錄三份，除以一份存區聯保外，其餘三份分別交存兵役協會、縣政府及國民兵團，國民兵團以爲召集壯丁入營根據。壯丁入營由縣(第一)長兼國民兵團團長、副團長護送，按規定路線依照國民兵團常備隊編常備隊及常備隊訓練所不敷分配之縣由自衛隊代辦，一官長率領軍士若干名，員各區署所在地與區署協商後即行遣軍士（軍士不足時得酌派資深可靠之壯丁），並各聯保代表區區分隊之區署應協可能深入同情，由聯保將應征壯丁征驗齊全，俟聯保應派負責人率同壯丁到區署候驗，區聯保及區署交接時間均不得超過三日，縣中常備隊駐營地與聯保時間以六十里爲一日行程，資程計算，不得逾延，候聯保以聯保主任爲交方，保區署以區長爲交方，送區署接中隊候驗後即爲交接完畢，交接雙方均不得有故意苛難不肯交接，或[illegible]情事遷延，貽誤[illegible]。

第十條　在聯保驗收時須用十行紙將應交壯丁之姓名、年齡、身長、體重、箕斗、身體特徵（如胖瘦、白麻、面黑、面白、暴牙、六指、其他……有痣疤……）等逐一分別開聯保驗收壯丁名簿（如附式六），由聯保辦公處切實登記，抄錄兩份，由接方詳爲驗分別已收、未收，註記明白，共同簽名蓋章負責，後以一份存聯保辦公處備查，以一份交接收壯丁人員攜交區署，在區署複驗應征壯丁時亦準此同樣辦理，如有中途頂替情形，依法嚴辦之。

附錄軍政部規定新兵體格驗收標準

身長一六零公分以上、體重五五公斤以上爲甲等，身長一五五公分以上、體重五零公斤以上者爲乙等，身長一五零公分以上、體重四十八公斤以上者爲丙等，但其年齡適合、身體強健、堪服兵役者，即不及上項標準，亦認爲合格。

第十一條　壯丁伙食於各鄉鎮聯保辦公處所在地交常備隊或自衛隊驗收之日起，其由常備隊發給每名每月支五元，除特殊提留伙食三日之伙食作爲接收壯丁旅途各費外，其餘全數作爲壯丁之伙食，如有節餘，則平均分給應征入營壯丁，不得剋扣他用，亦不得假詞向地方需索，接收人員并不得接受任何招待，違則嚴懲。在聯保驗收不合格之壯丁往返均不支給路費，在區署覆驗不合格之壯丁回程路費及應補送壯丁往返[illegible]由縣府統籌補助

聯保長于□日期須於交出□日內列表送報縣府以備查考

第十二條

凡中籤壯丁不分正式預備均須一律聽命集中於聯保處由聯保長註明正式預備分別造冊交常備隊驗收正式中籤壯丁儘先應征如確因体格不合或其他特殊情形得由第一第二預備中籤壯丁依次檢驗補充應征會不到者即認為逃役依四川省處理逃役壯丁暫行辦法處理之

第十三條

正式中籤壯丁及預備中籤壯丁之驗收程序先依籤號次及体格總收入員須本此原則辦理非萬不得已不得以預備籤及次補與補如有故違擇縱顧例串實者經告發或查覺即由縣嚴懲

中籤壯丁如確係於未中籤前因事離境者得由該管保甲長或聯保將該壯丁籍名冊及加以證明並由聯保保甲負責通知其本人限期回籍入營（限期不得超過二十日）逾期不回即將該壯丁現住詳確地點呈報縣府移文現住地之縣與縣設就地征集並將其身籍戶數與聯保經報計算其在現住地集征之數保保甲並由縣府登記當時於每月終呈報於團管區以為辦理兵役成績標準之一（但未經報交者即除外）

第十四條

中籤壯丁如有雇人頂替情弊一經查覺或被人告發即將雇主及頂替人一併送縣依法入營服役（應科之刑暫緩執行）並連帶罰其保甲長聯保主任受雇入營壯丁如能向該隊長官自首者得將原雇主送縣入營服役所立契約完全無效已給之費不得索還但須於常備隊服役

第十五條

凡非法律規定緩役之適齡壯丁因特別情形一時不能參加抽籤者如不以繳納緩役金二百元得准予每次抽籤之前呈繳優待捐拾元免其參加抽籤一次其續繳者特許照繳但以續繳十二次為最大限其餘各抽籤之區鄉鎮如未能以繳納優待捐得由該鄉呈請抽中各次應繳之緩役金始准免抽其呈繳保管程序規定如左：

一、繳納緩役優待捐應如上述於每次未抽籤以前繳納拾元於各該聯保處領取繳納優待證並取印收（如附表□）其款於每次抽籤時由聯保用現款解縣府除准提百分之八作優待捐外，收工本費百分之五為辦理抽籤經費，百分之三為保長征趕抽籤往返川旅費，百分之三為區署覆驗副出壯丁與保長伙食補助費，統由縣府管理，遇必要時得酌量情形伸縮外，餘由縣（市）府交兵役協會存作優待基金，並轉報四川省軍管區司令部備案，俟令開支。

第十六條　一、各縣（市）於收到優待捐後，應由縣（市）政府及兵役協會將本月所收優待捐數目情形列表（如附式二）公布於常備隊，並於繳收壯丁時，攜帶赴各該保張貼公布，如有違者嚴辦。

三、優待捐收入以後，應由兵役協會提交縣金庫或當地銀行存放，其息不由協會及私人保管。縣金庫及銀行應將所得息於縣財委會

執行本辦法之各級行政人員及國民兵團各級官兵，對於抽籤征集，繳收呈繳捐款之各種規定，有違法舞弊及奉行不力者，一經查覺，定必嚴予懲辦。

第十七條　本辦法施行後，前頒之四川省非常時期征集兵員第一次抽籤征兵暫行辦法即行廢止。

第十八條　本辦法規定未盡事項，由四川省軍管區司令部以命令修改或增補之。

第十九條　本辦法由四川省軍管區司令部公布之日起施行，並報請軍政部備案。

（附式二）

中華民國二十八年　月份　縣　區　鎮（鄉）參加抽籤甲級壯丁名冊

保／甲	姓名	出生年月日	職業	詳細住址	備攷

195

附記

册内如有應説明之事項記入本欄

(附表二)

宣誓儀式及誓詞

儀式

(一)全場肅立

(二)向 總理及先賢遺像行三鞠躬禮

(三)抽籤代表宣讀誓詞(全体舉右手)

(四)監誓員致訓詞(縣(市)長為監誓員)

(五)禮成

誓詞

余等誓以最忠誠公正之態度代表全縣全体壯丁舉行第 次抽籤,不徇私不舞弊,如違此誓甘受法律制裁謹誓

宣誓人 ○ ○ ○

肆

（附式三）

長一市尺

某鄉鎮

某保某甲

（某）

（某）

（某）

寬三分

（附式四）

縣（市）甲級壯丁抽籤統計表

				合計
全縣壯丁總額				
各鄉鎮壯丁人數	鎮鄉名			名
已出征壯丁人數				名
緩役免役緩禁停役之人數				名
緩徵緩役全人數				名
緩徵緩役消人數				名
實際參加抽籤人數				名
本次決抽壯丁若干名				名
應以若干人為一組				名

(附表五)

縣(市)中籤壯丁登記簿　第○冊

籤組	正籤			第一預備籤			第二預備籤			備考
	姓名	保甲戶	住在地	姓名	保甲戶	住在地	姓名	保甲戶	住在地	

伍

（附式六）

县（市）常备队○○联保验收壮丁名簿

籤級	籤號	姓名	保甲户	住在地	年齡	身長	体重	寬寸	身体已驗收 / 特技未驗收	備考
	正領〇 領〇									

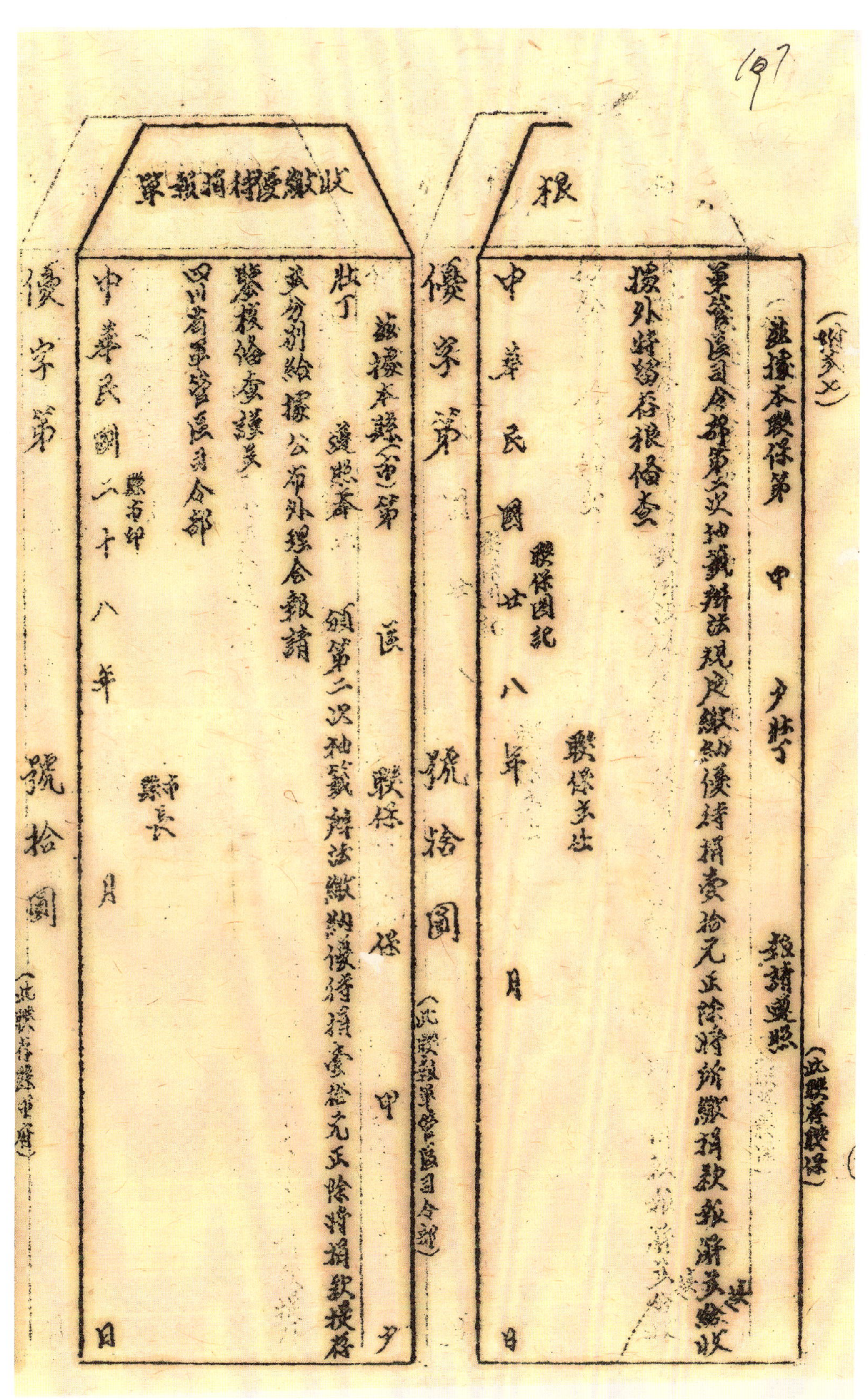

（附表七）

根

茲據本聯保第　中　鄉壯丁　報請遵照軍管區司令部第二次抽籤辦法規定繳納優待捐壹拾元正除將所繳捐款報解縣長核收外特繕存根備查

（此聯存聯保）

聯保圖記　聯保主任

中華民國廿八年　月　日

優字第　號拾圓

（此聯繳軍管區司令部）

收繳優待捐報單

茲據本縣（市）第　區　聯保　保　甲　戶

壯丁　遵照本　頒第二次抽籤辦法繳納優待捐壹拾元正除將捐款撥存

委分別給撥公布外理合報請

鑒核備查謹呈

四川省軍管區司令部

縣市印　縣市長

中華民國二十八年　月　日

優字第　號拾圓

（此聯存縣市府）

收缴优待捐报单

兹据本县（市）第　区　联保　甲　户壮丁
报缴优待捐业经充正截留存根并给据外理合报请
鉴核须至
县市政府
第　区区长
联保主任
区印
中华民国二十八年　月　日

优字第　号拾圆（此联给缴捐人）

收据

兹据本县第　区　联保　甲　户壮丁○○
报称因有特别情形一时不克参加抽签遵照四川省非常时期征集国民兵实施第一
次抽签实施办法第十六条规定缴纳优待捐壹拾元正请免参加本县（市）第
次抽签一次经查属实除将所缴捐款报县（市）案公布外给此为据
○○县县长
○区区长
○○联保主任
县市印
中华民国二十八年　月　日

（附表八）

四川省　县（市）政府 兵役协会 为列表公布事

查本县（市）第（二）次壮丁抽签各镇乡请缓参加抽签壮丁缴纳
优待捐款项业经本会（府）如数收讫除遵照规定办理并呈报
区司令部备案外合行列表公布周知　四川省军管

198

區別	姓名	繳納金額	備考
鎮鄉		國幣拾元	
小計	名	元	
鎮鄉		國幣拾元	
小計	名	元	
合計	名	元	

中華民國二十八年　月　日

縣長兼主任

柒

附（三）四川省各管区征兵拨兵暂行办法及四川省处理逃役壮丁暂行办法

四川省各管区征兵拨兵暂行办法

一、征兵征额在全省壮丁数未确定以前暂不按县市分配，仍依本年一二三月配额统配于师管区，师管区得视实际情形在不减少总额限度下为增减配当，报核（某师管区原配若干，即配若干）。在三月底以前各县征额未交清时，遇有拨补不能以新征之兵拨出新拨之兵（依第二次抽签办法征集者为新征之兵）。第一次作七月份征额，待命征到即编入常备队，照国民兵团暨施行法管训，候拨补兵交清拨，如奉令拨兵，届时之兵即概由常备队拨出，如不敷可续征续拨，并责拨甲县，如征拨太多，准暂休止，另由不设常备队之乙县征集（不设常备队之县为补助征兵区），以甲县之常备队干部开赴乙县，续成续拨，至拨兵所需之额为止。关于常备队之征编拨交等事，由团管区就其附近县市征额与常备队配额斟酌，并规定办法，核准施行。

二、拨兵接收部队到县市接收，照军政部二十八年七月巧役秦字第一二九三〇二号代电规定，由县负责组织交兵（不能到县者，令接收由团管区指定地点，即以团管区所在地以交通便利之大城镇、交接地点确定，交接部在该地组织一壮丁监交委员会（该委员会为独立仲裁机关，以当地官绅、法团、驻军、医院合组，报请军政部备查，交接两方人员均不得参加组织），交接两方发生争执时，即由该委员会秉公处理，如由在接兵方面甚至无法理喻时，即报请停拨，如由在交兵方面，即由团管区司令将被割逃者限期如数拨补，因接补而消耗之壮丁旅伙归原送机关负担，不准报销，新兵由补充团拨出者除外）。

附注：

一、旧有壮丁之征送，不适用第二次抽签办法。

二、常备队训练期满，遇军区命令不令归休。

三、补助征兵区可征募并行（募兵限收曾受军训及志愿当兵者），如情形特殊，呈请军管区核准，得采团队年内领之补充办法办理之。

四、甲县常备队干部到乙县接兵，于到县后，乙县壮丁由乡到城之接送，应令乙县自卫队担任，壮丁所需之旅伙由甲县常备队一并支发。无自卫队之县，甲县常备队始自到乡接收，但须秉乙县县长之命令行之。新征壮丁由常备队及自卫队之长官军士到乡验收（详第二次抽签

辦法）如一不能依法檢查可按軍政部規定最低之標準即除老弱殘廢及有不治之症者外又要年齡相當身體發育便予驗收

四川省處理逃役壯丁暫行辦法

第一條　本省為防止適齡合格壯丁逃避兵役特製訂本辦法

第二條　本辦法凡國民兵役甲級適齡合格壯丁除依法核定免役外（自十八歲起至三十五歲止）其應依法服役者悉適用之

第三條　凡中籤後不受召集或不依限入營及入營後潛逃者均為逃役壯丁悉依下列各款處理之

甲、逃役壯丁得由保甲長就其適齡限內同服兄弟依序從先中送入營其本人經查獲時仍隨時征送不可能交換時（例如本從者時）得交換之

乙、逃役壯丁任何人均得隨時隨地密報當地保甲或征兵機關將該逃丁勒征入營並罰該逃丁本人家屬給予密報人獎金三十元如該逃丁確實無力繳納者即由其原籍全保負担如數給清其統限於該逃丁入營後本月內辦妥

丙、逃役壯丁本被勒征入營者即由中籤之月起責勒令其家庭按月繳納優待指十元如該丁家屬確實無力繳納者經保民大會公認後由全保負担按月繳清至該丁自動回籍服役時為止

丁、征何地方保甲查其人確為逃役壯丁時得儘先征送營服役並准抵作該保月征兵額計算其本保本月應入營之壯丁推至下月入營

確認前項逃役壯丁應由接收壯丁之縣（市）政府就原籍縣（市）政府所送逃丁一覽表查對征送入營後並應通知其原籍縣（市）政府知照

第四條　各縣（市）政府于每次壯丁入營之月底終應將各該縣（市）逃役壯丁列表（如附表（一））通知各縣（市）政府以備查並分呈各級管區備案

第五條　凡經受第三條各款之處罰而被勒征入營者半年以內其家屬不得享受地方所籌設之一切優待但政府及服役部之優待不在此限

捌

第六條　本辦法[illegible]所[illegible]獲之逃丁，其[illegible]人如與該丁同籍，即由其收容該丁之縣(市)政府[illegible]再令所隸之鄉保依照規定收繳。如[illegible]報人與逃丁不同屬一縣，即由接收壯丁之縣(市)政府墊發獎金，並通知逃丁原籍縣(市)政府查繳歸墊。

第七條　本辦法之獎金給獎一律統由縣市政府核定行之。

第八條　各縣(市)政府對於接收逃丁及給獎或核判通知給獎應隨到隨辦，不得故意留難或遲延，並將有關資料於每一個月終將處理逃亡獎罰情形呈報各級營區轉呈本部備案。

第九條　被處罰之壯丁或家屬如有被抓敲詐誣扣意圖害者，得由被害人呈請高級征兵機關申請之，但在未核判前不停止其處罰之執行。核判後如確係被誣陷害者，以同等處罰反坐之。

第十條　執行本辦法之各級人員對於查報及解送逃丁有徇情枉縱或違法舞弊情事，經查出或告發者，均予嚴重處罰。

第十一條　本辦法有未盡事宜，得由四川省軍管區司令部以命令修改或增補之。

第十二條　本辦法限於四川省第八期抽籤辦法開始後施行，並報軍政部備案。

附表八

四川省　　縣(市)　　月份逃役壯丁一覽表

姓名	出生年月日	籍貫 鄉(鎮)保甲	屬詳細住址	職業	身体特徵	逃亡情形

温江县政府关于转饬从严查办国民兵训练舞弊营私贿赂顶替情事致苏镇联保办公处的训令

（一九四〇年一月二十一日）

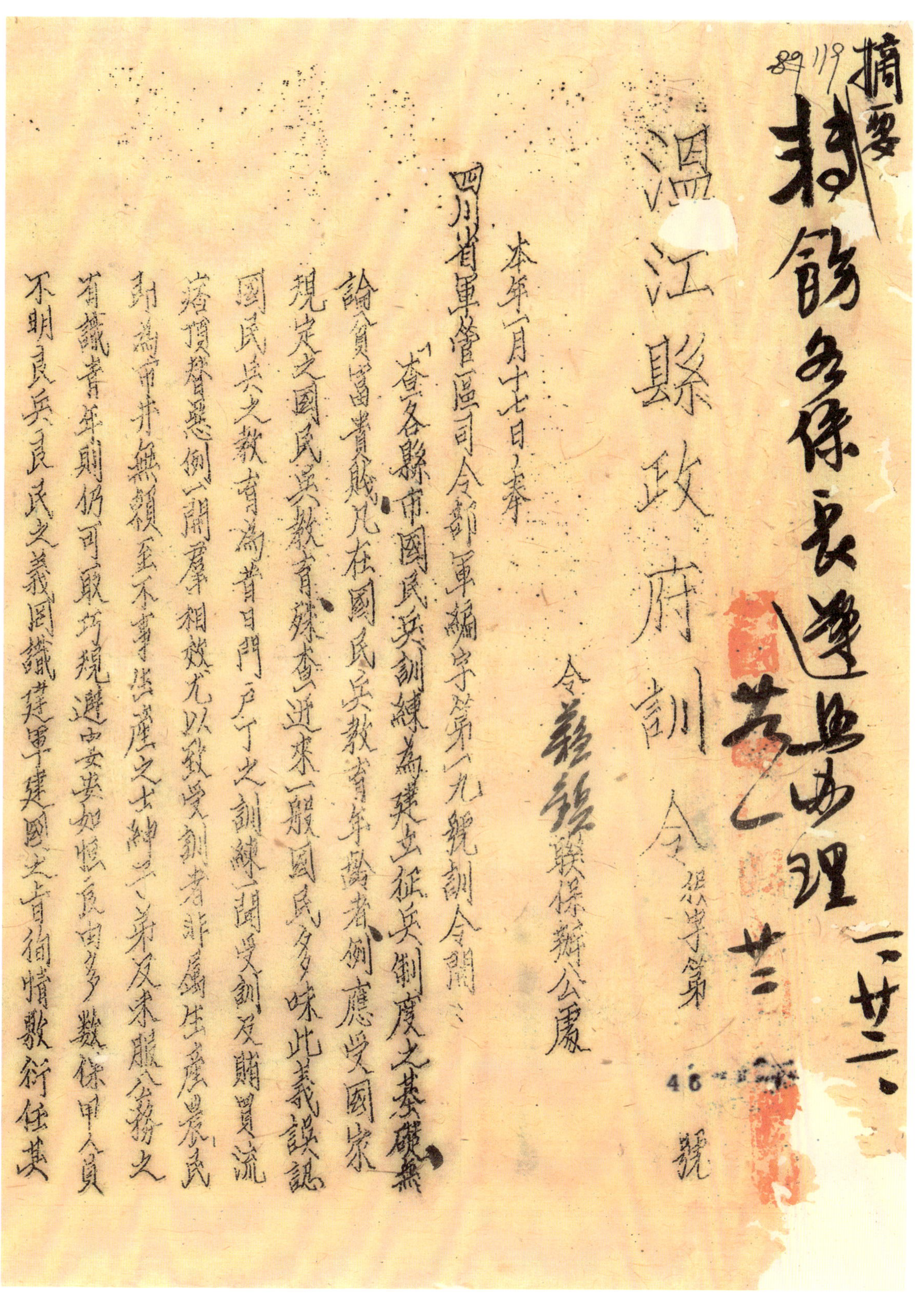

摘要 轉飭各保長遵照辦理 一、廿二

溫江縣政府訓令 字第 46 號

令蘇鎮聯保辦公處

本年一月十七日奉

四川省軍管區司令部軍編字第一九號訓令開：

「查各縣市國民兵訓練為建立征兵制度之基礎，無論貧富貴賤，凡在國民兵教育年齡者，例應受國家規定之國民兵教育，殊查近來一般國民多昧此義，誤認國民兵之教育為昔日門戶丁之訓練，一聞受訓，及賄買流落頂替惡例，一開群相效尤，以致受訓者非屬生產農民，即為市井無賴，至不事生產之士紳子弟及未服公務之有識青年，則仍可取巧規避，[illegible]良由多數保甲人員不明良兵良民之義，罔識建軍建國之旨，徇情敷衍，任其舞弊甚或從中漁利，若不矯正，則妨礙訓政，貽誤兵役，影響抗戰莫此為甚。茲特提示，今後國民兵訓練應注重以調訓士紳子弟為主要對象，使其退伍以後，并可担負維護地方治安之責。至于無業游民，應由各縣市從速密飭保甲，切實調查登記，儘先提送編入常備隊，施以嚴格訓練，俾免浮游混跡，頂替受訓。須知訓政、役政均為目前救國要端，凡屬國民，亟應切實遵守。至於官府，尤須嚴厲督行，切不可因循坐視，貽誤國家。倘今後應行受訓國民仍有舞弊營私、賄賂頂替情事，一經查出或據告發，即應由該府從嚴查辦，毋稍寬縱。除分令外，合行令仰該府從嚴取締，并轉飭所屬切實遵照辦理為要。此令。

等因。奉此。除分令外，合行令仰該主任即便遵照，并轉飭所屬切實遵照辦理，是為至要。此令。

中華民國二十九年一月　日

縣長　王國播

中華民國廿九年壹月廿壹日發出

温江县政府关于适龄壮丁因特别情形不能参加抽签者应缴纳缓役金或优待捐致苏镇联保办公处的训令
（一九四〇年三月十六日）

60

温江縣縣政府訓令 役字第　號 附件

民國二十九年三月十六日

令蘇鎮聯保辦公處

案查四川省非常時期徵集國民兵第二次抽籤實施辦法第十五條「凡非法律規定緩役之適齡壯丁，因特別情形、一時不能參加抽籤者，如不一次繳納緩役金弍百元，得准予每次抽籤之前，[illegible]繳優待捐拾元，免其參加抽籤一次」之規定。現本年二至三兩月份抽籤事宜，行將舉

元三十六

160

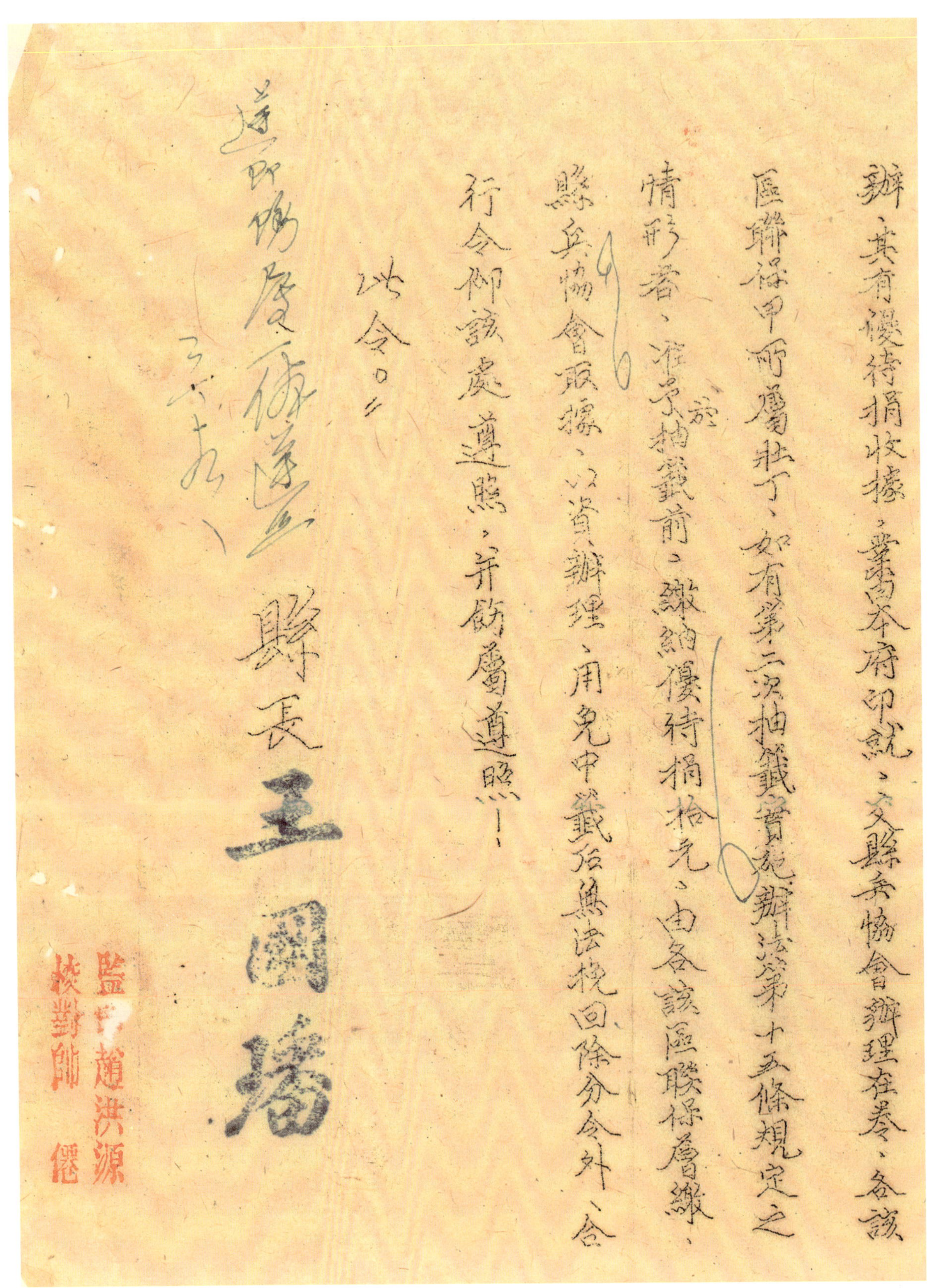

辦，其有優待捐收據，業由本府印就，交縣兵協會辦理在卷，各該區聯保甲所屬壯丁，如有第二次抽籤實施辦法第十五條規定之情形者，准予於抽籤前，繳納優待捐拾元，由各該區聯保層繳縣兵協會取據，以資辦理，用免中籤后無法掣回，除分令外，合行令仰該處遵照，并飭屬遵照！

此令。

縣長 王國璠

監印 趙洪源
校對 師 儼

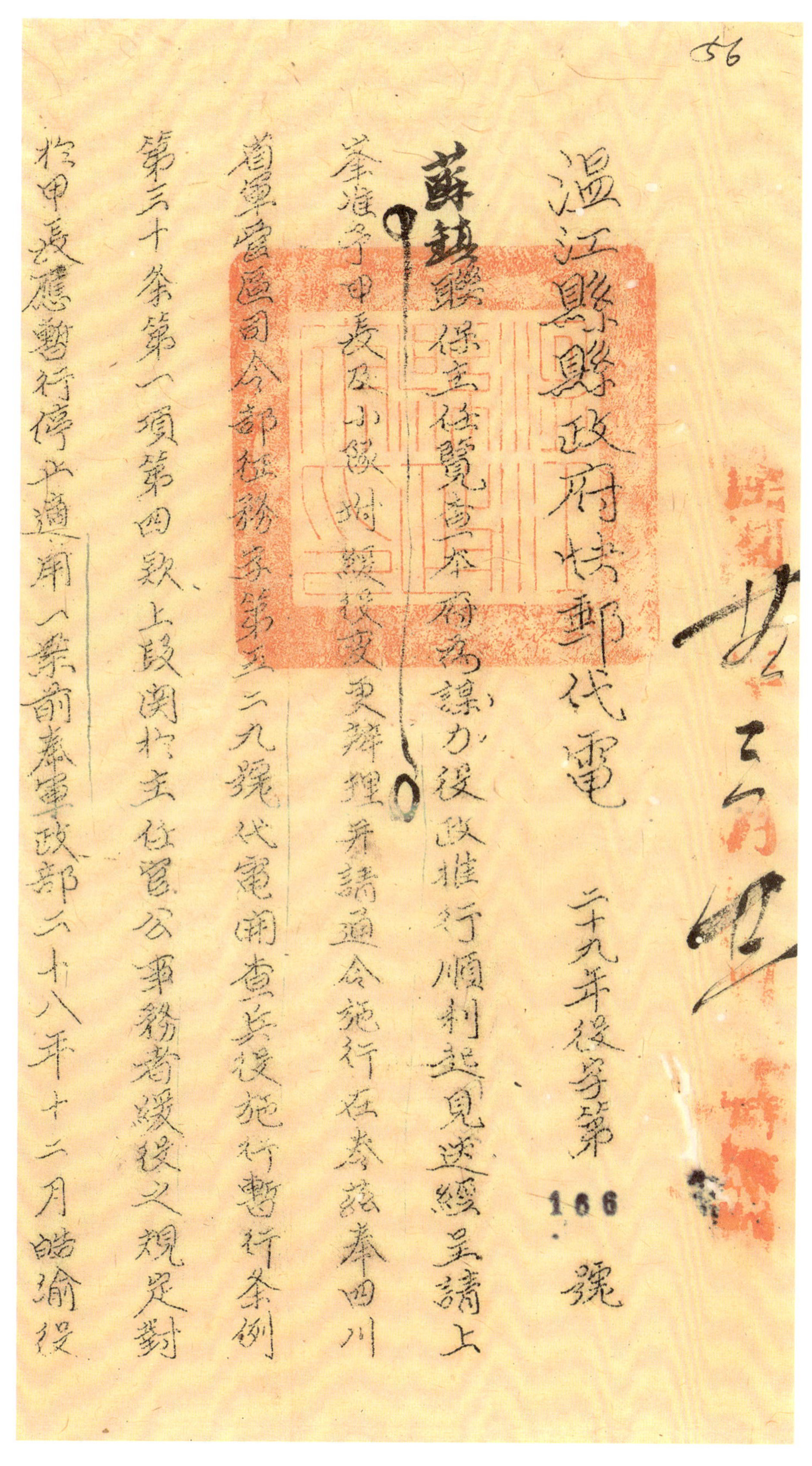
56

温江縣縣政府快郵代電 二十九年役字第166號

蘇鎮聯保主任覽：查本府爲謀办役政推行順利起見，迭經呈請上峯准予甲長及小隊附緩役变更辦理，并請通令施行在案。茲奉四川省軍管區司令部征務字第五二九號代電開：查兵役施行暫行條例第三十条第一項第四款上段關於主任官公事務者緩役之規定，對於甲長應暫行停止適用，業前奉軍政部二十八年十二月皓渝役管字第一零七四五號代電即經本部二十九年一月文征務字第一零二九號代電通飭遵照在案茲經縣務會議議決甲長及小保長在任職期間暫准緩役並由軍區通令在目前征兵緊急征額加多之際暫緩施行等語除另案報部備查外特電通飭遵照等因奉此除分電外合行電仰該主任遵照並轉飭所屬甲長小保長等嗣後對於役政尤須竭力協助保長辦理以副政府准予緩役之至意為要縣長王國瑞[illegible]印

陳[illegible]遵辦　三廿六

中華民國廿九年叁月廿日發出

温江县政府关于奉电严防纠察虐待壮丁情事致苏镇联保办公处的训令（一九四〇年五月十六日）

溫江縣政府訓令　軍字第　號　附

令蘇鎮聯保辦公處　民國二十九年五月　日

中華民國廿九年五月拾六日發出

275

四川省政府
四川省軍管區司令部　二十九年民三、徵務字第一五六六號代電開：

案奉

案奉委員長手令寅銑侍秘渝電開：本月十七日下午五時巴縣
第四區雙河鄉巡查隊第六號余漢靖者，仍用繩索捆綁兜帶就征之
壯丁經過清水溪，殊堪驚駭。巴縣如此，其他各縣更可知矣。余當時問
之壯丁之差役為何要如此用繩索兜帶壯丁，差役稱恐其逃跑，而壯丁
則稱我等并未有一人逃過。可知差役之狐假虎威，故意作惡，而使政府與
人民隔離，下情不能上達。而各縣縣長與主持兵役之人員，亦只知坐在衙門
僱遣各鄉交解壯丁，而不到各處親自視察徵兵實情與其切實告誡帶
領壯丁之差役，使其明瞭徵兵意義與尊敬愛護就征之壯丁，以及慰勉
其家屬，使之發生榮耀心，而反將壯丁兜綑載道，違反征兵之良法，殊為可痛。
余又見當時兜帶壯丁之差役巡查隊第七號余漢靖者手指上帶有甚
重之金戒指，更可知差役平時下鄉之勒索貪污之實情，若不嚴加取締
究辦，則兵役必日加困難，而且使就征之壯丁不知為榮，而反覺為辱，來犯罪
惡而形同囚犯，其有人再願就征而不逃避乎？此皆上下兵役人員與縣長應負
全責。以後應澈底革除用繩兜帶壯丁之惡習，並認此為兵役人員作奸犯科

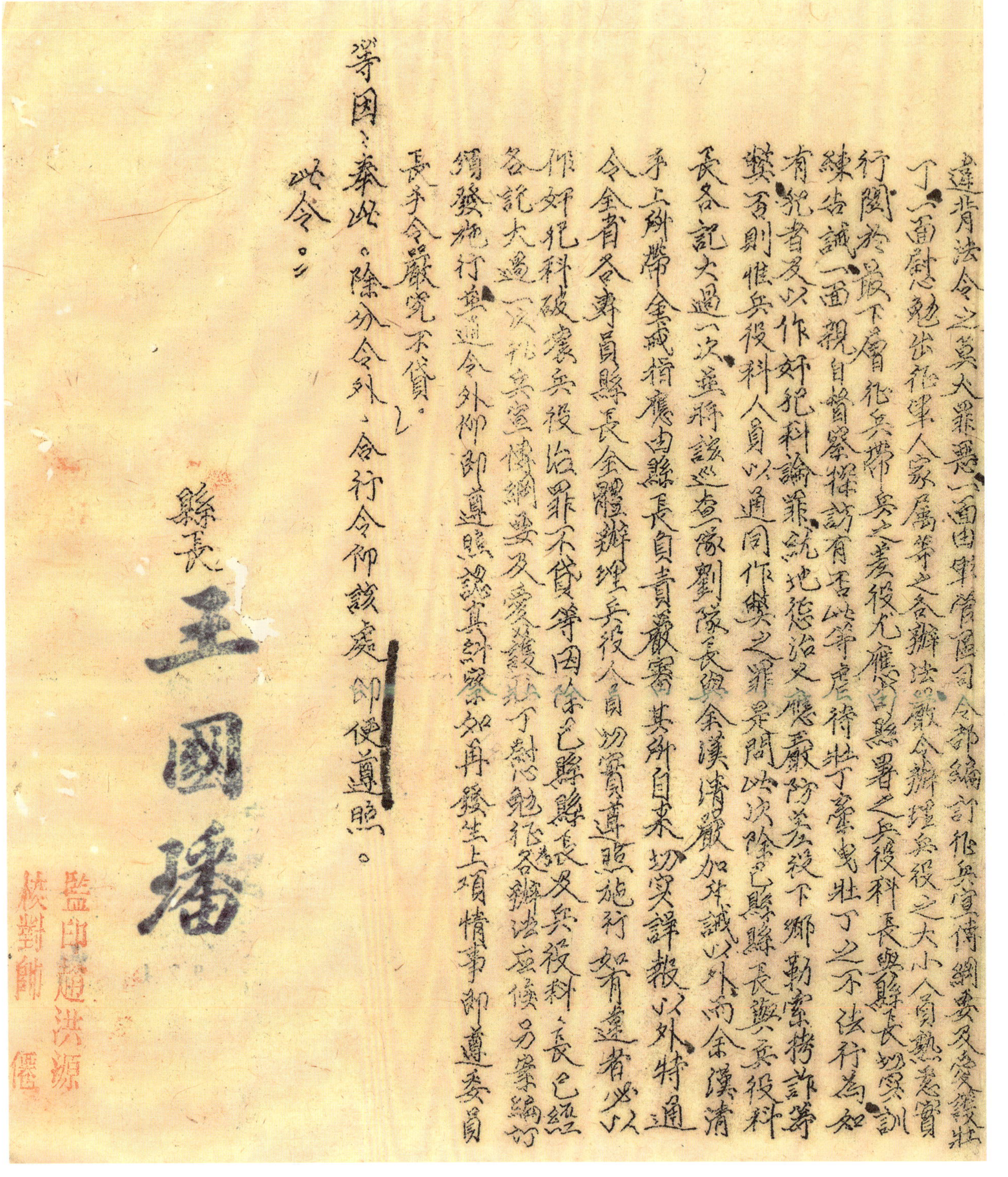

違背法令之莫大罪惡，一面由軍管區司令部編訂征兵宣傳綱要及愛護壯丁，一面慰恤勉出征軍人家屬等之各辦法，嚴令辦理兵役之大小人員熱忱實行，關於最下層征兵帶兵之差役尤應由縣署之兵役科長與縣長切實訓練告誡，一面親自督察探訪有否此等虐待壯丁、索賣壯丁之不法行為，如有犯者，及以作奸犯科論罪，就地懲治，又應嚴防差役下鄉勒索搾詐等弊，否則惟兵役科人員以通同作弊之罪是問。此次除巴縣縣長與兵役科長各記大過一次，並將該巡查隊劉隊長與余漢清嚴加懲誡以外，而余漢清手上所帶金戒指應由縣長負責嚴審其所自來，切實詳報，以外特通令全省各專員縣長全體辦理兵役人員切實遵照施行，如有違者，必以作奸犯科破壞兵役治罪，不貸。等因。除巴縣縣長及兵役科長已經各記大過一次，并征兵宣傳綱要及愛護壯丁慰恤勉征各辦法應候另案編訂頒發施行並通令外，仰即遵照，認真訪察，如再發生上項情事，即遵委員長手令嚴究不貸。

等因。奉此。除分令外，合行令仰該處即便遵照。

此令。

縣長 王國璠

監印 趙洪源

校對 帥僊

温江县政府关于奉抄陆军兵役奖励办法致苏镇联保办公处的训令（一九四〇年五月二十四日）

附：陆军兵役奖励办法

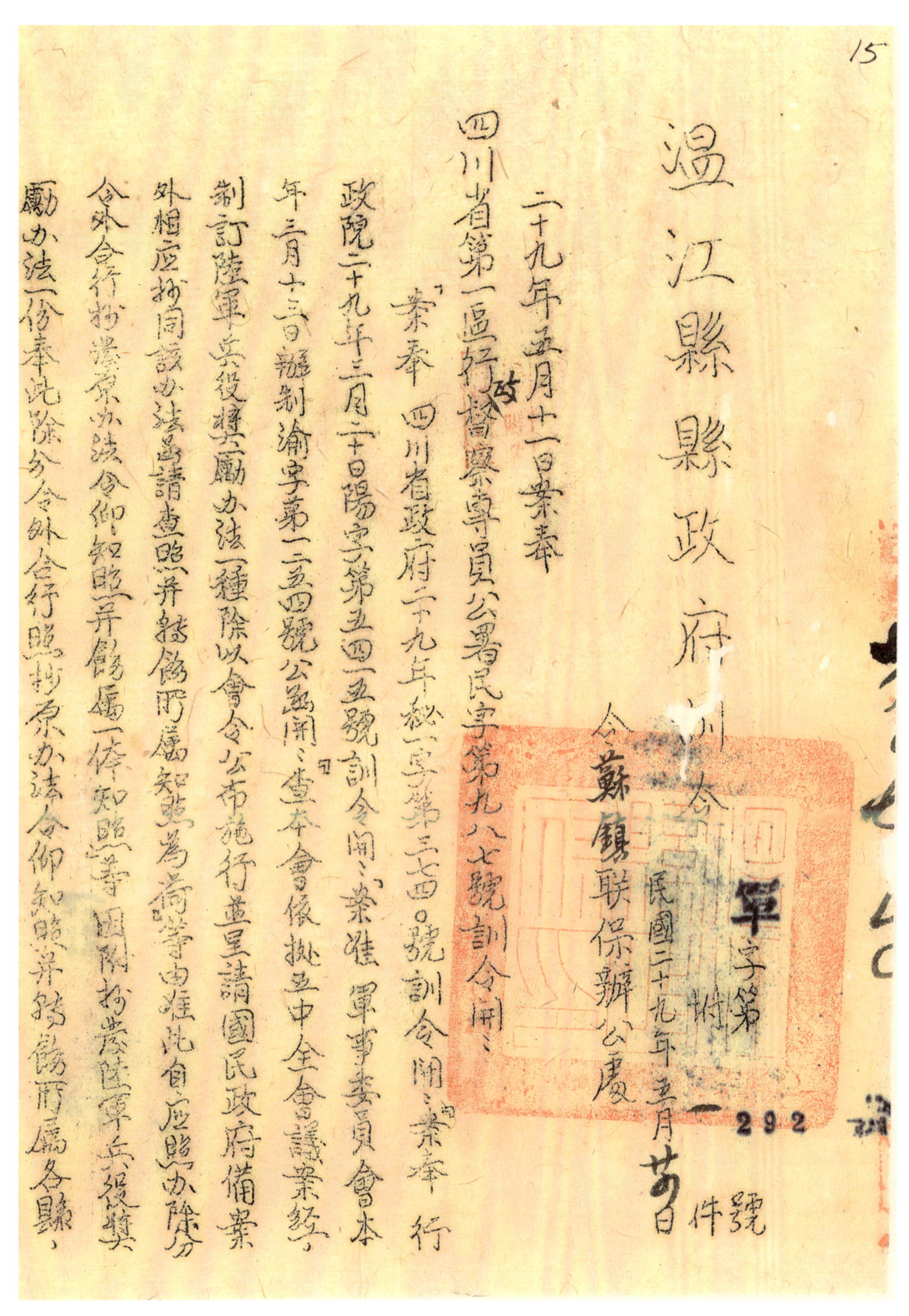

15

温江縣政府訓令

軍字第 號

令蘇鎮联保辦公處

民國二十九年五月廿四日

件號 292

二十九年五月十一日案奉

四川省第一區行政督察專員公署民字第九八七號訓令開：

案奉四川省政府二十九年總一字第三七四〇號訓令開：案奉行

政院二十九年三月二十日陽字第五四一五號訓令開：案准軍事委員會本

年三月十三日辦制渝字第一二五四號公函開：查本會依據五中全會議案，經

制訂陸軍兵役獎勵辦法一種，除以會令公布施行並呈請國民政府備案

外，相應抄同該辦法函請查照，并轉飭所屬知照為荷。等由，准此，自應照辦。除分

令外，合行抄發原辦法，令仰知照，并飭屬一體知照。等因，附抄發陸軍兵役獎

勵辦法一份。奉此，除分令外，合行照抄原辦法，令仰知照，并轉飭所屬各縣，

政府一體知照，此令等因，計抄發原附陸軍兵役奬勵辦法一份，奉此，除分令外，合行抄發原辦法，令仰知照，并轉飭屬知照。此令等因，計抄發原附陸軍兵役奬勵辦法一份。奉此，除分函外，合行抄發原辦法，令仰該處轉飭屬知照為要！

此令。

計抄發原附陸軍兵役奬勵辦法一份。

縣長 王國璠

監印 趙洪源

校對 劉師僖

陸軍兵役奬勵辦法

第一條 凡各級辦理陸軍兵役人員或應服行陸軍兵役之中華民國人民，對於兵役事務應予奬勵者，除法律別有規定外，概依本辦法辦理之。

第二條 奬勵之種類如左：（一）嘉奬，（二）記功，（三）奬金，（四）奬章（奬狀），（五）褒狀。

第三條 應行奬勵之事績如左：（一）辦理之兵役公正認真，使兵民悅服者；（二）協助推行兵役制，出力成績卓著者；（三）辦理優待出征軍人家屬事務確實迅速，使優待之家屬得有實惠，或無缺乏者；（四）慨捐優待出征軍人家屬基金者（五）應征壯丁品行端正恪守軍風紀者（六）辦理兵役及之應征壯丁成績優良堪為他人模範者（七）服任指派之勤務異常出力者（八）未奉徵召集壯丁志切抗敵自動投軍者（九）依法免（緩）役人員激於愛國熱忱自願請纓者（十）黨員公務員自動請求服役及為民衆表率者（十一）父兄鼓勵其子弟或配偶人勸免其夫從軍已成事實者（十二）家族宗祠，獎導同族子弟踴躍應徵而有實效者（十三）各級兵役實施機關在一年以內辦理徵（召）集及徵送兵額均能依限完成從無遺者（十四）全區或鄉（鎮）（聯保）保在一年以內從無壯丁逃避兵役者（十五）其他之應行獎勵而為上列各款所未載者

第四條 前條各款之事績由主管機關按照規定分別辦理及呈報軍政部核獎或由部呈報最高軍事機關核定給獎之

第五條 兵役實施機關之獎勵除前條所定外得行知所隸者政府核予獎勵之

第六條 本辦法第二條之獎勵其實施之規定如左

（一）嘉獎 以言詞或書面為之

（二）記功　分記功記大功兩種積三小功為一大功積三大功者改給其他
獎勵記功不適用於人民士兵
（三）獎金　以一元以上至十元為止由師管區司令部節餘項下核給檢據呈
報核銷除前項之規定外其應從優給予獎金者應專案呈報候核
（四）獎章　呈由軍政部核轉高級軍事機關分別核給海陸空軍各種
獎章或轉請頒給人民榮譽獎章（獎狀）
（五）獎狀　呈由軍政部核轉最高軍事機關轉請核准頒給之
前項第二款之獎勵除軍政部直接核定者外由主管機關於辦理
後按月列表呈報軍政部備查
第七條　本辦法第三條各款之事績除照第四第五第六各條辦理獎勵外得
由主管機關分別通令及呈報以資表揚
第八條　本辦法如有未盡事宜得呈請修訂之
第九條　本辦法自公布之日施行

温江县政府关于抄发修正非常时期征集国民兵及抽签实施办法致苏镇联保办公处的训令（一九四〇年六月一日）

温江縣政府訓令　民國二十九年六月一日發　軍字第　號

令蘇鎮聯保辦公處

二十九年五月七日案奉

戍戎師管區司令部徵二字第二四四六號代電開：

"案奉軍管區司令部參東軍徵務字第零三七四號代電開：案奉軍政部二十九年二月穰渝役備字第七二九號代電開：查抗戰軍興，需用大量兵員補充，未能舉行正規徵兵檢查抽籤，經於二十七年一月制定非常時期徵集國民抽籤實施辦法頒行，嗣為期貫徹優良並核除徵兵弊端起見，於二十七年六月制定非常時期徵集國民兵監查組實施辦法頒行，並在各團區設置監查組，實施以來未能充分

查現我省現各縣(市)民國兵團已組織成立均依照人口征兵額設有常
備隊專任訓練補充兵之用並經制定縣(市)國民兵團常備隊編成辦法
及常備隊與調補暫行辦法規定依照中央指定徵兵年次由國民兵
團會同縣政府率領民政先生就鄉(鎮)鄉保即程地除免役緩役外舉
行初次身體檢查並以鄉(鎮)為單位將檢查合格壯丁舉行抽籤
以定入隊之先後通令頒行在案茲特依照該項規定將各有非常時
期徵集國民兵及抽籤選定施辦法於以修正原有非常時期徵集國民
兵監查組實施辦法即由廢止監查組人員係由團管區司令部職員
兼任間有少數專設人員負責成團管區司令部設法安插毀費發至本
年六月底止嗣後非常時期徵集國民兵及抽籤選定施行辦法規定按年
次檢查抽籤須在兵役證完全發給以後始可施行原有規定暫不施行以
前存有監查組業務仍由團管區司令部按月輪流派員會區担任並
督之責除呈報 軍事委員會 行政院備案並分行外合行檢發該項選施辦法
電仰遵照並轉飭切實遵照為要等因除施行日期應候奉令再行

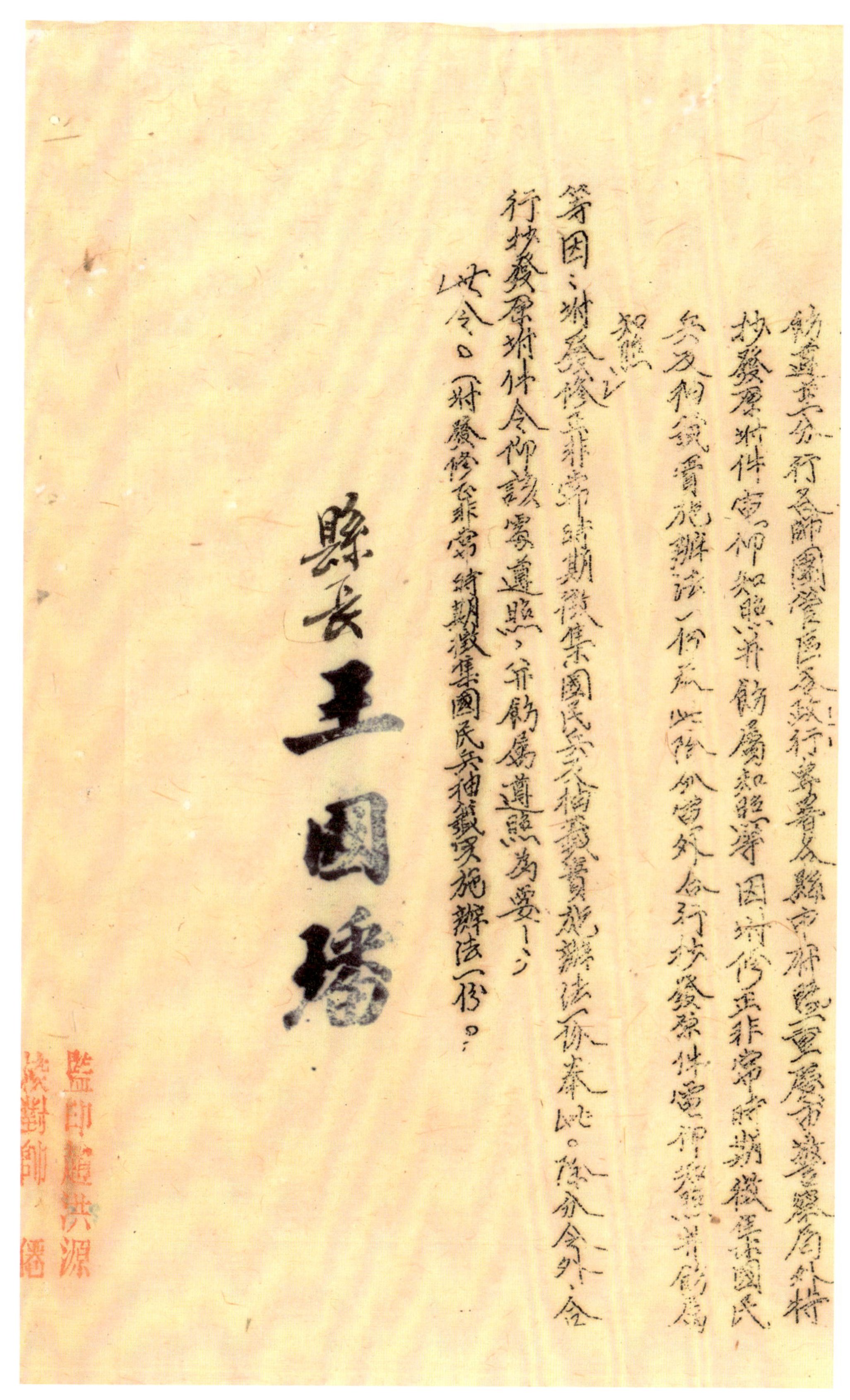

飭遵並分行各師團管區、各行政督察專員、各縣市政府、重慶市警察局外，特抄發原附件，電仰知照，並飭屬知照等因。附修正非常時期徵集國民兵及抽籤實施辦法一份。奉此，除分令外，合行抄發原件，電仰遵照，並飭屬知照。

等因。附發修正非常時期徵集國民兵抽籤實施辦法一份。奉此。除分令外，合行抄發原附件，令仰該局遵照，並飭屬遵照為要。

此令。（附發修正非常時期徵集國民兵抽籤實施辦法一份。）

縣長 王國璠

監印 趙洪源
校對 劉鉚僊

附：修正非常时期征集国民兵及抽签实施办法

8

修正非常時期徵集國民兵及抽籤實施辦法

(一) 非常時期徵集國民兵之抽籤實施辦法概依本辦法辦理

(二) 徵集國民兵每年按照中央指定之數以在抽籤以前先就鄉(鎮)隊部所在地除免役緩役外舉行初步身體檢查

(三) 初步身體檢查以縣(市)為單位組織檢查委員會(以下簡稱檢委會)限於每年七月一日開始九月三十日完畢

前項規定如超過五十個鄉(鎮)以上之縣得呈准組織兩個檢委會分區舉行

(四) 檢委會由左列人員組織之

1. 縣政府一人
2. 縣黨部或法團代表一人
3. 兵役協會代表或公正士紳一人
4. 國民兵團團部一人
5. 民醫三人
6. 鄉區國民兵隊長及鄰鄉(鎮)鄉(鎮)國民兵隊隊長得列席參加

右列以縣政府派員為主任委員其事務文書人員由國民兵團及縣政府或區隊及鄉(鎮)隊部調派之

(五) 中央指定徵集年次內之國民兵請求免役緩役者應經檢委會審核證明文

件之役公認為免役緩役理由正當始得免予身體檢查

（六）依照前條之規定檢委員主任委員應於其國民兵役証本年次役別欄中加蓋戳記並私章負責証明（戳記文為「經查（免役緩役）役原因正當」）

（七）凡中央核定徵集年次內之國民兵如在每年十月以後尚可經身體檢查受免役緩役未經檢委員蓋戳証明為理由正當者即以逃避兵役論得不經抽籤程序飭其入營服役

（八）檢委會受國管區司令指揮監督於每鄉（鎮）應徵國民兵身體檢查完畢而後召集合格者舉行抽籤

（九）檢委會對於鄉（鎮）國民兵抽籤負監督指導之責

（十）抽籤之籤號由鄉（鎮）國民兵隊部預先製表定（以身體檢查合格之國民兵人數為準按次填寫號數）蓋用鄉（鎮）國民兵隊部之圖記

（十一）抽籤之前鄉（鎮）國民兵隊部須將檢查合格國民兵造具名冊二份以補當場填寫籤號次序之用

（十二）各保國民兵隊長須按規定抽籤之時日與地點率領合格之國民兵依時到達抽籤場所親行抽籤

（十三）抽籤時鄉（鎮）國民兵隊部應預備之人員如左

唱名員一人
唱籤員一人
登記員一人
監視員二人（即以鄉（鎮）長及抽籤保之保長充之）

（十三）抽籤時由新兵初步身體監查委員會主任委員鄉（鎮）國民兵隊部預將制不好之籤號票臨時由主任委員檢查後投於籤筒內攪亂，由唱名員按國民兵名冊依次唱名，國民兵本人向籤筒抽籤交與開籤員當眾朗誦，再交登記員登記，俟登記畢再交次人

（十四）各保隊國民兵抽籤完畢後，依籤號順序整理另編國民兵籤號順序整理另編國民兵籤號名冊（見國民兵團常備隊入隊調補暫行辦法）以備將來按次徵集之用，其原抽籤、登記籤號名冊留存鄉（鎮）隊部備查

（十五）檢查委員會於全縣檢查籤號完畢後，應將免役、緩役、禁役依照兵役法施行暫行條例規定分類造冊（附式）呈報團管區備核

(十七)檢委會對于區鄉(鎮)保各級隊部辦理兵役人員舞弊行為負糾察檢舉之責

(十八)國民兵團檢查國民兵之合格者如有與一般比例過多或过少時由團管區司令派員檢查發現有不適當得令其重行檢查

(十九)在抽籤或複查時如發現檢委會委員有舞弊行為或經人舉發者一明屬實者應依法究處

(二十)檢查證費由政部發給其支付辦法由檢委會各機關派員共四人每人每日支旅費一元民區三人每人每日各支薪給二元運輸及公雜費(含勤務津貼)每日二元共十三元每年一等縣以九十日計算二等縣以八十日計算三等縣以七十日計算

(廿一)檢委會委員在奉命日起至業務完畢止不得受任何機關團體或個人之招待並不得接收一切供應與餽贈

(廿二)本辦法如有未盡事宜得隨時修改之

(廿三)本辦法施行日期以命令定之

杜鸣九关于请予增加士兵十元津贴致镇长王焕之的函（一九四一年五月九日）

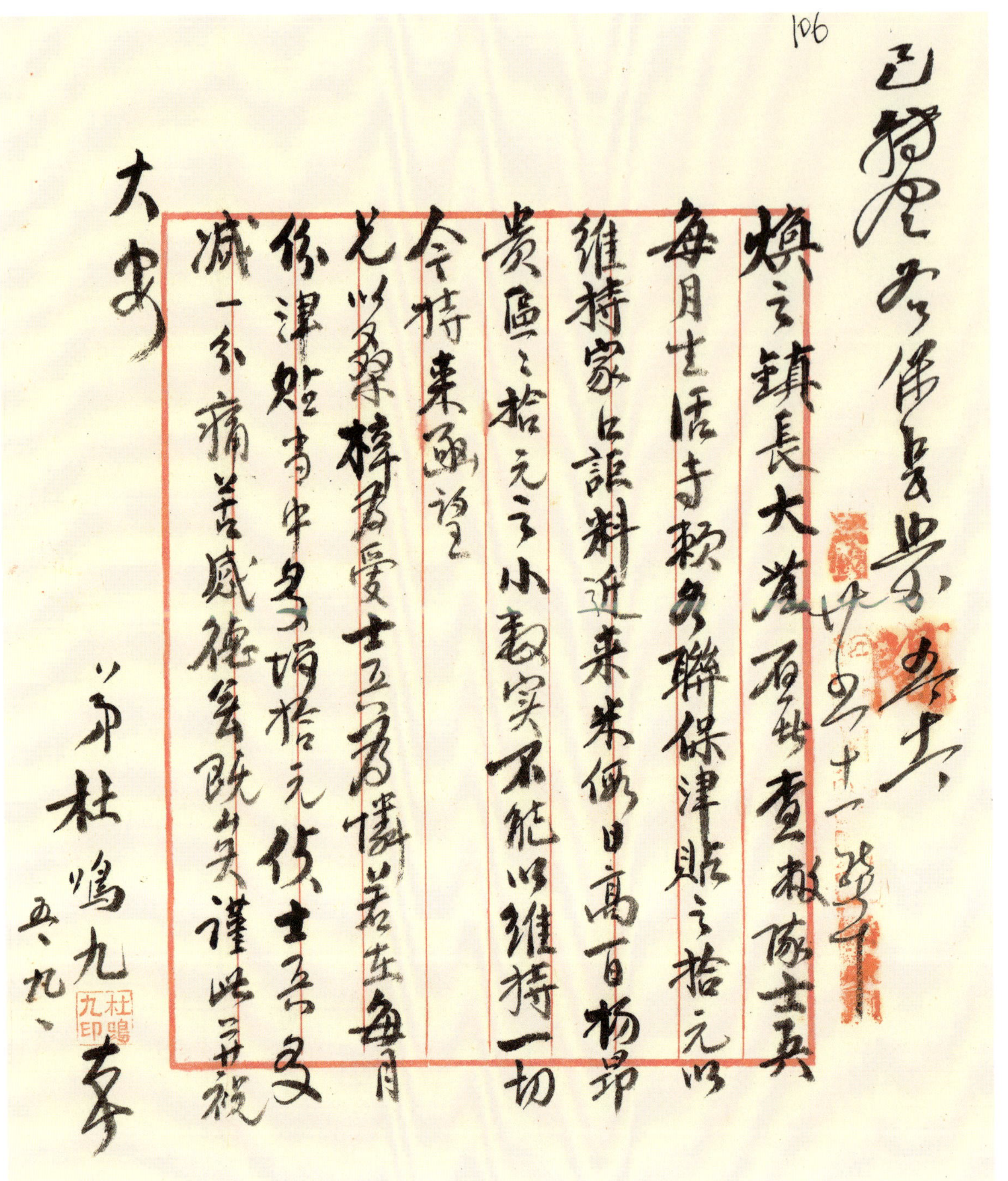

已移团保安业务处 卅年五月十一日

焕之镇长大鉴：顷据查敝队士兵每月生活等项多赖联保津贴之拾元以维持家口，讵料近来米价日高，百物昂贵，区区之拾元之小数实不能以维持一切，今特来函，请望兄以桑梓为爱，士兵为怀，若在每月保津贴当中多为增拾元，使士兵多减一分痛苦，感德无既矣。谨此并祝

大安

弟 杜鸣九（杜鸣九印）奉

五、九、

温江县政府关于奉电制发第六战区板车队乙级壮丁配赋表致苏坡乡公所的训令（一九四一年八月八日）

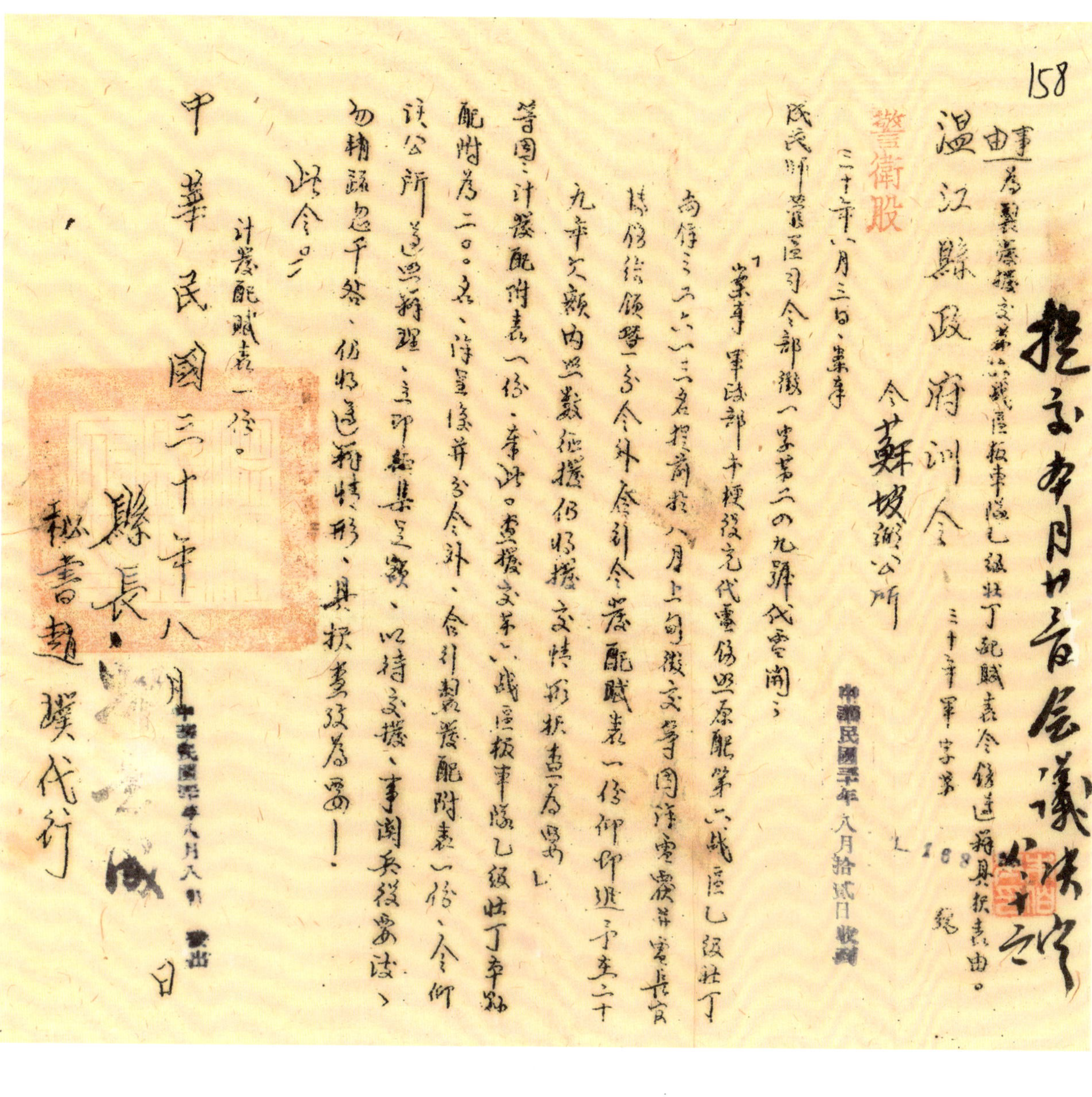

158

事由：为制发援交第六战区板车队乙级壮丁配赋表令饬遵办具报由。

三十年军字第　号

温江县政府训令

警卫股

令苏坡乡公所

三十年八月三日，案奉

成都师管区司令部徵一字第二〇九号代电开：「案奉军政部卅梗役兖代电饬照原配第六战区乙级壮丁尚待三五六〇三名提前于八月上旬征交等因，除电复并电长官部外，兹将该区所属各县份征额暨分令外，合行令发配赋表一份，仰即遵照，于二十九年欠额内照数征拨，仍将拨交情形具报为要。」等因，计发配附表一份。奉此，查援交第六战区板车队乙级壮丁本县配附为二〇〇名，除呈复并分令外，合行制发配附表一份，令仰该公所遵照办理，立即征集足额，以待交拨，事关兵役要政，勿稍疏忽干咎，仍将遵办情形，具报为要！

此令。

计发配赋表一份。

中华民国三十年八月　日

县长

秘书赵璞代行

中华民国三十年八月八日发出

中华民国三十年八月拾贰日收到

附：各乡镇拨交第六战区乙级壮丁配赋表

溫江縣各鄉鎮撥交第六戰區乙級壯丁配賦表

鄉鎮別	撥交部隊	配額人數	備攷
[illegible]鎮	六戰區板車隊	三二	
文家鄉		一六	
隆興鄉		一三	
蘇坡鄉		一三	
清平鄉		一三	
永安鄉		一八	
永寧鄉		一二	
三聖鄉		一五	
湧泉鄉		一一	
和盛鄉		一七	
壽安鄉		一八	
通平鄉		一一	
鎮子鄉		一一	
踏水鄉		九	
花臺鄉		九	
合計		二〇六	

159

温江县苏坡乡公所关于报送航委会板车队乙级壮丁名册致县政府的呈（一九四一年八月十九日）

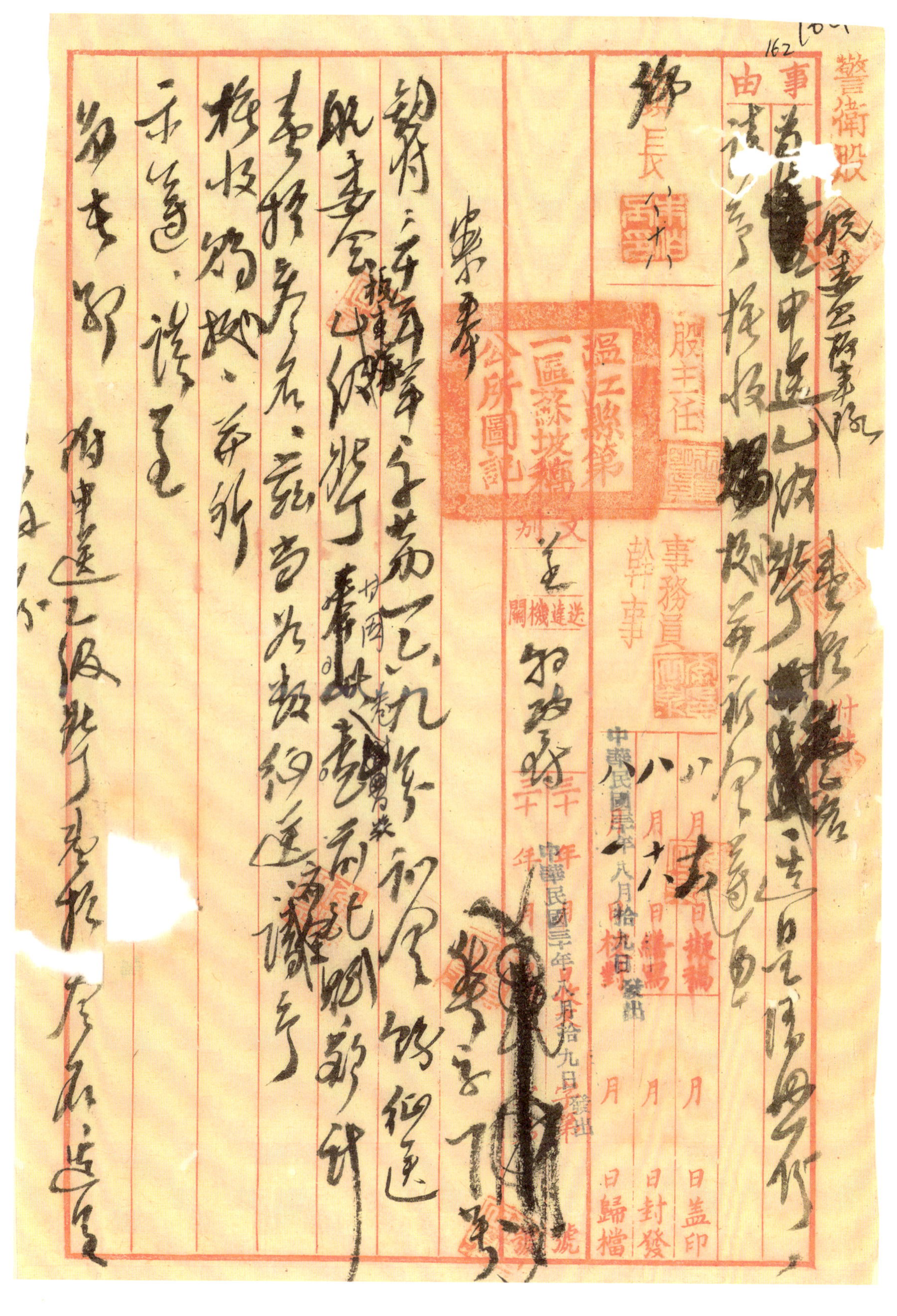

附：温江县第一区苏坡乡公所送交航委会板车队乙级壮丁名册

164

温江县第一区苏坡乡公所送交航委会板车队乙级壮丁名册

警衛股

姓名	年龄	籍贯	保别	甲别	详细通讯处	攷
林绍臣	四五	苏坡乡	二	四	杨青云转	
蒋青云	四八	同	四	二	何三兴转	
刘俊臣	四〇	同	九	二	南巷子毛漢臣转	
萧子云	一九	同	一四	三	陈大粮转	
王世林	一八	同	八	六	陈大粗转	
廖伯元	三八	仝	一〇	一	邓泽之转	
蒋青安	四四	仝	一	二	郑善廷转	
王子和	三六	仝	五	三	黄玉廷转	

中華民國三十年八月拾九日發出

中華民國三十年八月拾九日送交

吳德云	三五	仝	二〇	七	劉代詔轉
先洪發	四五	仝	六	三	洪發店轉
羅少德	三六	仝	三		鄉公所轉
何陽山	三二	仝	八		同
楊海德	二〇	仝	二		同

合　計十三名

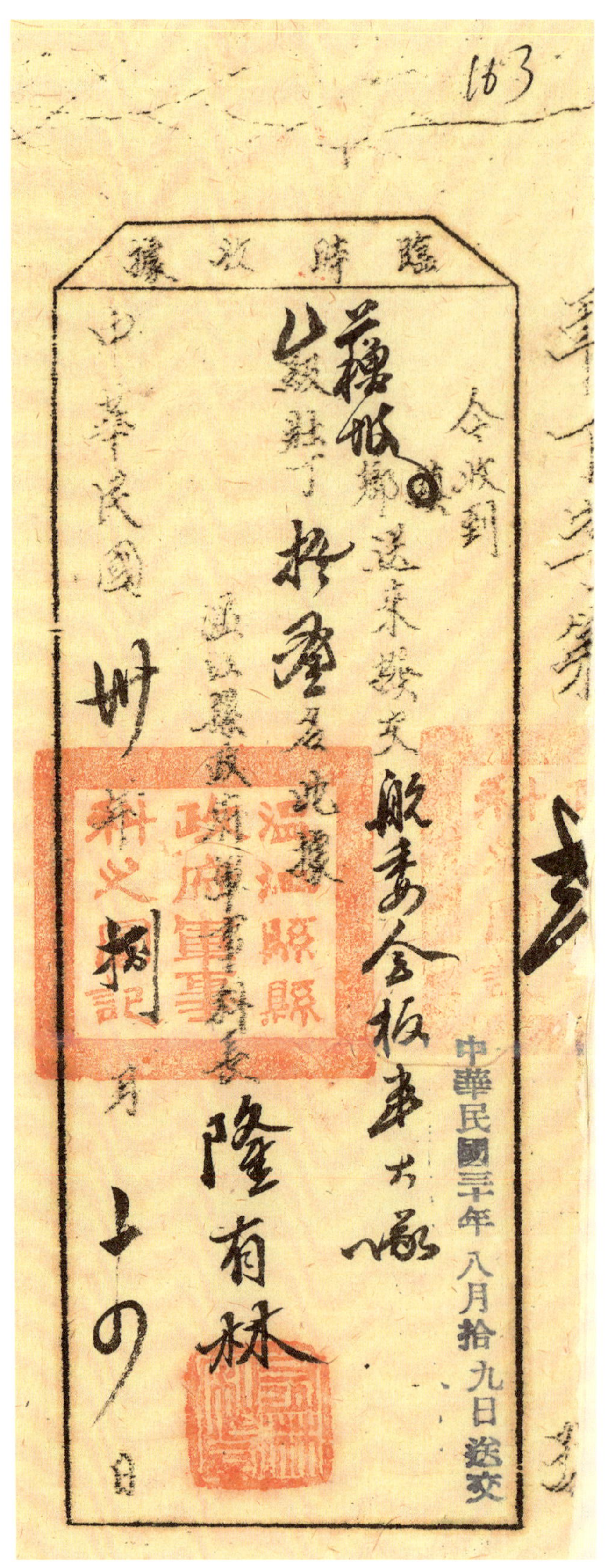
163

臨時收據

今收到 穆板鄉（鎮）送來撥交 [illegible]縣壯丁 [illegible] 名此據

溫江縣政府軍事科長 隆有林

中華民國卅年 月 日

中華民國三十年八月拾九日送交

温江县政府关于奉转饬各寺庙各公共场所向过境壮丁提供住宿并向民间借用草垫草席致苏坡乡公所的训令（一九四一年九月二十日）

交股主任轉飭所屬遵照 九.二一

菁 九.二六

温江縣縣政府訓令 三十年民軍字第2668號

事由：為奉令各寺廟各公共場所應借與過境壯丁住宿並向民間借用草墊草席令仰轉飭遵照由

令蘇坡鄉公所

中華民國三十年九月廿貳日收到

警衛股

三十年九月一日案奉

四川省第一區行政督察專員公署同年月民字第1551號訓令開：

「案奉四川省政府
四川省軍管區司令部本年八月十八日信募字第七九七

號代電開：前據永泉師管區司令案文酉九月文經電以出征過境

擬利用各縣舊有祠廟修繕或新建招待所五十處所需費用擬

酌額平均攤募願踴躍輸將已募集中十六萬元決本月集款三月

内修竣等情經復准備查在案並有兵役署以渝仁役募字第二九

參五號九月有代電分電各省軍管區參謀長各師管區司令查照核辦各在案查壯丁集縣及新兵過境居處問題頗屬重要除分電省政府外特電請會商辦理為荷等由准（因奉）此兹經本府（部）會同商定以本省各縣市舊有祠廟及公共處所為數極多無須修繕及可供過境壯丁住宿之用更無另建招待所之必要應由各縣市政府預為指定壯丁住宿地點俾資容納并向民間借用草墊草薦以供需用則壯丁新兵過境既無露宿之虞而民間亦不得受騷擾除分令各行營暨各專員公署及市政府外合行令仰該署切實遵照具報為要此令等因奉此除當更并分令外合行令仰該縣府遵照具報為要此令

等因。奉此。除呈復并分令外，合行令仰遵照，并飭屬遵照為要！

此令。

中華民國三十年九月　日

縣長 [illegible]

中華民國三十年九月貳拾日發出

温江县国民兵团团部关于抄发国民兵预备队教育计划致苏坡乡队部的训令（一九四一年九月二十九日）

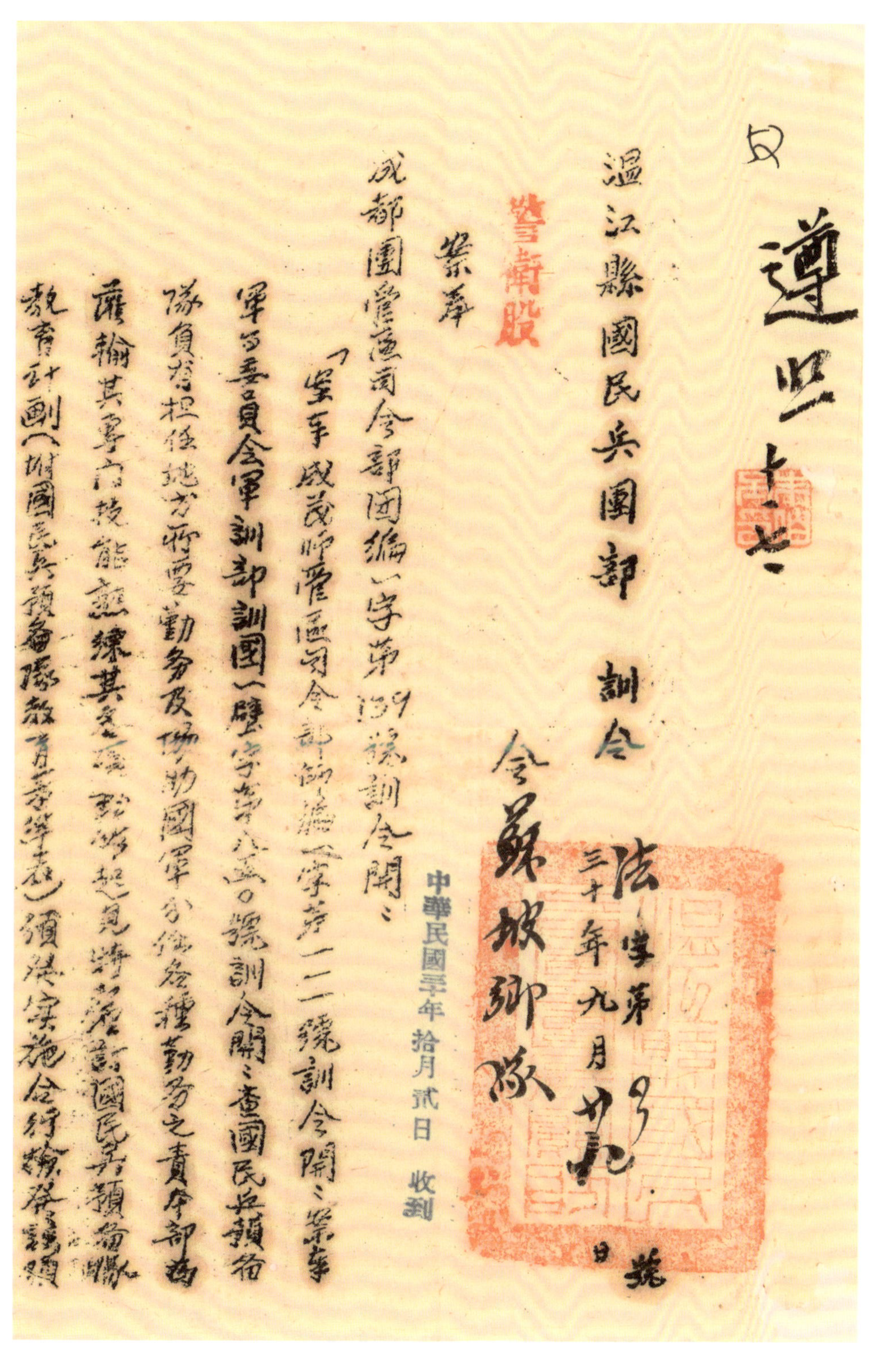
收

遵照 十七

温江縣國民兵團部 訓令 法字第 號

三十年九月廿九日

令蘇坡鄉隊

警衛股

案奉

成都團管區司令部團編一字第139號訓令開：

「案奉成都師管區司令部師編一字第一一二號訓令開：案奉

軍政部委員會軍訓部訓國一驛字第八五〇號訓令開：查國民兵預備

隊負有擔任地方所要勤務及協助國軍分任各種勤務之責，本部為

灌輸其專門技能，熟練其[illegible]起見，特製訂國民兵預備隊

教育計劃（附國民兵預備隊教育等件表）頒發實施，合行檢發[illegible]

中華民國三十年拾月貳日收到

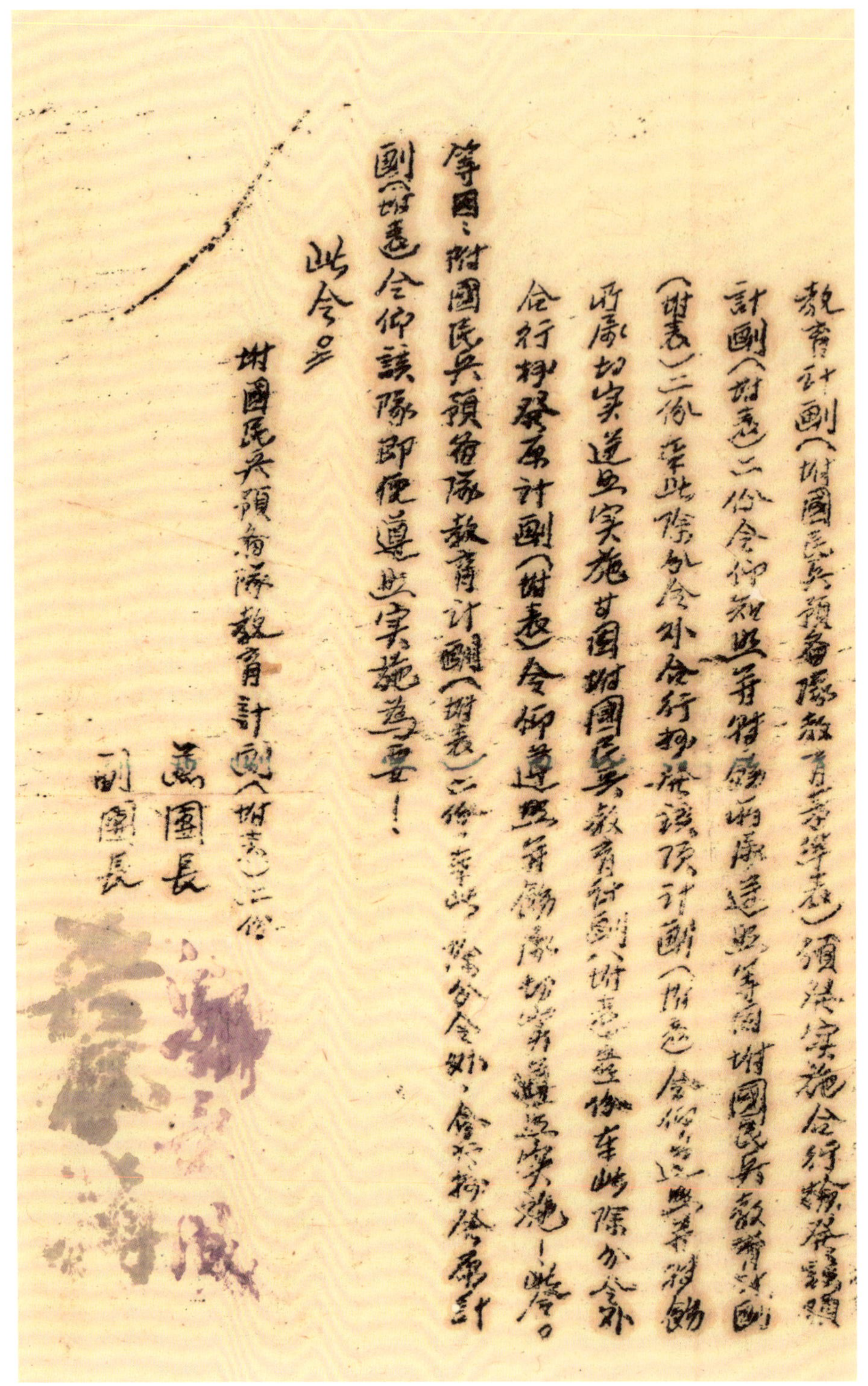
教育計劃（附國民兵預備隊教育等綱要表）須從實施，合行抄發該項計劃（附表）二份，令仰知照，並飭所屬遵照。等因；附國民兵教育計劃（附表）二份。奉此，除分令外，合行抄發該項計劃（附表），令仰遵照，並飭所屬切實遵照實施。等因；附國民兵教育計劃（附表）一份。奉此，除分令外，合行抄發原計劃（附表），令仰遵照，並飭屬切實遵照實施。此令。等因；附國民兵預備隊教育計劃（附表）二份。奉此，除分令外，合行抄發原計劃（附表），令仰該隊即便遵照實施為要！

此令。

附國民兵預備隊教育計劃（附表）二份

縣團長

副團長

國民兵預備隊教育計劃

（軍事委員會軍訓部二十年　月　日訓國一展字第　號訓令公佈）

53

其一　要旨

一、本計劃根據國民兵組織應授教育實施要綱訂定之，凡預備隊之教育應依此實施。

二、預備隊教育在使復習與應用各期教育教育課目中之要點，并分別注重輸卒等門技能，熟練各項動作，俾能擔任地方之勤務及協助國軍擔任各種任務為主。

其二　編組

三、預備隊教育以鄉鎮為召集單位，按各人原來職業之性質及興趣，分別編成警備、偵察、通信、交通、運輸、工兵、消防、救護等各種任務班行之。又每鄉鎮預備隊人數不足編成上述各種任務班時，得視當地實際需用酌編四種以上之任務班施行之。

四、每班之人數視實際人數多寡為定，但自班長以下至少須編定十六人，至多不得超過二十人，如遇某班人數超過定數時，可酌予編成兩班（如警備第一班、第二班等）。

五、各班班長由各該班國民兵中指定優秀者一人派充之，教育期中負領隊之責，服務期中負指揮之責。

其三　時間

六、預備隊教育每年利用農隙行之其期間暫以一星期為標準每日以八小時計算（上午八時至下午五時）總計教育五十六小時（星期日在內）除去預備教育及編隊出隊等時間八小時（一日）外實得教育時間為四十八小時。

其四　課程

七、預備隊教育課程按各種班之性質分别規定要則以其專門知識熟練其專門技術使能以切實用以應需要其時間程度之標準如附表規定。

其五　附則

八、預備隊之幹部及教官（助教）除原有各級隊長外得由鄉鎮隊長呈請國民兵團就近指派在鄉軍人或預備幹部及其他專門人員充任或協助之。又當地如有駐軍亦得商請其職員指導或協助之。

九、預備隊國民兵集合住隊為原則惟每日上午八時前到達鄉鎮隊集合下午五時閉散隊午餐可由隊轉飭備辦辦理之。

十、教育所需器材除鄉鎮所有者外得向當地居民或附近學校機關部隊商借或由各隊員自備之。

十一、教育進度預定表由各師管區司令部依照本辦法妥為訂定頒發施行并呈報軍訓部備查。

附（二）国民兵预备队教育基准表

國民兵預備隊教育基準表

區分		科目	時間	課程
一般教育		各個基本教練	四	各個教練：……立正、稍息、[illegible] 班教練：……[illegible]、集合、解散、[illegible]
		各個戰鬥教練	一二	各個教練：……[illegible] 班教練：……[illegible]
分隊教育	警備班	警備實施	二八	[illegible]
	偵察班	偵察實施	二八	[illegible]
	通信班	通信實施	二八	[illegible]
	交通班	交通實施	二八	[illegible]
	運輸班	運輸實施	二八	[illegible]
	工務班	工作實施	二八	[illegible]
	消防班	消防實施	二八	[illegible]
	救護班	救護實施	二八	[illegible]
聯合教育			四	[illegible]

附記

一、[illegible]

二、[illegible]

三、[illegible]

温江县国民兵团团部关于填报国民兵普通训练花名册致苏坡乡队部的训令（一九四一年十月二十七日）

附：花名册式样

交袁辟（？）办理，并限期呈报。十、廿九

温江縣國民兵團部訓令 編地字第　號

令蘇坡鄉隊

查各鄉（鎮）國民兵普通訓練業經本部迭令遵辦理具報在案。茲抄發軍區規定普訓兵花名冊式，仰將本期（第二期）受訓兵依式造冊四份，於十一月五日以前呈報來部，以憑核轉為要！

此令。

附冊式一紙

中華民國三十年十月廿九日

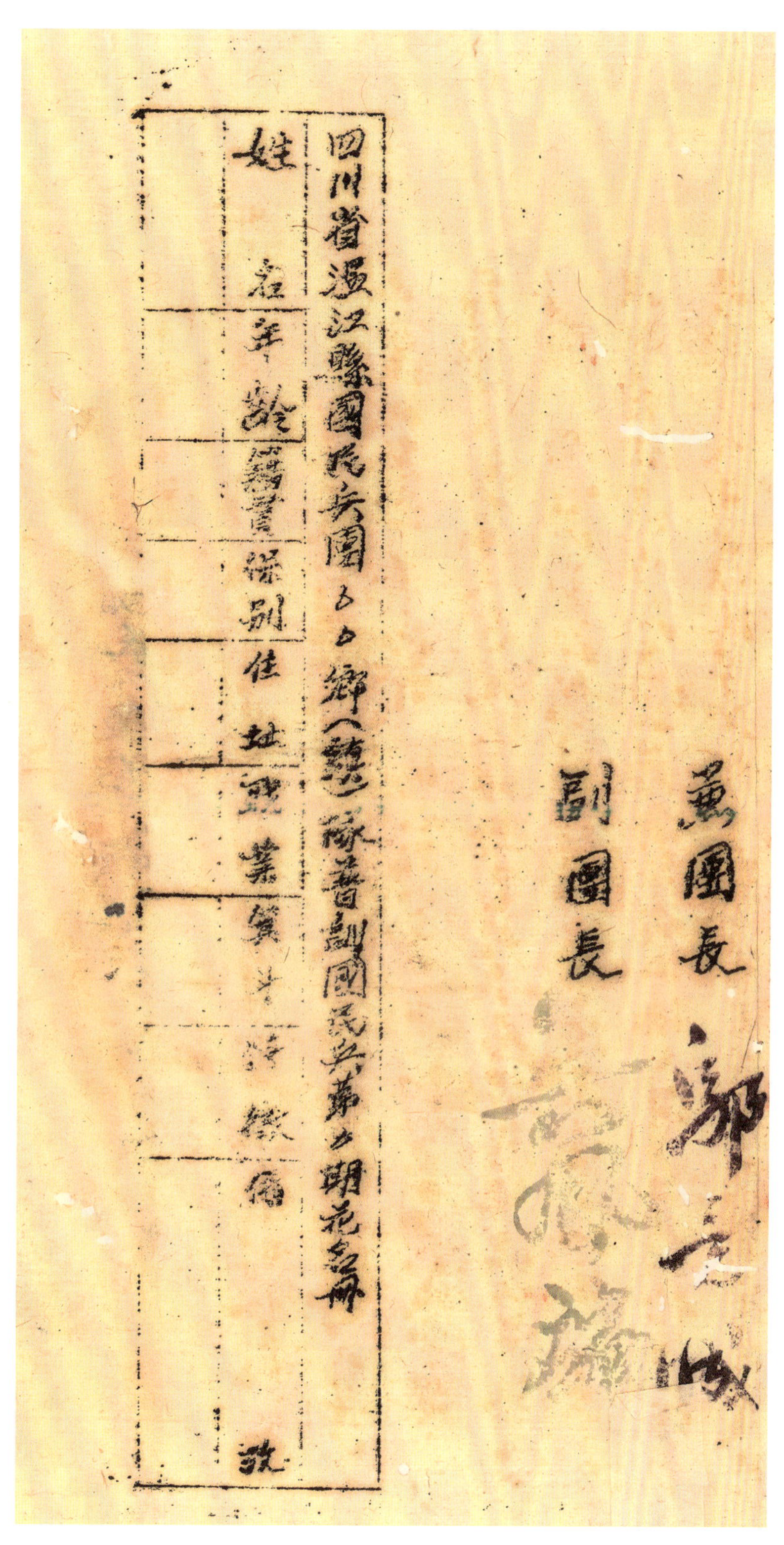

四川省温江縣國民兵團○○鄉（鎮）隊普訓國民兵第○期花名冊

姓名	年齡	籍貫	保別	住址	職業	資[illegible]	特徵	備攷

兼團長　郭[illegible]成

副團長

温江县政府关于奉抄四川省非常时期征收免役缓役证书费暂行办法及免缓役壮丁名册式样致苏坡乡公所的训令

（一九四二年四月十三日收）

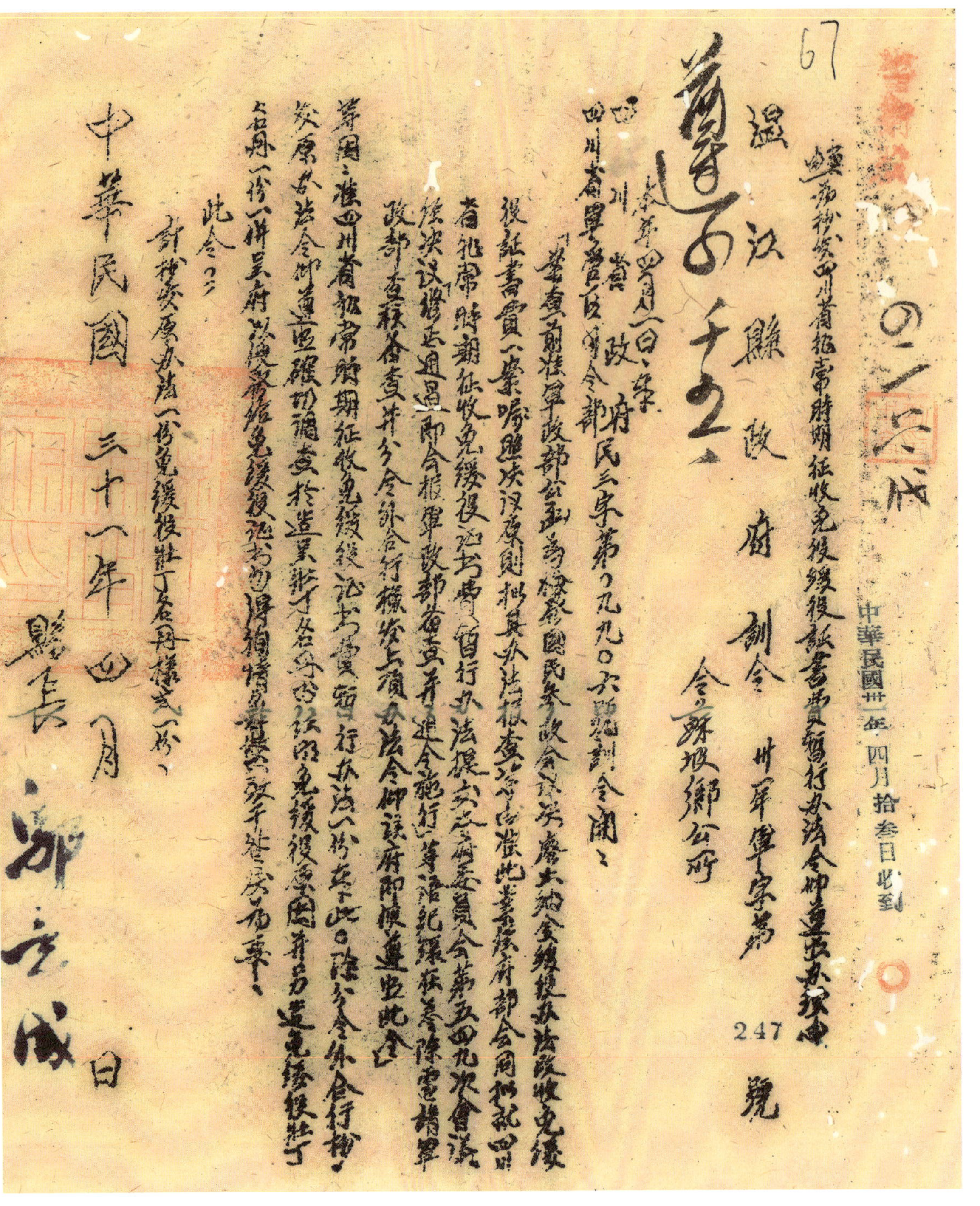

温江县政府训令

中华民国卅一年四月拾叁日收到

令苏坡乡公所

中华民国三十一年四月　　日

县长

附：四川省非常时期征收免役缓役证书费暂行办法及免缓役壮丁名册式样

第六条 发给免缓役证书时应同时征收证书费，每份定为五元，于发给时并应另给收据

第八条 应急免缓役壮丁如不遵照规定领取证书或抗不缴费者，认为无免缓役证书，仍照
应与一般适龄壮丁同，仍须参加抽签征集服役

第十条 征收之证书费，应由县市政府财政科（局）为收存入，无县银行之县市，应由各该县市之四川省银行或银行之县市
应即暂存入县银行，无县银行之县市，即暂存入代理县库之合作金库或邮政机关
关保存

○○县（市）（ ）年度免缓役壮丁名册

乡（镇）别	缓役人姓名	免役人姓名	年龄	免缓役证书字号	备考
合计					

说明

一、本名册每页十行，如某行已填缓役人姓名，其下一格即不再填免役人姓名

二、如所发证书系免费或减半缴费者，应于备考栏注明，如全额缴费不必注

三、凡系公教人员及机关团体职员应在备考栏内注明机关学校工厂名称

四、证书字号之合计栏应注出收得证书费之合计数

温江县国民兵团团部关于转饬规定兼任各级国民兵队副之人选应具备军事技能致苏坡乡队部的训令

（一九四二年五月三日）

温江縣國民兵團部訓令 編 字第 1 號 附件

民國三十一年五月三日發

令蘇坡鄉隊部

本年一月十五日奉

成蓉師管區司令部虞秘奉

軍政部渝化役組字第一一四三號代電略開：

「查區鄉（鎮）保軍事警衛人員兼任各級國民兵隊附人選應具備軍事技能以便實行訓練仰即轉飭遵照」

等因，奉此，除分令外，合行令仰遵照！

此令。

88

華团長
副团長
郭之成

温江县苏坡乡公所关于报送国民兵统计表致县政府的呈（一九四二年五月三十日）

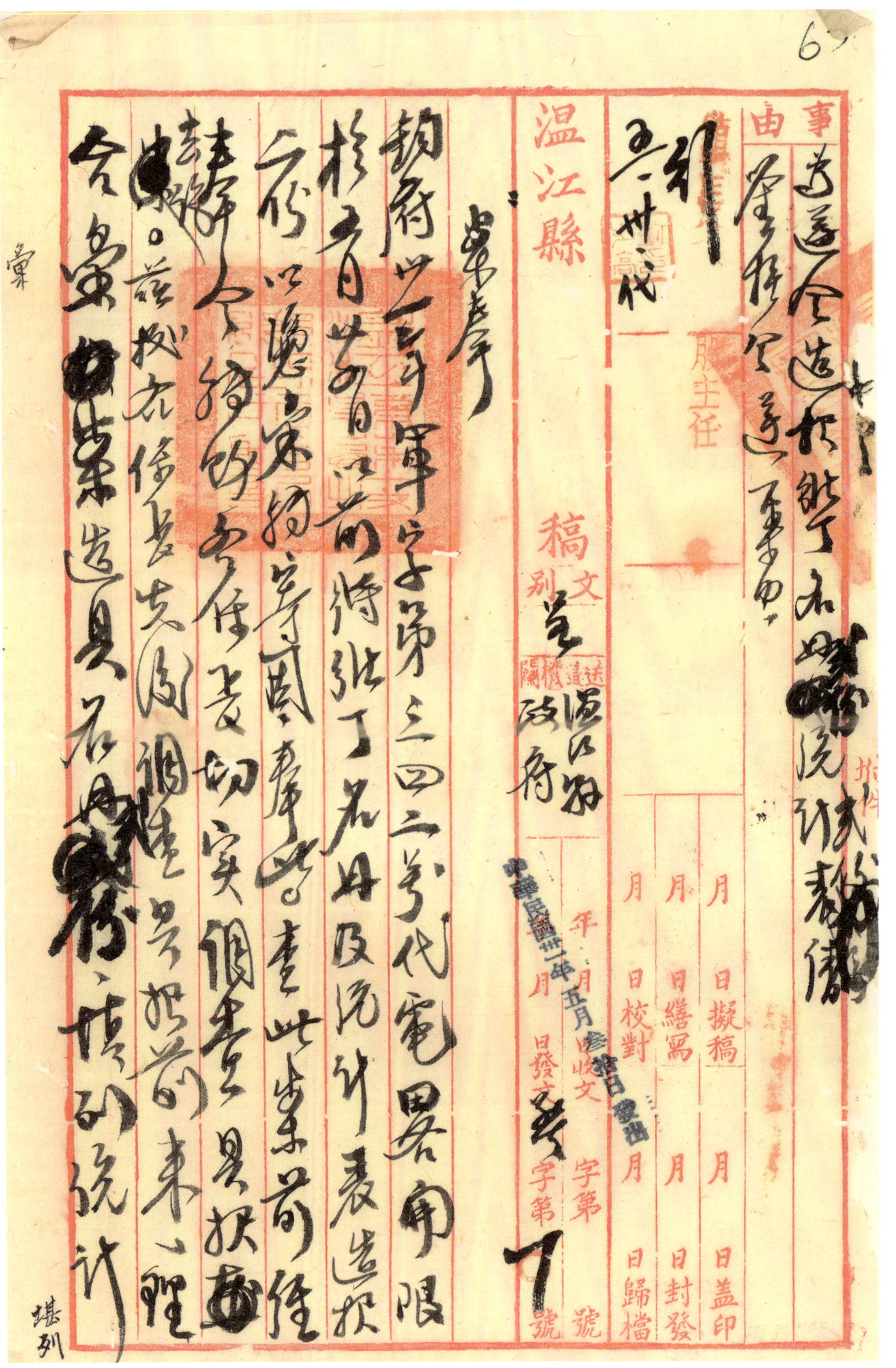

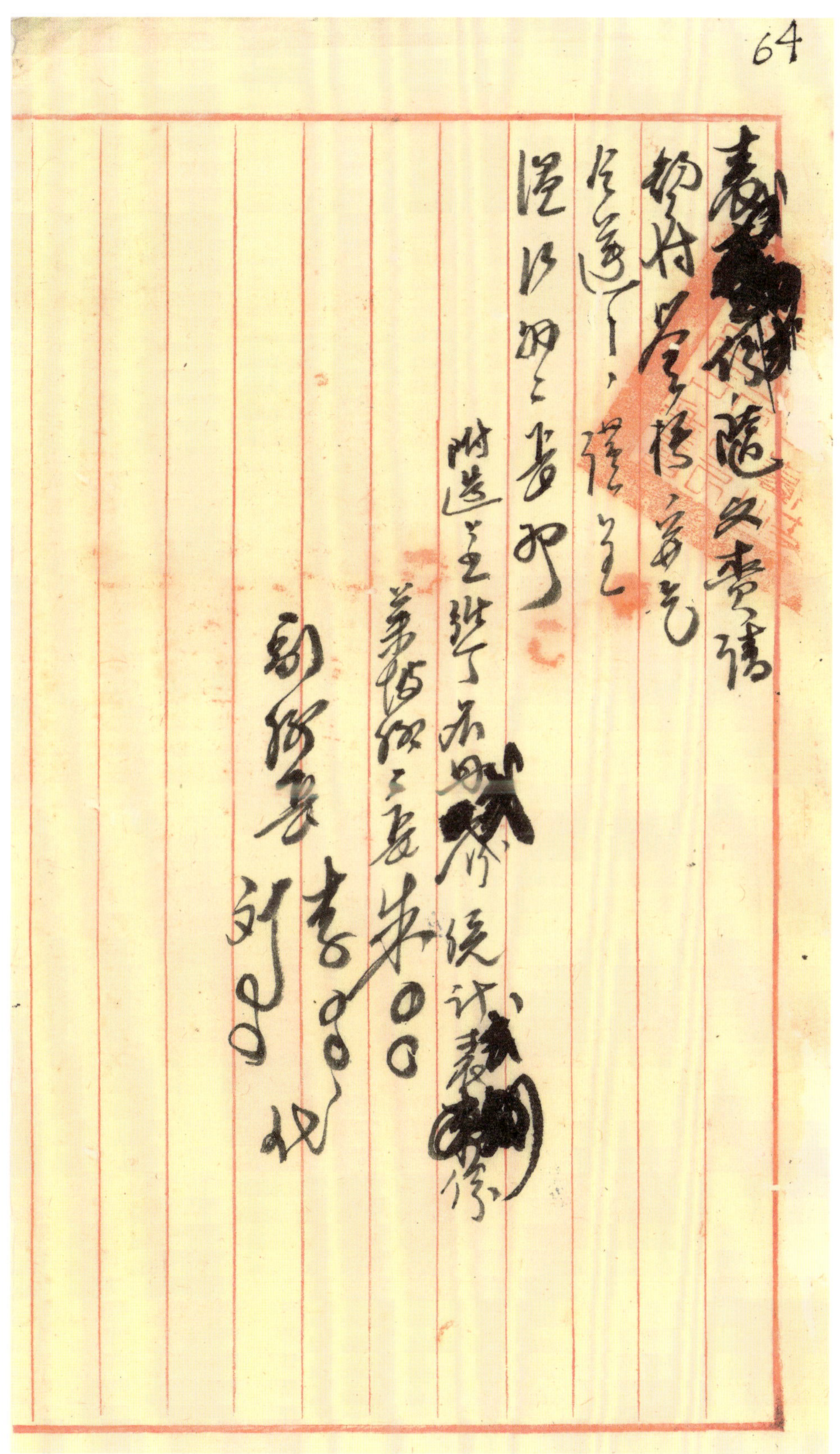

附：成茂师管区温江县苏坡乡国民兵统计表

成茂師管區溫江縣蘇坡鄉國民兵統計表

役期	年齡 \ 保別 \ 人數	第一保	第二保	第三保	第四保	第五保	第六保	第七保	第八保	第九保	第十保	第十一保	第十二保	第十三保	第十四保	第十五保
初期	18	3	2		2	1	1	2		3	1	1		5		
	19			1		3	1	2		4			1	1		
	20		2		1	1	3	3		1		1		1	2	
	小計	3	4	1	3	5	5	7		8	1	2	1	7	2	
前期	21	3	1	2	1					2	2	1	2	4		
	22		1			1	2	1			1	1	1		1	
	23	1					1		1	3				1		2
	24			1	1				2	1		3	3			3
	25		1	1			2		1	1		2		4	4	1
	小計	4	3	4	2	1	5	1	4	7	3	7	6	9	5	6
中期 中一期	26		1			2		1	3		1		1	2		1
	27	1	1		1					1				1		
	28	1	1	1	1	1			1	1				1	2	
	29		3	2	1						1	1	1			
	30	2	2	2	3	3	1		1				3		2	
	小計	4	8	5	6	6	1	1	5	2	2	1	5	4	4	1
中期 中二期	31	1	1			2										
	32	1		1								1	1	1		
	33	4	2			2		1	2				1			
	34		1				1						1			
	35	1	5	3							1		1			1
	小計	7	9	4		4	1	1			1	1	4	1		1
中期 中三期	36	1	1				2				1			3		
	37			4	3	1					1	1		1		
	38	5						1					2	1		1
	39				1		2		1					1		
	40	2	2													
	小計	8	3	4	4	1	4	1	1		2	1	2	6		1
後期	41	2	1				1									
	42						1									
	43															
	44													1		
	45															
	小計	2	1				2							1		
合計		28	28	18	15	17	18	11	12	17	9	12	18	28	11	9

四川省温江縣蘇坡鄉各保備役幹部出營服役壯丁已訓未訓國民兵免緩禁停各役統計表

保別 / 人數 / 區分	第一保	第二保	第三保	第四保	第五保	第六保	第七保	第八保	第九保	第十保	第十一保	第十二保	第十三保	第十四保	第十五保	第十六保	第十七保	合計	附記
備役幹部	六	一	九	八	一二	七	四	五	一七	九	一二	六	二八	六	六		一四	一五〇	
在營服役壯丁	三	四				一	一	一				三						一三	
已受訓國民兵																			
未受訓國民兵																			
免役	一		一	二		一						三						八	
緩役	一七	一九	八	五	五	九	六	六				六		五	三	七		九六	
禁役																			
停役																			
備攷	一保已迁移一名	二保已遷移四名														十六保已遷一名			

三十一年五月　日

主管官　朱伯玉

温江县政府关于转饬嘉奖各乡镇志愿从军杀敌之壮丁致苏坡乡公所的训令（一九四二年六月十九日收）

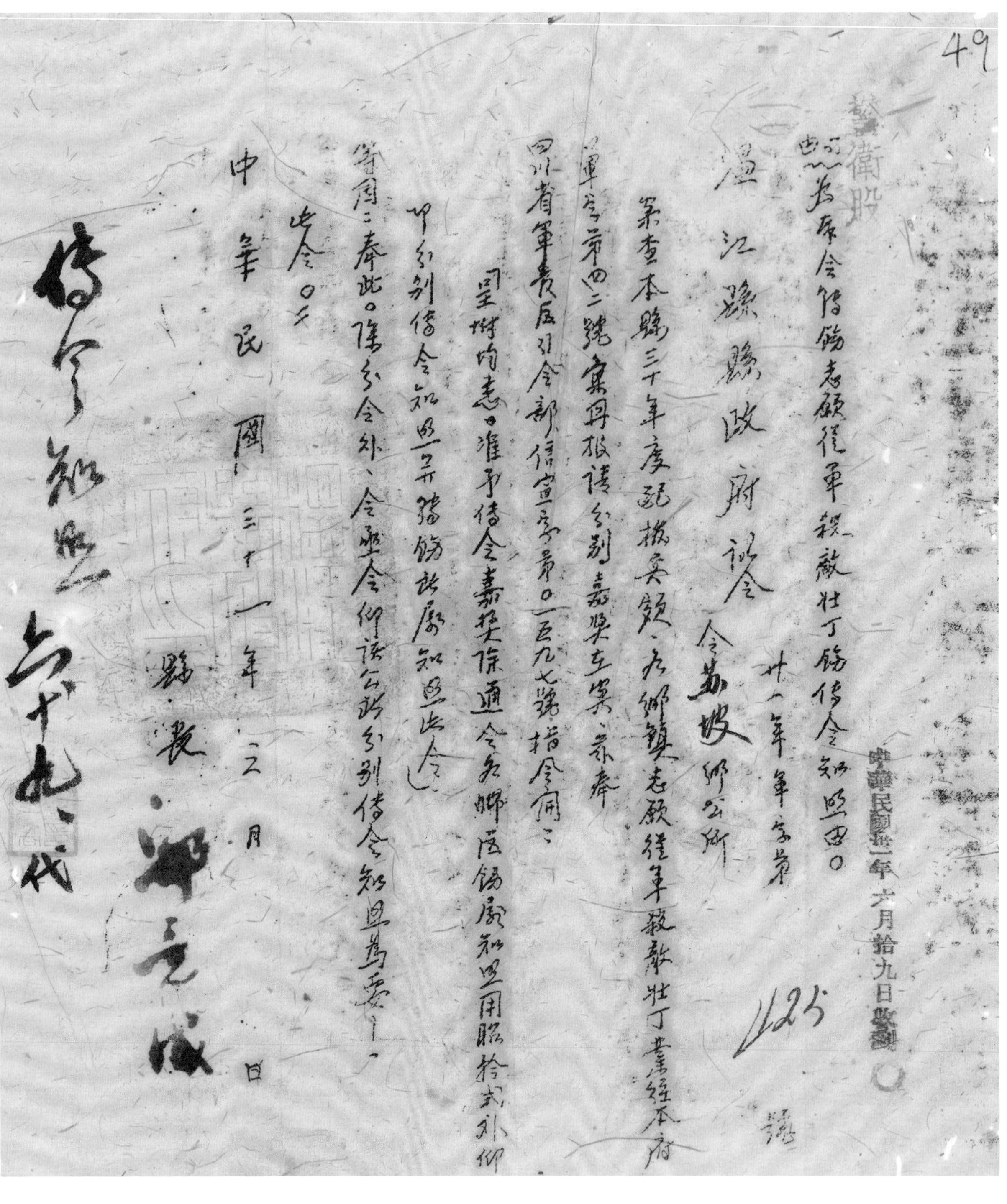

中華民國卅一年六月拾九日收到

為奉令傳飭志願從軍殺敵壯丁飭傳令知照由

温江縣政府訓令　卅一年字第　號

令蘇坡鄉公所

案查本縣三十年度認撥兵額，各鄉鎮志願從軍殺敵壯丁業經本府呈奉第四二號案呈報請分別嘉獎在案，茲奉

四川省軍管區司令部信字第〇一四九七號指令開：

「呈悉。准予傳令嘉獎，除通令各鄉區飭屬知照外，仰即分別傳令知照，並轉飭該屬知照。此令。」

等因。奉此，除分令外，合亟令仰該公所分別傳令知照為要！

此令。

中華民國三十一年六月　日

縣長

温江县政府关于奉电征送配赋丁额并缮造壮丁册表致苏坡乡公所的训令（一九四二年六月二十五日收）

遵照办理 六廿六 代

警衛股

案為奉電派送督徵及管理訓查表并補缮冊表格務分別轉飭遵照由。

溫江縣政府訓令

卅一年 軍字第 1132 號

六月 日

令蘇坡鄉公所

中華民國卅一年六月廿五日收到

本年六月十一日奉

戍茂師管區司令部酉編徵字第五四六號代電開：

案奉四川省軍管區司令部倍嘉字第01589號代電開：案奉

軍政部展養役充電開：查各師管區及各補訓處補充團隊調整

編組後，接經督飭迅速徵編並規定管區徵兵競賽辦法，俾送交

編訓并速送撥各部，確能分別按照案頒優良標準辦理，惟近來戰況緊張，浙東戰鬥激烈，

且莫他各戰區敵軍亦有企圖窺擾模樣，關於各方面作

戰部隊兵員補充亟應及時準備，以應戰機，茲有全國各區實補充團

隊凡經調部隊者應迅撥，務迅速續開編訓，具飭正在編者務必嚴

加[illegible]

加[illegible]

併飭征收處以赴可准備分電外，希速分飭所屬區鎮知照實行
飭咨切實遵辦並限分派各要旨開陳後並分電外，希切實遵辦具
報為要。此令。等因。奉此，查本區卅一年度全年認征款額29916萬元，遵照
鎮參議會依法規定並於六月鎮參議會開始前迅過年征款額務須認繳額
字以盡量征實用，應照繳額距鎮參議會限期，近本區為鎮參議會催
陸續補為過應抗戰需要，計本年度擬認繳額限征實15000萬元在此查
功而免延誤，今據各鄉市鎮，鄉已征實各級兵部所驗收數自一月份
至五月底止共僅六千零餘元，兩相比較尚差共萬餘元，上峯迭令從
加緊辦理，在急需之際，責限期完成目前大量征款，本
旁貸，續再度催趕，並隨派員級人員分赴督催，並嚴提本年度調查
相當款務，即具報，以期完成
任本分核迅速辦理為要。
萬收督征各區姓名，一併奉此，除分令外，合亟令仰遵照，趕緊征收
員，扁(?)查(?)信(?)造册，分外積極完成，勿再玩延，致干查處為要。

此令

鄉長 鄭[illegible]成

温江县国民兵团团部关于奉电转发四川省一九四二年度各县（市）国民兵运动会实施办法致苏坡乡队部的训令
（一九四二年七月二日）

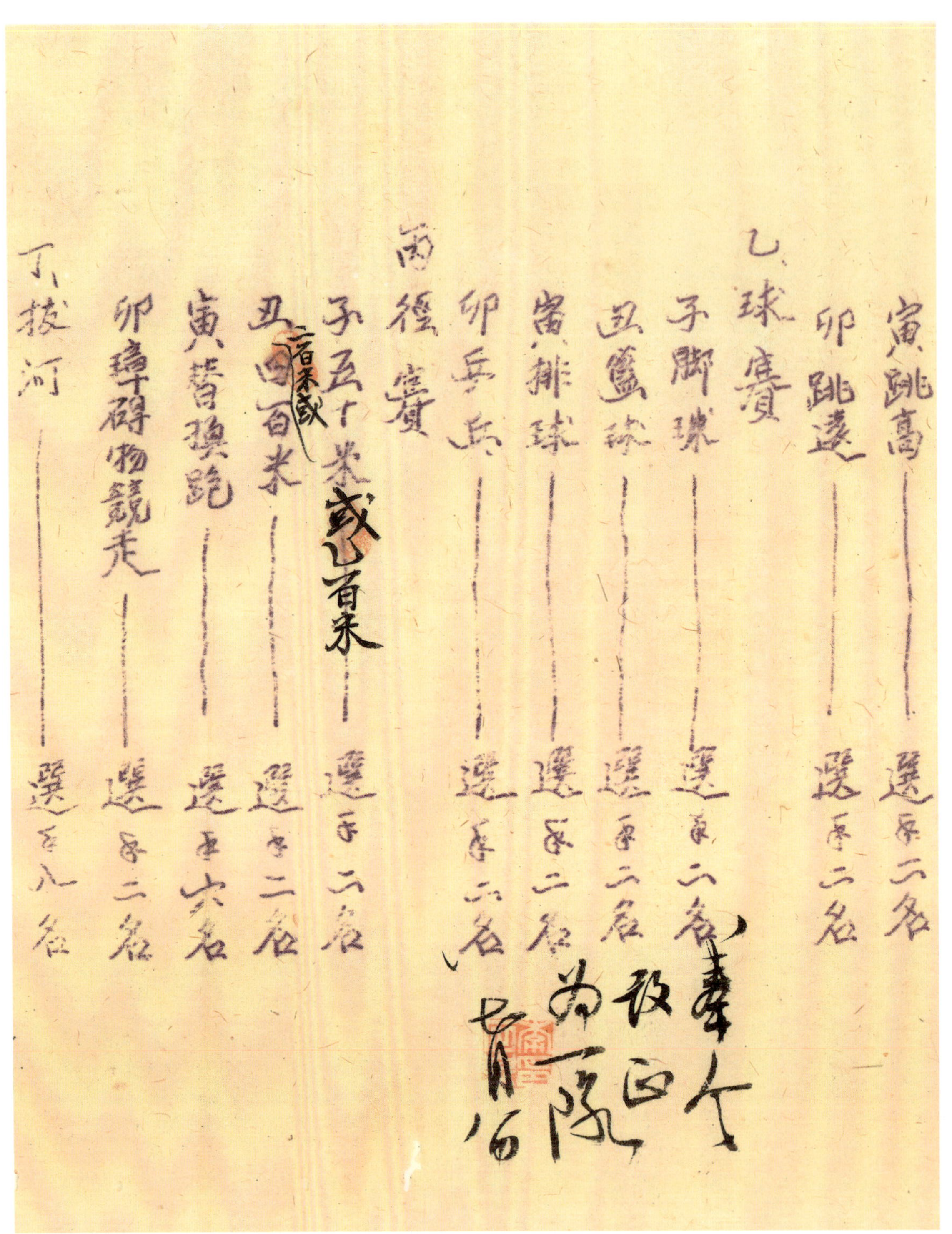

寅、跳高————選手二名

卯、跳遠————選手二名

乙、球賽

子、脚球————選手二名

丑、籃球————選手二名

寅、排球————選手二名

卯、乒乓————選手二名

丙、徑賽

子、五十米 貳百米————選手二名

丑、四百米 二百米貳————選手二名

寅、替換跑————選手六名

卯、障碍物競走————選手二名

丁、拔河————選手八名

奉令

設立

為一隊

七月四日

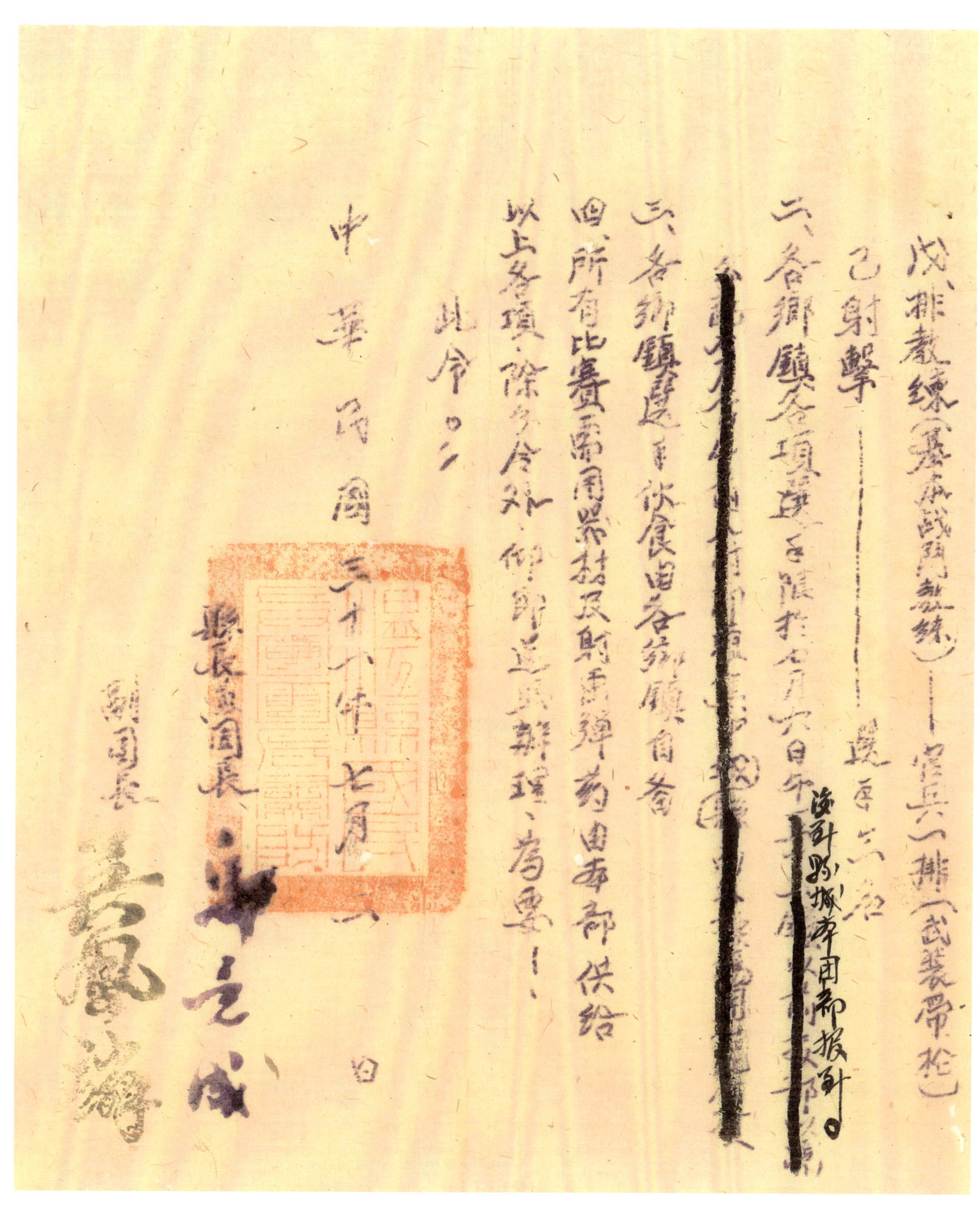

戊、排教練（基本戰鬥教練）——官兵一排（武裝帶槍）

乙射擊——選手六名

六、各鄉鎮各項選手限於七月六日午前到縣報到。

三、各鄉鎮選手飲食由各鄉鎮自备

四、所有比賽需用器材及射擊彈藥由本部供給

以上各項，除分令外，仰即遵照辦理，爲要！

此令。

中華民國三十八年七月三日

縣長兼團長

副團長

温江县苏坡乡公所关于各保限期向县府速送壮丁二名的紧急通报（一九四二年七月七日）

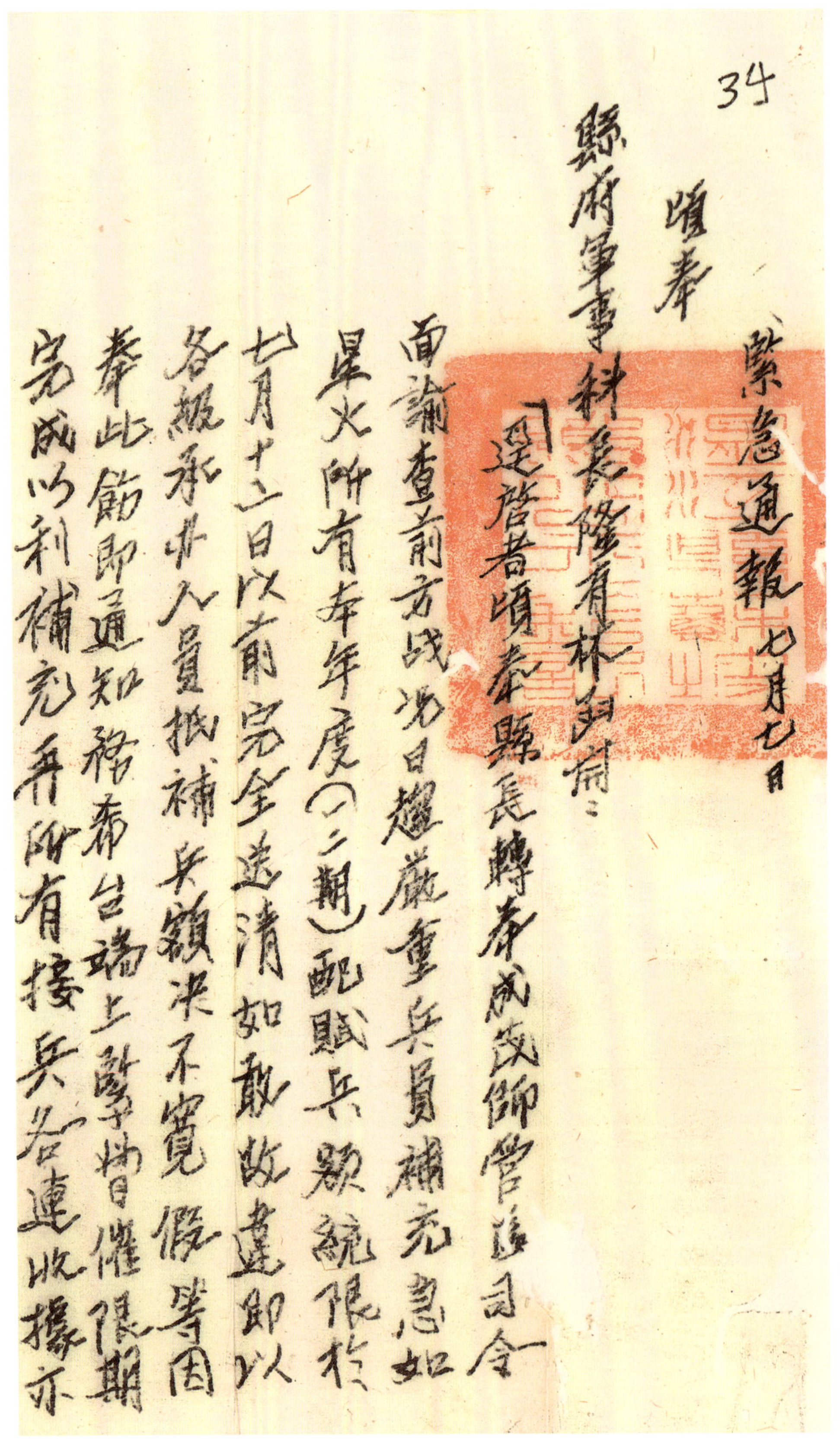
34

紧急通报 七月七日

顷奉
县府军事科长隆有林钧开：
"逕启者：顷奉县长转奉成茂师管区司令面谕：查前方战况日趋严重，兵员补充急如星火，所有本年度（一二期）配赋兵额统限于七月十二日以前完全送清，如敢故违，即以各级承办人员抵补兵额，决不宽假"等因，奉此，饬即通知贵台端，上紧督催，限期完成，以利补充，并所有接兵各连收据亦

限於七月十二日以前持向鈔府掣換

以憑稽考，合併函達，希煩查照辦理為要。此致

等由。奉此。查本年度配額各保胡甫、熊龍該保

長限於七月十日以前速送弍名，并向鈔府取得

收據回所結算。如再延誤，定以該保長押鈔究

辦。仰即遵照辦理為要。一二

此致

鄉長朱偉丞

副鄉長李竹君（李印竹君）

劉貴高（劉貴高）代行

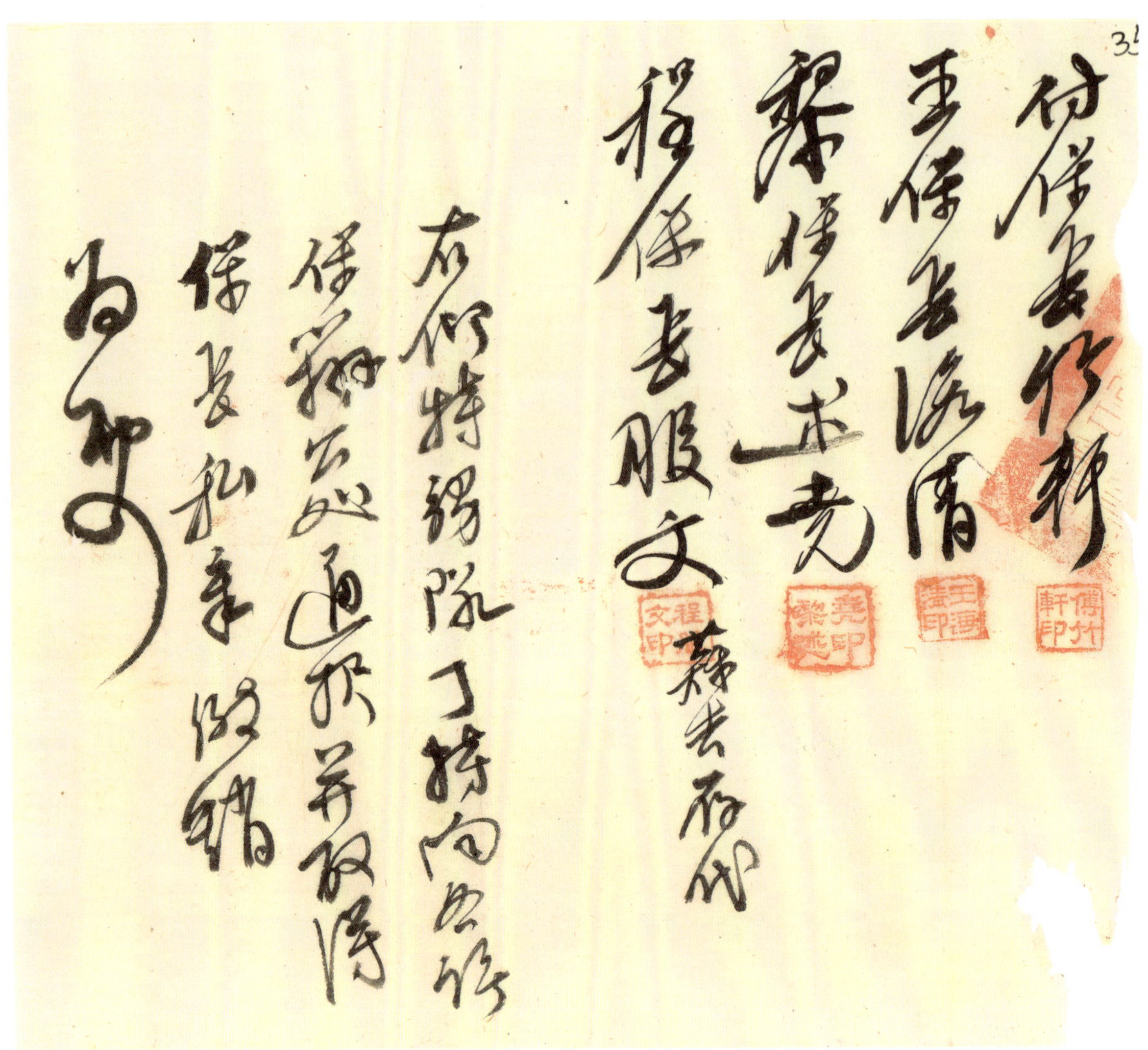

35

傅保長竹轩
王保長海清
黎保長兆尧
程保長服文

右仰特務隊丁持向各保
保甲辦公處通知并取得
保長私章備用
為知

温江县国民兵团团部关于检发抗战常识测验题致苏坡乡队部的代电（一九四二年十月十日）

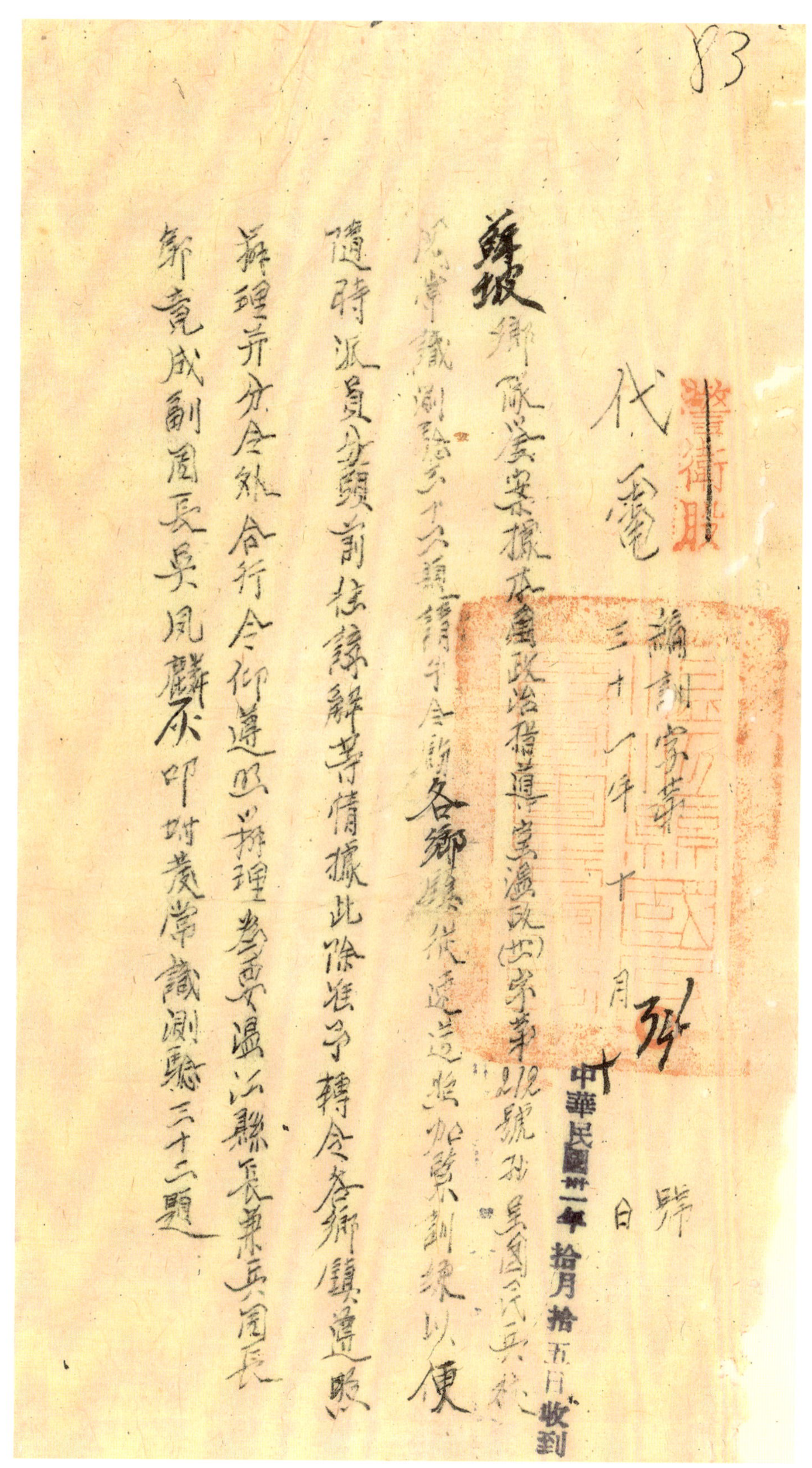

警衛股

代電

稿副字第 號

三十一年十月十日 發

中華民國卅一年拾月拾五日收到

蘇坡鄉隊部：案據本縣政治指導室通政（世）字第 號移呈國民兵抗戰常識測驗三十二題，請分令各鄉鎮從速照加緊訓練，以便隨時派員分頭前往考驗等情。據此，除准予轉令各鄉鎮遵照辦理并分令外，合行令仰遵照辦理為要。溫江縣長兼兵團長鄭竟成、副團長吳鳳麟叩。附發常識測驗三十二題。

附：常识测验题及抗战常识测验题

84

常識測驗題

1、什麼叫做三民主義
2、怎麼說三民主義就是救國主義
3、什麼叫做民族
4、民族是怎樣結合成的
5、中華民族弱點有那些
6、怎樣才能復興中華民族
7、什麼叫做民權
8、什麼叫做平等和自由
9、怎麼叫共產主義
10、什麼叫做民生主義
11、限制私人資本發達國家資本對不对
12、國父是什麼人
13、國父一生為我們做些什麼事
14、國父的遺教有那些，我們怎樣去實行
15、國民政府主席是那個
16、總裁是那個

抗战常識測驗題

1、當兵的責任是什麼
2、國民為什麼要當兵
3、什麼叫國民
4、什麼叫常備兵
5、男子當兵的年齡是從多少歲起至多少歲止
6、為什麼當兵是光榮的事情
7、為什麼逃避兵役是可恥的事情
8、怎樣的人应当免役
9、怎樣的人应当緩役
10、我們的敵人是誰
11、什麼叫漢奸
12、「七七」是什麼日
13、我們同日本打战幾年了
14、日本為什麼越打越弱，我國為什麼越打越強
15、現在幫我國打战的國家有那些
16、現在世上侵略主義的國家有那些個

校閱課目	着眼點	方法	備考
政治常識測驗	(一)對三民主義認識與信仰 1、三民主義的意義 2、三民主義的內容 3、三民主義的目的 4、三民主義的實行方法 (二)對國父與總裁的認識信仰 1、國父及總裁革命事實 2、國父總裁的遺教和訓示 3、國父總裁與中華民國關係	「個別抽問」	
兵役常識測驗	(一)對征兵的認識 1、征兵制的優點 2、募兵制的缺點 3、我國應施兵役的理由 (二)對役政推行的觀感 1、兵役有幾種 2、免役緩役等應具的條件 3、推行兵役應當守之原則	「同右」	
識字測驗	以能背誦國民公約及黨員守則軍人讀訓為原則	「指名抽背」	
附注	本件課程供校閱官參考或考驗國民兵題目另行擬具		

温江县国民兵团团部关于奉电抄发一九四二年度国民兵团总校阅计划表致苏坡乡队部的代电
（一九四二年十月十五日）

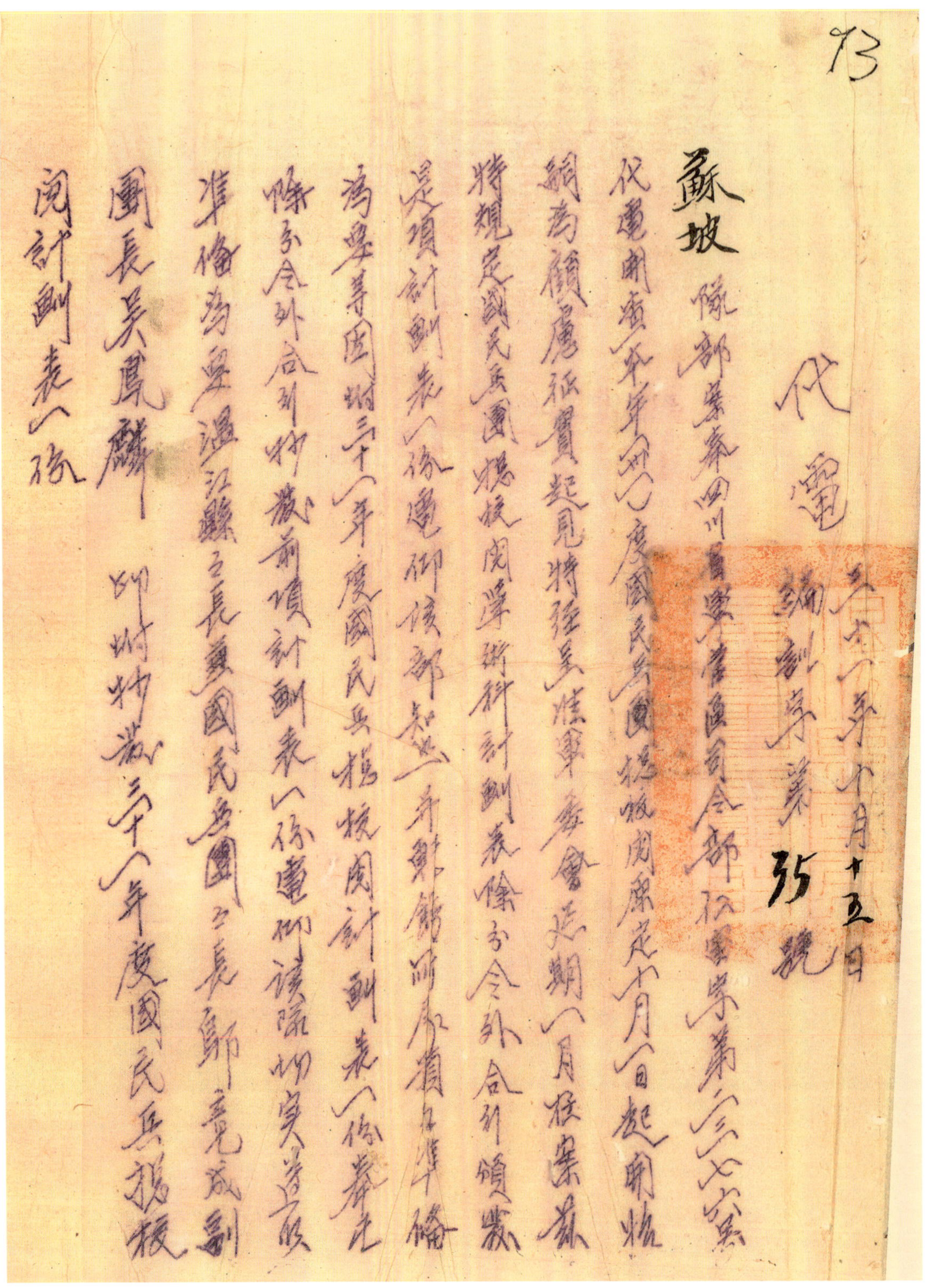
73

代電

三十一年十月十五日
編列字第35號

蘇坡隊部 案奉四川省保安司令部松字第二三七六號
代電開查本年卅一度國民兵團總校閱原定十月一日起開始
舉行為顧慮征實起見特經呈准軍委會延期一月按照蘇
特規定國民兵團總校閱學術科計劃表除分令外合行頒發
是項計劃表一份電仰該部知照并轉飭所屬遵照準備
為要等因附三十一年度國民兵總校閱計劃表一份奉此
除分令外合行抄發前項計劃表一份電仰該隊切實遵照
準備為要溫江縣國民兵團團長兼副團長鄭元斌副
團長吳鳳麟 附抄發三十一年度國民兵總校
閱計劃表一份

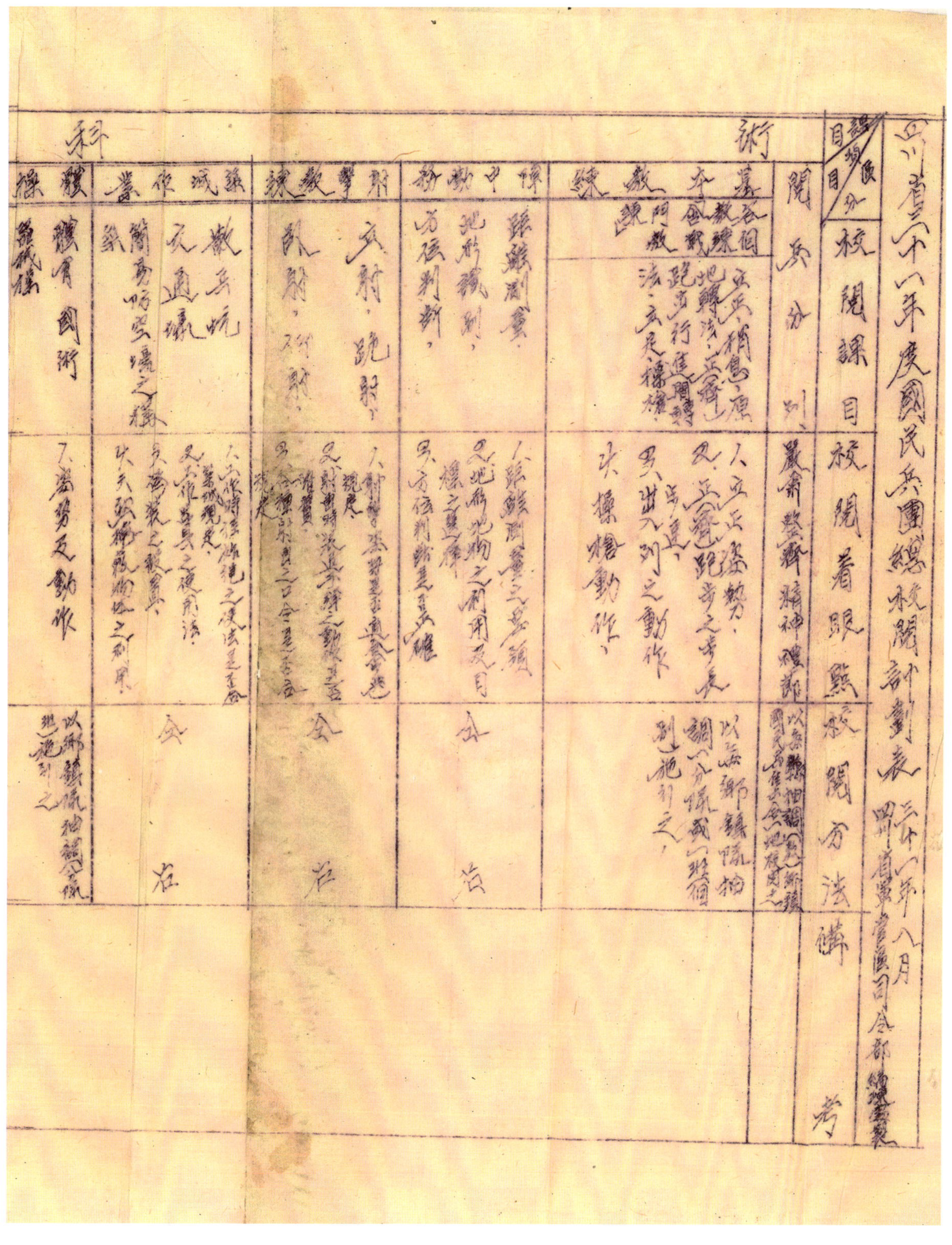

四川省三十一年度國民兵團總校閱計劃表

三十一年八月　四川省軍管區司令部編製

區分	閱兵分列	學術科：基本教練（各個教練、班教練）	操場中動作	射擊教練	陣地作業	體操
校閱課目	閱兵分列	立正、稍息、原地轉法、正步（齊步）、跑步、行進間轉法、立定、操槍、	距離測量、地形識別、方位判斷、	立射、跪射、卧射、深射、	散兵坑、交通壕、簡易防空壕之構築	徒手體操、器械體操、國術
校閱着眼點	嚴肅整齊、精神禮節	一、立正姿勢、二、正步（齊步）跑步之步長、步速、三、出入列之動作、四、操槍動作、	一、距離測量之要領 二、地形地物之利用及目標之選擇 三、方位判斷是否正確	一、射擊姿勢是否正確 二、射擊時瞄準擊發之動作是否確實 三、各種射擊之口令是否合規定	一、作業時器械使用之方法是否合乎規定 二、作業器具之使用方法 三、構築之程度 四、利用地物之利果	一、姿勢及動作
校閱方法	以縣為單位調集國民兵全體（或一部）於適當地點行之	以各鄉鎮隊抽調一分隊或一班實施之，	仝右	仝右	仝右	以鄉鎮隊抽調一分隊或一班實施之
備考						

附：四川省一九四二年度国民兵团总校阅计划表

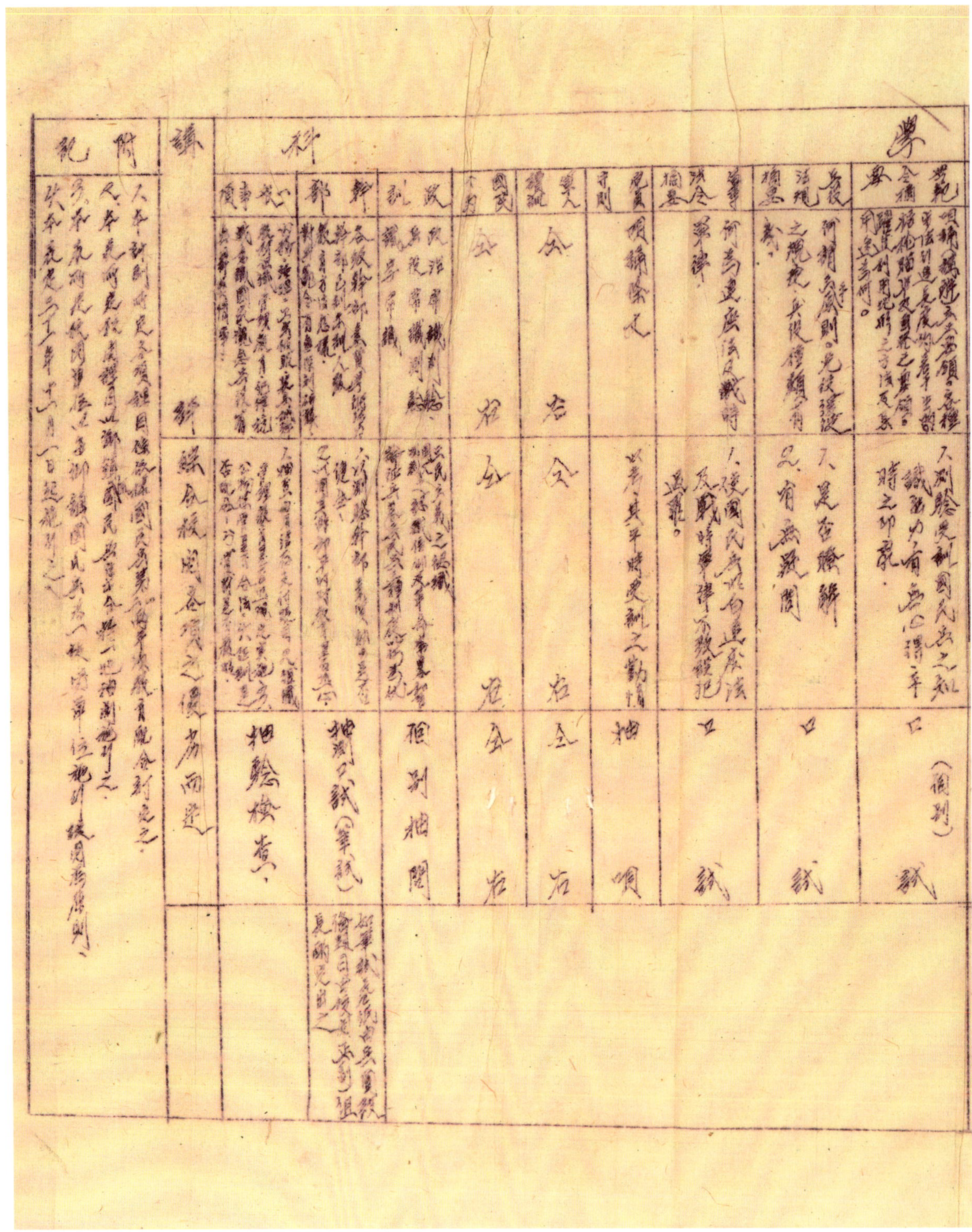
學
術
講評
附記
口試
（個別）
抽問
全右
個別抽問
抽測及試（筆試）
抽驗檢查

温江县国民兵团团部关于抄发温江县国民兵团警备队组织管理教育勤务办法致苏坡乡队部的代电

（一九四二年十二月十二日）

附：温江县国民兵团警备队组织管理教育勤务办法

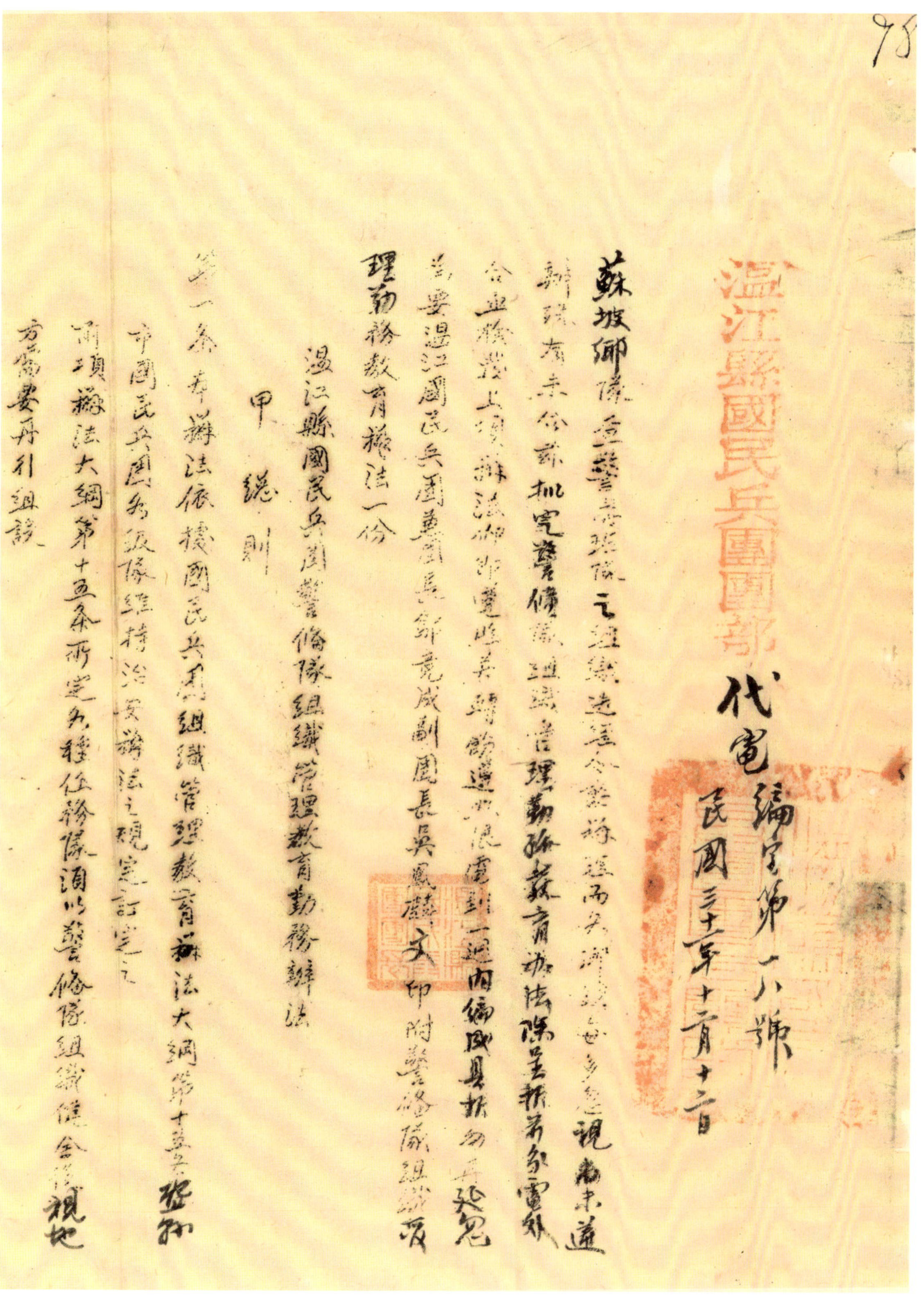

温江县国民兵团团部

代电 编字第一八号 民国三十一年十二月十二日

苏坡乡队：查警备班队之组织，迭经令饬遵照[illegible]各乡镇[illegible]现尚未遵办，殊属[illegible]。兹拟定警备队组织管理勤务教育办法，除呈报并分电外，合亟检发该项办法，仰即遵照具报，勿再延宕为要。温江国民兵团兼团长邹竟成、副团长吴凤麟文印。附警备队组织管理勤务教育办法一份

温江县国民兵团警备队组织管理教育勤务办法

甲 总则

第一条 本办法依据国民兵组织管理教育办法大纲第十五条暨本国民兵团为级队维持治安办法之规定订定之

前项办法大纲第十五条所定之各种任务，须以警备队组织健全为[illegible]方为要再行组设

乙 組織

第二條 警備隊組織以保爲單位，每保召集國民兵十六名至四十八名編組之

前項隊兵以先召集曾受國民兵教育者爲原則

第三條 保警備隊以保長爲隊長，保隊附爲隊附，受鄉鎮隊長隊附之指揮監督

辦理該隊組織管理及教育勤務事宜

丙 管理

第四條 國民兵受召集編入警備隊，在其教育勤務時間應絕對服從保隊長隊附之命令

第五條 隊兵除勤務教育時間以外之生活行動須隨時報告保隊長隊附查照，遇

離家不能參加勤務教育時須經保隊長隊附准假，不得自由行動

第六條 保隊長隊附對於隊兵教育勤務時間須於事前明白規定飭遵

第七條 保隊長隊附對於所屬隊兵有依法處分之權，責諸於鄉鎮隊長隊附應絕對

服從其命令

丁 教育

第八條 隊兵在服任勤務前後之餘暇時間須受規定之教育

第九條 隊兵學術科之教育由保隊附負責實施之

前項教育亦得由保隊長指定該保內在鄉軍人或邀請當地駐軍

新協官長担任之

第十条 教育學術科之教育計劃由團部分宣頒行實施

戊 任務

第十一条 警備隊之任務如左

1. 關于間諜漢奸之查緝防止
2. 關于匪患之警戒剿捕及搜查
3. 關于水火風災空襲之警戒及救護
4. 關于幫會之偵查及禁止
5. 關于境內出入人民及工商留寄宿之檢查及取締
6. 關于旅店及公共場所攜帶違禁物品之稽查及取締
7. 關于竊盜吸食毒品私販鴉片賭博之查禁
8. 關于鬥毆之禁止及排解
9. 關于道路橋樑電桿電綫及其他一切交通設備之保護
10. 關于森林河塘堤之保護及防範

11、關于其他保持地方治安之必要事項

第十二條 警備隊執行前条事項，如守望巡邏等辦法，由地方情形該嚴重時應不分晝夜行之

第十三条 警備隊執行任務，如遇必要，对人犯得實施拘捕，但應立即解送鄉鎮隊部核辦，并將其情節之輕重，遞解縣府依法辦理

第十四条 如保甲發現匪警，保隊附長應即集保隊迎擊，并飛報鄉鎮隊長隊附召集鄰近各保警備隊赴援圍剿

第十五条 如匪徒竄入鄰近鄉鎮，鄉鎮隊長附除召集該處各保警備隊追剿外，并以電話或其他方法通報鄰近鄉鎮隊部圍剿，并報告團部處理

第十六条 鄉鎮保隊附長對于本境匪警防剿不力，或對鄰近匪警坐視不援，或不通知鄰近合剿者，由團部按其情節輕重分別懲處

101

己　武器

第十七条　警備隊槍彈由各保隊隊長借用各該保民有槍彈

第十八条　警備隊因剿匪毀損之槍枝、消耗之子彈，依照國民兵團各級隊維持治安辦法第十一条之規定報請縣府補償之

庚　服裝

第十九条　常兵在受訓或執行勤務時須穿着制服（軍服或短便服）

第二十条　常備兵在受教育及服行勤務時所用關領章由鄉鎮隊統籌製

辛　伙食

第二十一条　警備隊集合剿匪在一日以上者請領伙食費，依照國民兵團各級隊維持治安辦法第十一条「由縣府發給」暨軍政部渝仁役備字第九五九九號代電「預備隊服任地方勤務其給養由國民兵團商地方政府籌之」之規定辦理

第二十二条　警備隊平時服任守望巡查其勤務之伙食由各保自籌

壬　獎懲及撫卹

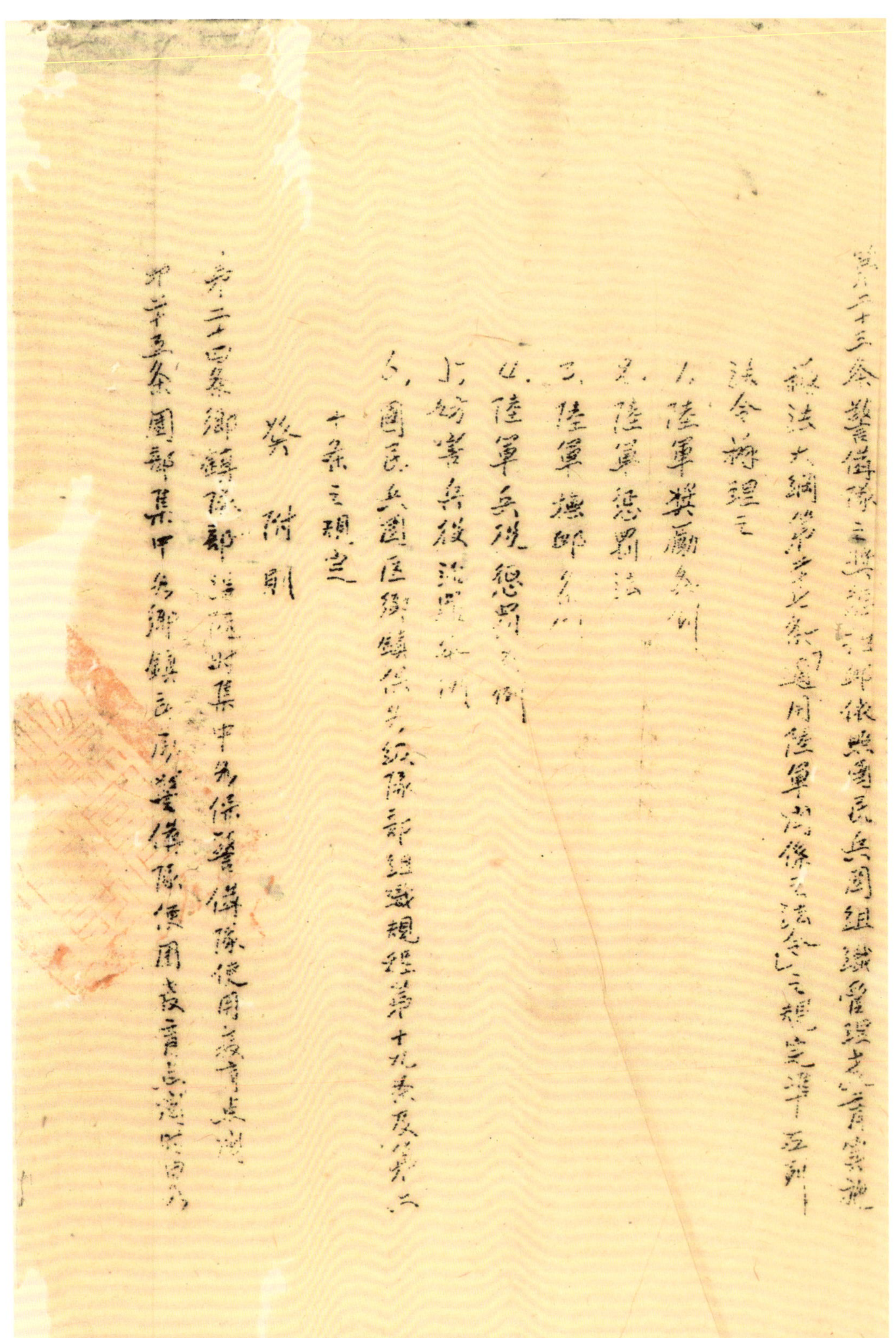

第二十三条　警備隊之獎懲撫卹依照國民兵團組織管理大綱實施辦法大綱第十七条「適用陸軍所併之法令」之規定准下列法令辦理之

1.陸軍獎勵条例

2.陸軍懲罰法

3.陸軍撫卹条例

4.陸軍兵役懲罰条例

5.妨害兵役治罪条例

6.國民兵團區鄉鎮保甲級隊部組織規程第十九条及第二十条之規定

第　附則

第二十四条　鄉鎮隊部得隨時集中為保警備隊使用並負責点驗

第二十五条　團部集中為鄉鎮區隊警備隊使用其負責点驗時由六

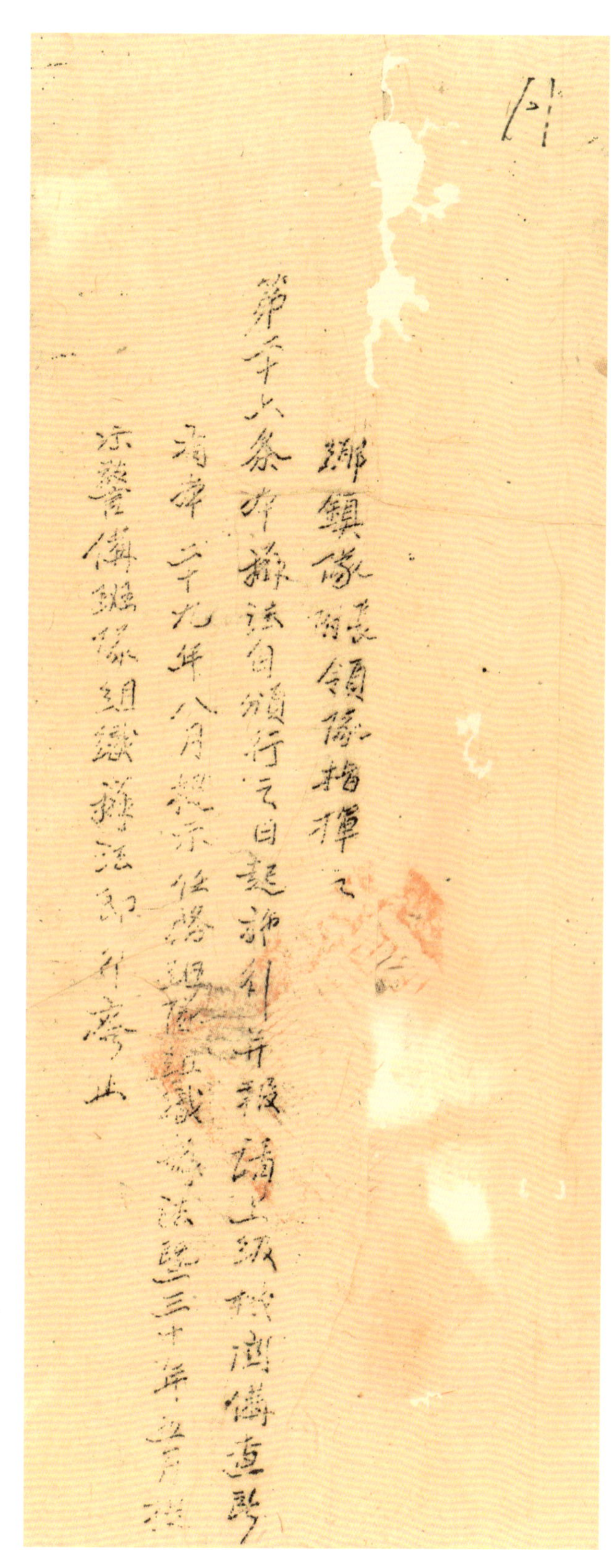
鄉鎮隊長領隊指揮之
第二十八條 本辦法自頒行之日起施行，并報請上級核准備查
省府二十九年八月頒示任務鄉保隊組織辦法暨三十年五月頒
示警備聯保組織辦法即行廢止

温江县国民兵团团部、苏坡乡队部等关于征集远征驻印志愿兵的一组文件

温江县政府关于依限选送远征驻印志愿兵致苏坡乡乡长朱伯丕的命令（一九四四年十月二十八日）

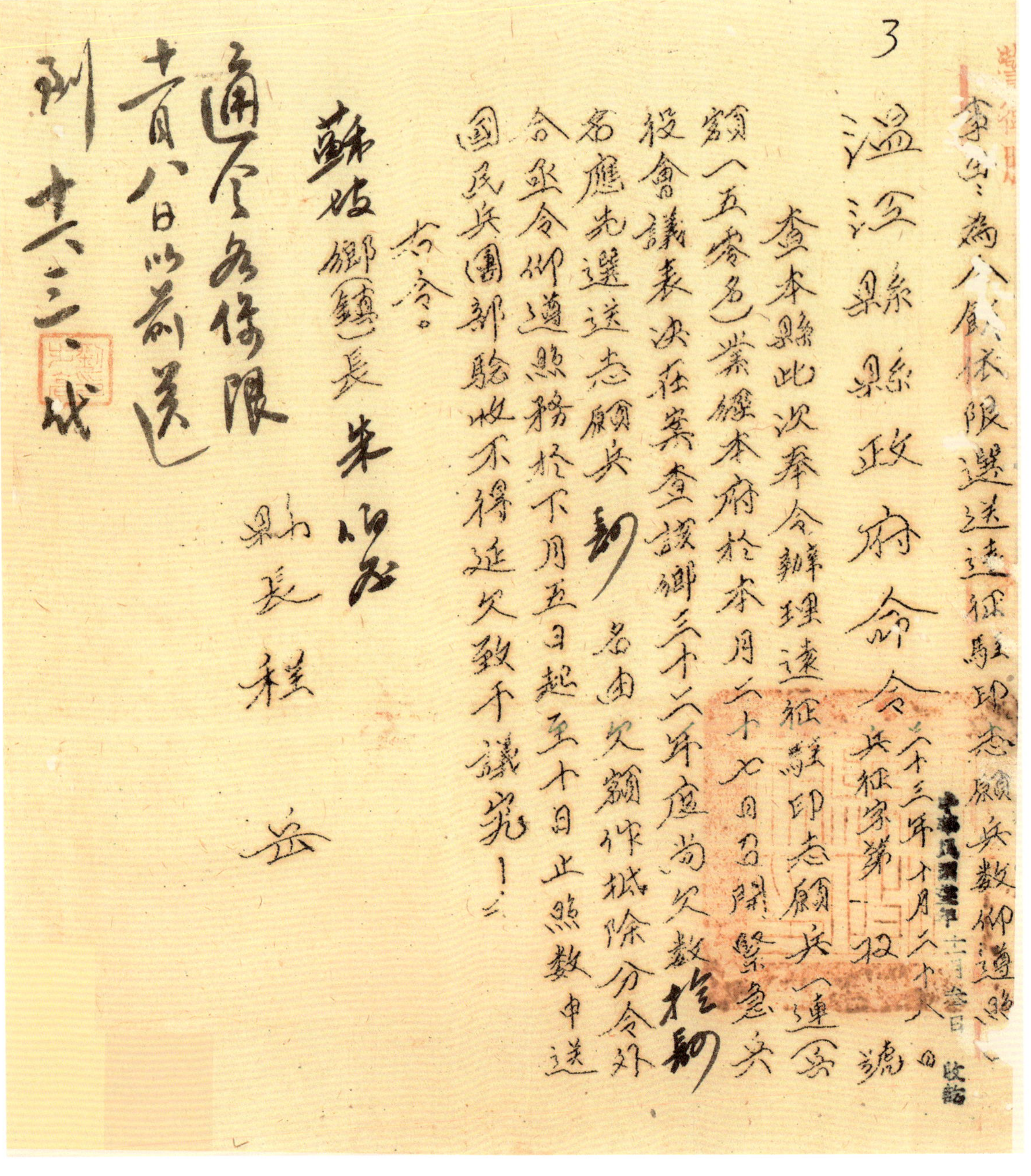

3

事由：為令飭依限選送遠征駐印志願兵數仰遵照（由）

溫江縣縣政府命令　（卅三）年十月二十八日　兵征字第　號

查本縣此次奉令辦理遠征駐印志願兵（連空額一五零名）業經本府於本月二十七日召開緊急兵役會議表決在案查該鄉三十二年度尚欠數拾捌名應先選送志願兵拾捌名由欠額作抵除分令外合亟令仰遵照務於下月五日起至十日止照數申送國民兵團部驗收不得延欠致干議究！此令。

蘇坡鄉（鎮）長朱伯丕

縣長 程 益

通令各保限十一月八日以前送到

十一、三、

温江县政府关于检发紧急兵役会议记录及从军指导委员会会议记录致苏坡乡公所的训令

（一九四四年十月三十一日）

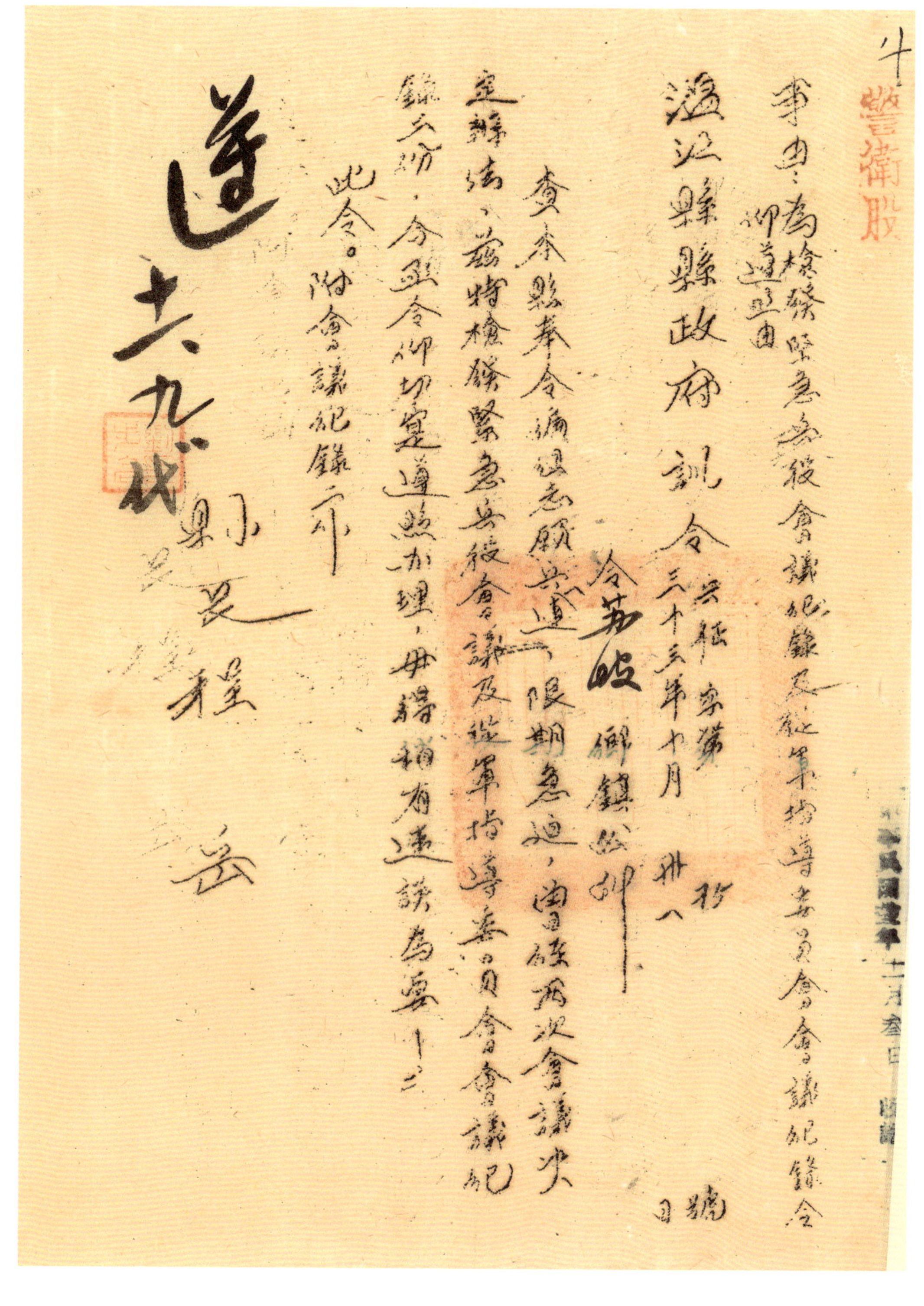

附：会议记录二份

7

地点——县党部

出席人

杜岳 張金珊 凌鷹祥 范蜀錚

賈澤沛 雷步九（冷文治代） 李嘯乾（郭子鈞代）

陳杏三（雷文代） 李楷猶 畢庶增 陳樹培

楊世茂 張景林 李學成 劉鐵德

戚亮齋 吳友文 劉李衡 張勳堂

羅述恕 雷裕文（周紹溪代） 陳超凡（楊傑代）

孫世昌（陳鷹代） 黃祿初（鄭錫舲代） 李朝俊

陳公浦（雷文代） 楊守成（李鏡湖代） 陳毓奇

康本初 官秉陽（鄭平坤代） 戴光鈺（趙永馨代）

胡 璉 杜德瑞（李志默代） 雷震之 李子彥

岑子恒 徐炳良 劉步高 王械 李炎春

（陳國祥代）

時間——三十八年十月二十七日午前十時

主席——程　岳

紀錄——程國良

甲、報告事項（略）

乙、討論事項：

1、連之如何編成案：

決議：連長仍由張副團長惠仙兼任，另設連附一員，其人選由連長商同地方人士決定，排長三人由三個特務大隊長推薦，特務長由地方公正士紳選定，文書及其他人員由連長任用。

2、志願兵之來源如何籌劃案：

決議：1、由黨團參及民、財、教、粮、社科、民教館、兵協

8

會、儘委會、男女中學、、、有關機關組織志願兵宣慰委員會，鼓動青年服役，自動報名。

六、由各鄉鎮民額，比例分配申送志願兵。

3、宣慰委員會如何組織案。

決議：一、組織宣慰委員會，負宣傳及慰勞之責，除上列各機關單位外，加入個特務大隊長及六個指導員。

二、區設宣慰委員分會，由大隊長任主委，指導員任副主委，鄉鎮長（副）代表會主席，及中心校長教員鄉隊附等任委員。

四、連部駐地案。

決議：連部駐縣參議會。

五、安家費如何籌措保管並付案。
決議：由各鄉鎮分別辦理，　縣城志願報名者分配各
鄉鎮攤派，給予安家費。（由志願兵自行接洽）
六、食米薪餉如何墊支及彌補案。
決議：暫定一個月，約需食米貳拾伍石，（老石）在本縣
公學產米項下墊撥，不敷時再行議撥，事後以決
算數籌還。
七、創食費如何補助案。
決議：依照去年遠征軍例，各兵由保送鄉鎮自帶榮
譽費每名壹市石，以補助創食費，並於開辦後
公用開支。至鞋襪、面巾、飯碗及草帶等物件，仍照
去年遠征軍成例辦理，由送鄉鎮負責負備。
八、炊爨用具、營房設備及開辦等費如何辦理案。
決議：儘量借用，必須購置則酌為購置，其款以榮譽

9

費支給、（拾伍萬元）及食米餘額不敷時由大會籌措。

9、宣慰用費如何辦理案。

決議：由公學產米項下多撥伍老石支用。

10、志願兵限期完成案。

決議：由十一月一日起至十五日止完成。

11、警衛及申送由何部隊負責案。

決議：由縣長臨時指定。

12、散會

江津縣[illegible]驗收[illegible]委員會籌備會議紀錄

地點——國民兵團部

時間——十月二十八日午前十時

出席人——各機關首長（詳簽到簿）

主席——程岳（張玉珊代）

紀錄——程國良

開會如儀

甲、報告事項（略）

乙、討論事項

一、本會名義如何決定案。

決議：本會更名為江津縣青年從軍指導委員會。

二、本會組織如何決定案。

決議：本會設主任委員一人，由縣長兼任，副主任委員四人，由凌書記長慶祥、曾議長景帝、陳副議長樹培、范幹事長蜀鈞兼任，下設總務、宣慰、驗收、審計四組，總務組組長由縣府財科科長劉秀衡担任，宣慰組組長由黨、團、參、社科、民教館、教科、男女中校、温江簡師社、及魚鳧鎮三個中心校担任，由社科劉科長斌德召集。審計組組長由黨部及書記長、參議會副議長、范幹事長担任，由黨部召集。驗收組組長由劉出視兵團部負責。其他機関法團學校均為委員，各組之各股人選及事務由各組組長自行商酌辦理。

三、特務長人選請黨團參公推以昭慎重案。

決議：志願兵連一切粮餉經費，雖經大會決定，并由指導委員會總務組及審計組核實支撥，特務長人選由兵連長自行決定。

四、目前急需開支經費如何動用案。

決議：由縣長先行條令經收處撥用，然後根據大會議決案再行辦令歸還。

五、散會

温江县苏坡乡公所关于转饬相关各保限期将远征驻印志愿兵送兵团部验收的命令（一九四四年十一月四日）

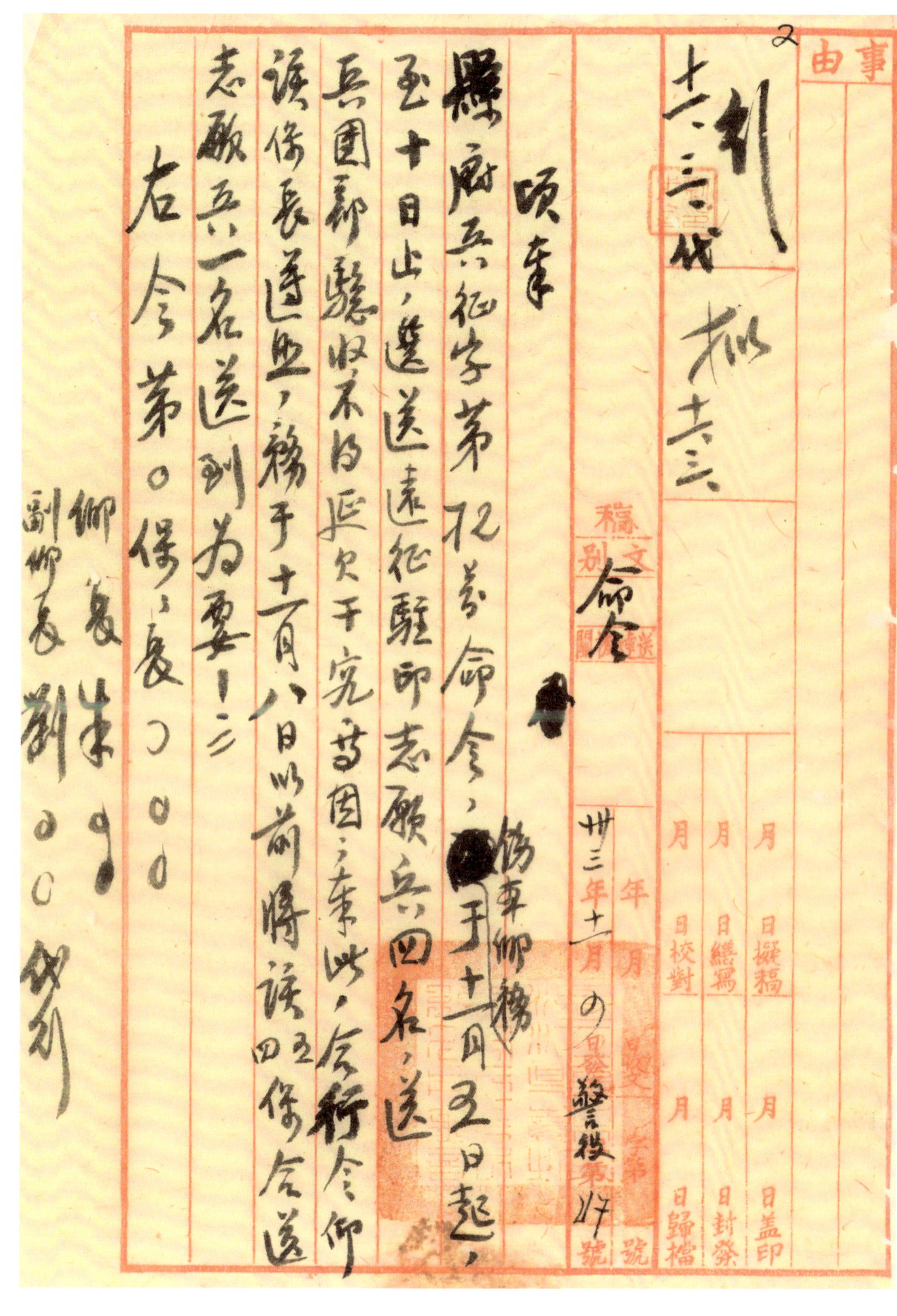

事由

十一月三日代 判

拟 十一月三

稿别：命令

卅三年十一月四日 發 警役第17號

頃奉

縣府兵征字第7278號命令，飭本鄉務于十一月五日起，至十日止，送遠征駐印志願兵四名，送兵團部驗收，不得延欠，于究為要，奉此，令行令仰該保長遵照，務于十一月八日以前將該五四保應送志願兵一名送到為要！！

右令第○保保長○○

鄉長朱○○

副鄉長劉○○代行

温江县政府关于严催送足志愿兵额致苏坡乡乡长朱伯丕的紧急命令（一九四四年十一月十二日）

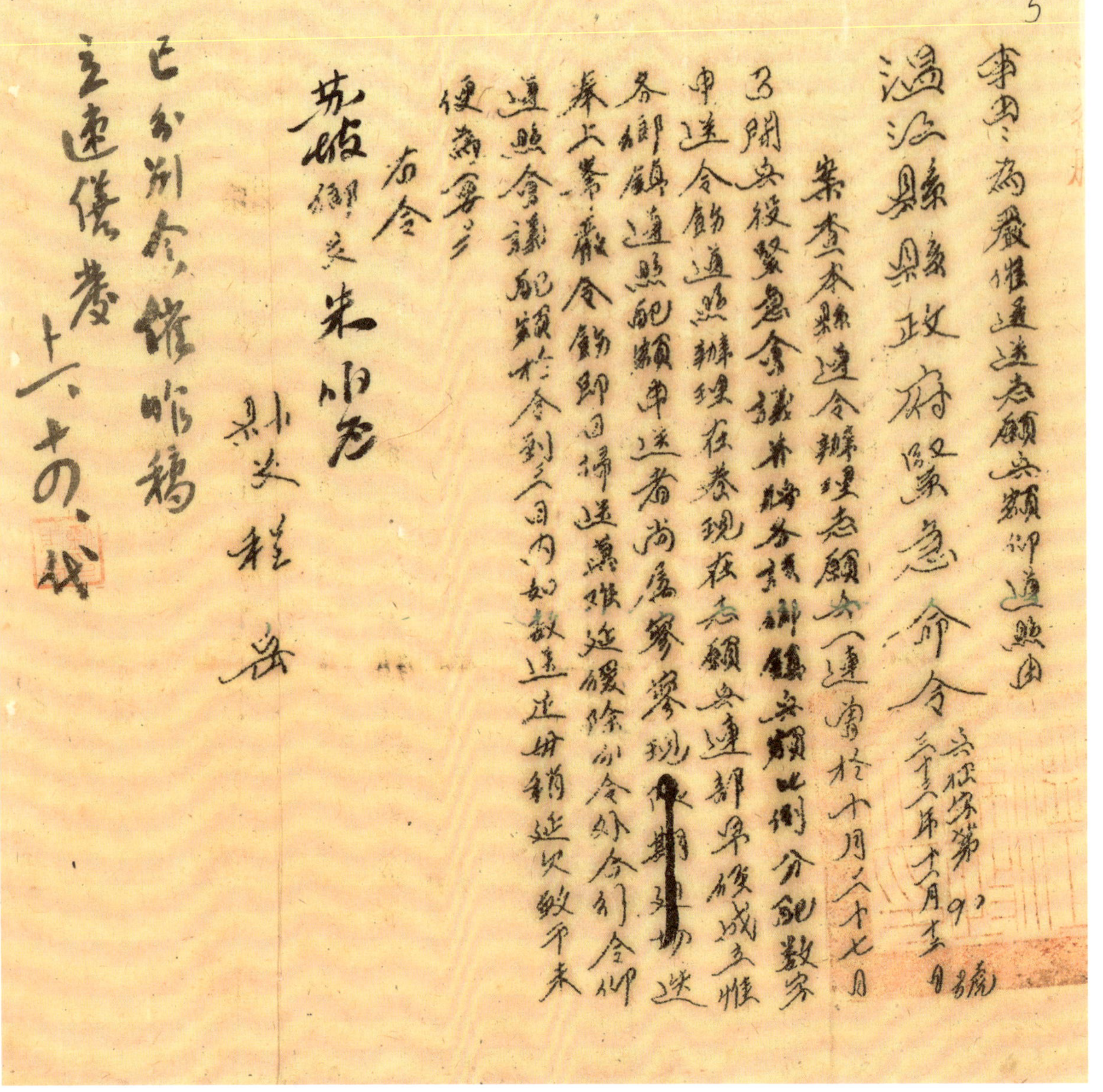
5

事由：为严催遵送志愿兵额仰遵照由

温江县县政府紧急命令 兵征字第97号 三十三年十一月十二日

案查本县遵令办理志愿兵（连），业于十月二十七日召开兵役紧急会议，并将各该乡镇兵额比例分配数字串送，令饬遵照办理在卷。现在志愿兵连部早经成立，惟各乡镇遵照配额串送者尚属寥寥，现限期[illegible]送。奉上峰严令饬即日归送，万难延缓。除分令外，合行令仰遵照会议配额于令到三日内如数送达，毋稍延误，致干未便为要。

右令

苏坡乡乡长朱伯丕

县长 程[illegible]

已分别令催，惟催稿立速缮发

十一、十四、代

温江县苏坡乡公所关于严催申送远征驻印志愿兵致各保的命令（一九四四年十一月十四日）

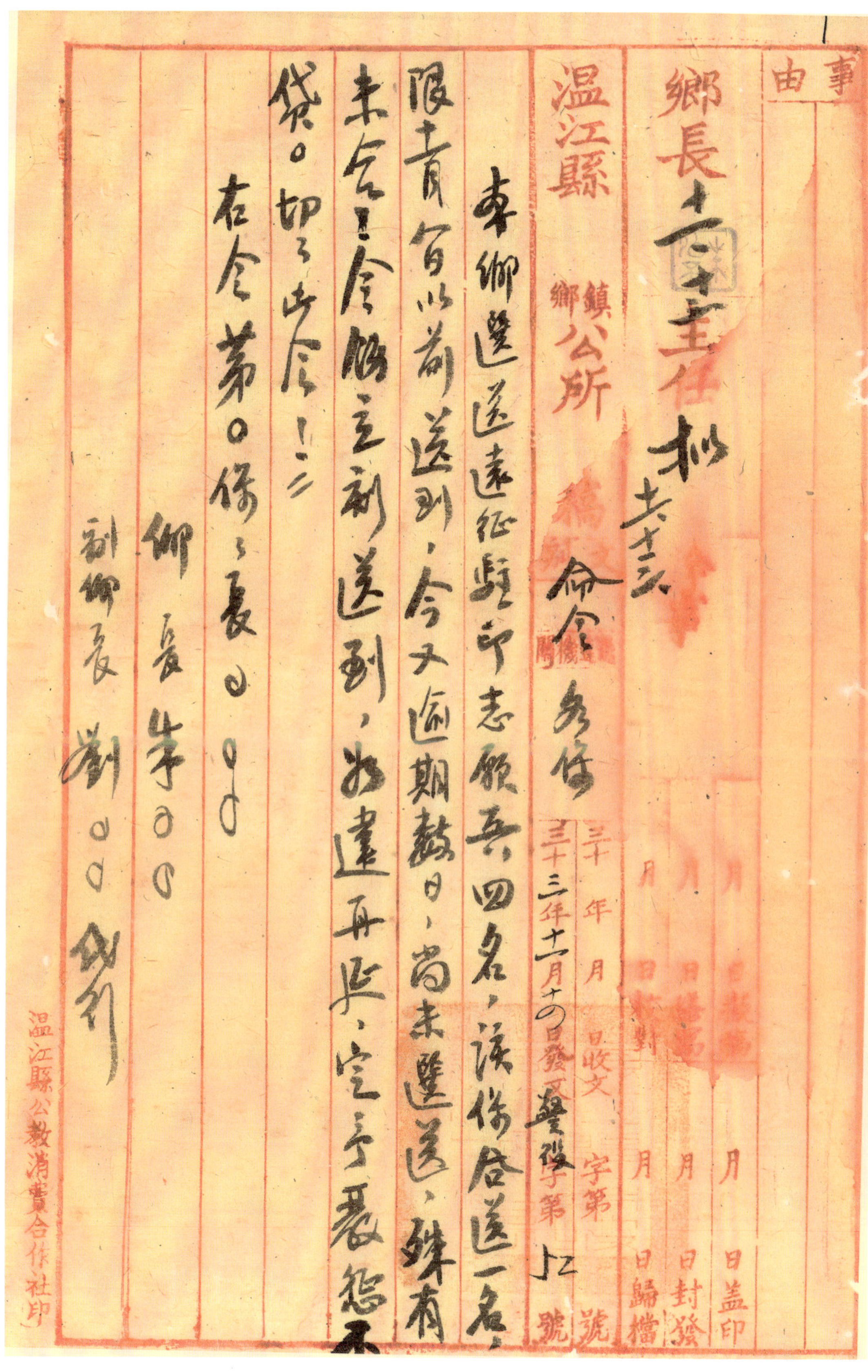

事由

鄉長 主任 擬 十一 十三

溫江縣 鄉鎮公所 稿

命令 各保

三十 年 月 日收文 字第 號

三十三年十一月十四日發文 蘇坡字第 162 號

月 日蓋印 月 日封發 月 日校對 月 日歸檔

本鄉選送遠征駐印志願兵四名，該保合送一名，限貴旬以前送到，今又逾期數日，尚未選送，殊有未合。令飭立刻送到，如違再延，定予嚴懲不貸。切切此令！！

右令第 保保長

鄉長朱

副鄉長劉 代行

溫江縣公教消費合作社印

温江县苏坡乡公所关于限期送齐远征军征送配额致第一、二、三、四组负责人的手令（一九四四年十二月三日）

事由

乡长 刘 十二、二 代主任 拟

十二、三

温江县苏坡乡（镇）公所 稿

文别 令

手令 三十三年十二月三日 于乡公所

查远征军征送名额，业于第廿八届乡务会议决议通过，不得超过本年十二月五日以前，否则即由负责人自筹安家费，并距限期，仅维三日，深恐延误自累，除分令外，合亟令仰该负责人遵照，速为准备，务于限期内送齐，以免自累为要，切切！

此令。

第一二三四组负责人 程秉权 蔡述尧 傅竹轩 朱鹤琴

乡长 刘 副乡长 刘 代行

温江县公教消费合作社印

温江县国民兵团团部关于奉电如期如数征送配定之志愿兵与远征军致苏坡乡镇队部的代电
（一九四四年十二月八日）

22

鄉隊部

事由：為奉轉配額不受征額限制仰即遵照限送齊以利戰急由

溫江縣國民兵團部代電 三十三年十二月八日 總征字第一八四四號

蘇坡鄉鎮隊部鑒：本年十二月六日奉師管區征總字第一四零八號戌感代電奉轉軍管區兼司令張戌哿蓉軍壽嘉格電開：「成都師管區密。奉軍政部戌刪募電，希嚴飭所屬，將駐印軍遠征軍及九軍（四軍、六九軍、三九軍、九七軍、九八軍）等各軍配撥兵額遵限撥清，以利戰急。事關緊急補充，應不受征額限制，為盼。」等因。除分電外，希切實遵辦具報。等因。奉此，自應遵辦。除分令外，合行令仰該團兼團長即便遵照，務將配定之志願兵及遠征軍如期如數撥清為要。等因。奉此，值茲抗戰存敗關頭，前方需兵急如星火，奉電前因，除分電外，仰即遵照，勿以征送數字與合配兵額相比照，應如期如數依限送齊是為至要。兼團長程無彥佳總征印

遵辦 十二月十六 成

温江县政府关于奉电转饬限期按数交齐志愿驻印兵额致苏坡乡乡长朱伯丕的命令（一九四四年十二月十二日）

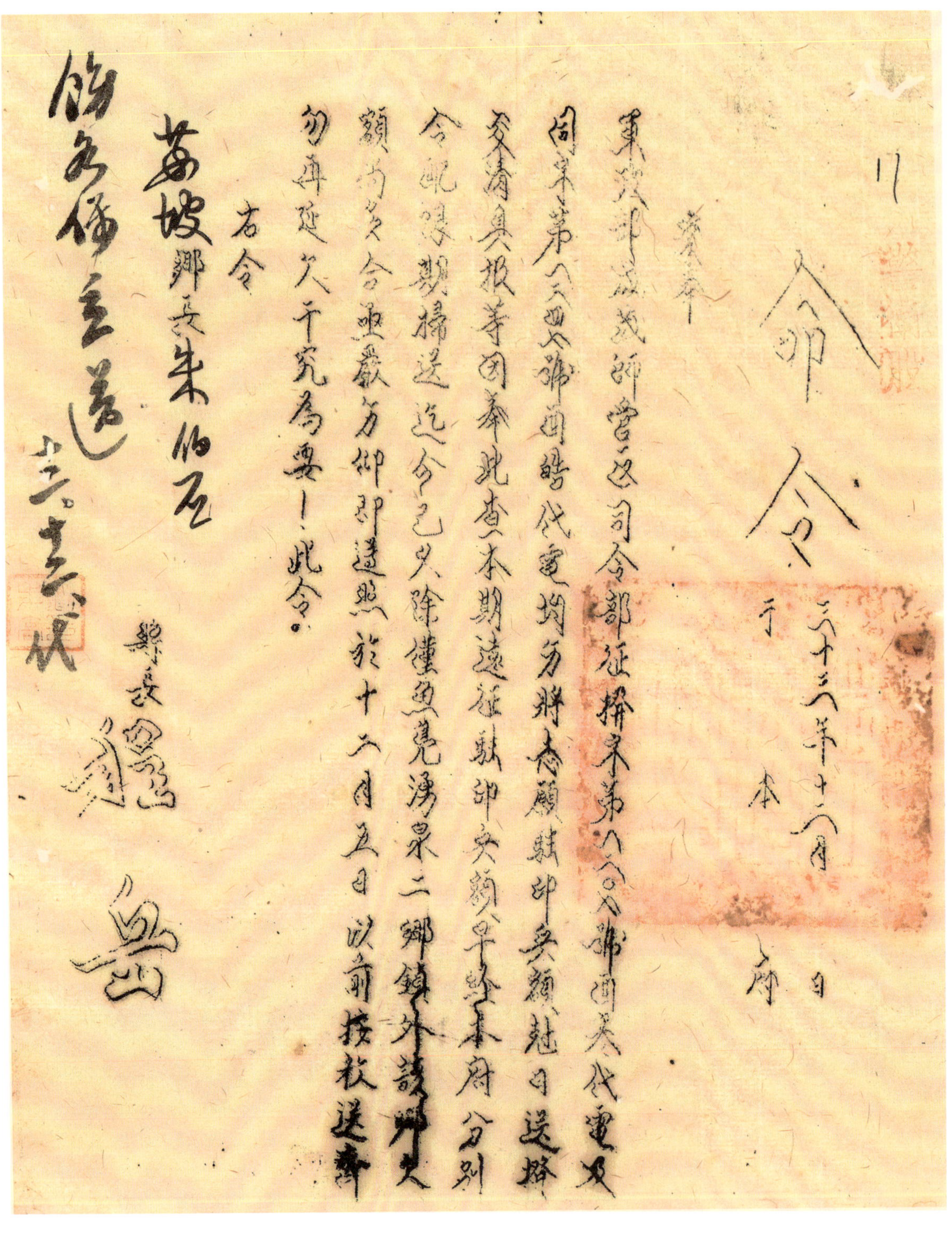

川

命令

（三十三）年十二月 日 于本府

案准成都师管区司令部征拨字第[illegible]号酉[illegible]代电，又同案第[illegible]号酉皓代电，均分将志愿驻印兵额，赶日送拨，交清具报等因。奉此，查本期志愿驻印兵额，早经本府分别令饬限期拨送，迄今已久，除仅鱼凫、涌泉二乡镇外，该乡兵额尚欠，合亟严饬，仰即遵照，于十二月五日以前按数送齐，勿再延欠，干究为要！此令。

右令

苏坡乡乡长朱伯丕

县长 [illegible]

温江县苏坡乡公所关于限期送齐远征驻印志愿兵额致各组负责保长的命令（一九四四年十二月十六日）

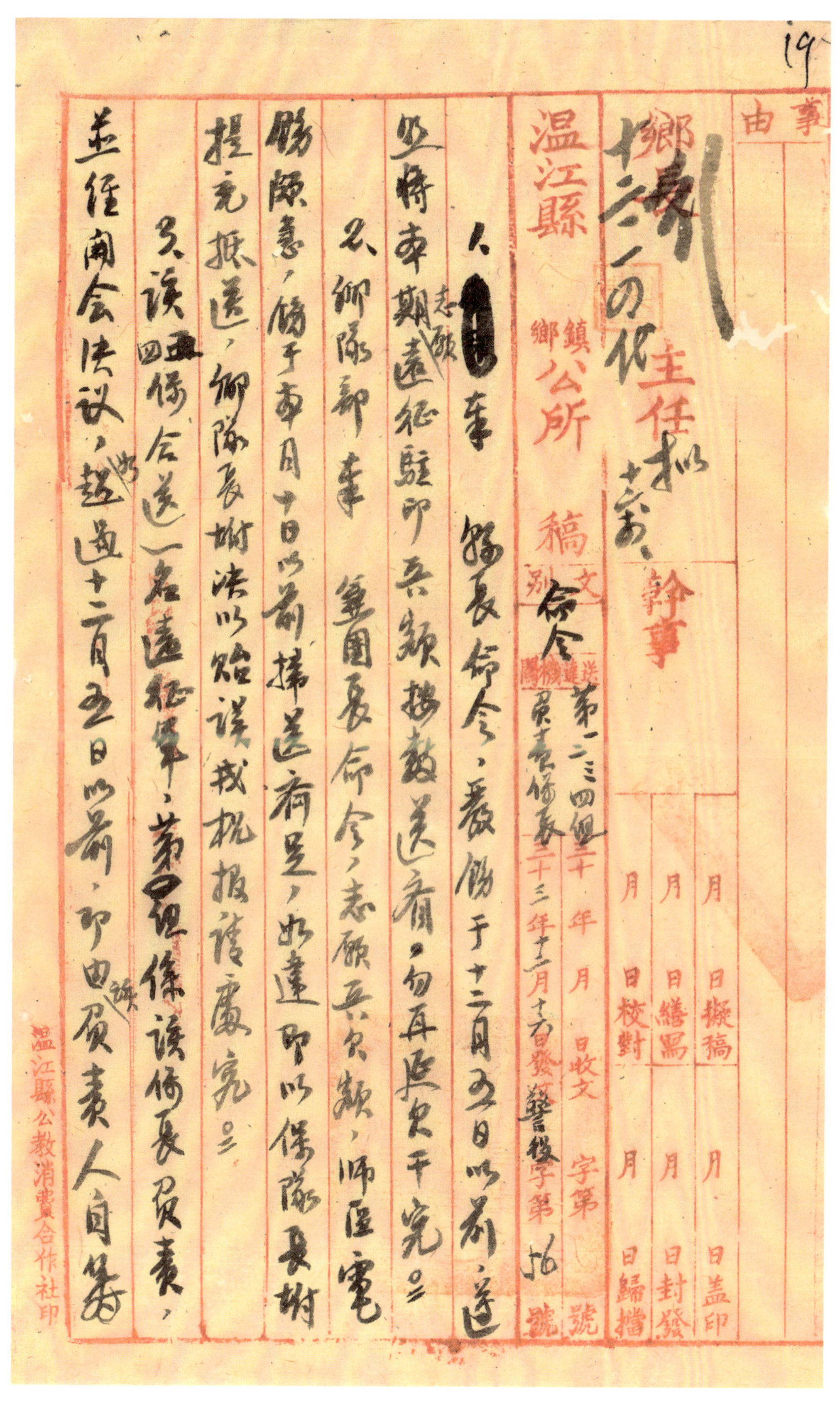

温江縣　鄉鎮公所　稿

事由

文別：命令

送達機關：第一二三四组负责保长

三十三年十二月十六日發　警一役字第56號

人　　事

簿长命令，严饬于十二月五日以前，送足将本期远征驻印兵额拨数送齐，勿再延欠干究。

公乡队部奉重团长命令，志愿兵员额，师区电饬严急，饬于本月十日以前扫送齐足，如违即以保队长撤提究抵罪，乡队长撤职以贻误兵役论处，并究。

兹请五四保合送一名远征兵事，第四组保请保长负责，并经开会决议，超过十二月五日以前，即由负责人自筹

温江縣公教消費合作社印

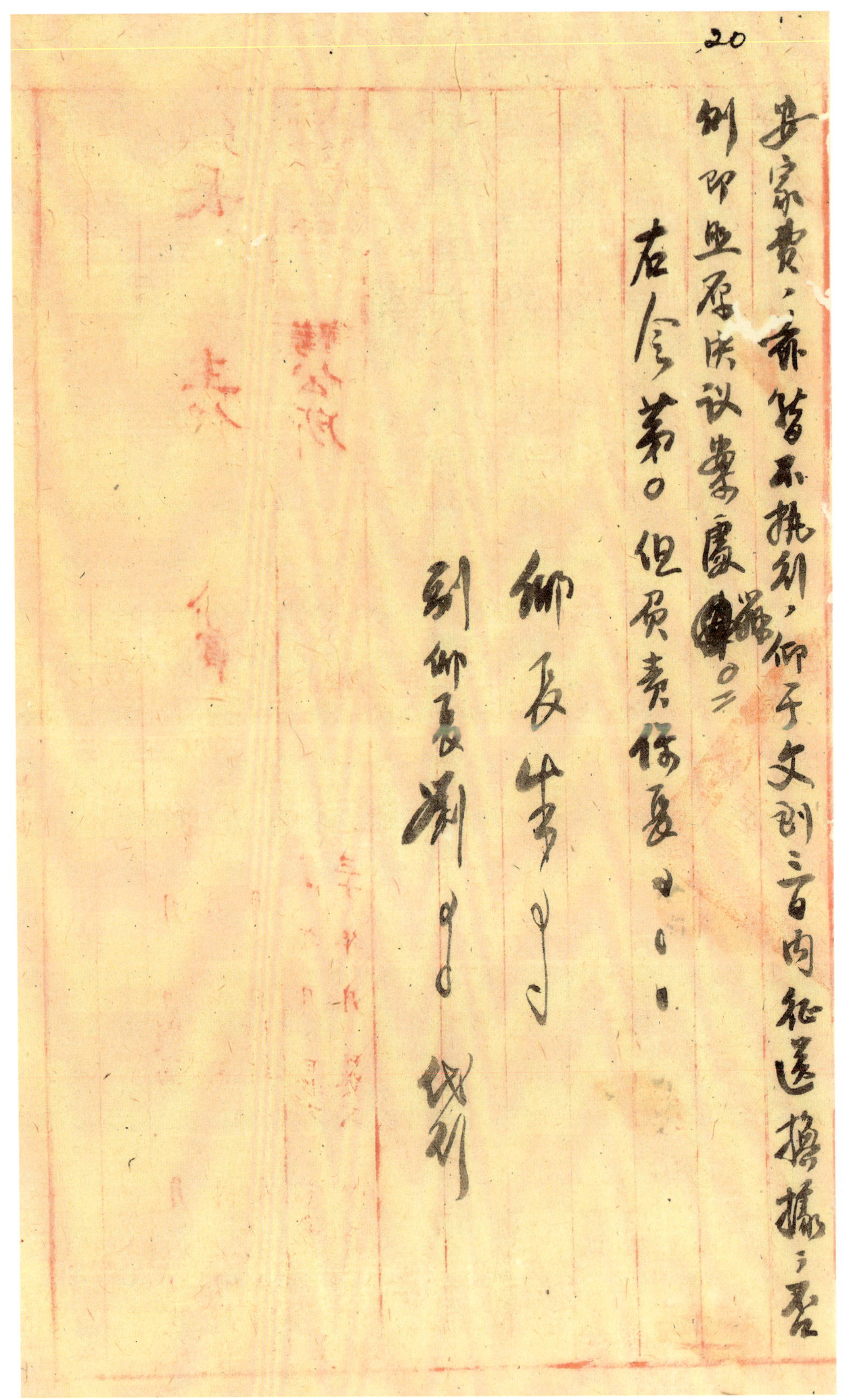
20

妥实负责，亦督不挑剔，仰于文到三日内报送据报，毋

饬即照原决议案处理为要！

右令第○保保长

乡长

副乡长刘 代行

温江县国民兵团团部关于奉饬限期催送远征驻印军补充兵致苏坡乡队部的训令
（一九四四年十二月三十日收）

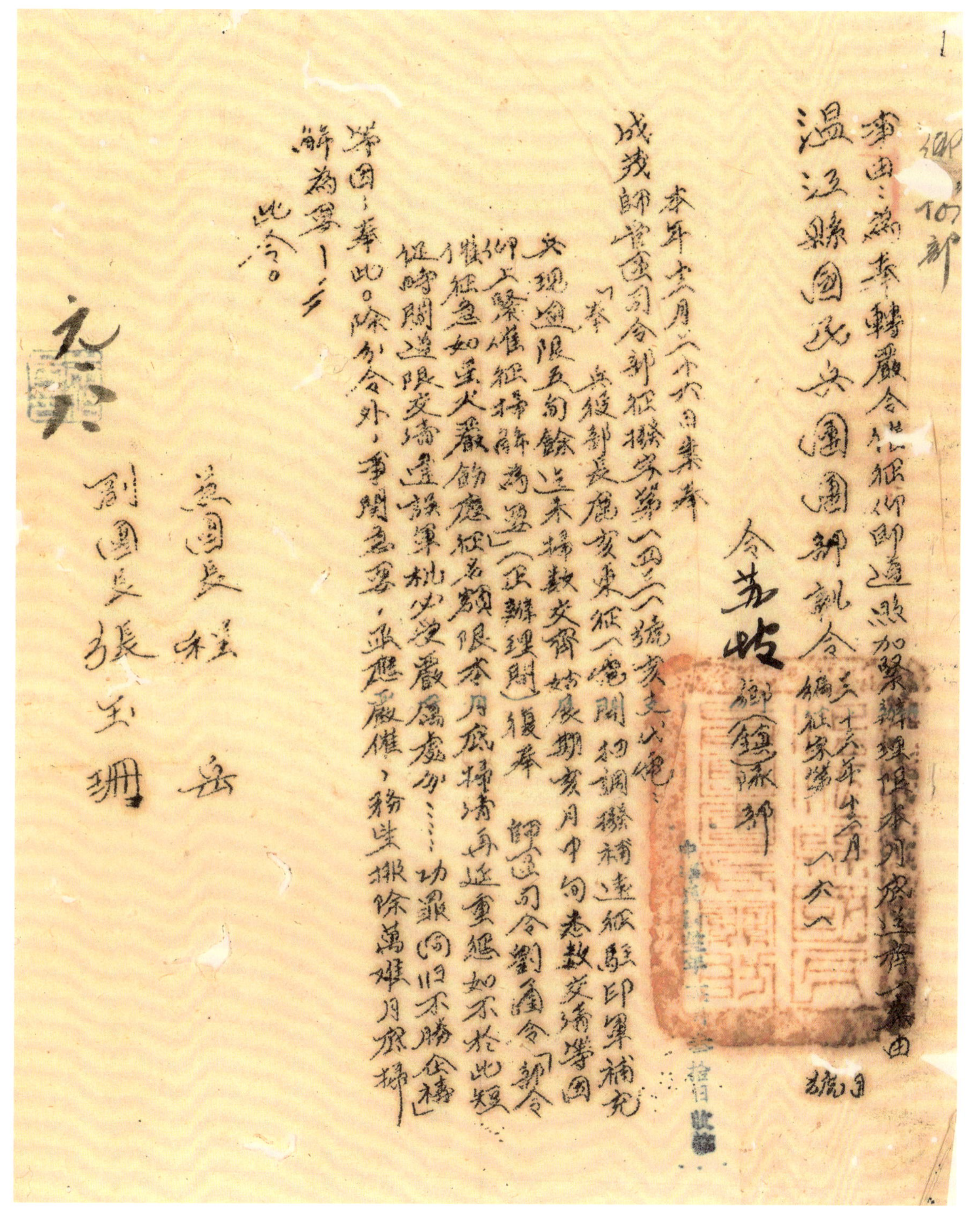
事由：為奉轉嚴令，催征仰即遵照，加緊辦理，限本月底送府一案由

溫江縣國民兵團團部訓令　三十三年十二月　日　編征字第（六）號

令　苏坡鄉（鎮）隊部

本年十二月二十六日案奉

成戎師管區司令部征撥字第（四三八）號亥文代電，

開：奉　兵役部鹿亥東征一代電開：「補調撥補遠征駐印軍補充

兵現遵限五旬餘，迄未歸數交齊，姑展期亥月中旬悉數交清等因，

仰即嚴催征補辦為要」（正辦理間）復奉　師管區司令劉團令部令

催征急如星火，嚴飭應征名額限本月底掃清，再延遲如不於此短

征時間遵限交清，遺誤軍機，必受嚴厲處分……功罪同歸，不勝企禱」

等因。奉此。除分令外，事關急要，亟應嚴催，務望排除萬難，月底掃

解為要！！

此令。

總團長　程　岳

副團長　張玉珊

温江县知识青年志愿从军征集委员会关于检发知识青年志愿从军配额分配表致苏坡乡乡公所的代电

（一九四四年十二月十二日）

22

事由：爲電送本會第四次委員會決議知識青年志願從軍名額分配數目請煩查照辦理并希見復由

温征編字第　號

中華民國三十三年十二月　日發

四川省温江縣知識青年志願從軍徵集委員會 代電

温江縣蘇坡鄉鄉公所公鑒：案查前奉省征委會征編六條電配定本縣名額二百二十名，限十二月底征足，等因，自應遵辦。復爲奉全國知識青年從軍指導委員會代微入征電規定各機關舉辦知識青年志願從軍之登記及征集步驟：（一）各機關應於十一月廿日以前舉行適齡人員登記；（二）各機關應策勵工作人員自動應征；（三）登記辦理完竣後即行檢驗；（四）各機關志願應征人數如不足本機關配額時，得以抽籤法決定應征，抽籤時不得代抽，仰遵照辦理并轉飭遵照，等因，正遵辦間，旋奉省征委會亥東電：知識青年從軍報名期間延至十二月底截止，仰如限征足，各等因。奉此，本會特於十二月十日召開第四次縣征集委員會，決議先將各機關應策動志願從軍之至少名額分別配定，由各機關先行策動所屬適齡之工作人員自動報名參加。貴鄉分配陸名，希即以最有效方法策動所屬工作人員應征，至低限度須達上項配額，并於十二月十五日以前將發動志願從軍人員姓名造送本會。如逾限期未能填送或填送不足，即遵令以該機關適齡人員舉行抽籤征集之等語，紀錄在卷。除分電外，相應檢附分配表一份，電請查照辦理并希見復。温江縣知識青年志願從軍征集委員會主任委員孫安亥侵温征編印

速辦函復

附：温江县知识青年志愿从军征集委员会第四次委员会议议决各机关配额分配表

23

溫江縣知識青年志願從軍征集委員會第四次委員會議議決各機關配額分配表

機關名稱	分配數額	備攷	機關名稱	分配數額	備攷
縣政府	5		四川汽車公司	1	
稅收處	3		民教館	1	
警察局	5		電話管理所	1	
國民兵團	1		防護團	1	
田管處	4		第一特務大隊	1	
儲運處	2		第二特務大隊	1	
地籍處	3		第三特務大隊	1	
縣黨部	1		惠民鎮	3	此三名由鎮公所負責向該全鎮發動征集
青年團	1		惠民鎮公所	1	
參議會	1		惠民鎮中心校	2	
男中校	2		惠民中心第一分校	2	
女中校	2		惠民中心第二分校	2	
救濟院	1		惠民鎮國民學校	2	此二名由鎮公所負責在全鎮國民學校教職員內發動征集
縣布征購處	2		公平鄉	3	此三名由鄉公所負責向該全鄉發動征集
省銀行	1		公平鄉公所	1	
縣銀行	1		公平中心校	1	
直接稅局查征所	1		公平鄉國民校	2	此二名由鄉公所負責在全鄉國民學校教職員內發動征集
菸酒稅局稽征所	1		文家鄉	3	此三名由鄉公所負責向全鄉發動征集
軍糧倉庫	1		文家鄉公所	1	
郵政局	1		文家鄉中心校	1	
合作金庫	1		文家鄉國民校	2	此二名由鄉公所負責在全鄉國民學校教職員內發動征集
農推所	1		蘇坡鄉	3	此三名由鄉公所負責向全鄉發動征集
司法處	1		蘇坡鄉公所	1	
中心衛生院	2		蘇坡中心校	2	
縣訓所	1		蘇坡鄉國民校	2	此二名由鄉公所負責向全鄉國民校教職員內發動征集

24

隆兴乡	3	此三名由乡公所负责向该全乡发动征集	三圣乡公所	1	
隆兴乡公所	1		三圣中心校	1	
隆兴乡中心校	1		三圣乡国民校	2	此二名由乡公所负责在全乡国民校教职员内发动征集
隆兴乡国民校	2	此二名由乡公所负责在全乡国民学校教职员内发动征集	临水乡	3	此三名由乡公所负责向全乡发动征集
清平乡	3	此三名由乡公所负责向该全乡发动征集	临水乡公所	1	
清平乡公所	1		临水中心校	1	
清平乡中心校	1		临水乡国民校	2	此二名由乡公所在全乡国民校教职员内发动征集
清平乡国民校	2	此二名由乡公所负责向该乡国民校教职员内发动征集	广禾乡	3	此三名由乡公所负责向全乡发动征集
涧泉乡	3	此三名由乡公所负责向该全乡发动征集	广禾乡公所	1	
涧泉乡公所	1		广禾中心校	1	
涧泉中心校	1		广禾乡国民校	2	此二名由乡公所负责向全乡国民校教职员内发动征集
涧泉中心分校	1		寿安乡	3	此三名由乡公所负责向该全乡发动征集
涧泉乡国民校	2	此二名由乡公所负责在全乡国民校教职员内发动征集	寿安乡公所	1	
永兴乡	3	此三名由乡公所负责向该全乡发动征集	寿安中心校	1	
永兴乡公所	1		寿安乡国民校	2	此二名由乡公所负责在全乡国民学校教职员内发动征集
永兴中心校	1		崇庆乡	3	此三名由乡公所负责向该全乡发动征集
永兴中心分校	1		崇庆乡公所	1	
永兴乡国民校	2	此二名由乡公所负责在该乡国民校教职员内发动征集	崇庆中心校	1	
永安乡	3	此三名由乡公所负责向该全乡发动征集	崇庆中心分校	1	
永安乡公所	1		崇庆乡国民校	2	此二名由乡公所负责在全乡国民学校教职员内发动征集
永安乡中心校	1		通顺乡	3	此三名由乡公所负责在全乡发动征集
永安乡国民校	2	此二名由乡公所负责在该乡国民校教职员内发动征集	通顺乡公所	1	
永盛乡	3	此三名由乡公所负责向全乡发动征集	通顺中心校	1	
永盛乡公所	1		通顺乡国民校	2	此二名由乡公所负责在全乡国民校教职员内发动征集
永盛乡中心校	1		平安乡	3	此三名由乡公所负责向全乡发动征集
永盛乡国民校	2	此二名由乡公所负责向该乡国民校教职员内发动征集	平安乡公所	1	
三圣乡	3	此三名由乡公所负责向全乡发动征集	平安中心校	1	

25

平安乡国民校	2	此二名由乡公所负责在全乡国民校教职员内发动征集	和盛中心校	2	
和盛乡	3	此三名由乡公所负责向该乡发动征集	和盛乡中心校	1	
和盛乡公所	1		和盛乡国民校	2	此二名由该乡向国民校教职员内发动征集

温江县政府关于筹集知识青年志愿军安家米致苏坡乡（镇）公所的训令（一九四四年十二月二十五日）

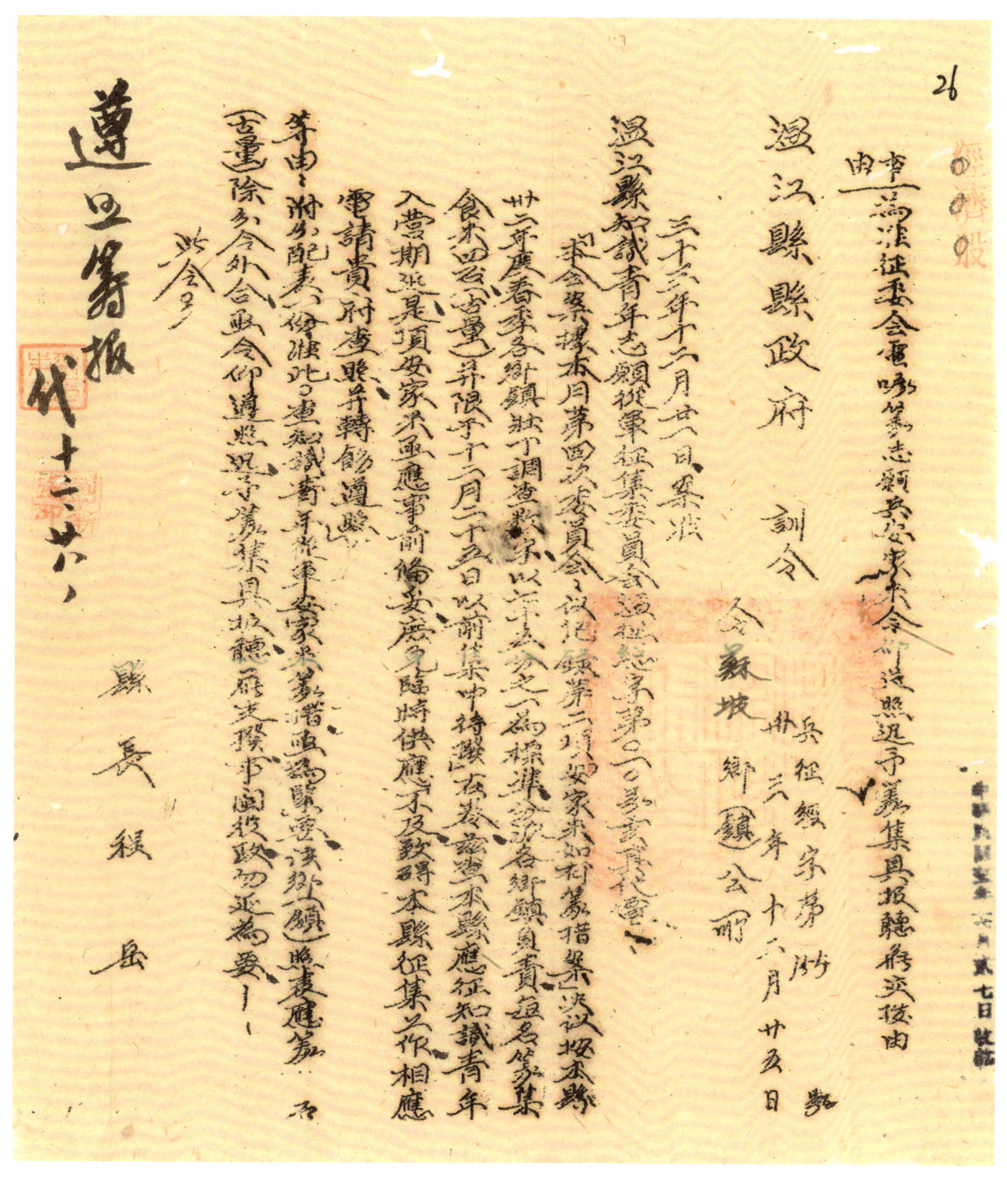

事由：為准征委会電囑筹集志願兵安家米令仰遵照迅予筹集具報聽候轉撥由

温江縣縣政府 訓令

令蘇坡鄉（鎮）公所 卅三年十二月廿五日 兵征級字第 號

温江縣知識青年志願從軍征集委員会編組字第〇〇號亥敬代電：

三十三年十二月廿八日案准

本会第四次委員会議紀録第二項：安家米如何籌措案。決議：按本縣卅二年度春季各鄉鎮壯丁調查數，以六十名之一為標準，責成各鄉鎮負責每名籌集食米四公石（市量），並限于十二月二十五日以前集中待撥，在案。茲查本縣應征知識青年入營期迫，是項安家米亟應事前備妥，庶免臨時供應不及，致碍本縣征集工作，相應電請貴府查照，并轉飭遵照。

等由。附分配表一份。准此，查知識青年從軍安家米籌措，亟應照案辦理。茲將該鄉（鎮）照表應籌（市量）除分令外，合亟令仰遵照迅予籌集具報，聽候撥付，勿延為要！

此令

縣長 稅岳

遵照筹報 代十二、廿八

附：温江县各乡镇等筹集食米分配表

温江县各乡镇筹集食米分配表

乡镇名称	分配名额	筹集食米数量(市石)	备考
鱼凫镇	二〇	八〇〇	本分配数系按卅二年度各乡镇壮丁调查数字为标准[illegible]分配食米四十石[illegible]
公平乡	八	三二〇	
文家乡	一五	六〇〇	
苏坝乡	一三	五二〇	
崇兴乡	一四	五六〇	
清平乡	一三	五二〇	
涌泉乡	一五	六〇〇	
永兴乡	一七	六八〇	
永安乡	一六	六四〇	
永盛乡	九	三六〇	
三圣乡	七	二八〇	
踏水乡	六	二四〇	
赓子乡	一六	六四〇	
寿安乡	一〇	四〇〇	
凤凰乡	一一	四四〇	
通顺乡	四	一六〇	
平安乡	七	二八〇	
和盛乡	一八	七二〇	
合计	[illegible]	[illegible]	

温江县苏坡乡乡民代表会、苏坡乡队部等关于考核实际情形增减修筑机场壮丁情形的一组文件

苏坡乡乡民代表会、苏坡乡队部致温江县政府、国民兵团团部的呈（一九四五年二月二十八日）

69

事由：为本乡區域特殊，壮丁不敷供应，拟請致查实際情形，核减名額，会呈鉴核令遵由

主席代表
乡队長
兼乡参议员

温江縣蘇坡鄉乡民代表会、國民兵團蘇坡鄉隊部稿

文别：会呈

送達機關：縣府、兵團部

三十　年　月　日收文　字第　號

三十四年2月28日發文　字第　號

擬稿　月　日　蓋印　月　日
繕寫　月　日　封發　月　日
校對　月　日　歸檔　月　日

主任　幹事

竊以國家興亡，匹夫有責，征兵要政，何敢後人。當茲抗戰已達最後關頭，國于前方兵員之補充，遠征戰士之征求，自應多方策勵，盡量征送，以速加強戰力，而促勝利之早臨。故本鄉自開辦兵役以來，歷年應征壯丁，無不竭盡全力，如期送足。惟本鄉處境特殊，[illegible]機場全部，多在本鄉區域之內，該場向有善養場隊擔任隊等之設置，接收本鄉壯丁，為數不少，影響本鄉役政，已非淺鮮，更加強征

70

一般壮丁復多樂往□鄉，民力究属有限，重之征收，勢所不勝

織，大量補充，而其隊丁來源，悉就本鄉征集，因之各鄉兵員，大感缺乏，外來之游勇，既不能依恃，本地健壯之份子，又不克充數，此種實際情形，在新都鈞府不難鑒查，紉恩等可負全責。

計本鄉本年度共應征八十□名

茲以本鄉奉令派征三十四年度常備壯丁名額，既□眾，供應無人，紉恩與當地縣參議員朱世鑑等，目覩困難，再四籌思，僉以本鄉民力，既須大部担任當地機場各項任務，又而征送壯丁，仍與其他各鄉平衡攤理，揆之情理，已失平允，按諸實際，尤為人力之不敷。

雜甘城縣各協係本鄉之代表保甲人員七人会共同討論

用特連名瀝陳實情，呈請

新都鈞府俯予鑒核，特請

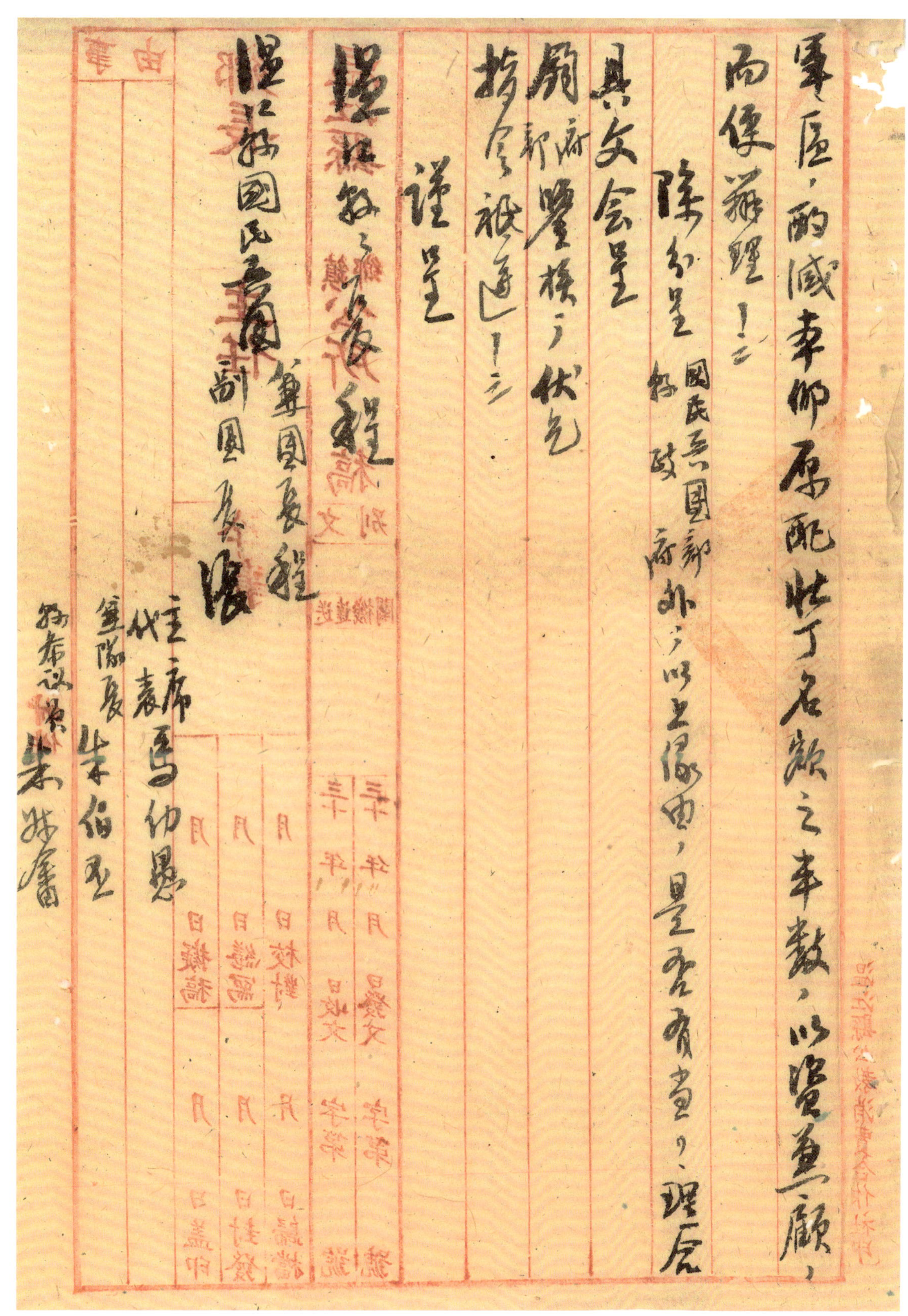

軍匱，兩減車伕原配壯丁名額之車數，以資兼顧，而便辦理。除分呈國民黨團部、縣政府外，以上緣由，是否有當？理合具文會呈

鈞府、部鑒核，伏乞

指令祇遵！

謹呈

綦江縣縣長　程

綦江縣國民兵團兼團長　程

副團長　張

主席代表　馬仲恩

鎮隊長　朱伯至

鄉常設委員　朱□□

事由

文別

送達機關

三十　年　月　日發文　字第　號

三十　年　月　日收文　字第　號

月　日校對　月　日繕寫

月　日繕寫　月　日封發

月　日擬稿　月　日蓋印

温江县国民兵团团部给苏坡乡乡长朱伯丕的指令（一九四五年三月十五日）

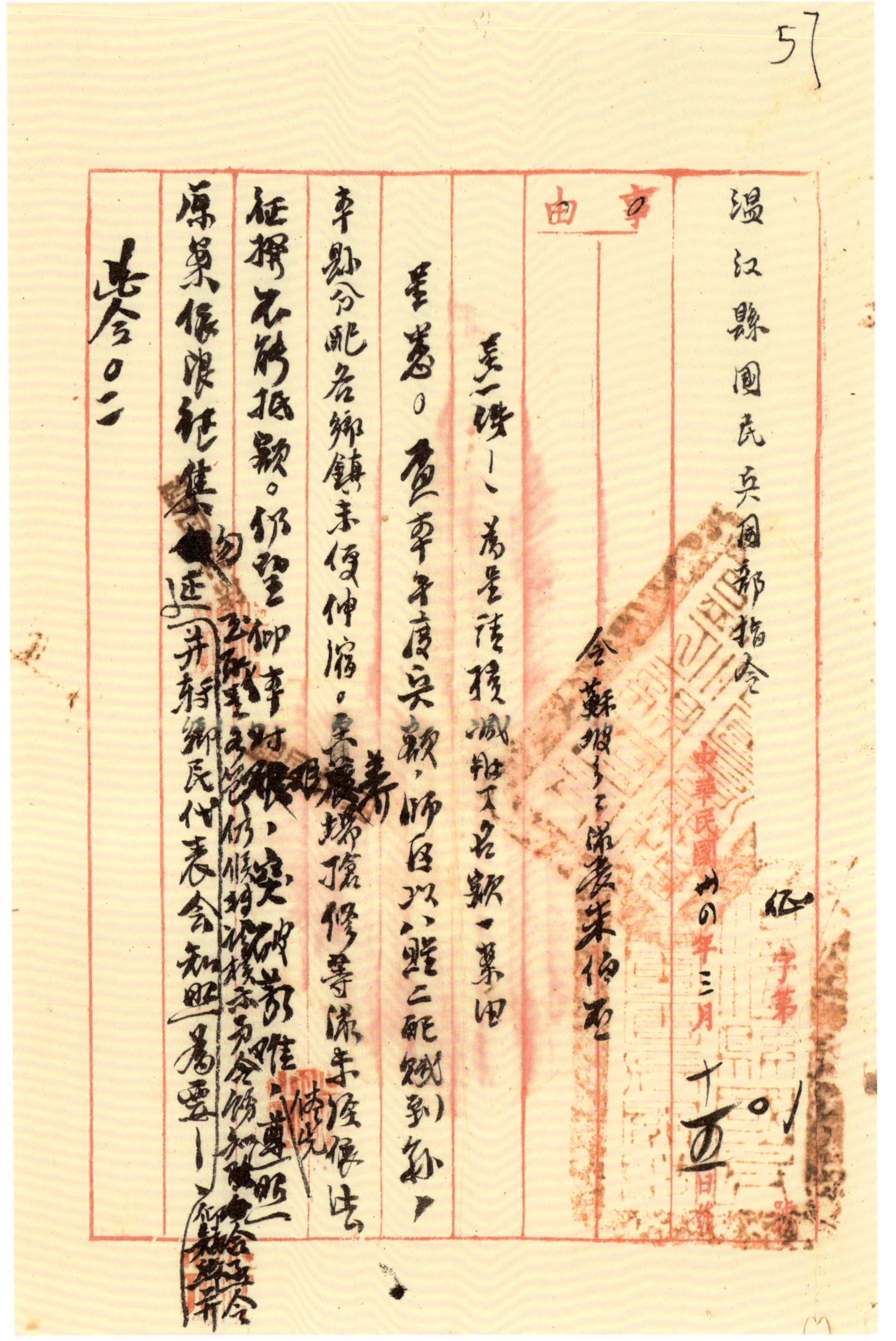

温江縣國民兵團部指令

字第 號

令蘇坡鄉鄉長朱伯丕

中華民國卅四年三月十五日

事由

呈一件，為呈請核減壯丁名額一案由

呈悉。查本年度兵額，師區以八縣之配額到縣，本縣分配各鄉鎮未便伸縮。至農場、修路等係依法征撥，不能抵額。仰即遵照 [illegible]

原案 [illegible]

此令 〇二

董團長程岳

副團長陳玉珊

温江县政府关于奉令限期催征一九四五年兵额致苏坡乡公所的代电（一九四五年四月七日）

鄉公所

溫江縣政府代電

征字第　　號
三十四年四月七日

蘇坡鄉公所覽：案奉成茂師管區司令部征撥字第一七六五號命令開：查本年兵額為適應前线计，允刻不容緩，曾先後電令嚴飭征交在案。兹限期已屆，統計征交數字与征額相差尚甚鉅，軍区曾派少將處長楊得雲前來督征，寒日兵役部又派少將督征官李國幹來部督征，僉呈委座嚴懲，情勢緊急，仰即遵照前後各令，加緊催收，展限三月底掃解，幸勿逾期干咎為要」等因，奉此除分電外，合亟電仰遵照，上緊征送，漏夜趕辦，务期於展限期内如數掃解，毋得違誤為要。

縣長程岳（崗）印

征印　秘書張斗光代行

四.九

（二） 华阳县

战时民众组织训练与服务实施办法（一九三七年八月三十日）

142

戰時民衆組織訓練與服務實施辦法 廿六年八月三十日

第一條 為適應戰時要求完成民衆動員之準備與實施起見，特依照本大綱

第二條 合於兵役年齡之男子，其組織訓練由訓練總監部令各省（市）軍訓會遵照

國民兵役施行規則及社會軍訓綱要之規定組織訓練之

作戰方面軍團司令部得直接指揮縣市國民兵及男壯丁總隊

第三條 業經第一次受訓期滿壯丁之組織訓練，由師管區司令部按照國民

兵及男壯丁隊管理規則切實組織管理，並施以必要之演習，以備非常

時期之用，其實施辦法如左

一、演習應以師團管區司令部及師管區區司令部為主體，各省或其指定之機關會

同各省（市）軍訓會辦理　二、演習時間　預定一日至二日

三、演習科目以應用為主，酌定如次

一、精神及軍事之講話　二、部隊教練及戰鬥演習　三、防空演習

四、演習地點在區署或鄉鎮施行，於交通便利者指定數處，在各該區

域附近（或適宜）之地點集中演習

五、演習主辦部由演習主辦機關派員指導，並邀請軍訓教官及當地軍訓

機關之負責人員參加，並利用演習以調用當地曾經受防

空學校訓練人員為教官，或以有關之各該縣人員充任之

六、演習經費由地方行政專員支給

第四條 戰時一般民衆組織及動員實施，除陸軍兵役動員執行抗敵另有

凡省外居年齡十六歲至五十歲之人民依其年齡職業技能性別身份由
省市國民軍事會會同有關各機關統籌分配市縣保社訓總隊參與國
民兵及男壯丁隊之建制不分年次按當地需要情形酌量辦理之其組織系
統及服務區分概要如左

1. 警衛隊以壯丁組織之任務在維持地方治安鎮壓反動
2. 偵探隊以少年壯丁之男女可組織之其任務在偵察敵情防止間諜
3. 游擊隊以壯丁及在鄉軍人組織之其任務在擾亂敵人後方破壞敵人交通截奪敵人軍需物品等
4. 防空隊以富有防空或消防技術之青年壯年組織其任務在減少敵人之作用并擔任防毒消防行火管制交通管制等
5. 交通隊以木石泥水鋼鐵電器各工匠組織之其任務在維持交通修護及破壞道路橋梁等
6. 工事隊以土木工人農人組織之其任務在修築防空壕碉堡機場飛機場等
7. 運輸隊以苦力挑夫車夫船夫等組織之其任務在般搬運軍用品及傷兵之責
8. 通信隊以有動電常識之人員組織之其[illegible]其任務在傳達軍情并建設我之通信網及破壞敵之通信網
9. 救護隊以醫生看護僧尼婦女及其有醫藥經驗者與一般人民組織之其任務在救護傷痛之軍民

10、宣传队以智识份子组织之，其任务在激发民众爱护国家，信仰政府，服从领袖之热忱，并暴露敌人之罪恶。

11、慰劳队以坚强妇女组织之，其任务在慰劳前敌将士，鼓励其战斗而为壮精神。

12、救济队以慈善之妇女组织之，专理难民收容、失业者之救济等事宜。

13、掩埋队以乐善好施之团体及有力之乡民组织之，其任务在掩埋在外遗弃之骸骨。

第五条 本服务队干部以依第四条所列之各任务队施以实际之训练，与队员同各任务队干部及队员训练计划，参加第十三条所订之。

第六条 各任务队所需经费由主管机关统筹之。

第七条 各任务队应集合训练，时间以不妨碍生产工作为宜。

第八条 各队所需器材以利用自能动员之。

第九条 本省市国民军训会按其需要随时因地设置若干服务队部以资统率。

第十条 各任务队之军事训练以各级社训干部与曾受训练之学生及在乡军人担任，精神教育、政治教育由当地党部及教育机关担任。

各县市服务队对当地民众团体之负责者或高年长人士得聘为顾问，协助各动员业务。

第十一条　接近战区之都市，应注意改良动员实施，务求适应之地位，应注意于资源之接济，但人员之工作者，除已征召入伍者外，应尽量征调军官佐、预备军士、国民兵及军训少年、妇女等，不分区域，编作本都市动员组组之基干。

第十二条　各都市应视编制所规定，暨本省左列各项：

3. 国民兵名簿应精确编造之，及其基干与技术人员应登记整理完成之。

4. 交通之设施应建设保护之，失业者与工业材料应储备统制之。

5. 公共信号、灯火管制、防毒及避难所应就之设备之。

6. 自卫团体应整理充实之。　7. 公私武器弹药应制造奖励之。

8. 粮秣之储藏调节之。　9. 小船马匹之统制管理之。

10. 其他一切军需资源之保护统制之。

第十三条　对于暂时放弃之地区，应以坚壁清野办法，彻底破坏有关于军事上资源，凡机器、动力、电气、粮食、燃料、材料、矿铁、钢铁、银元、钞券，及其他有重要军事价值之公私文书、各项设备，由该管区部队协助地方政府及民众负责彻底销毁。

第十四条　本大纲由训练总监部、中央民训部、教育部、财政部、内政部会议通过，由政府动员设计委员会负责施行。

华阳县第一区区署关于奉饬准备健壮适龄壮丁以备补充前线致保和场保长联合办公处的训令

（一九三七年十一月七日）

華陽縣第一區區署訓令 保字第一二七號

令 保長聯合辦公處

案奉

華陽縣政府民字第八〇二號訓令開：本年十一月三日案奉

四川省政府二十六年民字第（乙）二八五三號訓令開：案准川康綏靖

主任公署有務（三）字第四七六八號公函開：案據本署軍務處簽呈稱：

查川省出兵抗戰，各部行將到達前線，兵員補充至關重要，亟應

從速準備，以備撥補。經於十月十六日由綏署、省府及師管區籌備

處會商關於後方補充營之徵募事宜，決定先成立二十八個後方

補充營，在成渝萬瀘順綿六處設立第一至第六後方補充營訓

練處，所有補充營新兵由省府令飭各縣徵調壯丁充任，由綏署

派員組織訓練處，負責訓練，即在成都、重慶、萬縣、瀘縣四處每處

成立後方補充兵營五營，業經慶柳陽兩處，每處成立一營。後方補充兵營營每營補充新兵計六百五十名，後方補充兵營訓練處均限於十月一日以前組織成立，各師應征調之壯丁限於十月五日以前送達各指定地點，交後方補充兵營訓練處接收訓練，以免臨時貽誤，呈營接受送等情。據此，查一案，前行陳各後方補充兵營訓練處果本署派員組織成立外，相應函請貴府煩為查照，將各後方補充兵營訓練處各營應需補充新兵，轉飭各縣照規定名額，準備征調，候召集期間決定後，再行函請轉飭送交各指定地點之後方補充兵營訓練處接收，此係訓練而備撥補，仍希轉飭籌備為荷。等由，准此，查本府前因各縣民眾業於二十五六年分別令飭該縣登記丈男壯丁，準備國家需要，准函前因，除函衆照辦并分令外，屬行令仰該府即便遵照，迅速將登記之丈男壯丁內，務須挑選（適）健（選）壯之丁，剋日準備六百名，候將召集期間決定，另令飭知，即依期送交成都後方補充兵營訓練處接收訓練，勿得延誤。再此次所送壯丁，係備補充川軍之用

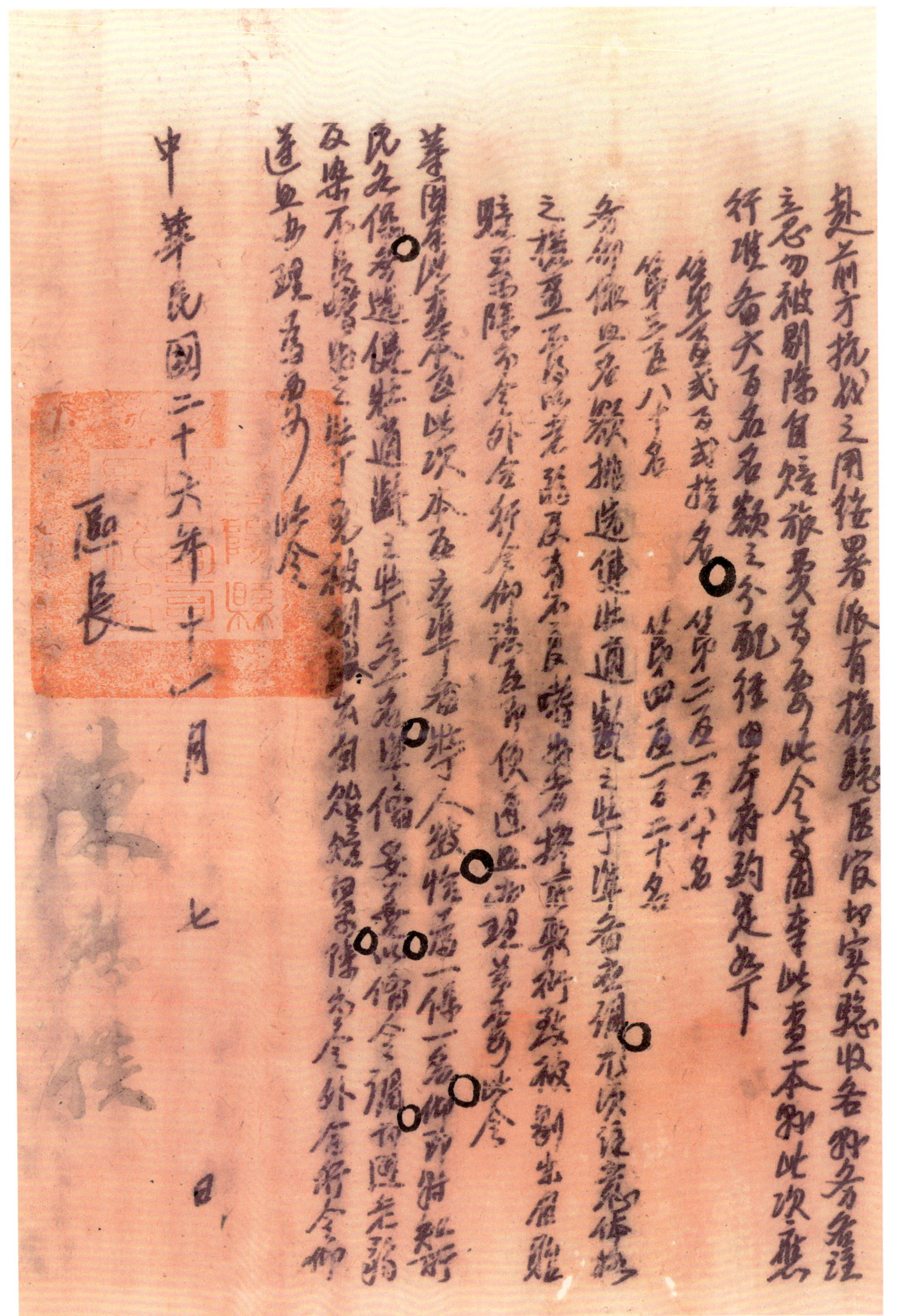

赴前方抗敌之用，经署派有检验医官切实验收，各联保主任注意，勿被剔除，自备旅费另募。此令。等因奉此，查本县此次应行征集六百名，名额之分配经由本府酌定如下：

第一区贰百贰拾名　第二区一百八十名

第三区八十名　第四区一百二十名

各联保照上名额抽选，集中适龄之壮丁，准备[illegible]形次征集[illegible]之机关，不得以老弱残疾及有不良嗜好者举行，致被剔出，届时赔累。兹除分令外，合行令仰该区长即便遵照办理为要。此令。

华阳县[illegible]此次本府应征壮丁人数，按每一保一名，仰该[illegible]民众係[illegible]选候壮丁适龄之壮丁[illegible]备[illegible]备，不得以老弱及[illegible]不良嗜好之壮丁充[illegible]致被剔除[illegible]除分令外，合行令仰遵照办理为要。此令。

中华民国二十六年十一月七日

区长

华阳县第一区区署关于转发四川省各市县募送兵员暂行办法及应收壮丁人数检查表致保和场保长联合办公处的训令（一九三七年十二月十七日）

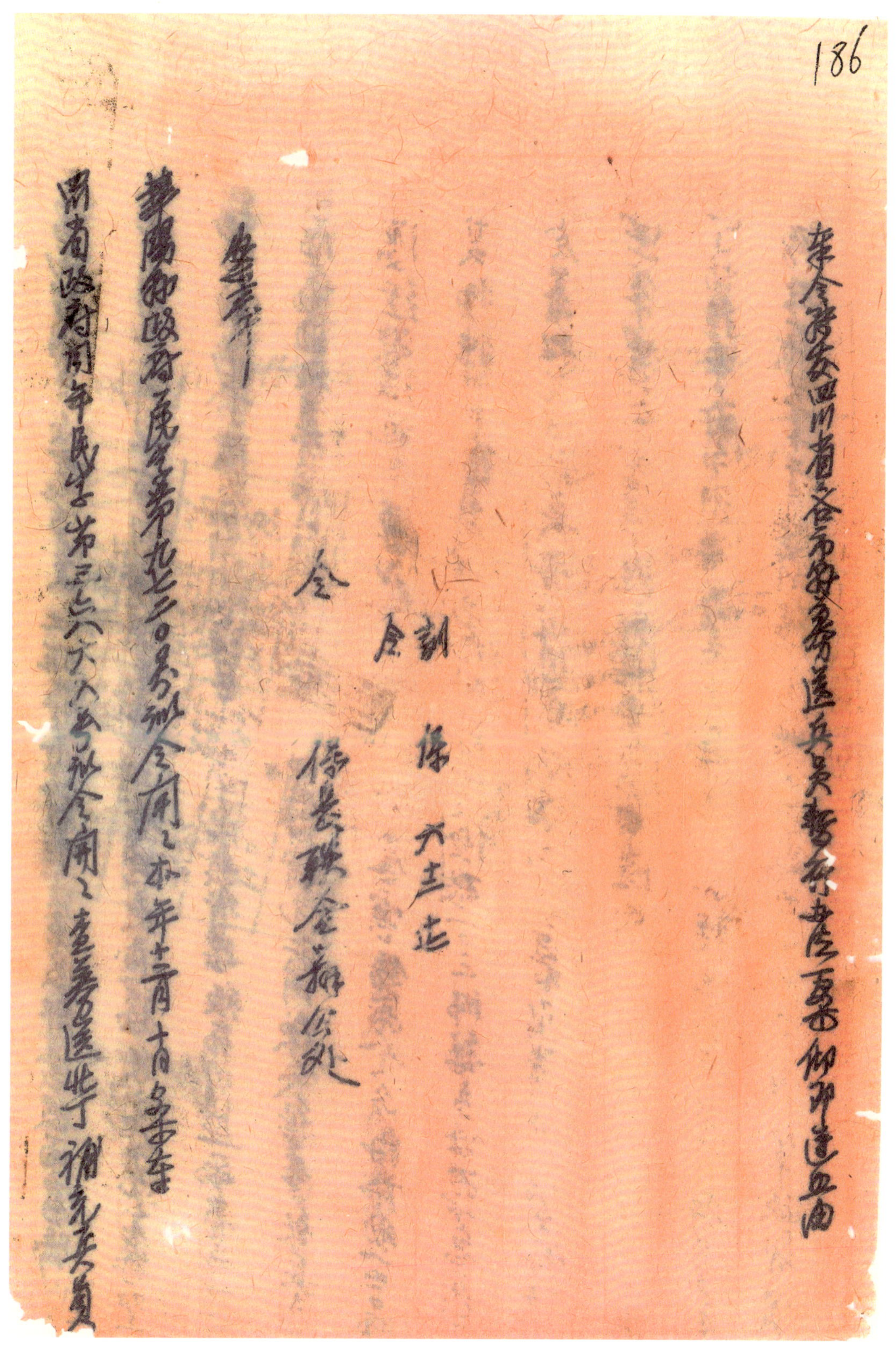

为抗战期中政府紧要工作，尤关前线 军政部屡经函电嘱送壮丁到营受训，以备前线补充兵员，部令饬交通补给之八十九师编整现又为壮丁陆续申送，迭奉 委员长行营颁布川黔两省各行政区协助征募新兵办法及军政部驻川补充兵训练处征募新兵章程，屡经转饬施行，并先后迭奉 行营电饬转令各县协助一四三师、暂五师、独卅四旅、九六师、九九师、廿军二五旅、一〇三师、绥靖主任公署宪兵司令部征募新兵暨川康绥靖主任公署函请转饬各县协助四一军、四五军、四四军、兵役部征募处与军管区，以资训练补充营所需壮丁，均经本府分别转饬各县遵照办理。近又先后奉 行营令饬于去年十一月以前续送壮丁六万三千余名，暨准 军政部须

187

布川監湖署總張廿七省義秀兵西隆澄由　行安劃發川省些丁路並編練
新選安又施政兵隆疏選並乞年一月十起按月義秀選　此丁式義秀各到府並經
本府於十月以為尚民俗窮令乃未行錢選此丁前限於本年十二月許
育以前申送足額兹查兵集惟自兩船中送些丁又詳明經義秀兵未免帝務
政府多以施之中者新用附經義秀些三塘兵敵務務陸續困難並請
到經義秀兵隊到府查存念長期執錢補充數策所有步服上之
困難兵丁之補充均由統義秀兵敵義隊逗　行安劃經川省些丁
醫疫編練發送實施矣　軍政部發交川監湖署總張甘七省義秀
兵西隆尽本府前經所有兵丁尽義々等些丁塑紀申送觀鎮兵義秀為
增丁實際情形制定目前各省兵丁募丁等送兵員兵募行西隆督催

新繁县府于廿六年十二月底以前积送之壮丁六百五十五名，除已经廿七年一月起按月普送之壮丁贰百名交川康绥靖主任公署暨成都训练补充处四十五军、四十五军早送军队，经放难有新兵拨兼寄之各新队管辖普遍送成都军管区壮丁分别列表外，所有已送壮丁数目及姓名年龄并别表核查去年四区暨贵府所朝区免本年份兵员机关本年应征及所增加三表前于十所有本县以前各项规定与本年应征名者俱不适用，以期划一，除呈报外，合行令仰遵照。新繁县长呈报川康绥靖主任公署暨各县兵并分令外，合行检发原表一份，并检发表四份，令仰该新都县遵查照办理，所有递张，仰分年及日期，尽速造具清册，呈报查核。此令。计检发四川省各县市前交递兵员数目及新兵区一份，附表四件。

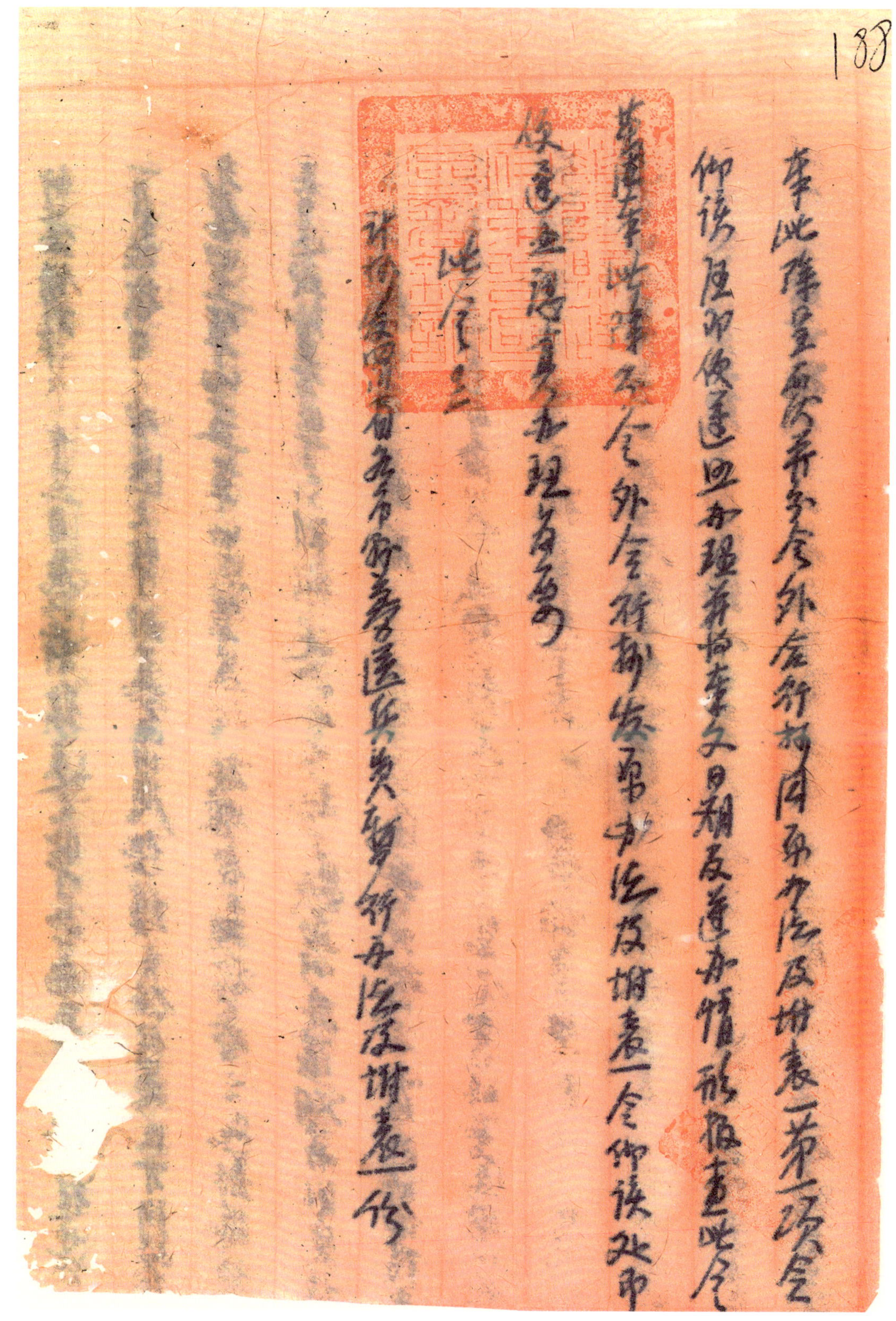

188

奉此，除呈覆並分令外，合行抄同原附件及附表一并一張，令
仰該局即便遵照辦理，並將奉文日期及遵辦情形報查。此令。
等因；奉此，除分令外，合行抄發原附件及附表一，令仰該處市
即便遵照辦理具報為要。
此令。等因。
計抄發原附件及本市府第　號令抄送原件及附表各一份

廿六 十二 十七

區長

附（一）四川省各市县募送兵员暂行办法

四川省各市县募送兵员暂行办法

一、四川省政府为划一征募以免各市县办理困难并俾各方兵员补充均能兼顾起见特制定本办法以资遵守

二、本办法係依照 委员长行营颁发四川省壮丁配赋编练输送实施办法 军政部颁发川滇黔湘鄂陕甘各省师管区募兵办法及四川省政府前颁四川省各市县义勇壮丁登记甲区规程并参酌本省地方情形制定之

三、本省募送兵员计分下列五种

1、委员长行营饬于廿六年十二月底以前续送壮丁六万五千名

2、委员长行营饬筹送七省募兵办法规定于廿七年一月起按月送二万名

3、川康绥靖主任公署设立训练补充营所需补充兵额每次十八营计一万一千〇七十名

4、第四十五军及四十七军出川抗敌部队所需补充兵额每次共计四营计一万四千七百六十名

5、委员长行营核准各部队自动派员赴募地方协助之兵员

四、前条1、2、两项应由各市县分别募送之壮丁大地点名额详军政部颁川壮丁配赋编练处应将各市县募送壮丁之数目查表及附表（一）表内指定之各市县应一律送至表列各团管区由区送驻地各团管区内之配赋编处并依限送交取收据报查

五、川康绥靖主任公署设立训练补充营每次所需补充壮丁由附表二所

列为各县区规定各款随时准予在今征调时即由区指定地点取报

六四十四军四十五军及四十七军所属补充兵款每次均由各部派员赴填表

三所列各部队此项直接签发本局由兵役协助，所需各款由各军部所派拨款

人员及县长会报备查

七、乡镇长及所辖保甲区都在川拨募，应请以填表四所列川东南共

一区各县市暂准由省政府呈请行营备案，以免一部之中三部同时

征募兵员，应直接拨款，县不依旧章

八、本省依第三条第八七两项由各市县呈请区此项新兵，已规定每丁补助征

募费八元，此项征募费由省政府统筹核定，分发各市县，详细办

法另订之

九、省政府前饬四川省各市县第一期管征兵由区又需补此项丁额地点一表

又令饬各市县筹拨此项由区川康绥署战时补充兵训练处之廿七

年度第三二八五三号训令及令饬各市县征区此项刻第军政部兵役署

处之廿八年度第三四八九号马电，均经查现因情势有异，俱不

适用，应俟廿七年十二月底[illegible]省府会商，于十二月 日以前办理外，其

区此项分别由区绥署训练[illegible]处，应仍候区再办理

饬该县廿七年十二月卅日以前续[illegible]廿七年[illegible]川各县编处之

各市县应将区府办法增补[illegible]廿七年[illegible]并应依照规定各

款拨用由区

十、各市县征兵区军政部驻川各县兵役处及 绥署战时补充兵训练处

並收三班丁[illegible]所[illegible]長名[illegible]送[illegible]

及收次開交單數票費限[illegible]月內[illegible]

要[illegible]出示申送[illegible]遠[illegible]採選

十一、查一年四十五年案及四十七年[illegible]兵丁兵員一四員[illegible]內像

各部[illegible]行遵欽所有各部派員[illegible]番之[illegible]

撥[illegible]由[illegible]收[illegible]每次[illegible]採五萬[illegible]實限額

十二、各[illegible]改[illegible]員對於所屬[illegible]辦理[illegible]送[illegible]及協助[illegible]

善[illegible]事[illegible]實負責監[illegible]等

十三、[illegible]送[illegible]由[illegible]用[illegible]

送[illegible]

十四、[illegible]選送[illegible]

當地當局得體諒確係困難無力繳納者免繳

十五、各省市府應徵壯丁之優待辦法仍照四川省實施抗日士兵及其家屬壯丁

優待條例辦理

十六、各市縣應一律建立及優待委員會對於義務兵役壯丁家屬協助指導各事

事務應組織保甲抗戰上下一致共同努力發揚抗戰時代精神

保委員公約之

十七、十八九歲至四十五歲之壯丁由當地保甲長以所定優待法之

十八、本辦法自公佈之日施行並呈請

專署長行政備案

附（二）军政部驻川壮丁验编处应收各市县壮丁人数检查表

军政部驻川壮丁验编处应收各市县壮丁人数检查表

区别	处别 / 市县别 丁款	驻蓉验编处：卅六年十二月应征送壮丁数	驻蓉验编处：卅七年一月起每月应征送壮丁数
第一区	成都市	1100	290
	新都	419	110
	温江	540	140
	成都	370	110
	华阳	1272	320
	双流	681	260
	新津	370	140
	崇庆	786	310
	郫县	479	140
	灌县	362	90
	新繁	196	90
	崇宁	240	60
第三区	邛崃	1111	350
	大邑	821	230
	彭山	387	130
第十七区	名山	305	100
合计		9439	2890

华阳县第一区区署关于转饬协助军政部驻川补充兵训练处征募主任石重阳办理征募新兵工作致保和场保长联合办公处的训令（一九三七年）

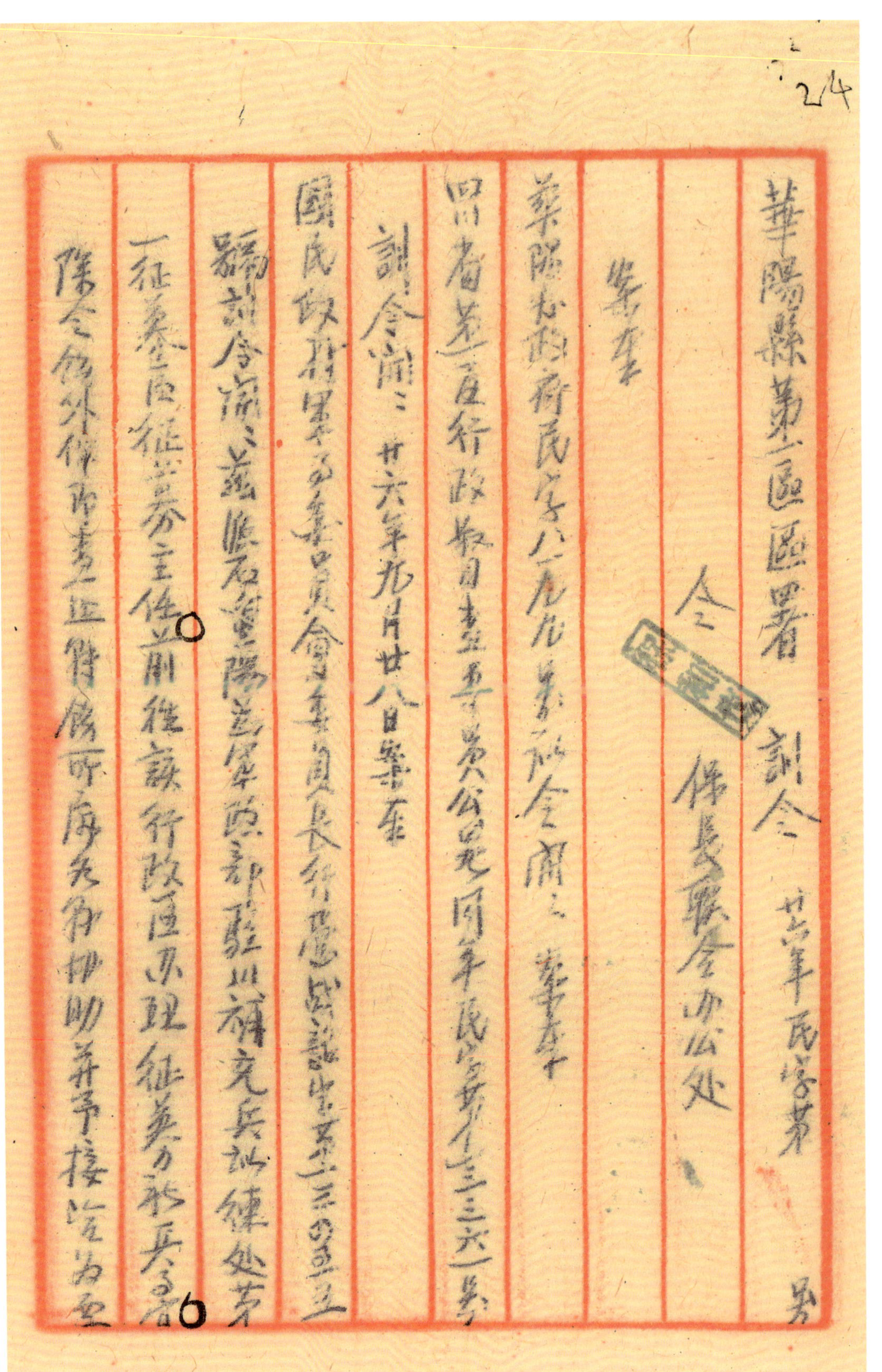
華陽縣第一區區署訓令　廿六年民字第　號

令保長聯合辦公處

案奉

華陽縣政府民字八六九九號訓令開：案奉

四川省第一區行政督察專員公署同年民字第一二三六一號

訓令開：廿六年九月廿八日案奉

國民政府軍事委員會委員長行營感戰一電開：查

軍政部訓令開：茲派石重陽為軍政部駐川補充兵訓練處第

一征募區征募主任，並前往該行政區辦理征募新兵，各等

除令飭外，仰即轉飭所屬一體協助，并予接洽為要

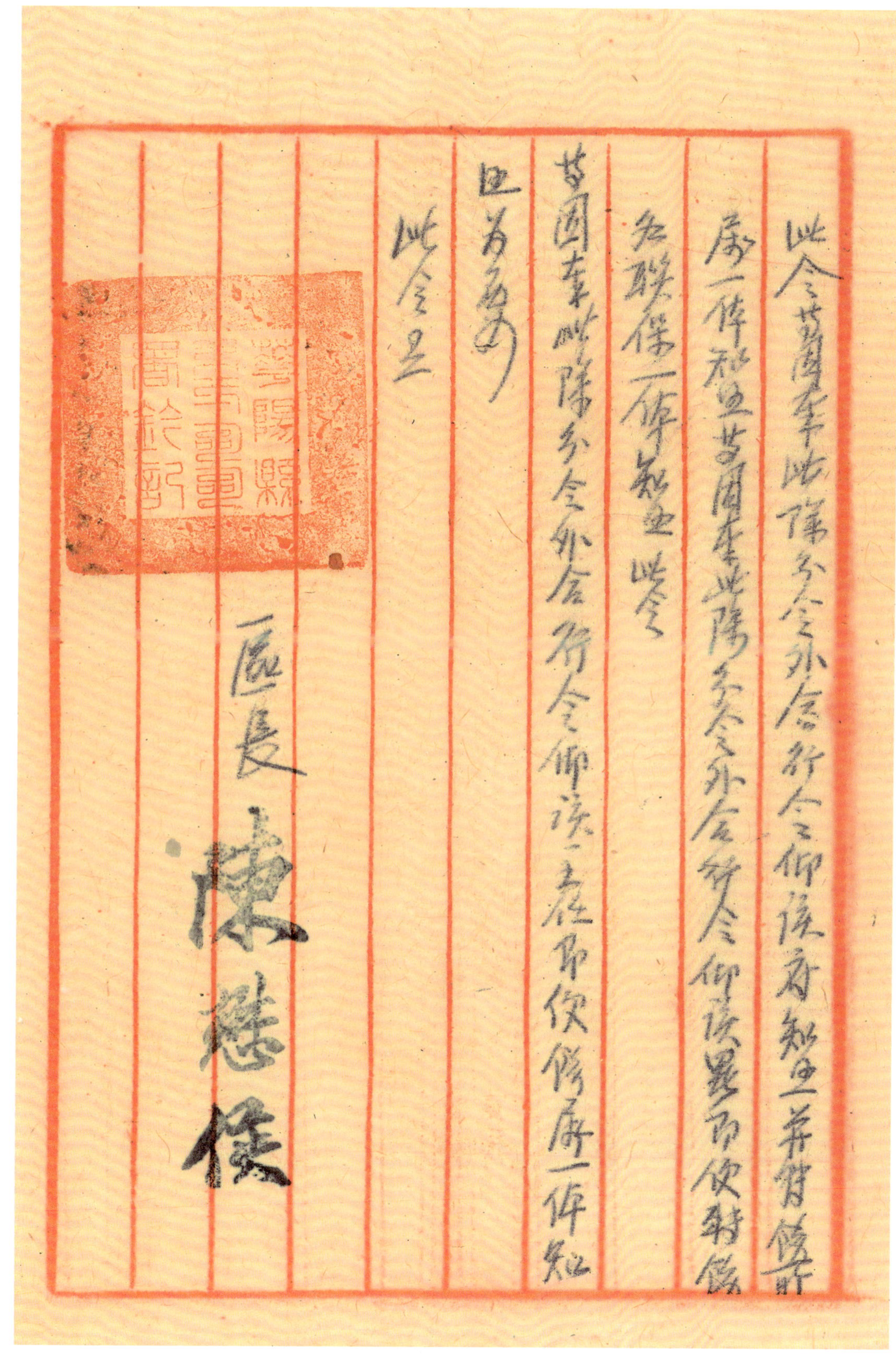

此令。等因。奉此。除分令外，合行令仰該府知照，并轉飭所

屬一體知照。等因。奉此。除分令外，合行令仰該署即便轉飭

各聯保一體知照。此令。

等因。奉此。除分令外，合行令仰該主任即便轉飭所屬一體知

照為要。

此令。呈

區長 陳懋倓

华阳县第一区区署关于抄发各联保应行补送义勇壮丁数目表并限期补送第一征募区致保和场保长联合办公处的训令（一九三八年二月六日）

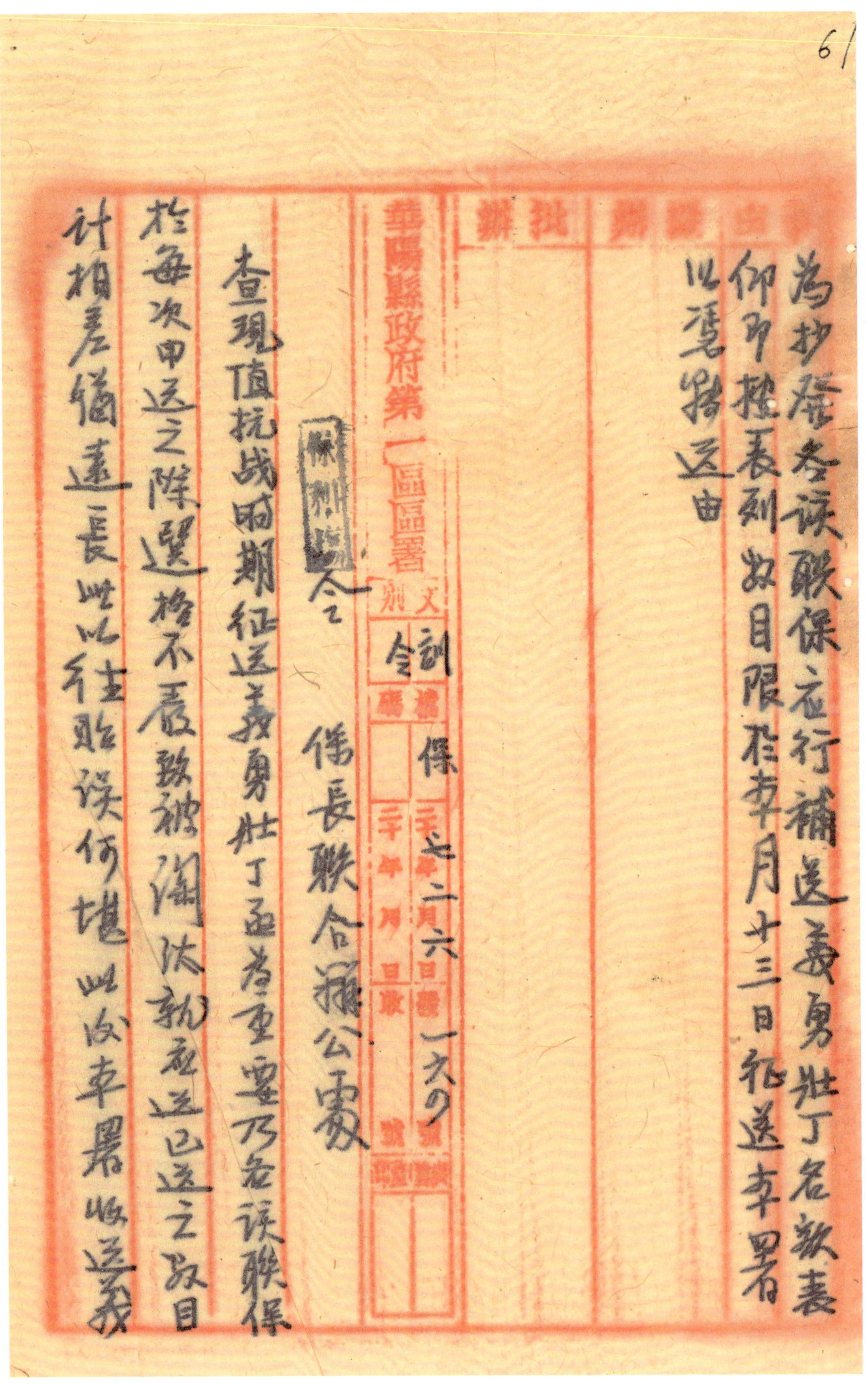

為抄發各該聯保應行補送義勇壯丁名數表仰即按表列數目限於本月十三日補送本署以憑轉送由

華陽縣政府第一區區署訓令

文別：訓令　字號：保　二十七年二月六日發　一六〇號

令保長聯合辦公處

查現值抗戰時期征送義勇壯丁至為重要乃各該聯保於每次申送之際選擇不嚴致被淘汰就應送已送之數目計相差猶遠長此以往貽誤何堪此後本署收送義

勇壯丁每次年需乃强確實嚐好如仍濫竽充數意
存敷衍本署决予拒絶收編所耗伙食費用應
由該聯保自行負担除分令外合行抄發該
聯保應即補送壯丁名數表一份仰該主任即
便遵照按照表列名數征送并限於本月十三日送
交本署彙編以憑轉送專區兵役要政勿
稍有遲延干究為要

此令

區長 陳[illegible]

附：华阳县县政府第一区区署抄发各联保应行补送义勇壮丁数目表

62

華陽縣第一區區署抄發各聯保應行補送義勇壯丁數目表

聯保別	二十六補送數	二十七年補送	備考
1	九名	一一名	
2	無	一〇名	該聯保除川大佔去兩保應在上列數目內扣除外餘數不得短送一名
3	五名	無	
4	一四名	八名	
5	六名	一九名	
6	無	七名	
7	七名	一三名	該聯保除川大稻麥改進所共佔去四保應在上列數目內扣除外餘數不得短送一名

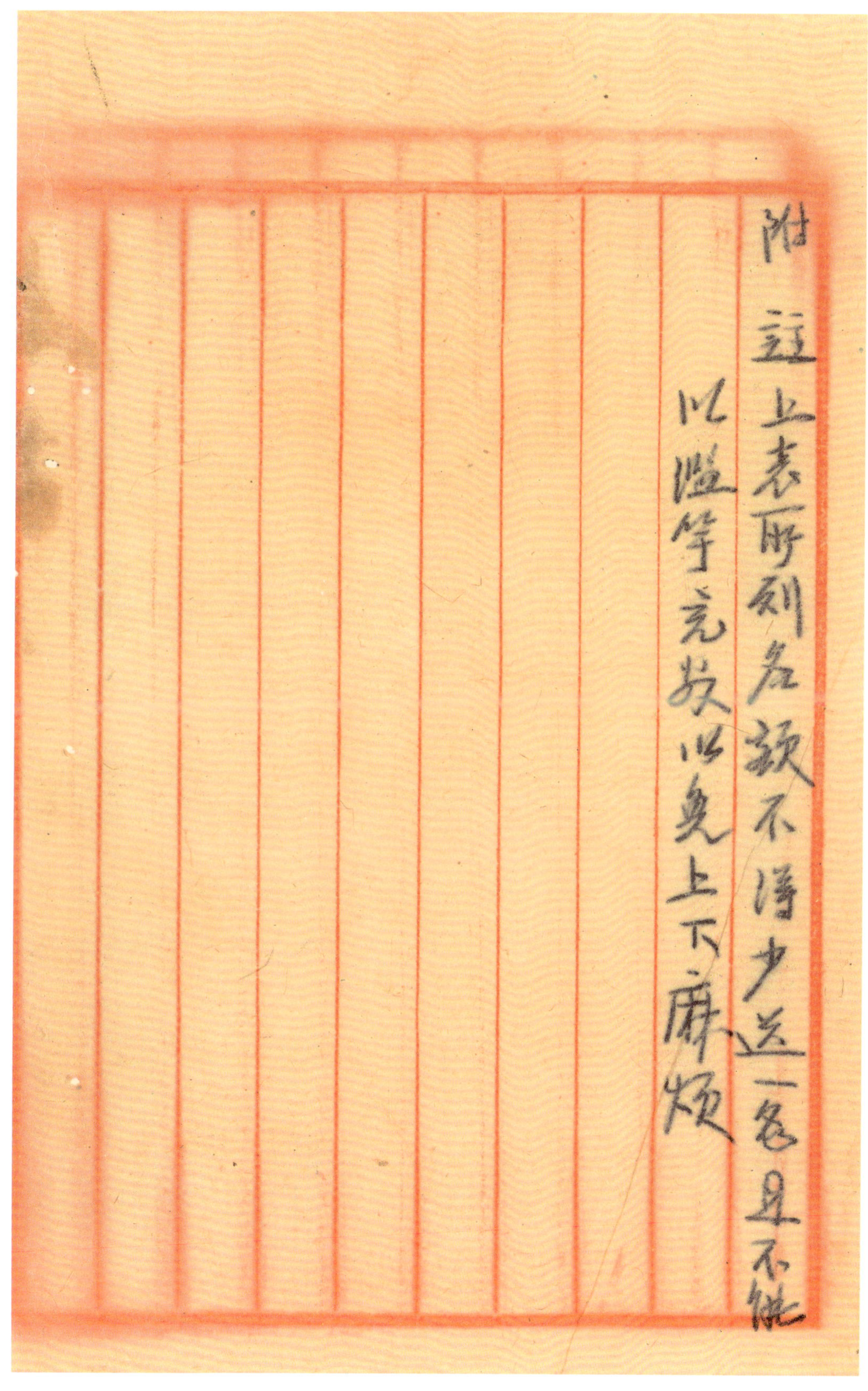

附注　上表所列名额不得少送一名且不能以滥竽充数以免上下麻烦

华阳县第一区区署关于抄发四川省各市县征募兵员补充办法致保和场保长联合办公处的训令

（一九三八年二月十一日）

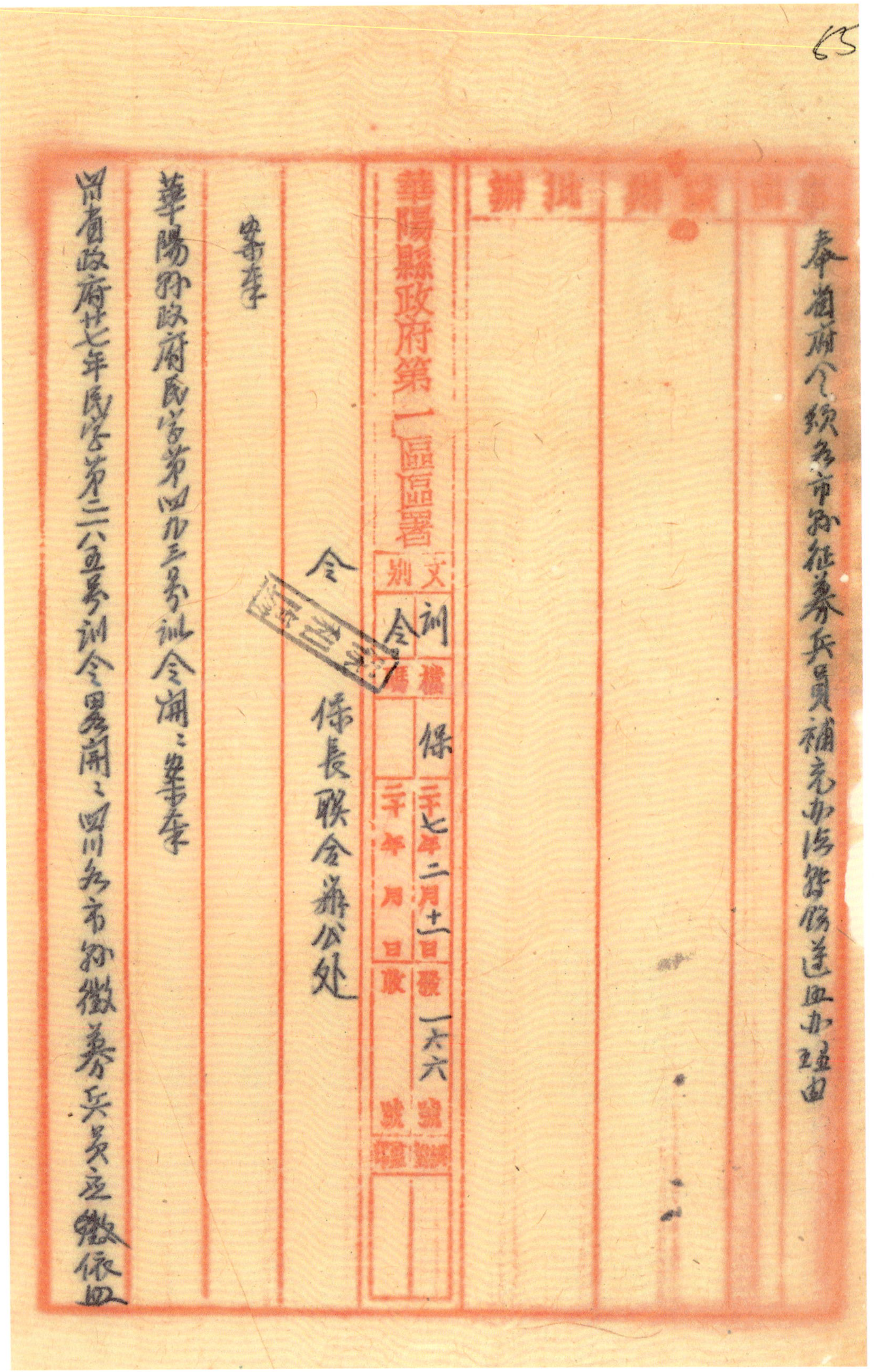

奉省府令颁各市县征募兵员补充办法饬遵由

華陽縣政府第一區區署 训令

文别：训令　档号：保　二十七年二月十一日发　一六六号

令

保長联合办公处

案奉

華陽縣政府民字第四九三号训令开：案奉

省政府廿七年民字第二八五号训令略开：四川各市县征募兵员应依照

現補充條例及前頒各市縣募選兵員暫行辦法參酌辦理併將辦理
情形及奉文日期具報等因計檢發四川省各市縣徵募兵員補充辦
法一份奉此除呈報併分令外合行抄發原辦法令仰該區即便遵照辦
理此令

等因計抄發原辦法一份奉此除分令外合行檢發原辦法令仰該主任即
便遵照辦理[illegible][illegible]就定為要

此令

計抄發原辦法一份

區長 梁懋儀

附：四川省各市县征募兵员补充办法

四川省各市縣徵募兵員補充办法

一、四川省政府為準备長期抗戰暨各征募等調起見特依照各項兵役法令及本省地方实际情形制定四川省各市縣征募兵員補充办法（以下简称本办法）

二、本省各市縣征募壯丁除遵照省政府前頒四川省各市縣募送兵員暫行办法及其他関係法令办理外依本办法办理由

三、本省各市縣征募壯丁應照下列順序以次招送 例如某市縣自動登記之义勇壯丁已足规定之征送名额即不必另征家庭関係較輕之壯丁籌款推兴征募順序如下

1.自動登記之义勇壯丁

2.家庭関係較輕現無職業及曾服务軍團或受軍訓之壯丁

乙、同户共有壮丁五人以上之壮丁

丙、同户共有壮丁三人以上之壮丁

丁、同户共有壮丁二人以上之壮丁

四、各市乡征募上列各项壮丁其年龄须在廿三岁以上身体健壮并无不良嗜好者始得征调之

五、各市乡征调第二条乙、丙、丁项之壮丁每次每户应以一人为限如非有特殊情形并不得再向该户重复征调之

六、各市乡征调壮丁须以壮丁分类调查统计表为根据按各项壮丁实有之数及省政府规定各该市乡每月或每次征募名数由市乡政府统一调剂平均分派不得以保或联保或户为单位因户或联保与保之壮丁名数

57

多乡不肯征調即不易一致一市縣中征調由該政府經手人員最易舞弊市縣
政府應隨時注意不可太希圖省事致生弊端
七、各市縣征調壯丁務照前条規定辦理時其各項壯丁被征之先後用抽簽法定
之舉行抽簽時應由各縣署公開分別辦理以昭鄭重不得假手保長等以
生弊竇
八、各市縣對兵役應勇身俾使此後服兵役者市縣政府除登記申送外并
得強迫申送之
九、各市縣吸食煙毒壯丁應征調服役者市縣政府應另行精密統計送入戒
煙院所限期勒令戒絕後征送服役
十、各市縣辦理征募事項應隨派智識份子及學校教員學生等於休假

时间分赴各地会同办理征募人员就国家人民之间保长期抗战之重要及反被征壮丁之优待条例违反兵役之惩罚法令据实传教方晓谕使人民认清责任明了利害人人皆具有抗战救国之决心踊跃应征以免发生缓追逃避等情事

十六、各市县政府办理征兵各项事务须依照本办法及前颁四川省各市县征募送兵员暂行办法之规定认真办理严禁保甲乡舞弊豪绅操纵冒名顶替及诈财贿纵如有上项情事除依照陆军兵役惩罚条例办理外并以战时军纪从重议处

十七、依照四川省各市县征募送兵员暂行办法增表所规定各市县每月或每次应募送壮丁其能依限送足者除优奖外叙为殊绩误限期短送

名额或逃避充数以少报多者按其情节轻重分别予以撤职或记过罚俸申诫之处分或依照陆军纪律从重处分

十三、各市县保甲长本办法规定之壮丁有规避行为者由违反兵役法治罪条例惩处之

十四、各市县征送壮丁入营后逃亡者由陆海空军刑法办理

十五、本办法如有未尽事宜或应行修改各项由省政府随时以命令增修

十六、本办法由省政府公布施行并呈送

国民政府军事委员会

委员长行营备案

华阳县第一区区署关于限期足额征送义勇壮丁致保和场保长联合办公处的训令（一九三八年六月十七日）

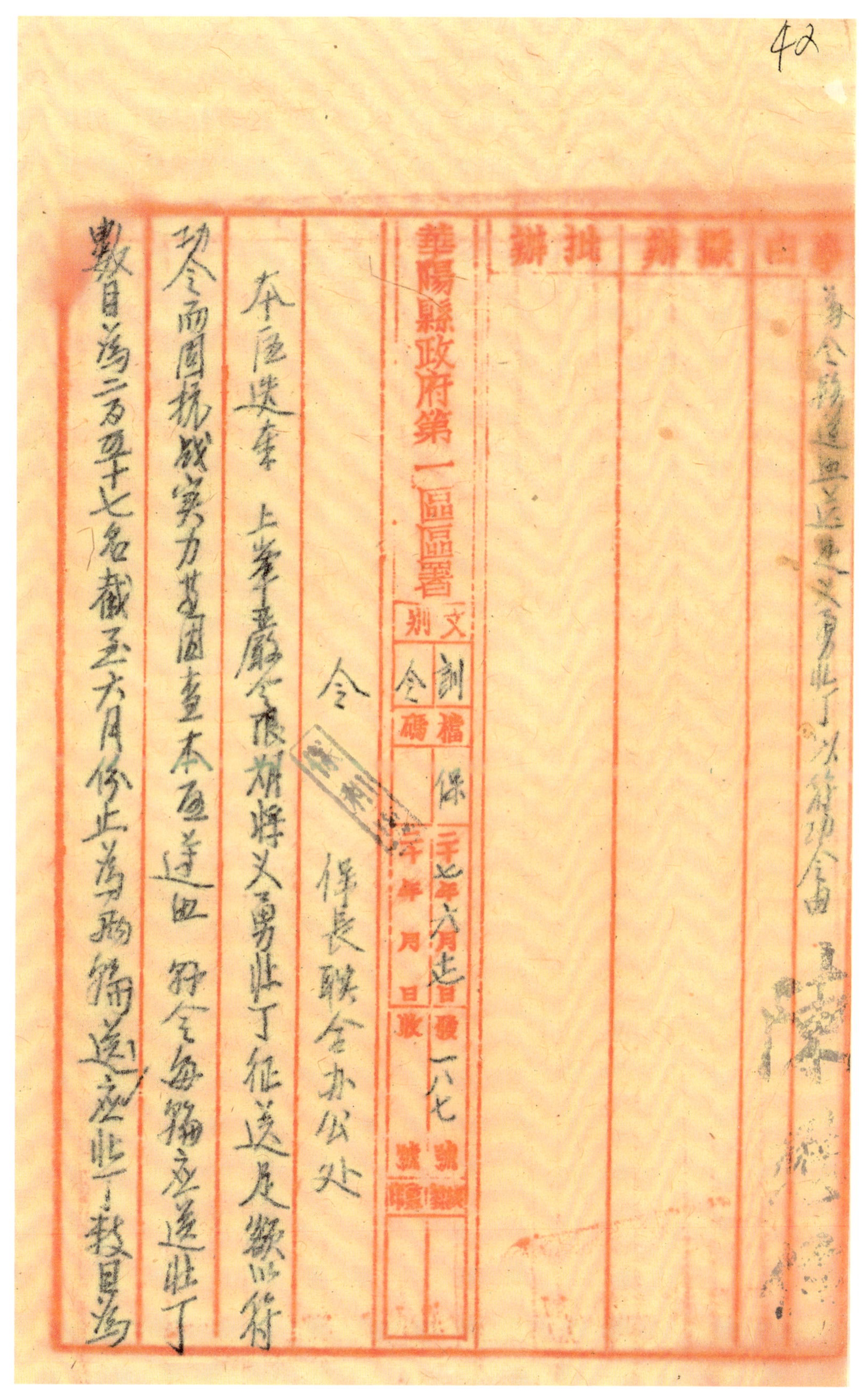

華陽縣政府第一區區署

文别：訓令

稿保 二十七年六月十七日發 一八七號

令保長聯合办公处

本區奉 上峯嚴令限期將义勇壮丁征送足額以符功令而固抗战实力，茲因查本區送四、八兩聯保應征壮丁数目為二万五千七名，截至六月份止，為兩聯（保）送應壮丁数目為

五百四十名。其余按照本区保数摊派，恰合每保两名，除送
次中送验收名额外，各该联保差额尚大，其中尤以保和、西
河、得胜、龙联、保民数更差。应饬有关各联保长
体会饬将应补壮丁决对送足，限区送足，否则予以严厉处分。
饬各该联保务于此次将应补壮丁按数征送足数，并遵照本
署保字第一八五号训令事办理。不力之保长，以加倍处分，不得稍
事敷衍。因循将十五次应征各联保补名额列表，仰各该联务
遵表列人数，于本月廿五日送署，以凭点验送呈西五
区，切切此令。 计表一份

区长

华阳县第一区区署关于奉电转饬依限送足所欠丁额致保和场保长联合办公处的训令（一九三八年七月十日）

華陽縣政府第一區區署

文別：訓令

稿：係

二十七年七月十日發　　號

二十　年　月　日收　　號

事由：奉電飭[illegible]送丁額限期送足並電[illegible]送補[illegible]由

令

保長聯合辦公處

案奉

華陽縣政府民役字第三九五一號代電開：「[illegible]電開：[illegible]

關防[illegible]省主席王[illegible]

兵員補充最關重要，且接近前線，亟需兵員，請按壯丁約需高額，為何鄉鎮長應迅送電
催促各縣，分電各縣於月內應送壯丁八萬餘名，統於一星期內送足，並將七月份
壯丁提前交本等因。除分電外，仰專員所屬各縣將應送壯丁名額務遵
送電將欠送六月以前壯丁統於一週內送足，限本月內送足，不誤為要。除分令所屬鄉鎮外，合亟令
行電仰該鄉鎮長即便遵照，依限由保送足，缺額統限本一併補足，並將七月份應
徵送壯丁截至六月底止尚欠送四百五十二名，亟應遵照提送，趕送足額，藉資補充，而
滋除分電外，合行電仰該鄉鎮長將遵迭次電令認真督率所屬，一面將
截至六月底為止該區應送丁額於一週內補送足額，一面將七月份應送額數
提前送齊。尊該區長須知前方戰況劇緊，急需國家已至存亡
之秋，後方征兵補充，前線實為攸關，地方政府人員又不容辭其責，所難

即應該長必力以赴之要務，中心工作也。茲為遵送，着令該鎮長

負協隆民殺盡，即督同保甲長遵照規定，所屬各保每保繼

續徵送壯丁二名，連前規定每保各送壯丁，以資補充，並限於七月

十六日一律送署，以憑驗送。除分令外，合亟令仰該長即便遵照，

務將所屬各保應徵壯丁送一名，並將前次尚缺名額補送，不得缺少，

仍限送署，另行撥補戰兵缺額，完成兵役為要，切勿稍有玩延，

致干查究。切切。

此令。

區長

华阳县第一区区署关于奉发联保及保兵役监查委员会图记式样致保和场保长联合办公处的训令

（一九三八年十月二十日）

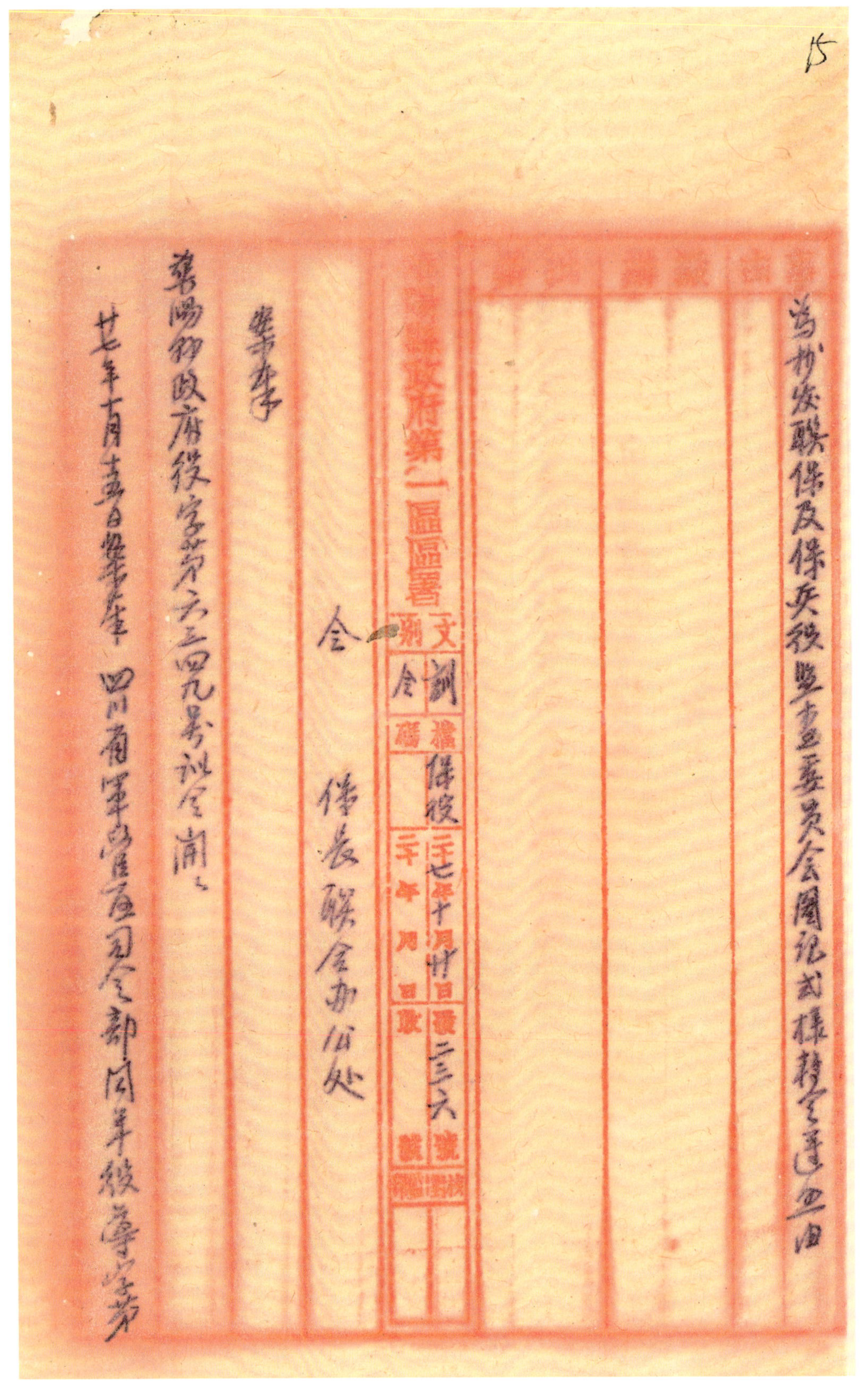

為抄發聯保及保兵役監查委員會圖記式樣轉令遵照由

華陽縣政府第一區區署

文別 訓令 檔號 保役

二十七年十月廿日發 二三六號

令 保長聯合辦公處

案奉

華陽縣政府役字第六三四九號訓令開：

廿七年十月十五日案奉 四川省軍管區司令部同年役管字第

一九號訓令爲頒發聯保及停兵役監查委員會圖記式樣飭
即遵照錄此項地名自刊木質圖記一顆備用並將印模呈報備
查等因奉此除分令外合行照抄式樣二種令仰該區即
後飭屬遵照轉述組織成立照式刊用仍將印模呈報備查爲
要此令

等因計抄發圖記式樣二種奉此除分令外合亟抄發原樣式
二種仰該處遵照辦理並轉飭一體辦理此令

計抄圖記式樣二種

區長

附：图记式样

16
方14分
〇〇場聯保
兵役監察委
員會之圖記
陽文篆字
方9分
〇〇場聯
保第〇保
兵役監察
委員會之
圖記
陽文篆字

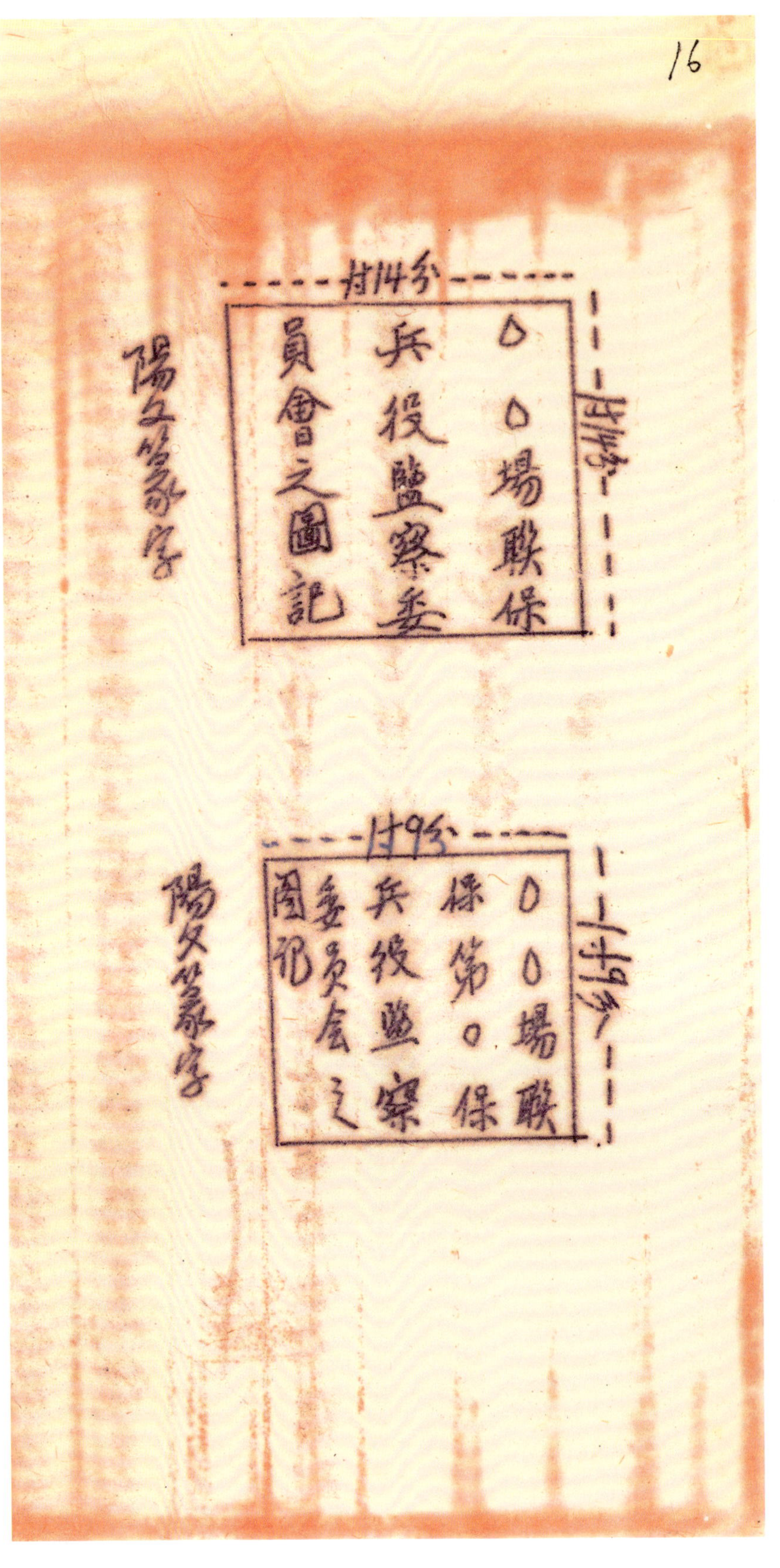

华阳县第一区区署关于奉抄战时征兵实施纲要致保和场保长联合办公处的训令（一九三八年十月二十九日）

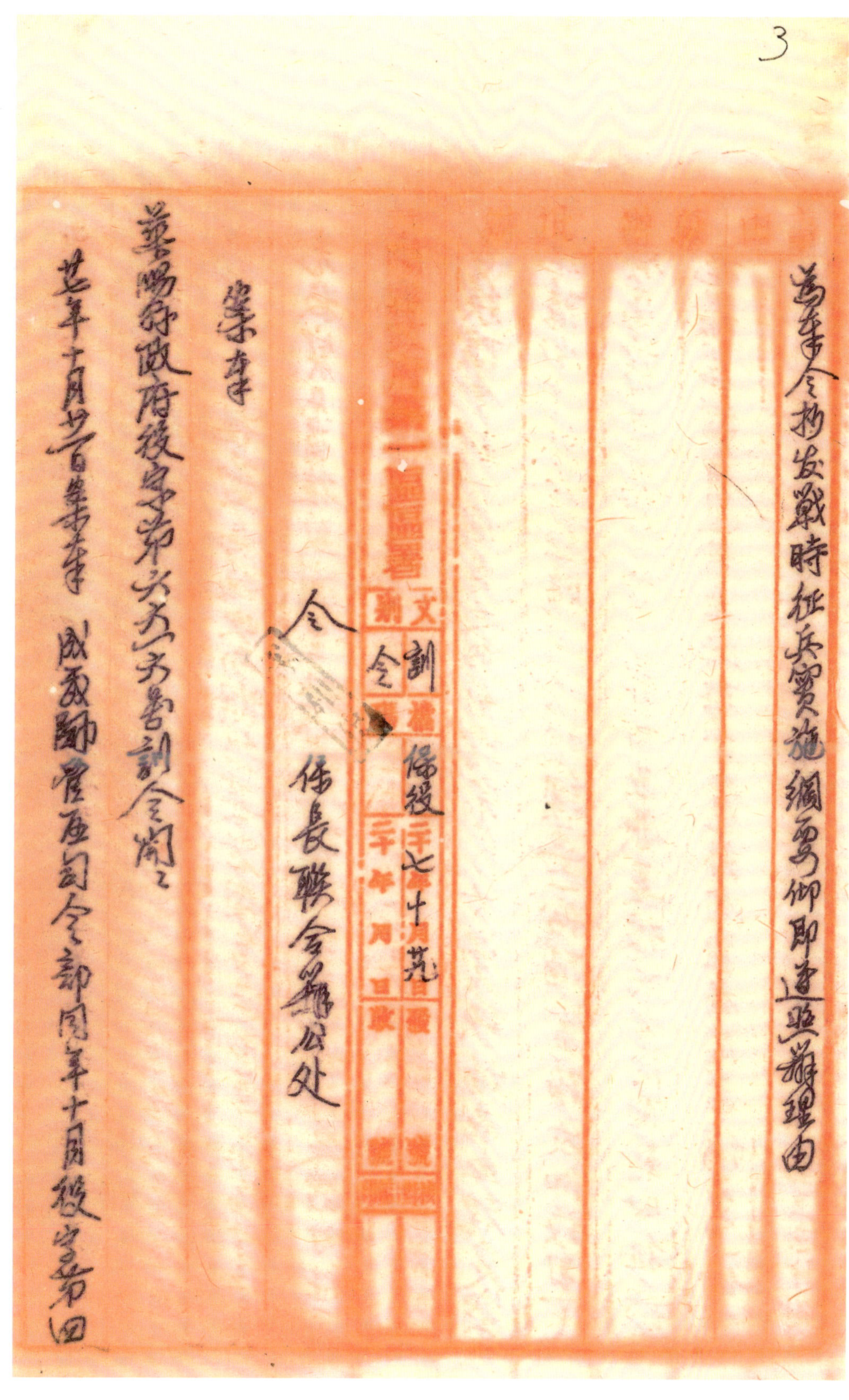

五六號代電開：案奉軍政部役郡丙字第二〇五九號代電開：查
前頒非常時期征集國民兵及抽籤實施辦法，各級層應遵照
實行抽籤，接籤各儀式分期征集，其間多延不遵，臨時拉湊
充數，實為有違，致閭里騷擾，人心皇皇。茲特訂定戰時征兵
實施綱要十條，着由各管區抽籤會按各縣及征集期項為
手續，限定到一個月之內辦理完成，其實施均應查視定實
施。除分令外，合亟檢同該項綱要一份，隨電附發，仰該員令
縣府一律遵照。等因。奉此，自應欽遵。茲將原附發戰時征兵實
施辦法綱要一份，奉此，除分電外，合亟抄同原綱要一份，電
仰該縣長即便遵照上項綱要，依限完成為要。等因。計附

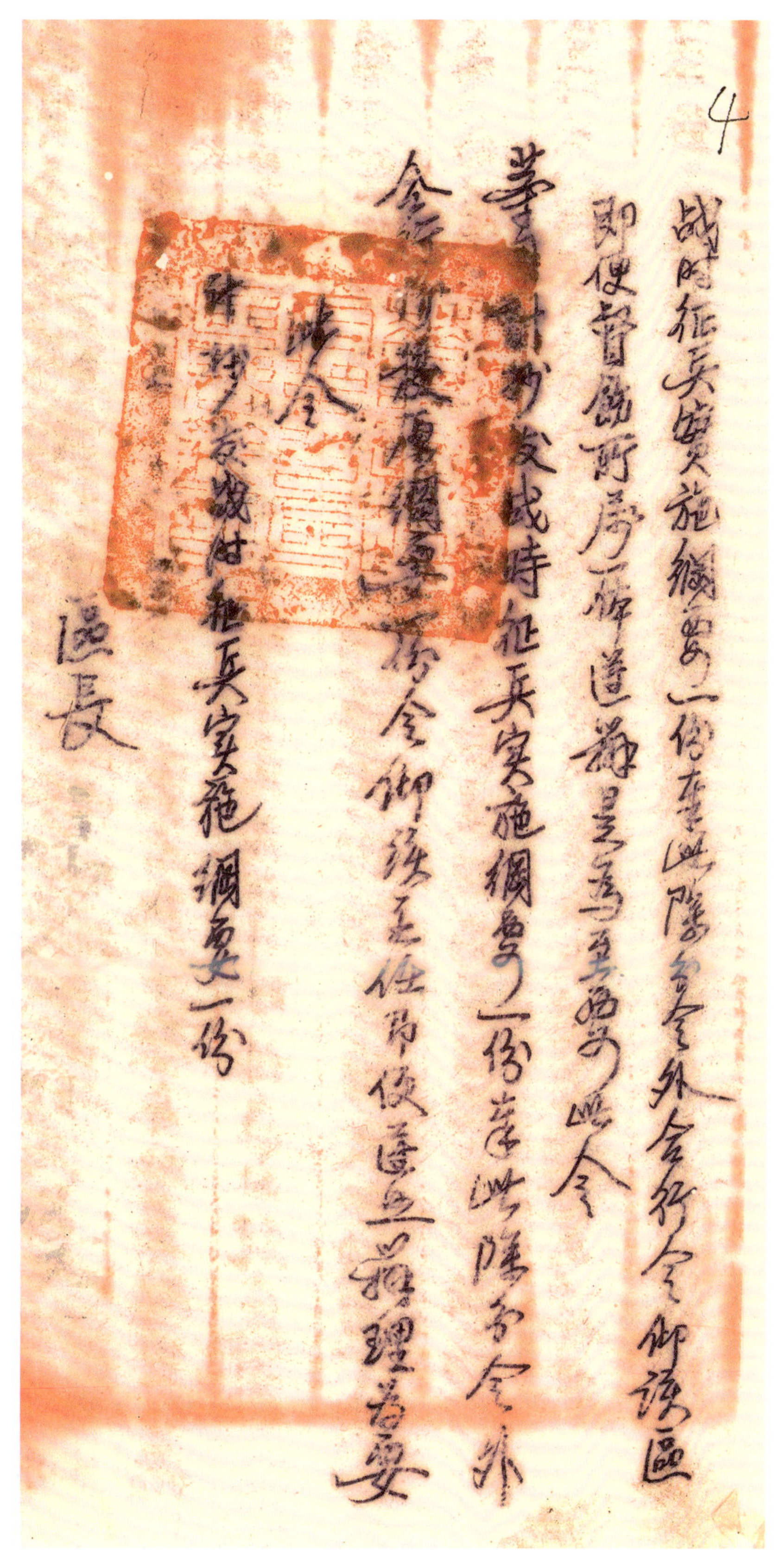

4

战时征兵实施纲要一份奉此除分令外合行令仰该区
即便晋饬所属一体遵办是为至要此令
奉令计抄发战时征兵实施纲要一份奉此除分令外
合行抄发原纲要一份令仰该区长即便遵照办理为要
此令
附抄发战时征兵实施纲要一份
区长

附：战时征兵实施纲要

战时征兵实施纲要

一、依照非常时期征集国民兵及抽签实施办法，凡年满十八岁至届满四十五岁应服兵役之合格壮丁均为备补兵，每年由保长将全保之备补兵依抽签号次顺序编号榜示第一、二[illegible]

二、前项年满十八岁至二十届满卅岁先充当正常备补兵，卅岁至届满四十五岁暂充后备补兵

三、榜示的正后两种备补兵各依抽签号数之次序排列，此次国民兵之正常备队之集训征取按此次序征调

四、各省军管区（省政府）按每月预征额依兵额比例分配之数分配各县编成义勇壮丁常备队

五、义勇壮丁常备队兵之补充兵之征集，补充兵时概由该义勇壮丁常备队征调，各常备队训练完毕之常备队兵调去补充后限令各县由备补兵征补足数

6、常備隊徵調隊員之征集時應派專人負責切實審查，對
核其成分有符合今規定者入隊，如不合者遣返回原保徵補。
7、應征補兼非常備隊之備補兵逃役時，除將逃兵
緝拿法辦外，並照逃兵家屬處罰條例懲罰外，由原
保依數為原保所逃補。
8、備補兵之服役並另按征兵令規定人辦理。
9、各鄉（市）長對征雜集兵款，應遵照規定期限，如不繳遣或
征送不足之款時，期延長者，以積壓案論，令各級兵役行
政人員違反本綱要以違誤瀆職論罪。
10、本綱要由湘鄂卅七年九月廿日起至十月廿日止將一切準備
工作完成，十一月一日起施行。

华阳县政府兵役科关于接收第一区第二保和场联保送交壮丁的送丁收据

华阳县政府兵役科关于收到义壮大队壮丁二名的送丁收据（一九三九年三月一日）

送丁收據

今收到

第一區（保和）二聯保送义壯大隊壯丁弍名此據

中華民國二十八年三月一日 給

華陽縣政府兵役科

华阳县政府兵役科关于收到义壮大队壮丁三名的送丁收据（一九三九年三月五日）

55

送丁收据

今收到

第一区赵保甲联保送义壮大队壮丁叁名此据

填发人 杨吟祥

中华民国二十八年三月五日

华阳县政府兵役科

发

华阳县政府兵役科关于收到义壮大队壮丁八名的送丁收据（一九三九年三月十二日）

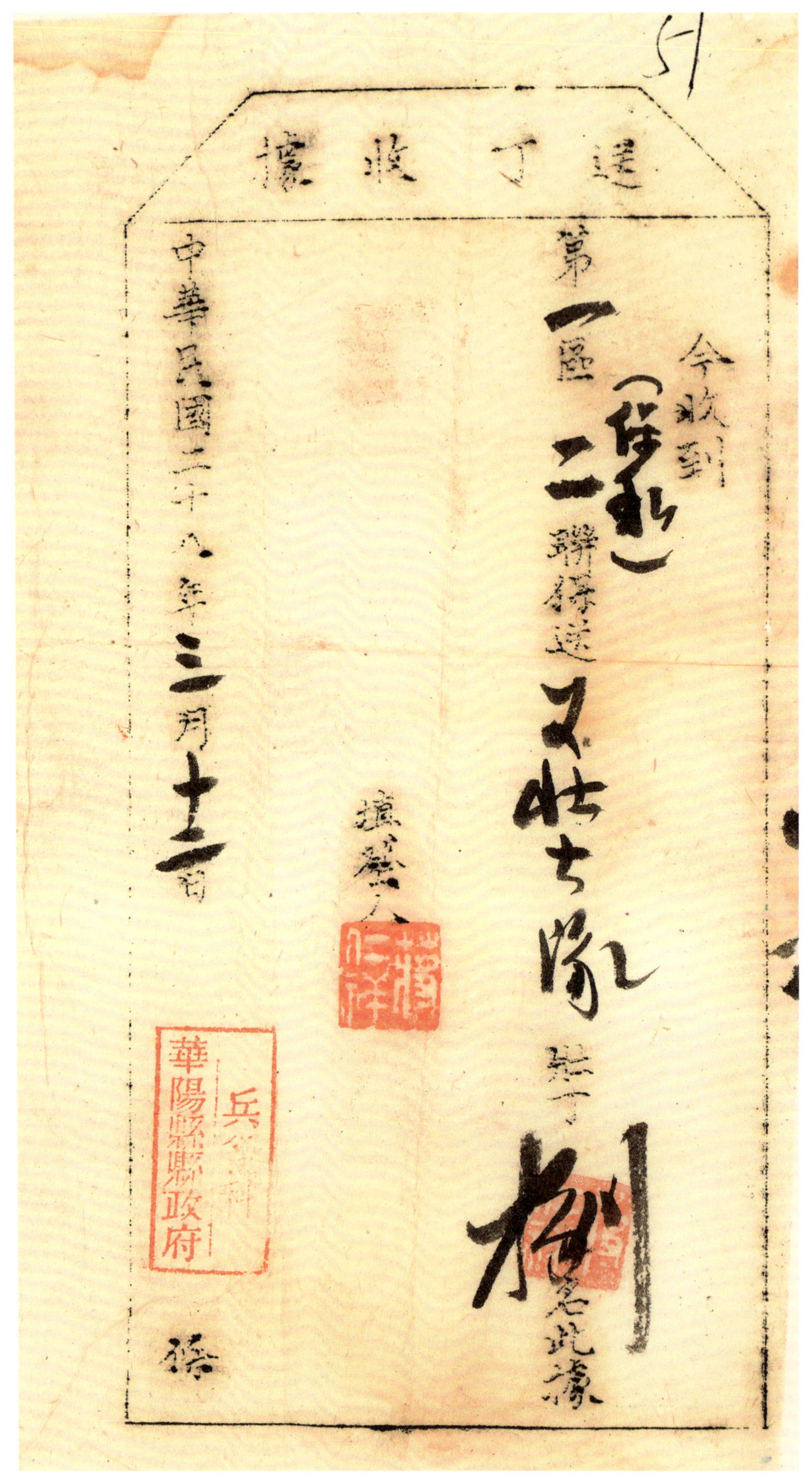

51

送丁收據

今收到

第一區（華彰）聯保送義壯大隊壯丁捌名此據

填發人

中華民國二十八年三月十二日

華陽縣政府

兵役科

給

华阳县政府兵役科关于收到义壮大队壮丁五名的送丁收据（一九三九年三月十三日）

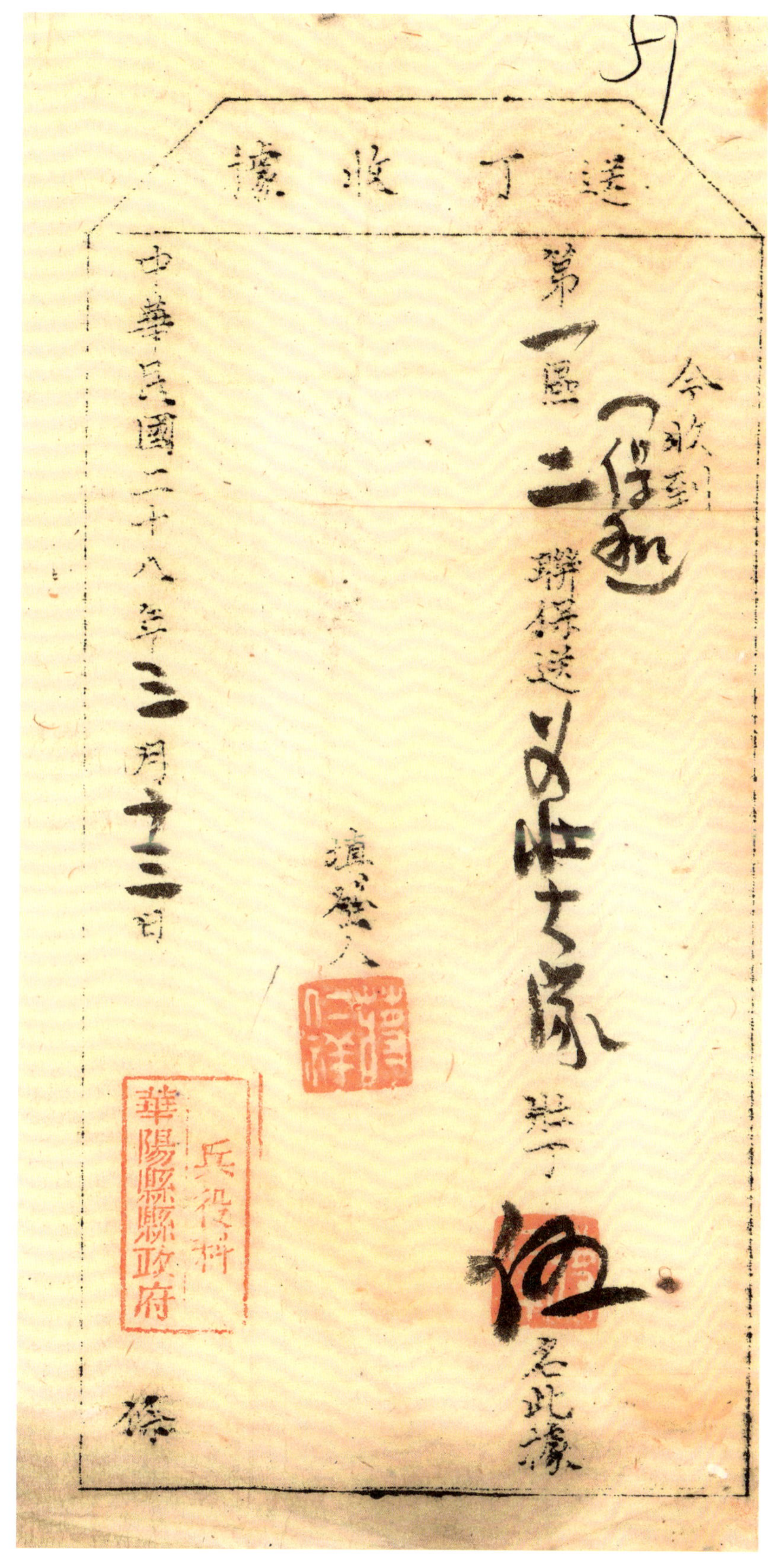

送丁收據

令收到
第一區（保甲）二聯保送義壯大隊壯丁伍名此據
填發人
中華民國二十八年三月十三日
華陽縣縣政府
兵役科
給

华阳县政府兵役科关于收到义壮大队壮丁一名的送丁收据（一九三九年三月十八日）

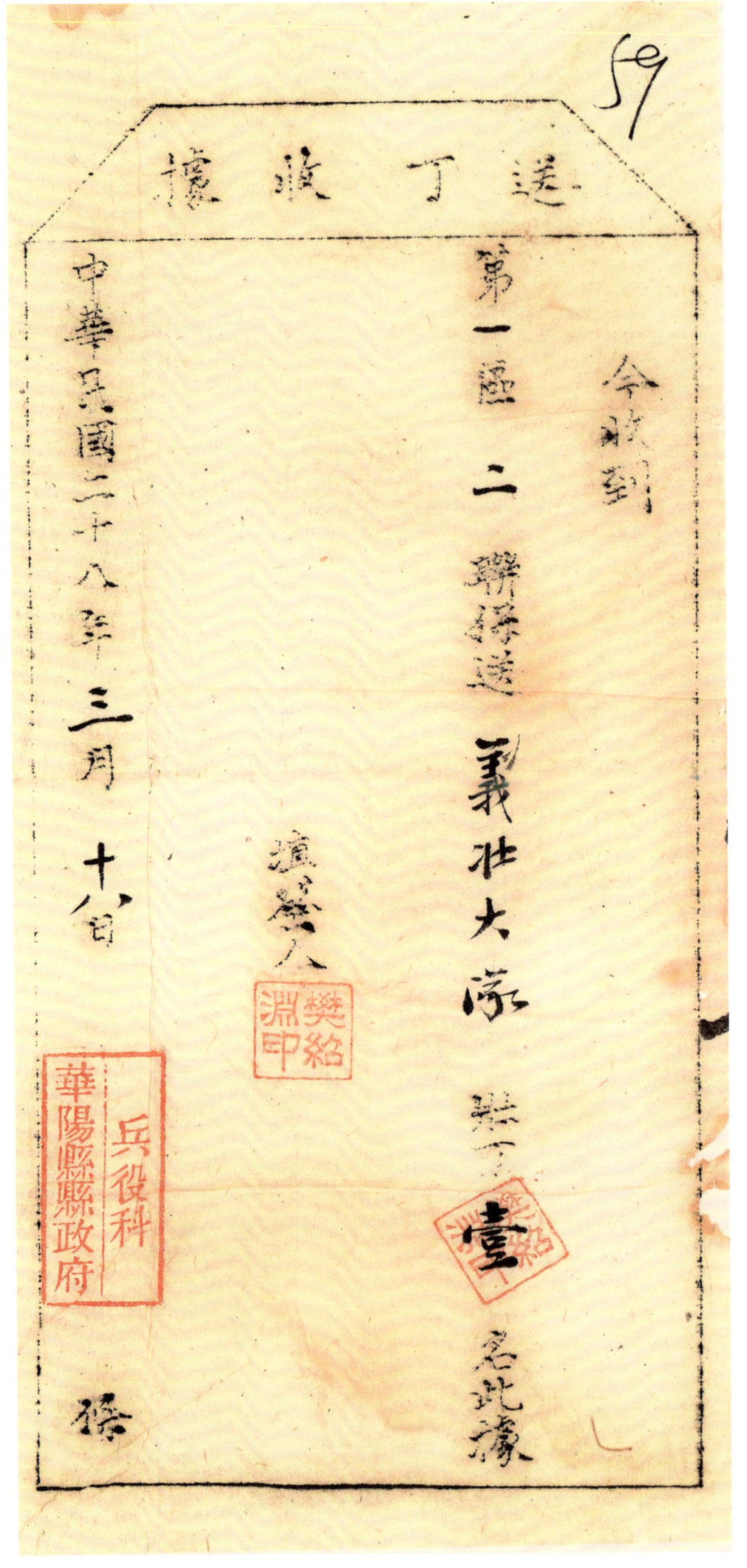
59

送丁收據

今收到

第一區二聯保送義壯大隊壯丁壹名此據

填發人（樊紹淵印）

中華民國二十八年三月十八日給

（華陽縣縣政府兵役科）

华阳县政府兵役科关于收到成茂师管区壮丁八名的送丁收据（一九三九年四月七日）

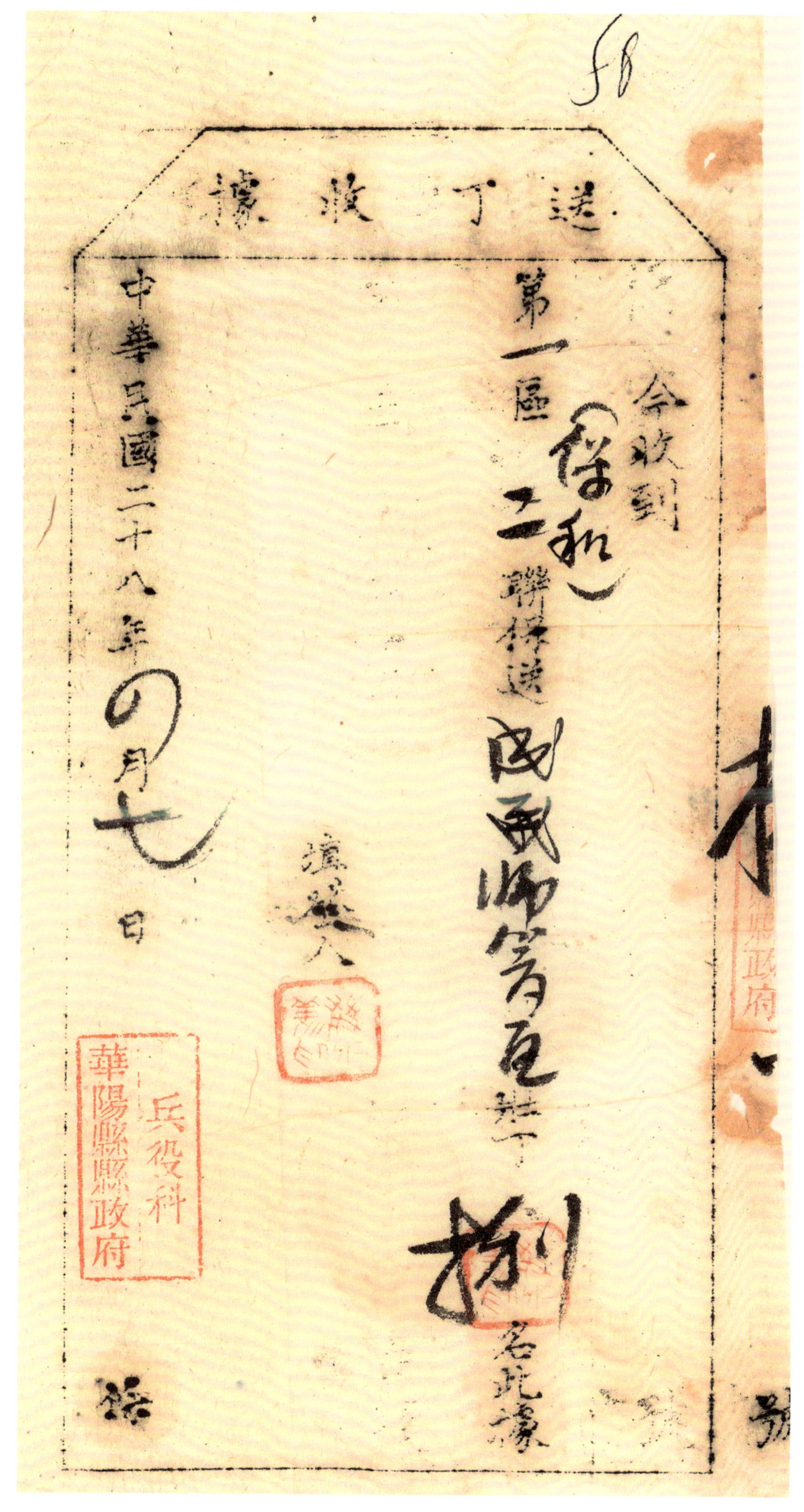
送丁收據

第一區（保和）聯保送
今收到
成茂師管區壯丁捌名此據

填發人

華陽縣政府 兵役科

中華民國二十八年四月七日

华阳县政府兵役科关于收到义壮大队壮丁十四名的送丁收据（一九三九年四月七日）

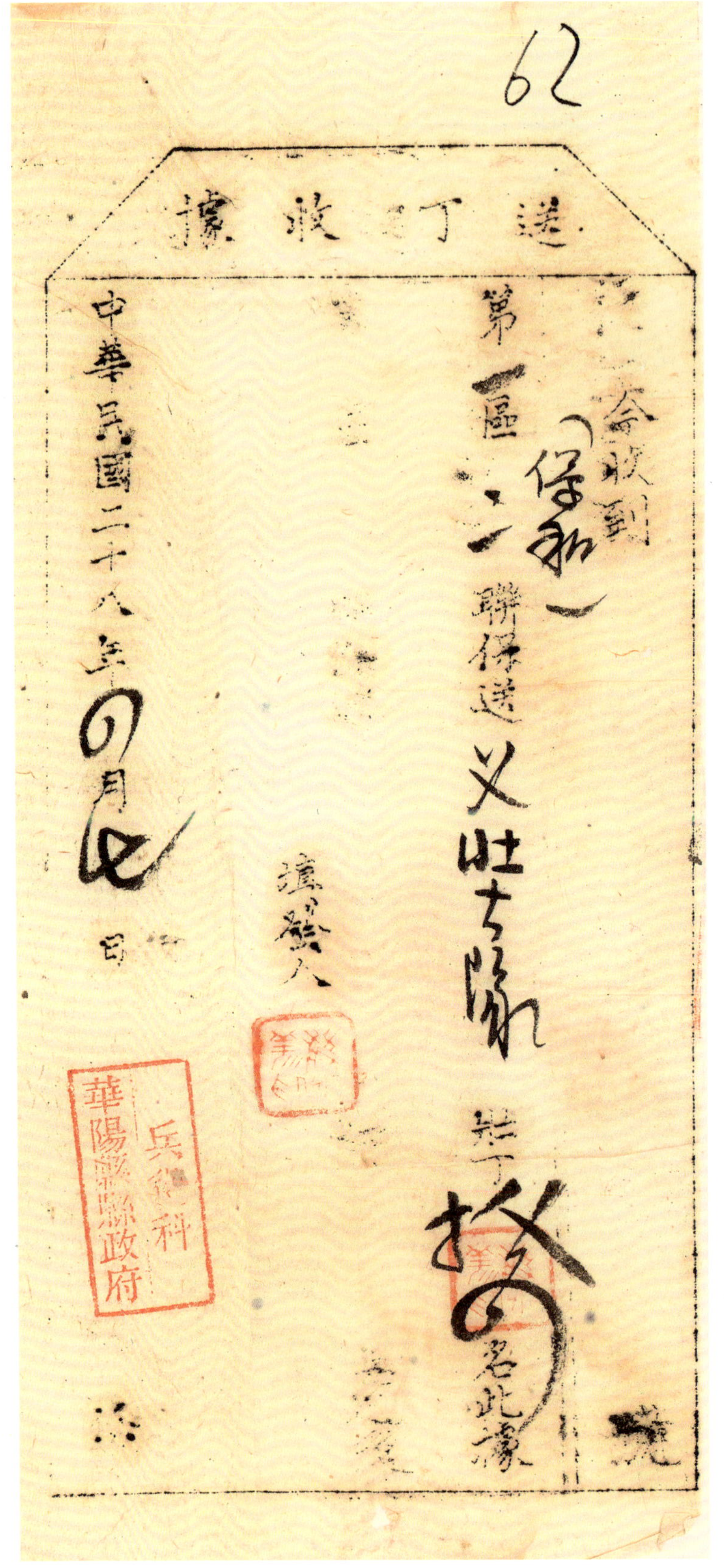

62

送丁收據

奉令收到

第一區二（保和）聯保送義壯大隊壯丁拾四名此據

填發人

中華民國二十八年四月七日

華陽縣政府兵役科

华阳县自卫总队部关于转饬集中壮丁听候检阅致第二大队大队长邝子华等的紧急命令（一九三九年四月十六日）

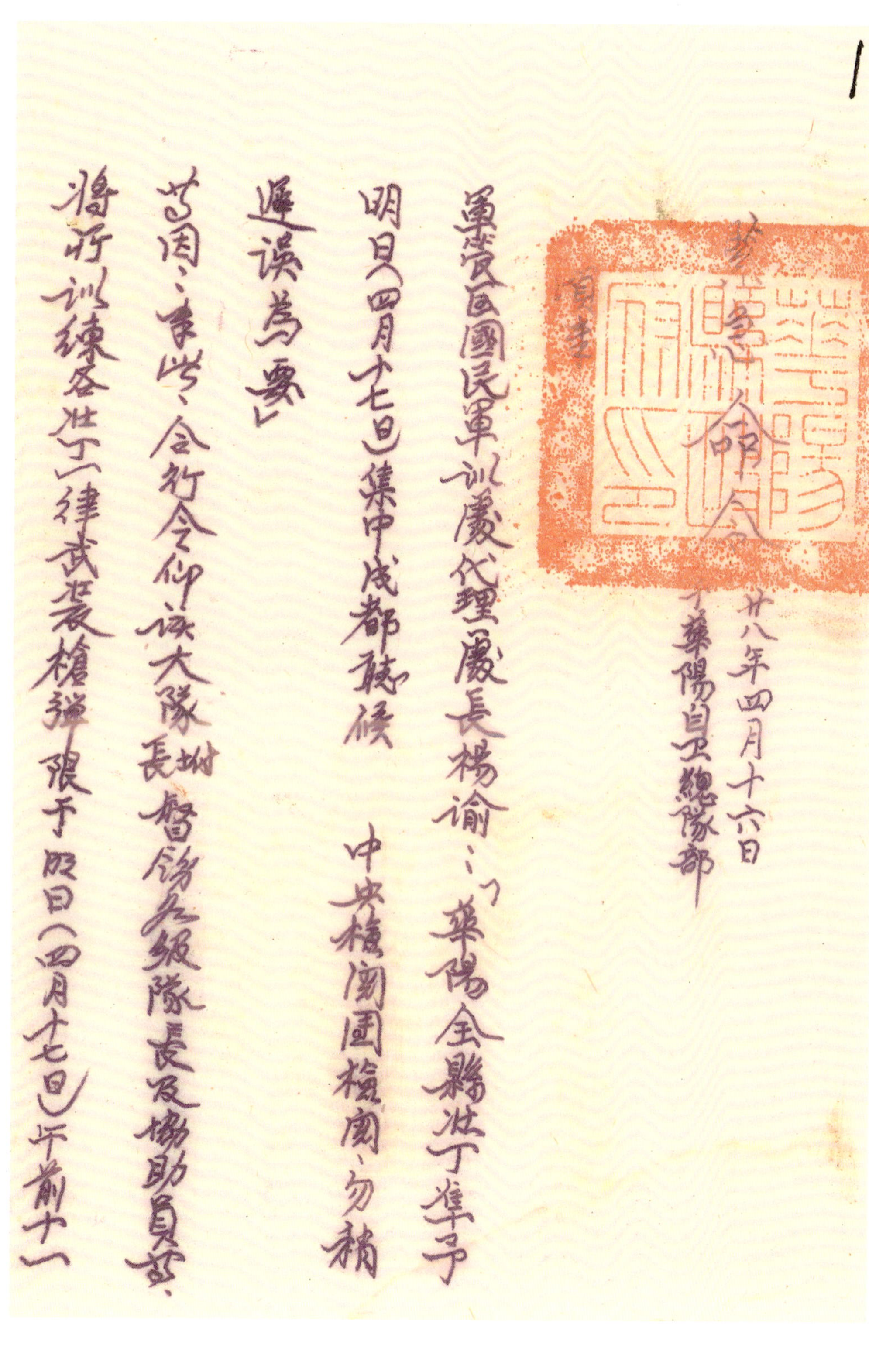

紧急命令

兼管區國民軍訓處代理處長楊諭：「華陽全縣壯丁準予明日（四月十七日）集中成都聽候中央檢閱團檢閱，勿稍遲誤為要」等因。奉此，合行令仰該大隊長坿督飭各級隊長及協助員等，將所訓練各壯丁一律武裝檢閱，限于明日（四月十七日）午前十一

廿八年四月十六日于華陽自卫總隊部

飭集中城內東較場聽候編隊。至各隊長準予伙食（隊長規定四角，壯丁規定弍角）由大隊長自行設法暫墊，以憑報請總隊部補發，迅即遵照辦理，勿稍遲誤，致干重究為要，切切！

此令

第二大隊大隊長 鄺子華

飭 馮佐臣

總隊長 黃功隆

第一科科長吳文伯代行

副總隊長 張思政

华阳县自卫总队第一区队部关于县常备队之兵服务期满应迅予派丁接替致大队部的训令（一九三九年七月十四日）

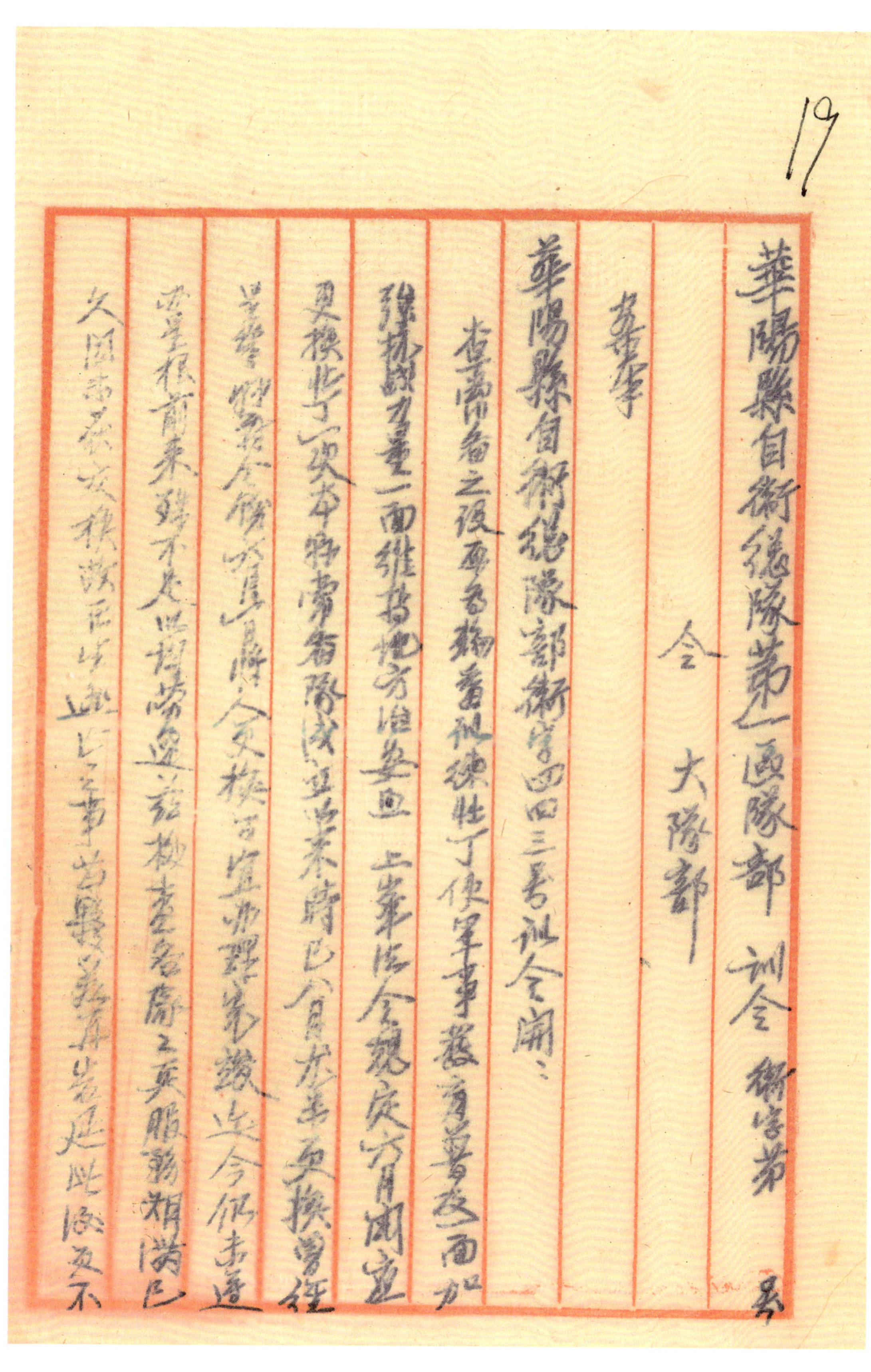

華陽縣自衛總隊第一區隊部 訓令 衛字第 号

令 大隊部

案奉

華陽縣自衛總隊部衛字四四三号訓令開：

查常備之設，原為藉資訓練壯丁，使軍事教育普及，一面加強抗戰力量，一面維持地方治安。上年經令規定六月周換更換壯丁一次，本縣常備隊成立迄今，時已八月，未奉更換，曾經呈請鈞府俯賜令飭更換，以資辦理，嗣後迄今仍未遵照辦理。據呈報前來，殊不足以昭公允。茲據查各常備之兵服務期滿已久，因未發交換，致屆時延誤，以上事實殊屬存心延誤，此後及不

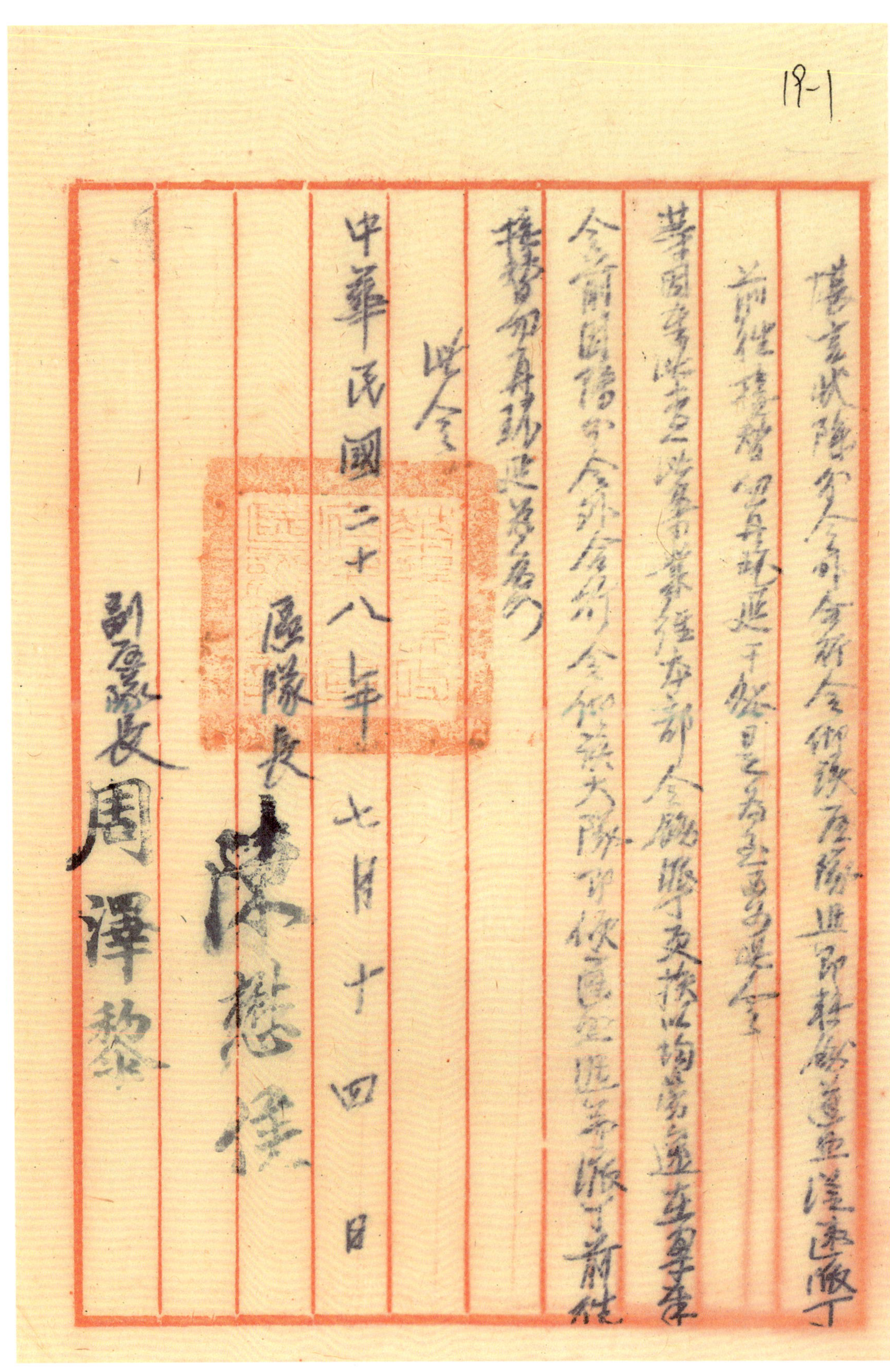

據直屬隊令飭所屬各鄉鎮區隊迅即將解送壯丁[illegible]

前往接替，留具報延于[illegible]日之爲要爲要此令

等因。奉此，查本部業經本部令飭聯保交接，以均勞逸在案

合行令仰該聯保主任即便遵照，令飭所屬各鄉鎮大隊部即派區壯丁準派丁前往

接替，勿再延誤爲要。

此令

中華民國二十八年七月十四日

區隊長 陳懋傑

副區隊長 周澤黎

華陽縣第一區區署關於奉飭如期補充抗戰兵員致保和聯保主任鄺子華的命令（一九三九年八月二十日）

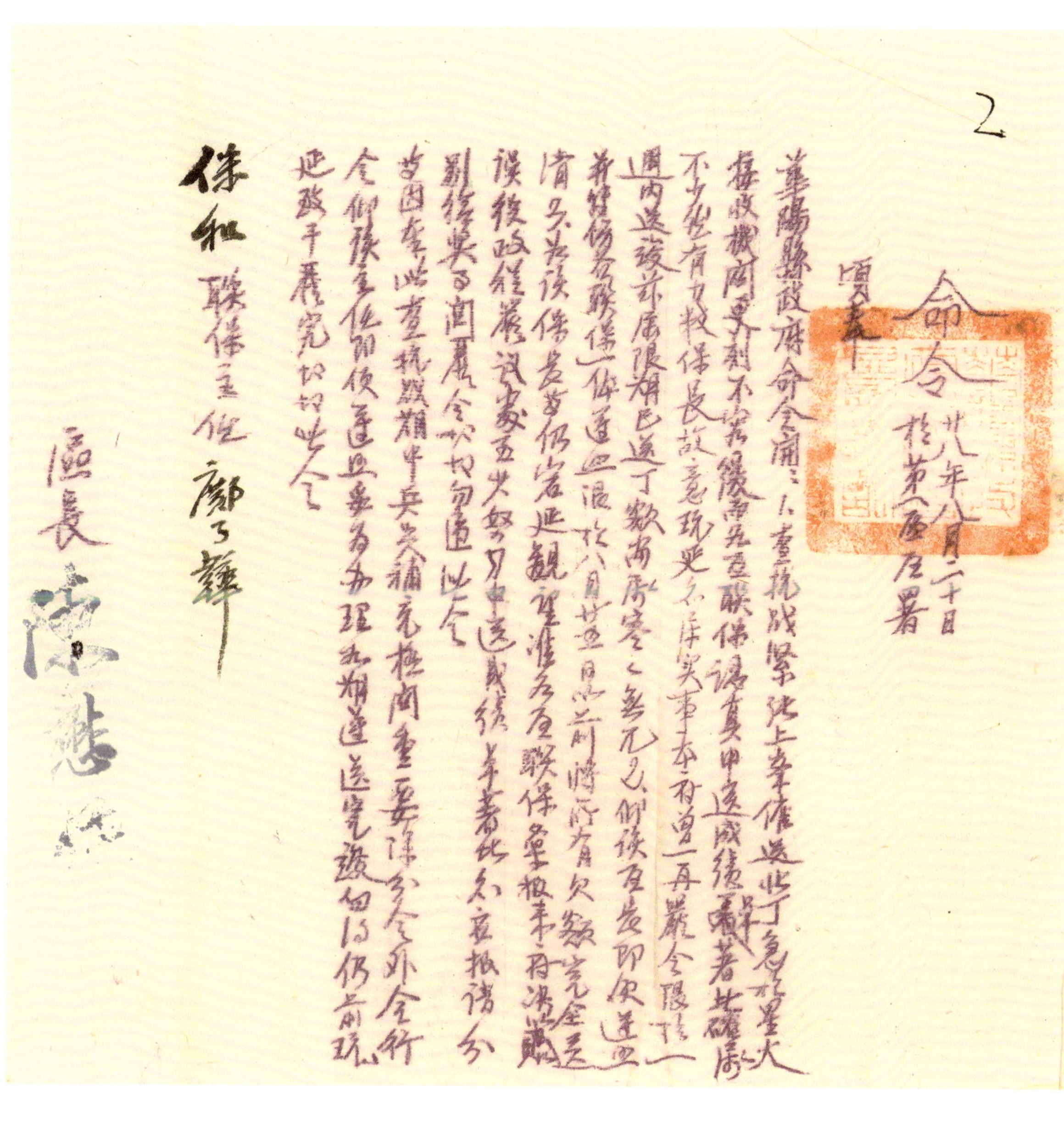

命令　廿八年八月二十日　於第一區區署

華陽縣政府命令開：「查抗戰緊張，上峯催送壯丁急如星火，接收機關更刻不容緩，除各聯保認真申送成績顯著者，比較尚不少外，然有少數保長故意玩延，不肯實事求是，本府曾一再嚴令限於一週內送齊，茲屆限期已過，丁數尚屬寥寥，無已。仰該區長即便遵照，迅轉飭各聯保遵照，限於八月廿五日以前將所有欠額完全送清。如再有保長等仍有延觀望，准各該聯保呈報本府，以憑嚴懲。誤役政，從嚴訊處，如丟失或中途逃失者，本府亦不容推諉，分別辦處為要。合行令仰切實遵照。此令。」等因。奉此，查抗戰期中兵員補充極關重要，除分令外，合行令仰該主任即便遵照，迅速如期遵送，完成任務，勿得仍前玩延，致干嚴究，切切。此令。

保和聯保主任鄺子華

區長　[illegible]

华阳县政府关于限期汇报壮丁名册及免缓禁役声请书致保和场联保办公处的训令（一九三九年十月五日）

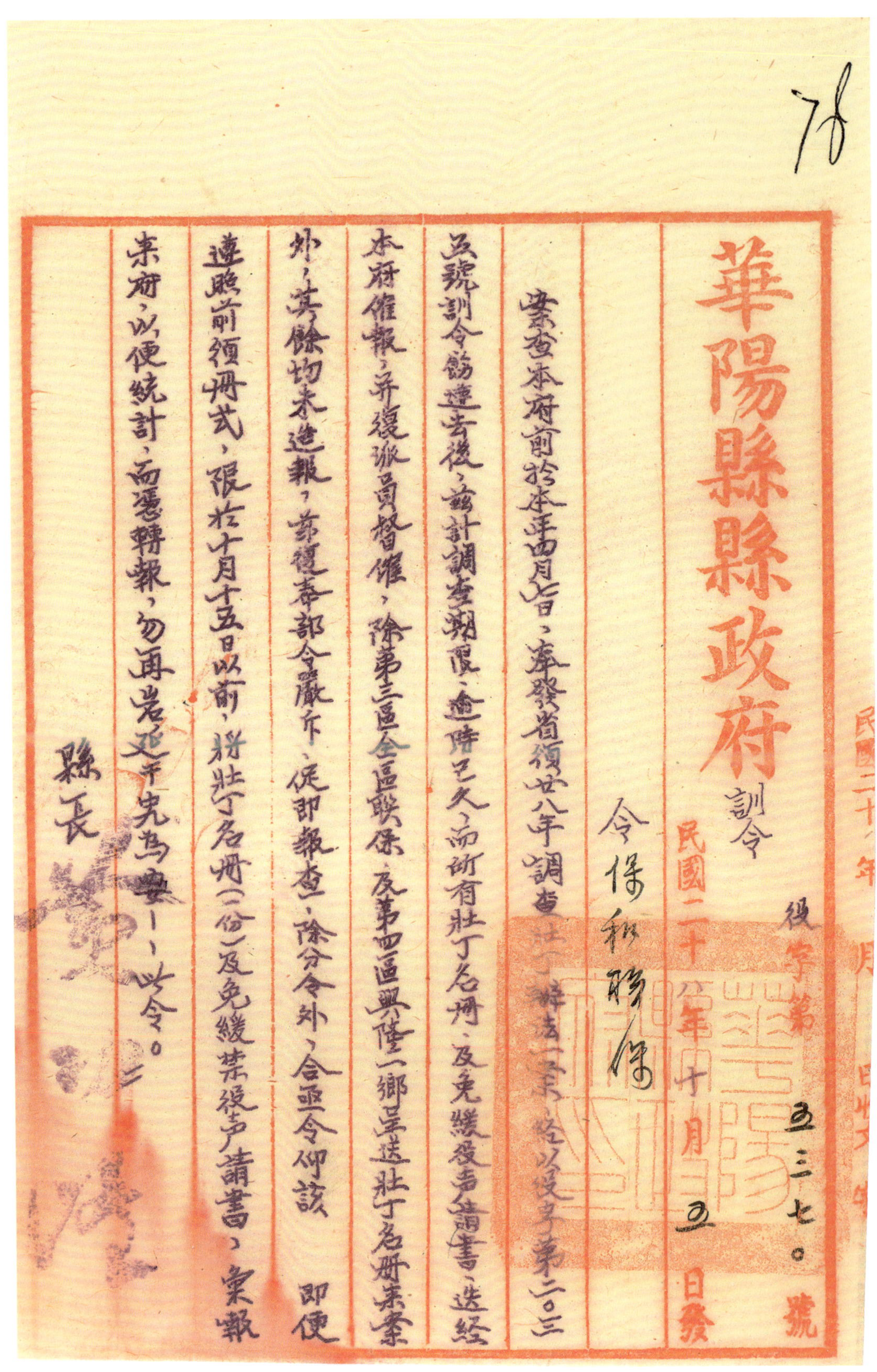

華陽縣政府訓令

民國二十八年十月五日發

役字第五三七〇號

令保和聯保

案查本府前於本年四月七日，奉發省頒廿八年調查壯丁辦法一案，經以役字第二〇三五號訓令飭遵去後，茲計調查期限，逾時已久，而該管壯丁名冊，及免緩役聲請書，迭經本府催報，并復派員督催，除第三區全區聯保，及第四區興隆一鄉呈送壯丁名冊來案外，其餘均未呈報，節復奉部令嚴斥，促即報查，除分令外，合亟令仰該　即便遵照前頒冊式，限於十月十五日以前，將壯丁名冊（一份）及免緩禁役聲請書，彙報來府，以便統計，而憑轉報，勿再宕延為要！此令。

縣長

二、优待抚恤

（二）温江县

温江县第一区区署关于抄发领发烧埋抚恤费办法致苏镇保长联合办公处的训令（一九三七年十一月三十日）

7

訓令

事由：為轉令抄發發擴修鳳凰山飛機場工程處領發燒埋撫恤費辦法一案由

温江縣政府第一區區署訓令　建字第1041号

令蘇鎮保長聯合辦公處

十一月廿九日，案奉

温江縣政府建字第八九三号訓令開：

「頃准　擴修鳳凰山飛機場工程處發

來領發燒埋撫恤費辦法一份，除分令外，合

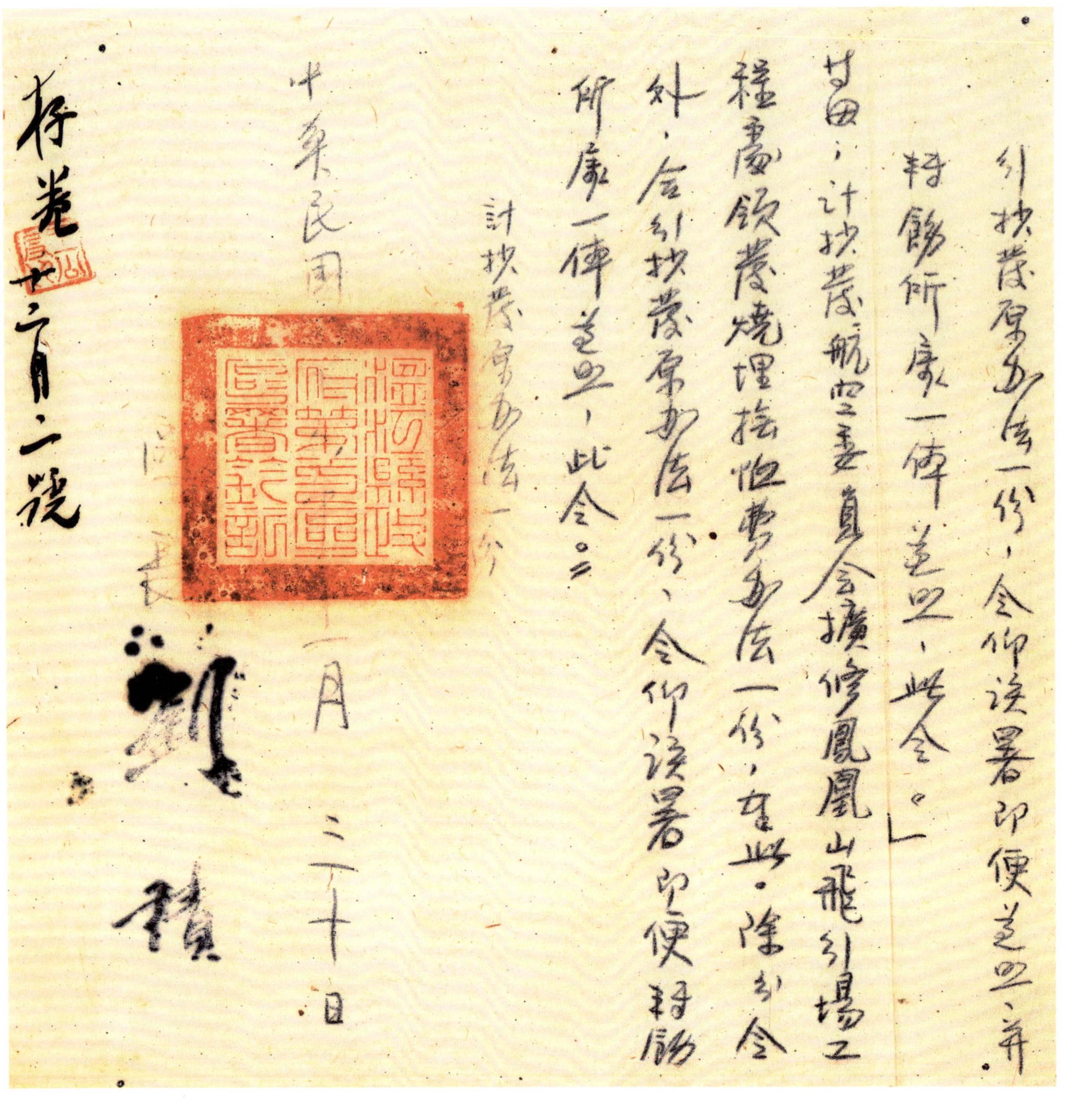

外抄發原命令一份，令仰該署即便遵照，并轉飭所屬一體遵照，此令。

甘田；計抄發航空委員會擴修鳳凰山飛機場工程處頒發燒埋搬遷費命令一份，奉此。除分令外，合行抄發原命令一份，令仰該署即便轉飭所屬一體遵照，此令。

計抄發原命令一份

中華民國 …… 一月二十日

縣長 劉

存卷 十二月二號

6

航空委員會擴修成都鳳凰山飛機場工程處領發燒埋撫恤費辦法

（一）民工傷殘死機場受病殘住宿地者由該縣總隊部呈報本處經派員查實後即發燒埋費六元至撫卹費八千元則發交該縣總隊部收轉本處隨即令知該縣之縣長轉飭民工屍親家屬具領

（二）民工因病退還須取得本處衛生組診治室或機場慈善團體治療處醫師所給之退藉調養證明單如在一星期內死亡者得由民工家屬提繳此項證明單向察

經聯保處報明屬具文本處經核不虛始准發

燒埋費六元掩埋費則交與府轉發

（三）無能親者祇發燒埋費六元

（四）以後如有露屍機場之無名屍身經本處通報總隊

部無人認領者即由本處掩埋

（五）不合以上手續者概不發給

「附註」本處因預算關係掩埋費一律祇

發十元

温江县出征抗敌军人家属优待委员会关于委任第一区慰问团苏坡组组长致王公度的公函（一九三八年五月）

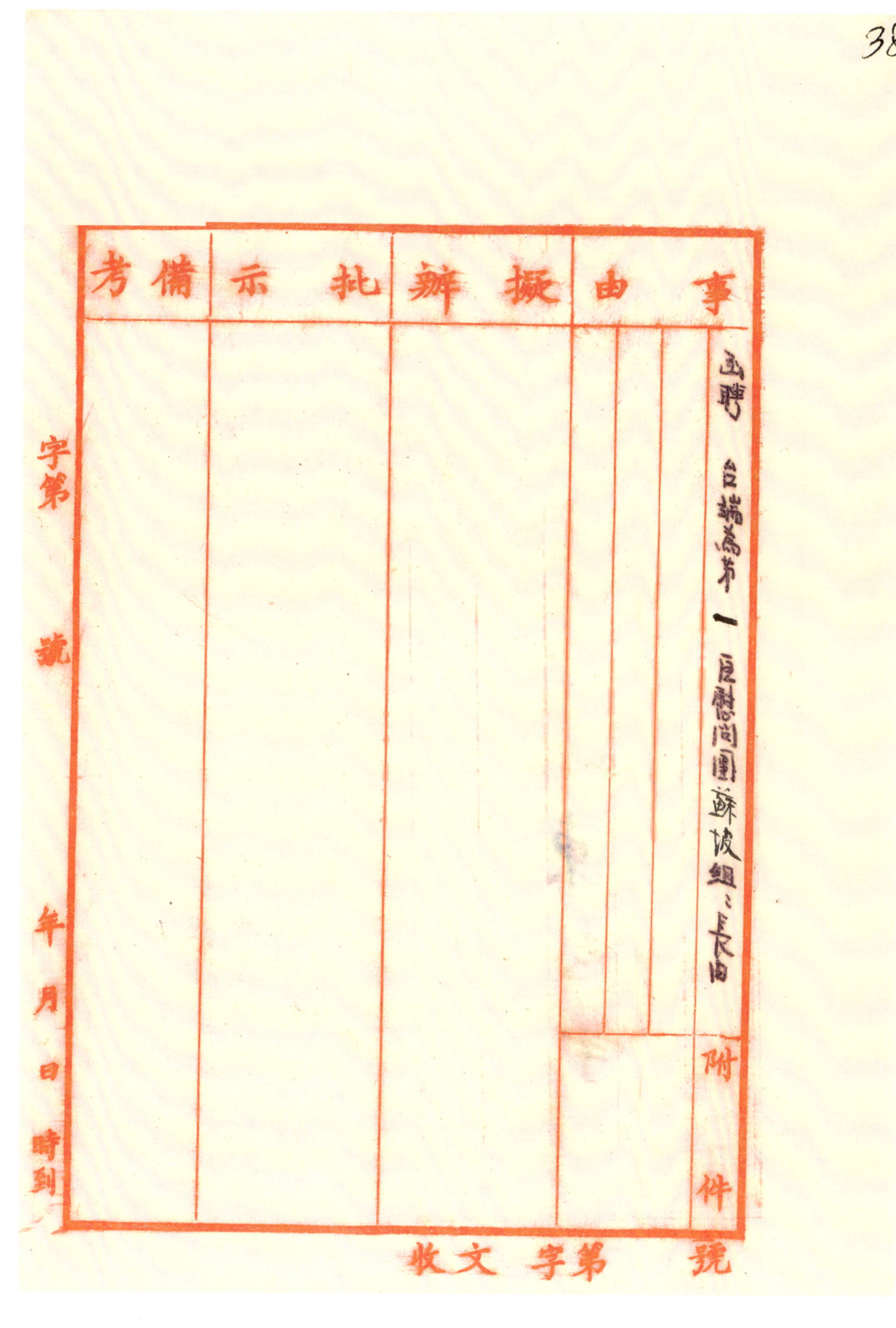
38

事由	擬辦	批示	備考
函聘台端為第一區慰問團蘇坡組組長由			
附件			

字第　號　年　月　日　時到

收文　字第　號

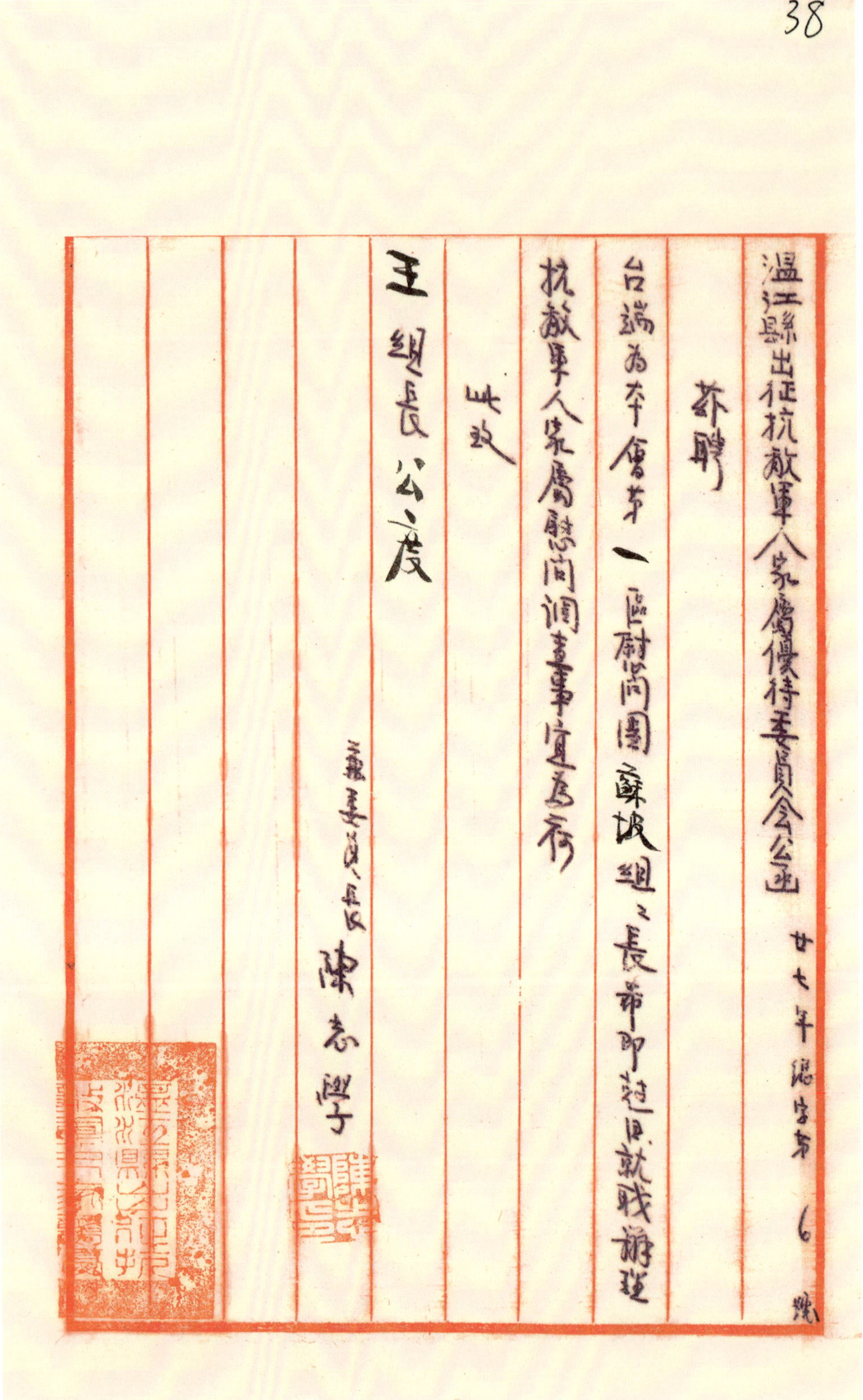
38

溫江縣出征抗敵軍人家屬優待委員會公函　廿七年總字第6號

茲聘

台端爲本會第一區慰問團蘇坡組組長，希即赴鄉就職辦理

抗敵軍人家屬慰問調查事宜爲荷。

此致

王組長公度

兼委員長　陳志學

中華民國廿七年三月　　日

关于出征抗敌军人家属领取优待积谷的领谷收据

第一区第五联保吴子明领到优待积谷的领谷收据（一九三九年三月二十八日）

領谷收據

今領到
倉積谷保管委員會發給出征抗敵軍人家屬第　　季優待積谷貳石除於優待委員會所發　字第　號三聯單報查聯及憑單聯上分別簽押外具領是實

領谷人吳子明（簽名蓋章或捺左大姆指印）

住址　第一區五聯保第　保

中華民國二十八年三月廿八日

第一区苏镇联保第二十八保何国成领到优待积谷的领谷收据（一九三九年三月二十八日）

領谷收據

今領到

倉積谷保管委員會發給出征抗敵軍人家屬第　季優待積谷

貳石除於優待委員會所發　字第　號三聯單報查聯及憑單聯上

分別簽押外具領是實

領谷人何國成（簽名蓋章或捺左大姆指印）

住址　第一區蘇鎮聯保第二八保

中華民國二十八年三月廿八日

第一区文镇联保第二十八保雷仲青领到优待积谷的领谷收据（一九三九年三月二十八日）

領谷收據

今領到

倉積谷保管委員會發給出征抗敵軍人家屬第　季優待積谷

貳石除於優待委員會所發　字第　號三聯單存查聯及憑單聯上

分别發押外具領是實

領谷人雷仲青（簽名蓋章或捺左大指姆指印）

住址　第一區文鎮聯保第二八保

中華民國二十八年三月二八日

第一区清平联保第七保李筠领到优待积谷的领谷收据（一九三九年三月二十八日）

領谷收據

今領到
倉積谷保管委員會發給出征抗敵軍人家屬第　李優待積谷
貳石除於優待委員會所發　字第　號三聯單報查聯及憑單聯上
分別簽押外具領是實

領谷人　李筠（簽名蓋章或捺左大姆指印）

住址　第一區清平聯保第七保

中華民國二十八年三月二十八日

第一区隆镇联保第十五保王志学领到优待积谷的领谷收据（一九三九年三月二十八日）

92
93

領谷收據

今領到

倉積谷保管委員會發給出征抗敵軍人家屬第　　李優待積谷

貳石除於優待委員會所發　　字第　　號三聯單報查聯及憑單聯上

分别簽押外具領是實

領谷人王志學（簽名蓋章或按左大指姆指印）

住址　第一區隆鎮聯保第一五保

中華民國二十八年三月二八日

温江县政府关于奉电抄发华阳县出征壮丁优待费标准及筹募办法致苏坡桥联保办公处的训令（一九三九年五月十三日）

子

民國廿八年五月十六日一時收到

存查 五.十五

温江縣政府訓令 二十八年役字第201號

令蘇坡橋聯保辦公處

二十八年五月六日，案奉

成都團管區司令部役字第一零零八號代電開：

"案奉成茂師管區司令部役字第二四三〇號訓令

開查本部第二次兵役行政會議關于出征壯丁家屬優

待案決議由本部通令各縣斟酌地方情形参照華陽

縣驗收壯丁一次優待金辦法辦理業經紀錄在卷茲據

華陽縣府檢呈所擬簡章及籌辦法前來查核尚屬可

行除分令外合行抄發原簡章及辦法令仰該司令即

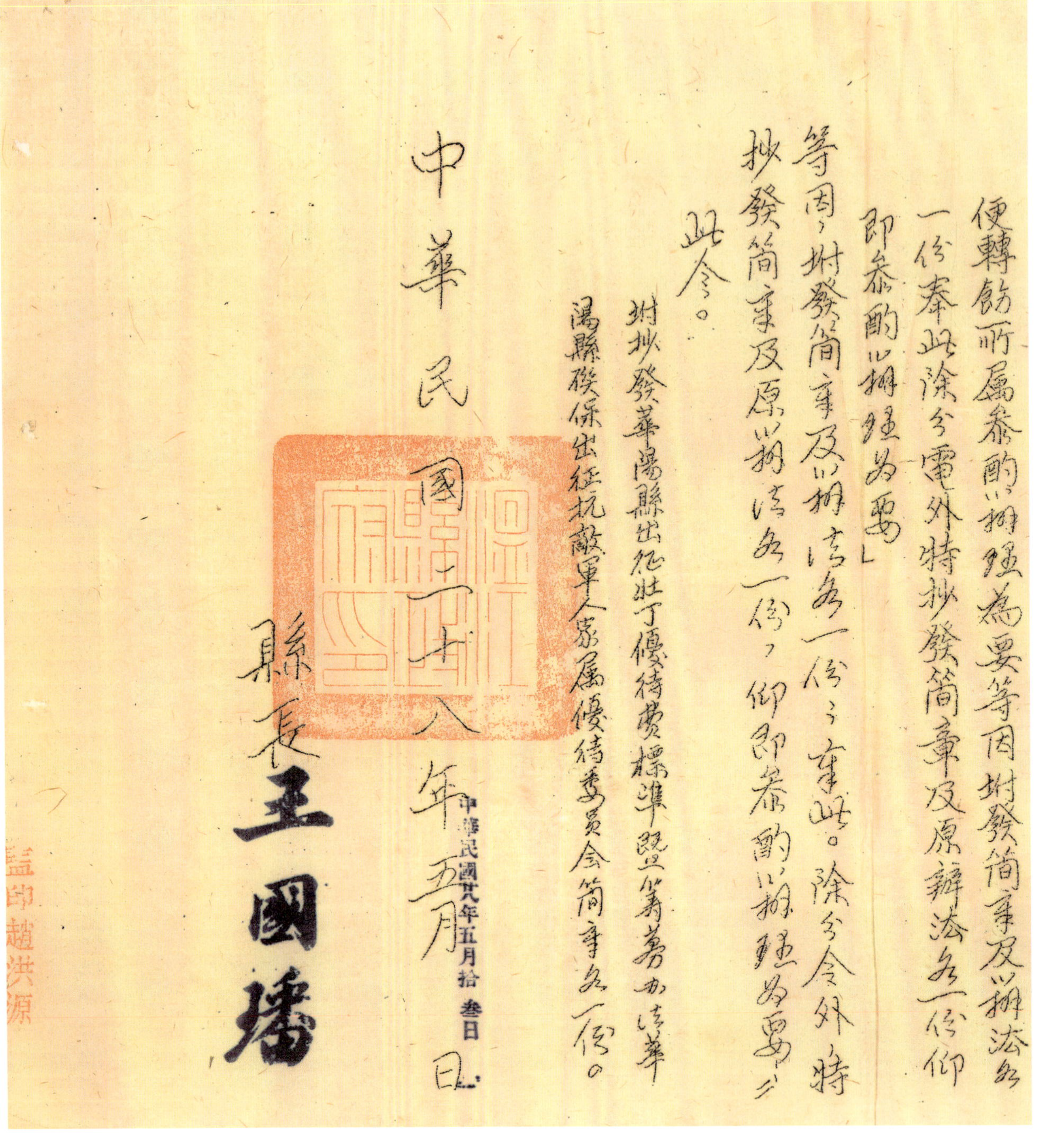
便轉飭所屬叅酌辦理為要等因，附發簡章及辦法各一份，奉此。除分電外，特抄發簡章及原辦法各一份，仰即叅酌辦理為要」等因，附發簡章及辦法各一份。奉此。除分令外，特抄發簡章及原辦法各一份，仰即叅酌辦理為要！此令。

附抄發華陽縣出征壯丁優待費標準暨籌募辦法、華陽縣發給出征抗敵軍人家屬優待委員會簡章各一份。

中華民國二十八年五月　日

中華民國廿八年五月拾叁日

縣長 王國璠

監印 趙洪源

華陽縣出征壯丁優待費標準暨籌募辦法案

决議

1、每名壯丁除遵照通令送積谷兩石外暫籌募十五元俟一季實數開支後即行結報

2、優待費籌募辦法按聯保統籌鄉間照糧或按畝攤募以主七客三標準計算（例如每兩糧募銀十元由主家担任七元客家三元）街保照鄉保三分之二担負其籌募標準視住戶營業情形及生活情況而定至於無糧住戶亦得視其經濟情形酌募之

3、優待會之籌募暫定三月一次每次先期由優待委員會召集各保長各隊長宣布本季配賦壯丁數及所需優待費額照糧或畝分保按戶攤募并製發收據交由各保長向各住戶募集措繳

4、所需收據由優待委員會印製印製費即在優待會內作正開支

5、每季申送壯丁足額後即由優待委員會將收支款項情形開交監委會復核并限期召集保長隊長紳耆到場報銷一面榜示一面呈報區署縣府備查

附（二）华阳县联保出征抗敌军人家属优待委员会简章

華陽縣聯保出征抗敵軍人家屬優待委員會簡章

第一条 本縣為促進役政推行順利起見特遵照 四川軍管區司令部軍役天字第二二號訓令丙項規定成立聯保出征抗敵軍人家屬優待委員會訂定簡章

第二条 聯保優待委員會以聯保主任及聯保倉儲委員會委員暨當地公正士紳共同組織推選五人至七人并由各委員中推選二人為常务委員一人為主任委員負責主持隸屬于縣優待委員会

第三条 本縣壯丁經縣政府檢驗合格收編入營後即由各聯保將該壯丁家屬調查確實依遵案由縣優待會發給優待谷外有非本人不

能維持最低生活者得由聯保優委會依照優待會標準籌募捐法

第二項規定酌募捐款以補助之

第四條　本縣出征壯丁優待費額標準除別有規定之外照（概）募捐以捐法辦理

第五條　聯保優待委員會除捐募現金發別有規定外各代耕帮工代買

種贈送生活必需物品並出征壯丁父母死亡為之代營喪葬及

簡切而又崇敬之優待以捐法亦得斟酌當地實際情形盡

量以捐輸

第六條　民國所頒積谷優待以捐法既與前列各項優待條例仍照原案

以捐輸

第七條　出征抗敵軍人家屬仍照二十七年十二月三十一日公佈優

待出征抗敵軍人家屬條例以捐輸

第八條　本簡章自公佈之日施行並呈報　軍管區備查

温江县出征抗敌军人家属优待委员会关于确定出征壮丁家属优待费发放日期致苏镇联保处的函

（一九三九年五月二十五日）

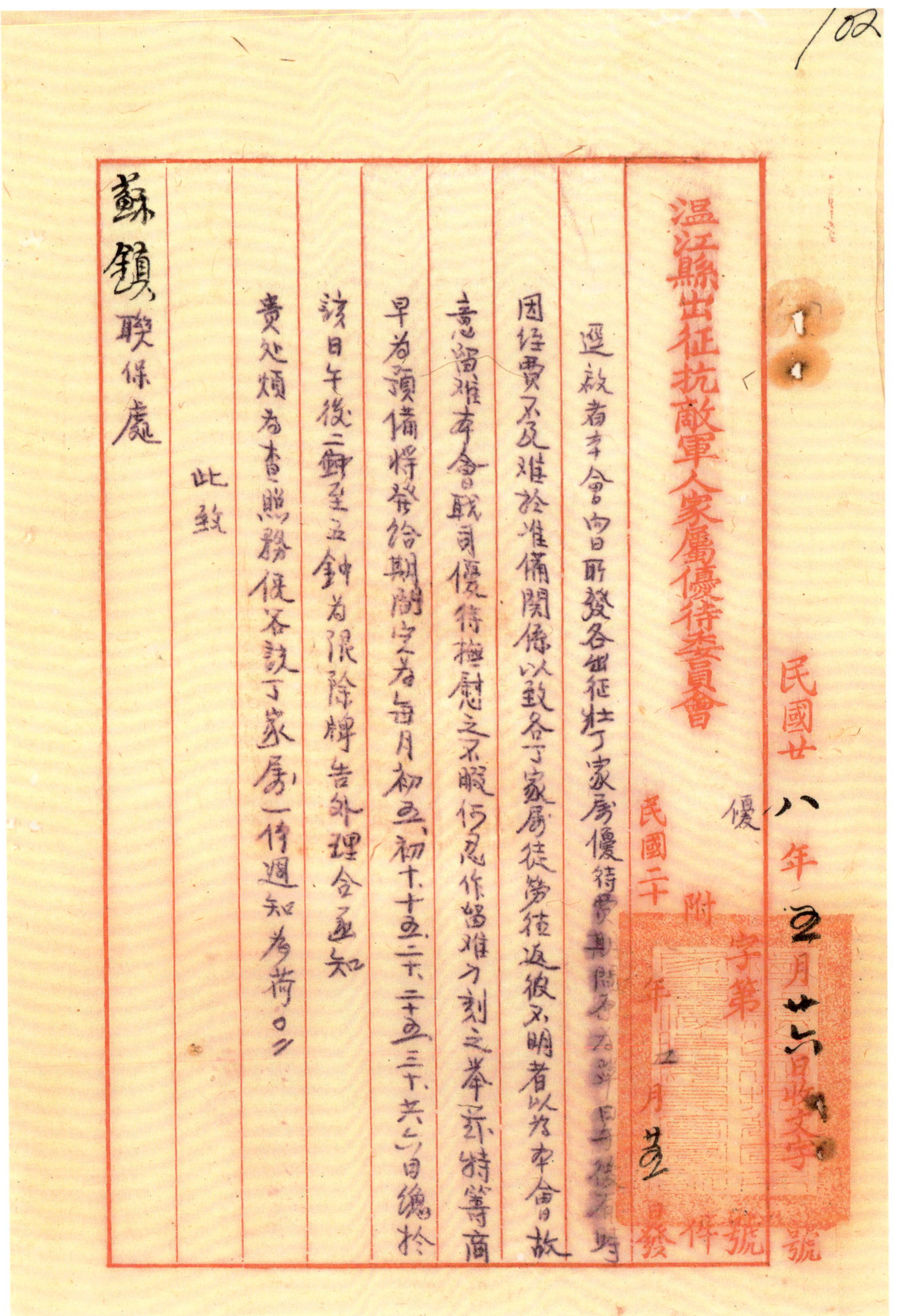
102

温江縣出征抗敵軍人家屬優待委員會

民國廿八年五月廿六日收文字　號

優　字第　號

民國二十　年五月廿五日發

附件

逕啟者本會向日所發各出征壯丁家屬優待費其間有不[illegible]時因經費不及難於準備關係以致各丁家屬徒勞往返彼不明者以為本會故意留難本會職司優待撫慰之不暇何忍作留難刁刻之舉茲特籌商早為預備將發給期間定為每月初五、初十、十五、二十、二十五、三十、共六日總於該日午後二鐘至五鐘為限除牌告外理合函知

貴處煩為查照務促各該丁家屬一體週知為荷。

此致

蘇鎮聯保處

温江县出征抗敌军人家属优待委员会关于确定发放优待军人家属积谷日期致苏镇联保优待委员会的训令（一九三九年五月二十七日）

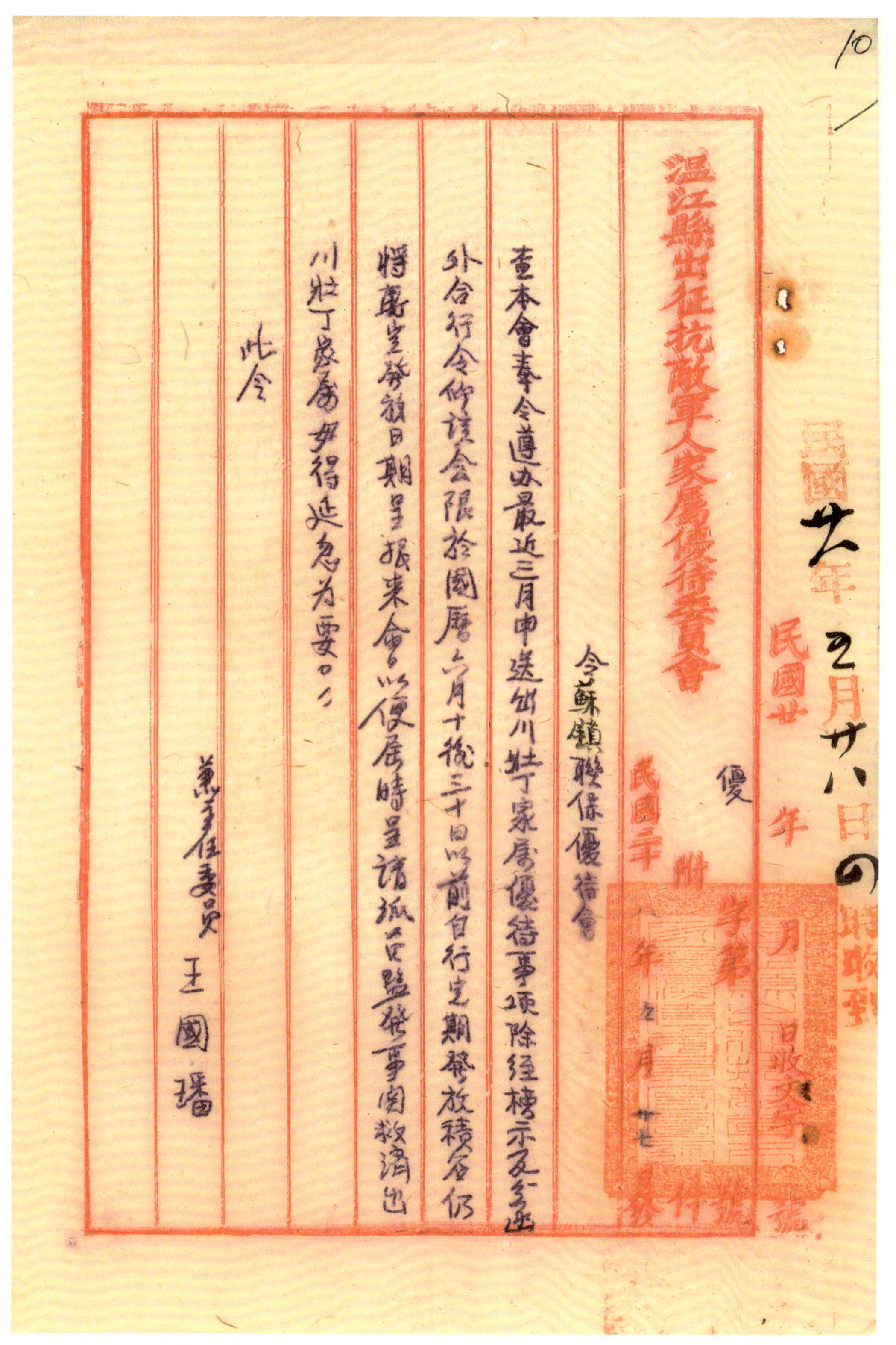

温江縣出征抗敵軍人家屬優待委員會

令蘇鎮聯保優待會

查本會奉令遵辦最近三月申送出川壯丁家屬優待事項除經榜示及分函外合行令仰該會限於國曆六月十號三十日以前自行定期發放積谷仍將所定發放日期呈報來會以便屆時呈請派員監發事關救濟出川壯丁家屬毋得延忽為要。

此令

兼主任委員 王國璠

民國廿八年五月廿八日

温江县政府关于转知对死亡壮丁遗族给予救济致苏镇联保处的训令（一九三九年五月二十九日）

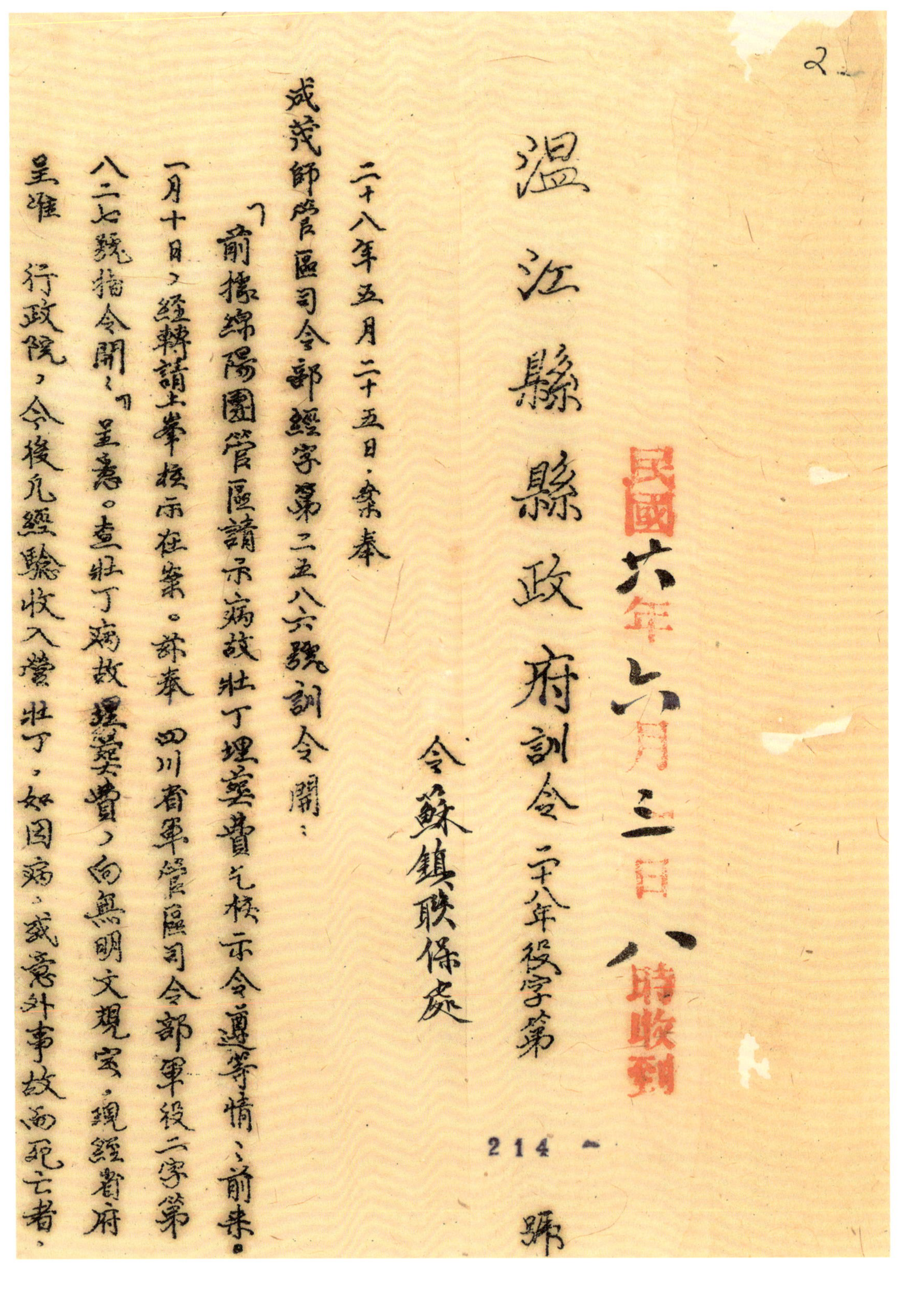

2

温江縣縣政府訓令　二十八年役字第　號

民國六年六月三日八時收到

214

令蘇镇联保處

二十八年五月二十五日·案奉

戍茂師管區司令部經字第二五八六號訓令開：

「前據綿陽團管區請示病故壯丁埋葬費乞核示令遵等情；前來。一月十日」經轉請上峯核示在案。茲奉　四川省軍管區司令部軍役二字第八二七號指令開：「呈悉。查壯丁病故埋葬費，向無明文規定，現經省府呈准

行政院，今後凡經驗收入營壯丁，如因病、或意外事故而死亡者，

一律由縣優待委員會於優待基金項下，給予其遺族救濟費式拾元，於月終列入省府頒發之優待出征軍人家屬月報表內報核，此案已由省府通飭遵辦在案，仰即轉飭遵照。此令。等因奉此。除分行并逕令成都園區各縣市遵照辦理外，合行令仰遵照，并轉飭所屬一體遵照為要！此令。」

等因；奉此。除分行并令優待委員會遵照外，合行令仰該處即便遵照，并轉飭所屬一體遵照為要！」

此令。」

中華民國二十八年五月　日

中華民國廿八年五月廿九日

縣長　王國璠

監印　趙洪源
校對　趙玉笙

温江县出征抗敌军人家属优待委员会关于查核确认陈少明、张治春出征抗敌军人身份致苏镇联保处的公函

（一九三九年六月八日）

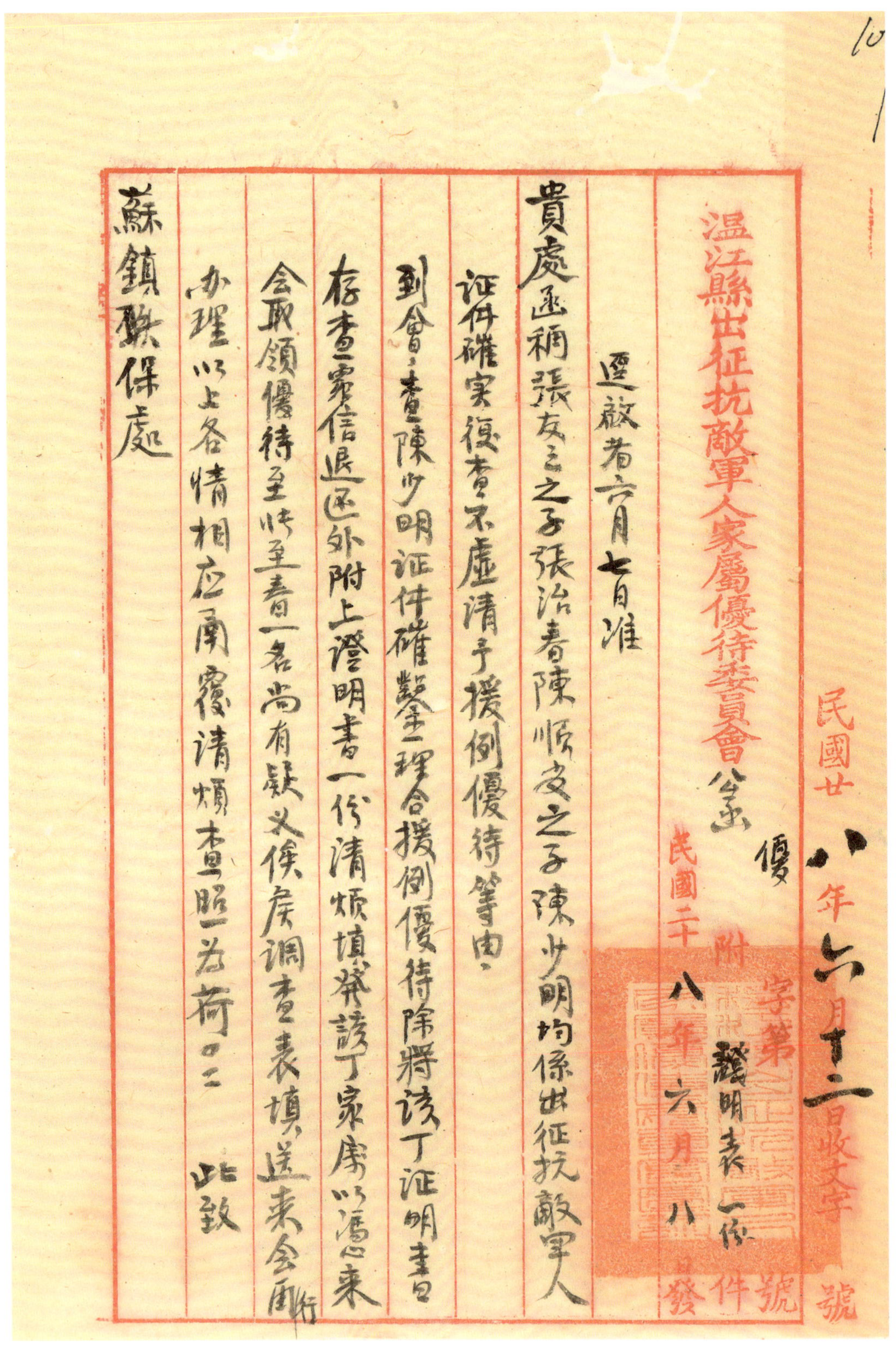

温江縣出征抗敵軍人家屬優待委員會公函

民國廿八年六月十二日收文字　號

民國二十八年六月八日發　優字第　號　附件證明表一份

逕啟者六月七日准

貴處函稱張友三之子張治春陳順安之子陳少明均係出征抗敵軍人證件確實復查不虛請予援例優待等由

到會查陳少明證件確鑿理合援例優待除將該丁證明書存查原信退還外附上證明書一份請煩填發該丁家屬以憑來會取領優待至張治春一名尚有疑義俟另調查表填送來會再行辦理以上各情相應函復請煩查照為荷　此致

蘇鎮聯保處

温江县出征抗敌军人家属优待委员会关于优待积谷发放事宜致苏镇联保优待委员会的训令（一九三九年七月六日）

107

温江縣出征抗敵軍人家屬優待委員會訓令　優字第　號　附件

民國廿八年七月九日收文字　號

民國二十八年七月六日發

令蘇鎮聯保優待委員會

查本会此次办理特[illegible]物质優待，業經以優字第[illegible]

苏为图便利各丁家属负责人困，特令飭該会斟酌地方情形自行定期每月發谷兩次，并須將所定日期呈報来会，以便轉請派員届時到場監發。但已領一季者必須待至期滿三月持憑单来会換取領據後，始得由行發給下季之。至該会所發積谷應仍仰于每月終將領據彙呈來会以憑轉報為要。

此令

主任委员　王國璠

温江县第一区区署关于抄发请领恤金须知致苏镇联保主任王公度的训令（一九三九年七月十五日）

温江县政府第一区署训令　廿八年民字第56号

令苏镇联保主任王公度

区署 廿八年七月十六日 收到

二十八年七月十五日发

案奉

县府同年民字第九六四号训令开：

「案奉　四川省政府同年民三字第二〇五六四号训令开：案奉国民政府军事委员会本年五月廿一日办制渝字第四六〇号训令，颁发请领卹金须知，并将前订请领特金须知予以废止，饬即转饬知照。等因，奉此。除分行外

專員及各市縣政府外，合亟印發請領卹金須知一份，令仰該府即便知照，

并轉飭所屬一體知照。此令。等因；附發請領卹金須知一份。奉此，除分令外，合行

抄發原須知，令仰該署即便知照，并轉飭所屬一體知照。此令。

等因；奉此，除分令外，合行抄發請領卹金須知一份，令仰該主任即便知照，并飭屬

一體知照！

此令。

計抄發請領卹金須知一份

中華民國二十八年七月　　抗旺　　日

區長　吳孝恩

吳孝恩章

附：请领恤金须知

86

請領卹金須知

一、凡由本会直接徑發之特卹金、死亡一次卹金、及負傷第一年年撫金（以下简称卹金）除法令另有規定外其請領手續悉照本須知辦理。

二、領卹人来会請領卹金應備具領據（領據式樣附後）并覓取舖保一家或保証人一人以上填具保証書（保証書式樣附後）呈送本会徑查無訛即行發款其舖保或保証人之資格如左：

甲本会駐在地舖保舖保以本会駐在地之商店保人必須該店舖主人或經理填

具保证书签名盖章并加盖店铺牌号书东园记店铺营业资本必须超过其所保金额之一倍以上，店铺资金不足时得另加店铺一家联合担保。

乙、非本会驻在地铺保须觅人如未能找到本会驻在地之铺保，得由本人觅具其他地点之商店保证，但须经本会驻在地之商会或商店证明。

丙、原属长官保证人由该员佐或已故员兵直属部队机关长官填具保证书签名盖章并盖印信，官佐由高一阶级以上主官保证，士兵得由连长以上保证

丁、原籍（或现住地）地方保证人由该员佐或已故员兵原籍（或现住地）区长及保甲长填具保证书联合签名盖章并盖用区公所印信（如系区长区公所者改用乡镇长乡镇公所亦可）或乡镇政府印信。

戊、其他保证人得由中央直辖各院会部及军事委员会直辖各机关（承办抚恤机关人员除外）文官荐任职以上武官校官以上二人保证，但此项保证人之官阶须较高于该员佐或已故员兵之原阶级，其保证人之身份并须由原属机关主官盖用印信签章以证明。

己、舖保或保証人之資格係本会主任委員特准者。

凡合於右列甲、乙、丙、丁、戊、己之項資格之者均得填具保証書保証領卹

二、卹金由各省縣市等轉發或墊發者，各省縣市政府得按照本須知第二條取具領卹人卹金領據及保証書轉報本会查核，將卹金寄交各該省縣市政府轉發或歸墊，其卹金給與全由各該省縣市政府加盖卹金由各該省縣市政府發訖戳記并註明發款年月日後仍交還領卹金。

前項由各省縣市政府按照第二款取具之保証書其甲、乙、丙項之商店商会可改為轉發（或墊發）機關駐在地之商店商會即由轉發（或墊發）機關負查對之責并由轉發（或墊發）機關主官加盖印信名章至於卹金全領據內之由轉發（或墊發）機關一併加盖印信以備查考。

四、領卹人來會請領卹金依照本須知第二條規定備具領據及保証書并攜同該保証人

員呈奉准給卹文件直接前赴本會第二處具領卹金，其卹金與給令內由本會第三處加蓋卹金由本會發給記戳記，并註明發欵年月日後，仍交還領卹人。至其他書據文件仍由本会分別存轉。領卹人必須親自來處具領，不得託人代領，但經本会主任委員特准者不在此限。

五、領卹人如因道遠請領不便，得按照本須知第二第四條兩條規定備具領據及保證書，函檢同奉准給卹文件，并書明詳細郵匯地址，呈請本会交由銀行或郵局匯寄，其卹金郵匯費由本会支銀，不在卹金內扣除。

六、卹金給與後，如發生身分爭執，分配爭執，以及盜領冒領等情弊，保證人應負法律上一切責任。

七、本須知經呈奉

軍事委員会核准後施行。

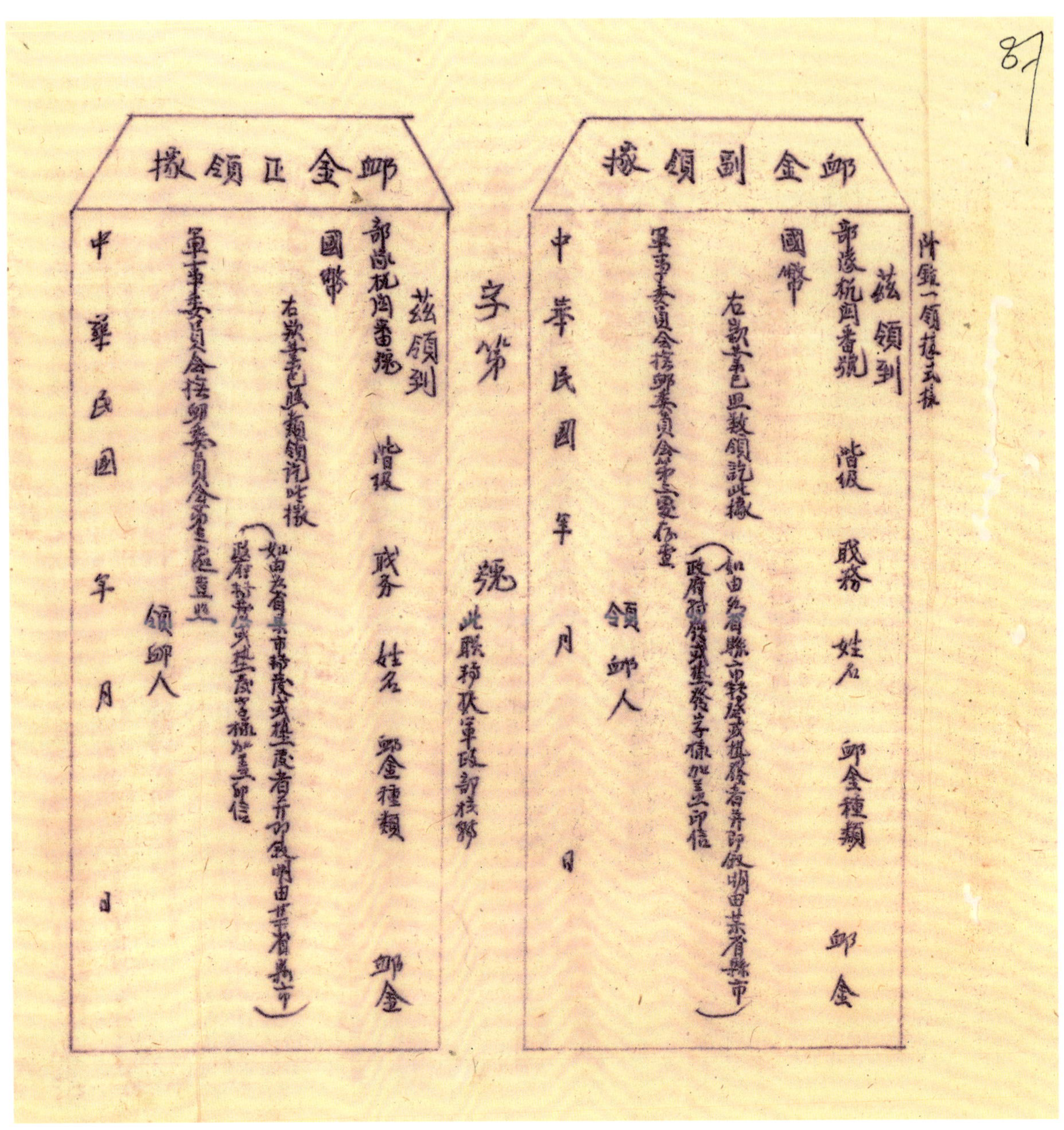

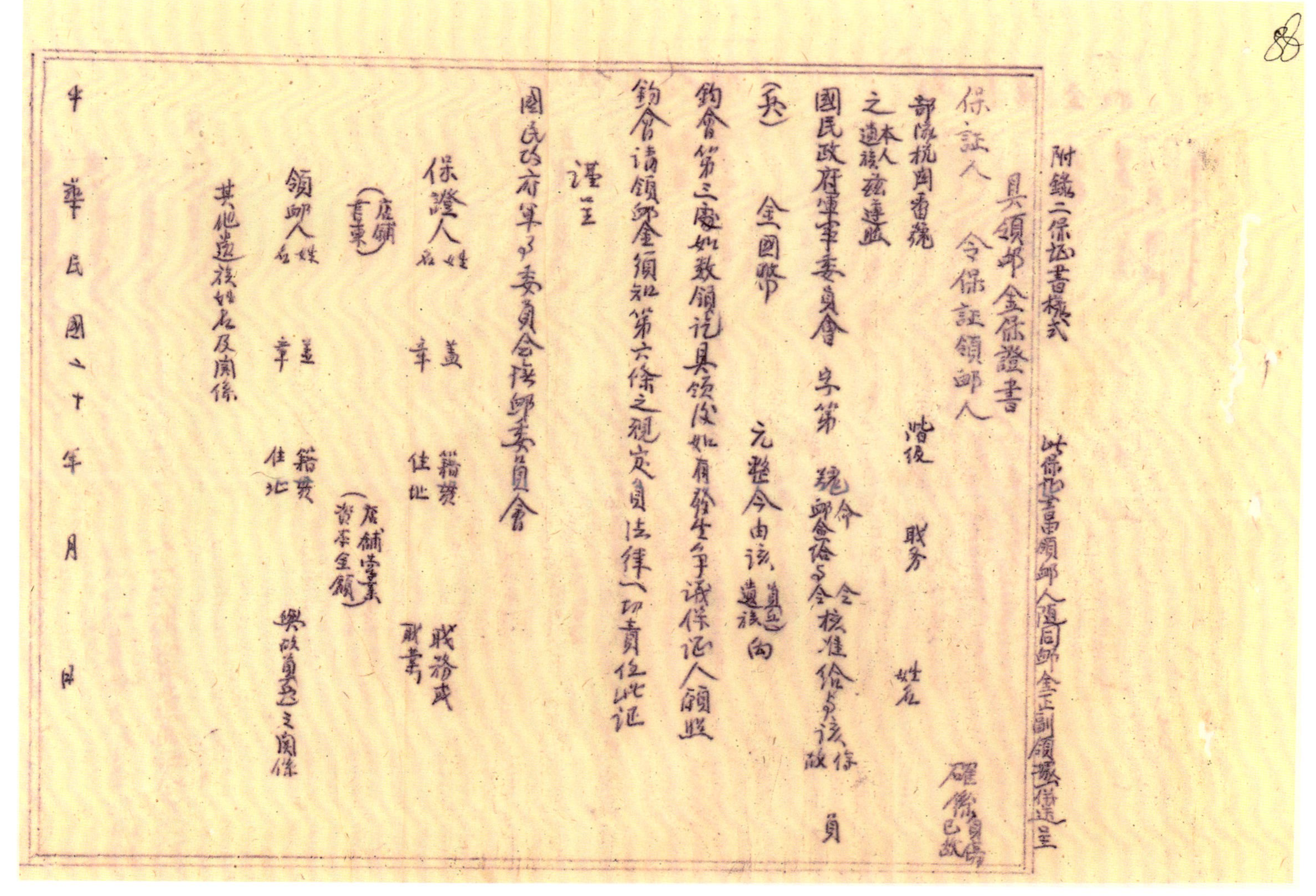

附錄二保証書樣式

此保証書由領卹人填同卹金正副領據備送呈

具領卹金保證書

保証人　令保証領卹人

部隊機關番號　階級　職務　姓名　確係自願已故

之本人遺族孫達盛

國民政府軍事委員會　字第　號令卹金令係令核准給與該係故　員

（共）　金國幣　元整今由該遺族（自己）向

鈞會第三處如數領訖具領後如有發生爭議保証人願與

鈞會請領卹金須知第六條之規定負法律上（切）責任此証

謹呈

國民政府軍事委員會撫卹委員會

保證人　姓名　蓋章　籍貫　住址　職務或職業

（店鋪股東）　（店鋪營業資本金額）

領卹人　姓名　蓋章　籍貫　住址　與故員（兵）之關係

其他遺族姓名及關係

中華民國二十　年　月　日

温江县政府兵役科关于寄送周青云阵亡乙种调查表致苏坡桥联保主任王公度的函及王公度复函

（一九三九年九月二十九日）

茲寄上貴鎮十二保周青云陣亡乙種調查表一份，即希將該兵遺族鄰人填名（并蓋章，如無章即用手印）後速爲送還，以便轉發爲要。

此致

蘇坡橋聯保主任王公度

附表一份

科 九、廿九

溫江縣縣政府兵役科之圖記

溫江縣縣政府用箋

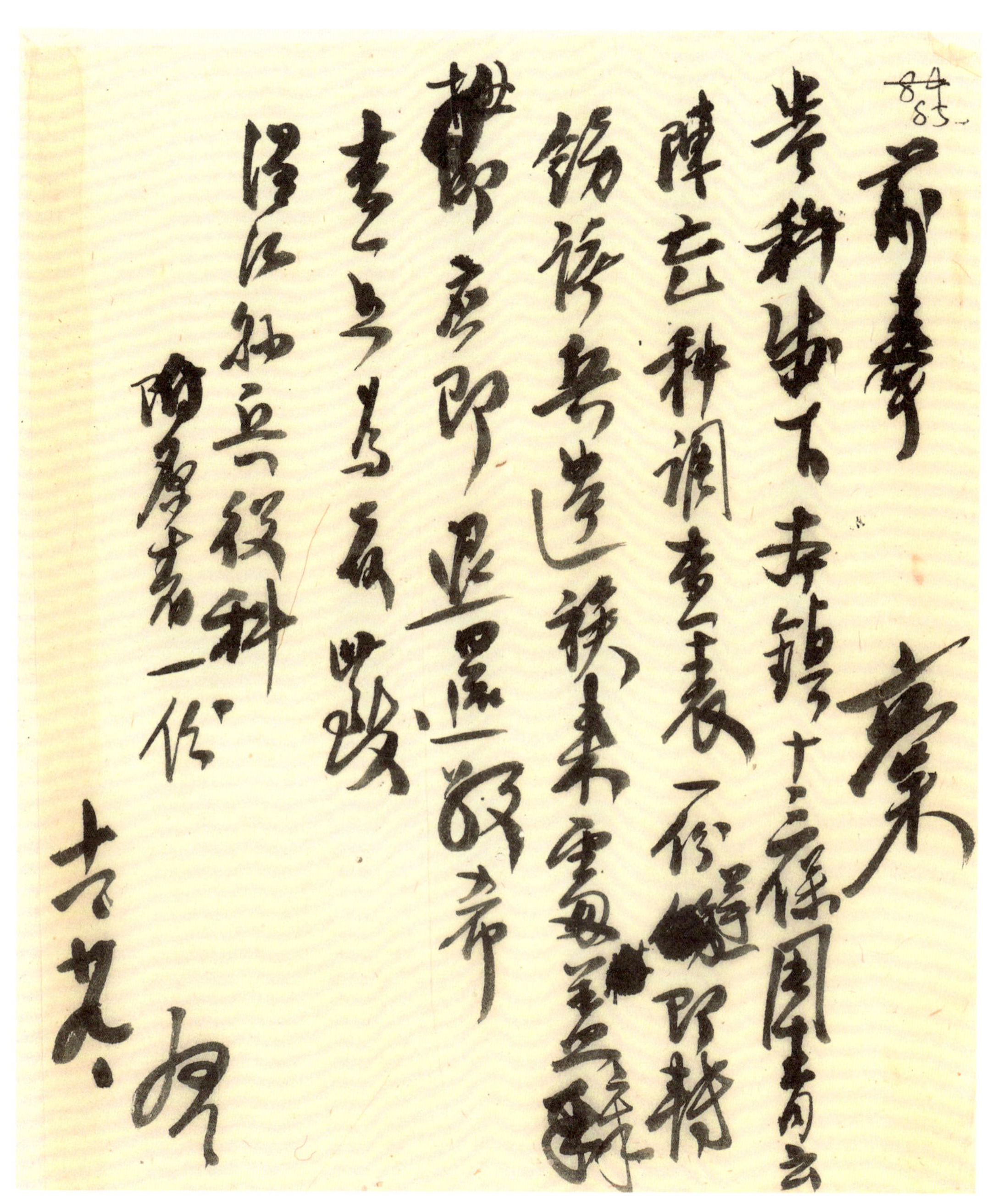

附：陆军战时、平时死亡士兵乙种调查表

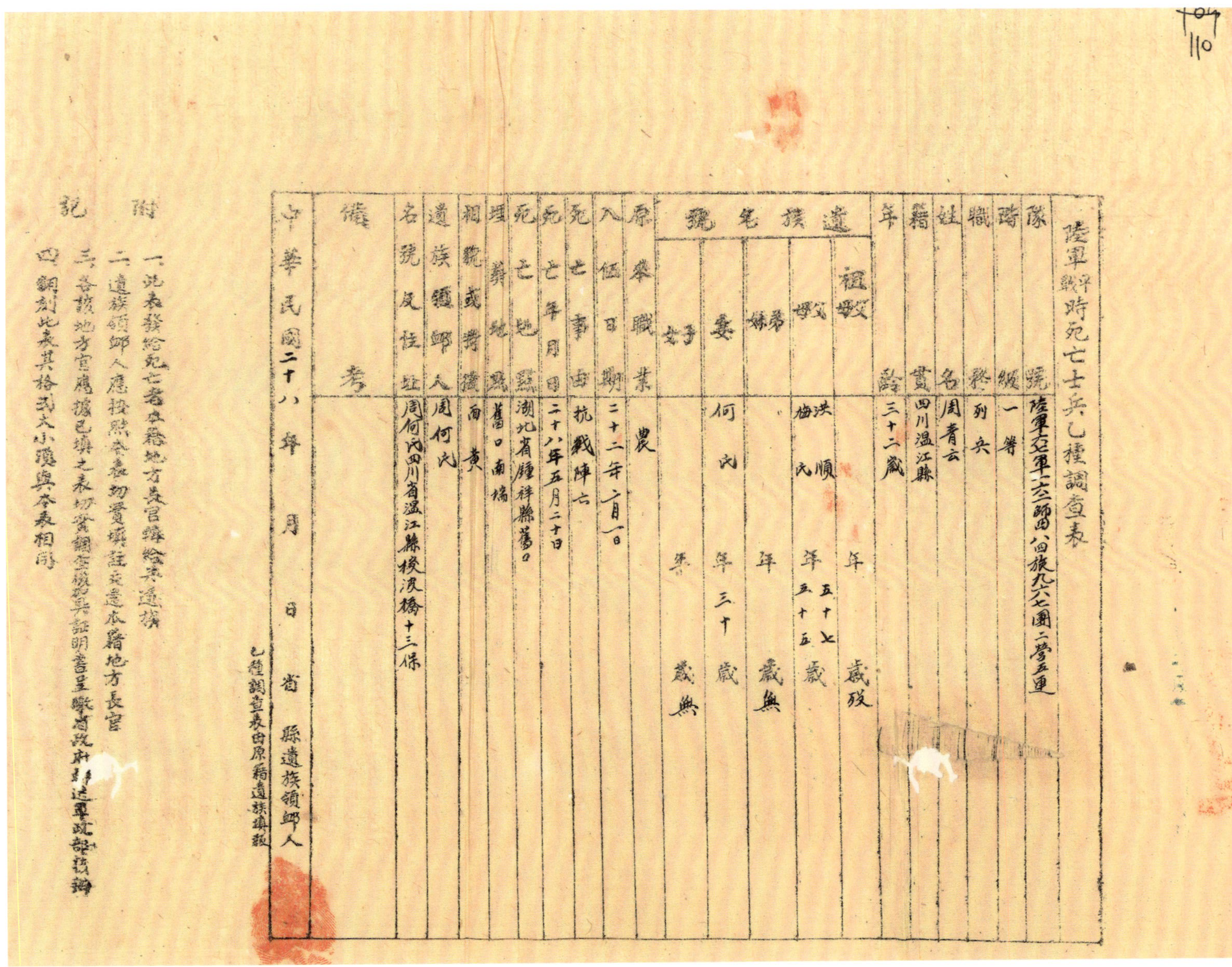

陸軍戰（平）時死亡士兵乙種調查表

隊號	陸軍六七軍一六三師四八四旅九六七團二營五連
階級	一等
職務	列兵
姓名	周青云
籍貫	四川温江縣
年齡	三十二歲
遺族（祖父母）	年　歲　歿
遺族（父母）	洪順　年五十七歲；梅氏　年五十五歲
遺族（兄弟姊妹）	年　歲　無
遺族（妻）	何氏　年三十歲
遺族（子女）	年　歲　無
原業職業	農
入伍日期	二十二年一月一日
死亡事由	抗戰陣亡
死亡年月日	二十八年五月二十日
死亡地點	湖北省鍾祥縣舊口
埋葬地點	舊口南端
相貌或特徵	面黄
遺族領卹人	周何氏
名號及住址	周何氏　四川省温江縣梭波橋十三保
備考	

中華民國二十八年　月　日　　省　縣遺族領卹人

乙種調查表由原籍遺族填報

附記

一、此表發給死亡者本籍地方長官轉給其遺族

二、遺族領卹人應按照本表切實填註並逕送本籍地方長官

三、各該地方官應據已填之表切實調查後與證明書呈繳省政府轉送軍政部核辦

四、翻刻此表其格式大小須與本表相同

保結式樣

具保結保甲長　　今向

温江縣縣政府保得故兵員　　遺族祖父　　年　　歲（殁存）祖

母　　氏年　　歲（殁存）父　　年　　歲（殁存）母　　氏年　　歲（殁存）

妻　　氏年　　歲（如已改醮應即填明）子　　年　　歲女

年　　歲弟　　年　　歲妹　　年　　歲確

係屬實倘有捏報朦蔽等情一經查出保甲長甘受懲處并該遺族

以後如有變更仍當隨時報告所保是實須至保結者

具保結人某縣某區某保　保長姓名　（印）

某甲甲長姓名　（印）

中華民國　　年　　月　　日

附記　一、此保結應填三份一份存縣府一份呈　省府分别存轉。

二、遺族姓名年歲應詳細查明填報不准含混。

三、具結人如係保長即填保長二字如係甲長即填甲長二字下仿此陣亡人如係軍官即填故員二字如係列兵即填故兵二字遺族人如尚存在即填一「存」字如已亡故即填一「殁」字不得并錄。

温江县兵役协会关于查明填报出征军人家属李戴氏由郫县迁居温江苏波桥联保情事致苏波桥联保分会的训令
（一九四〇年一月）

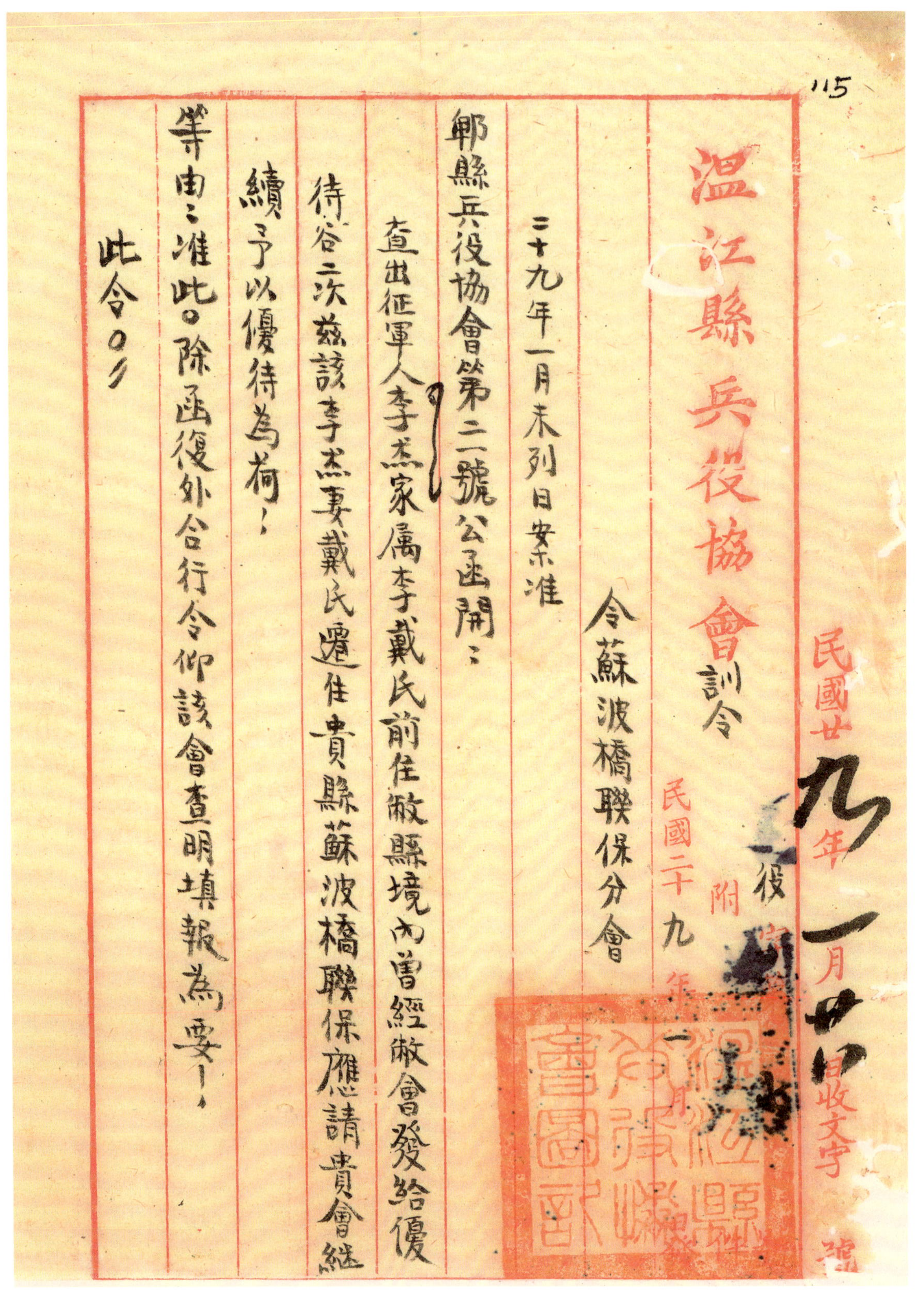

115

温江縣兵役協會訓令　役字第　號

民國廿九年一月廿日收文字　號

民國二十九年一月　日　附

令蘇波橋聯保分會

二十九年一月未列日案准

郫縣兵役協會第二一號公函開：

查出征軍人李杰家屬李戴氏前往敝縣境內曾經敝會發給優待谷二次茲該李杰妻戴氏遷住貴縣蘇波橋聯保應請貴會繼續予以優待為荷！

等由；准此。除函復外合行令仰該會查明填報為要！

此令。

116

主任委員 王國堦

副主任委員 陳樹培

温江县政府关于奉电抄发战时儿童保育会儿童调查表致苏镇联保主任王公度的代电（一九四〇年三月四日）

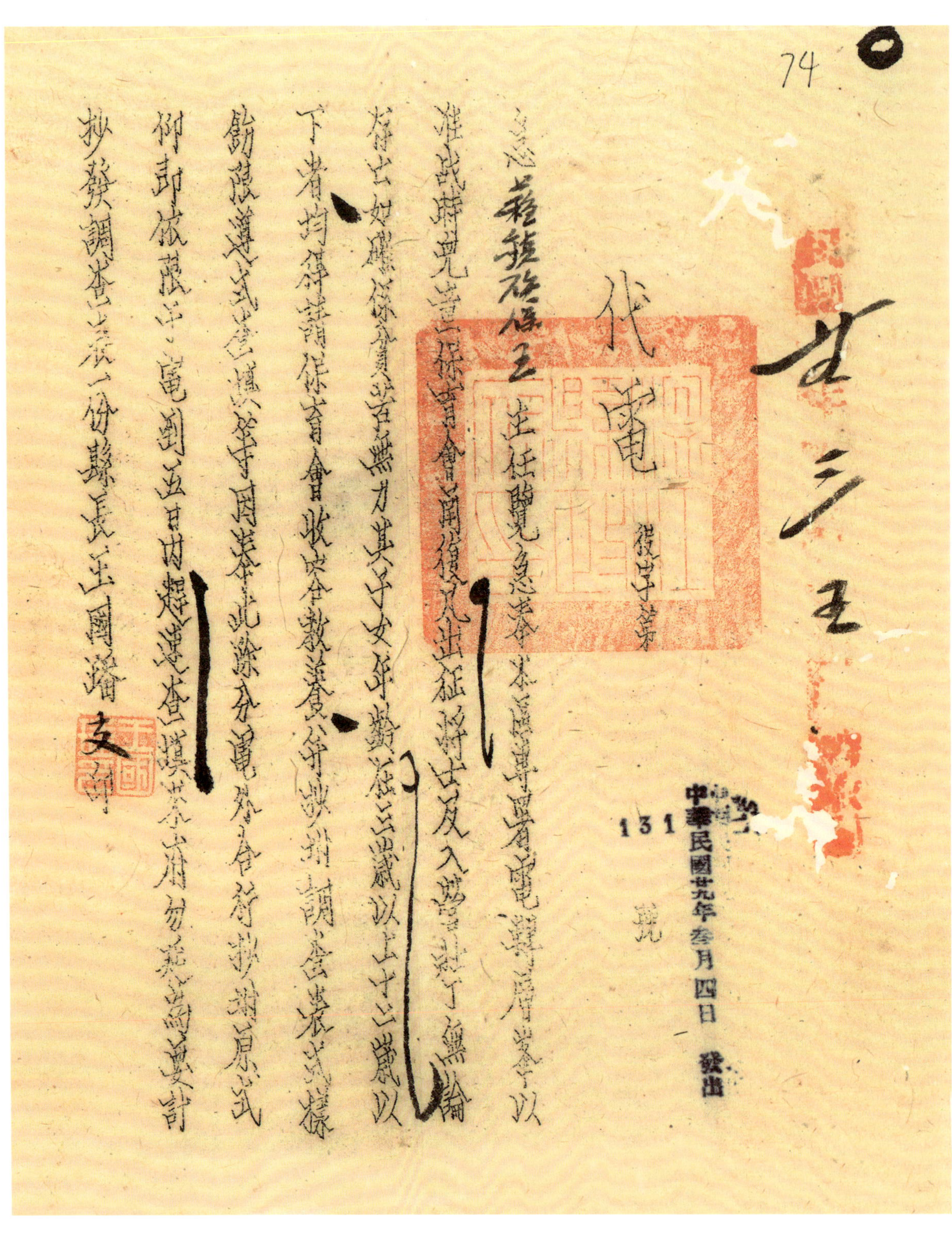
廿三 王

代電 復字第 號

急。蘇鎮聯保王主任覽：急。案奉本區專署寅有電開：「案奉省府寅[illegible]代電以
准戰時兒童保育會函，復以出征將士及入營壯丁，無論
存亡，如確係貧苦無力，其子女年齡在三歲以上十三歲以
下者，均得請保育會收容教養，令飭詳細調查表式據
飭遵造表式呈填」等因。奉此，除分電外，合行抄附原式，
仰即依限於電到五日內趕速查填具報來府，勿延為要。計
抄發調查表一份。縣長王國璠支印

131 中華民國廿九年叁月四日 發出

遵節特飭會保查於來處以憑
[illegible]務 二七

戰時兒童保育會兒童調查表

姓名		性別		年齡		籍貫		粘貼相片處
兒童負責者	姓名		職業					
	關係							
	通訊處							
家庭狀況	父名		存亡		職業			
	母名		存亡		職業			
入院以前	所經地點							
	曾從事何業							
通訊處	暫時							
	永久							
出院後入學或工作出院日期何處原因								
		入院日期		何人送來				
	學術程度		年級		日期			
		工作性質			待遇			
			出院日期					
備註								

調查日期　中華民國　年　月　日

温江县政府关于检发程辅平出征抗敌军人家属证明书致苏镇联保处的训令（一九四〇年六月六日）

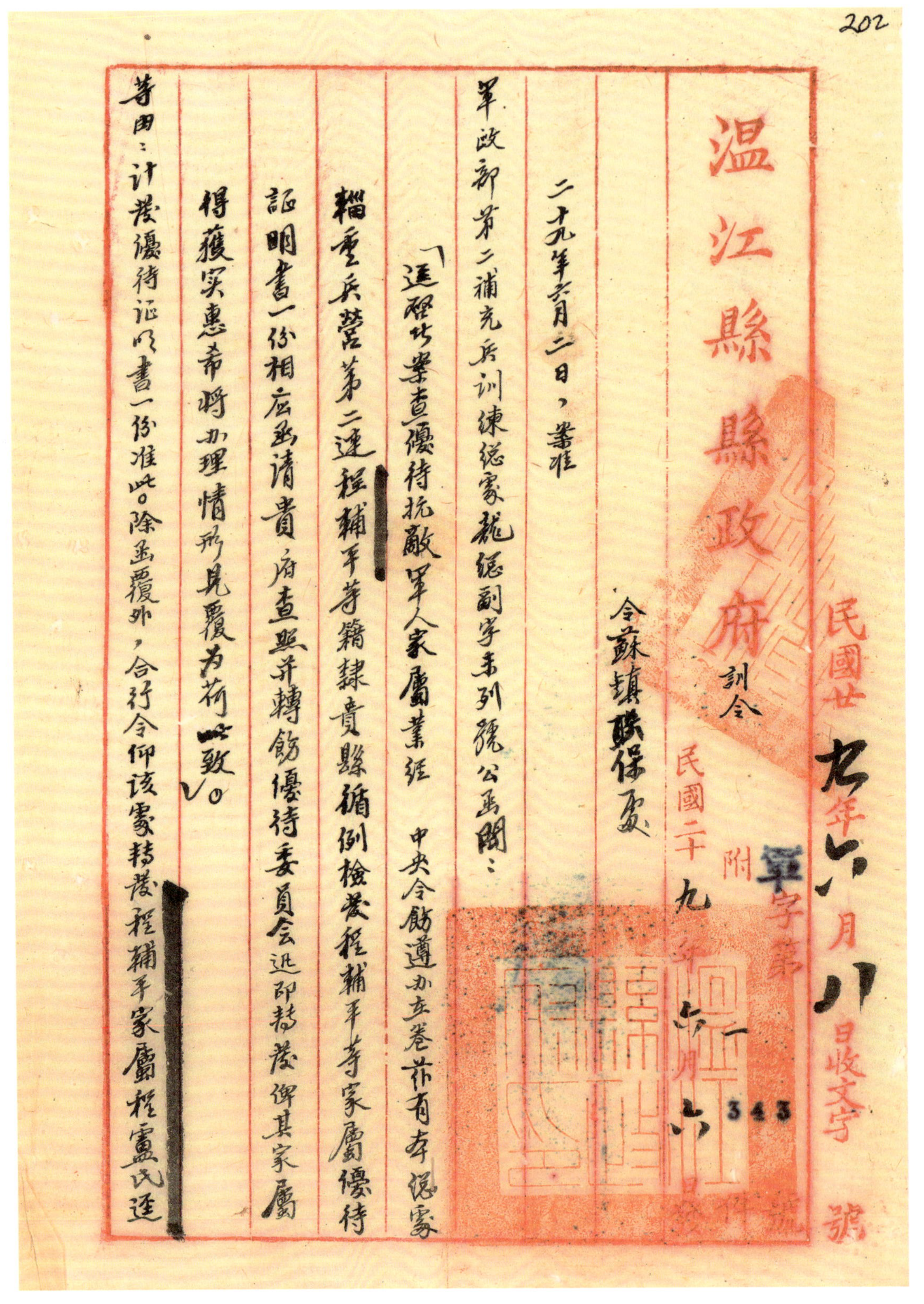

温江縣縣政府訓令

令蘇鎮聯保處

二十九年六月二日，案准

軍政部第二補充兵訓練總隊龍總副字第列號公函開：

「逕啓者，案查優待抗敵軍人家屬業經 中央令飭遵辦在卷。茲有本總隊輜重兵營第二連程輔平等籍隸貴縣，循例檢發程輔平等家屬優待証明書一份，相應函請貴 府查照，并轉飭優待委員会迅即轉發與其家屬得獲實惠，希將办理情形見覆為荷！此致。」

等由；計發優待証明書一份。准此，除函覆外，合行令仰該處轉發程輔平家屬程盧氏遂

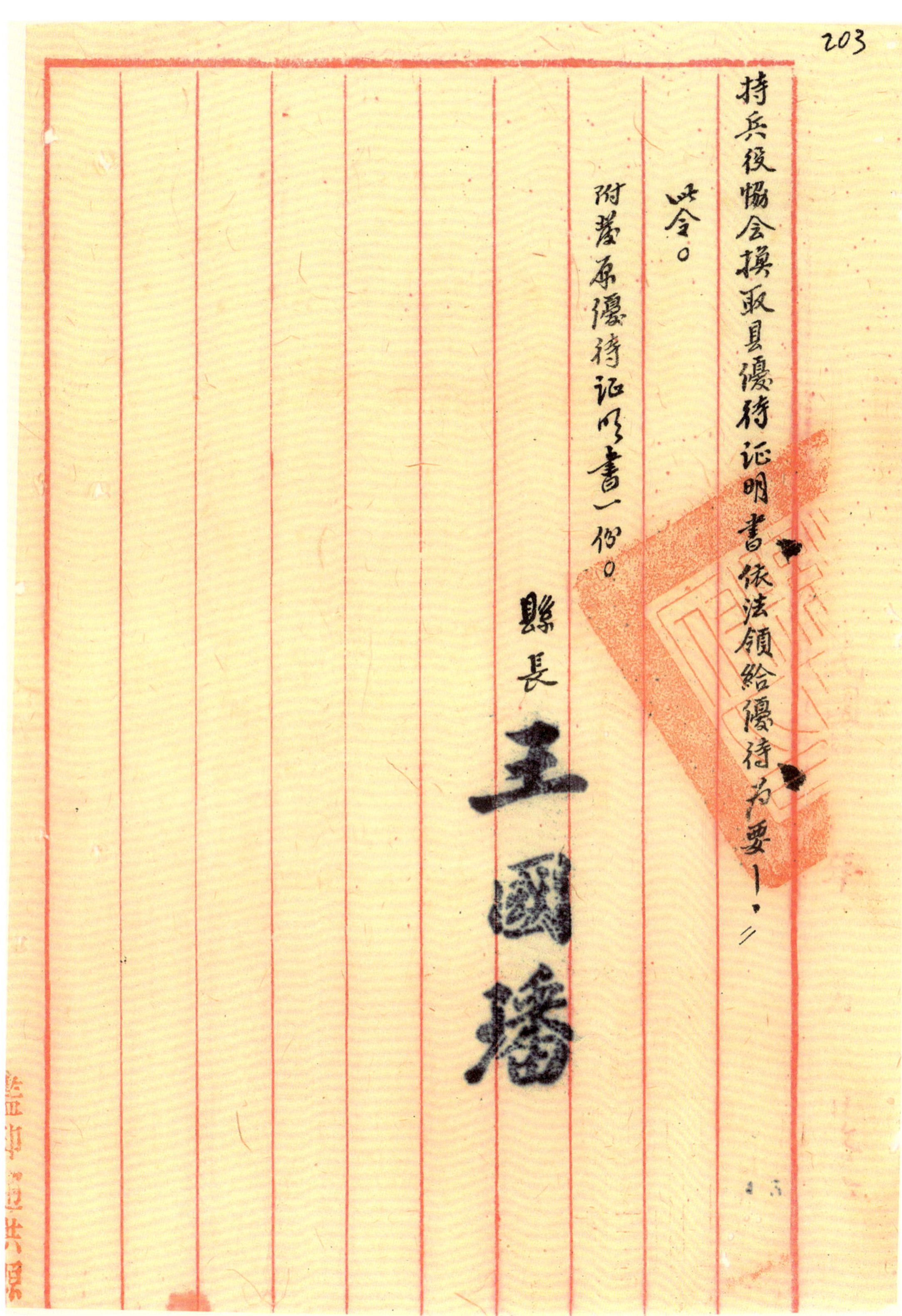

203

持兵役協会摸取县優待証明書依法領給優待為要！ ！

此令。

附發原優待証明書一份。

縣長 王國藩

附：出征抗敌军人家属证明书（程辅平）

總輜二字第任法號

204

出征抗敵軍人家屬證明書

軍政部第二補充兵訓練總處

總輜二字第王七號

茲證明下列表列人民爲本總處輜重兵營第二連中士程輔平之家屬應得享受優待出征抗敵軍人家屬條例所規定之一切權利此證

程輔平家屬表

直系親屬	姓名	別號	年齡	籍貫	職業	現住地址
祖父						
祖母						
父						
母	盧氏		五十八岁	四川	農	溫江蘇正聯保七保
妻						
子						
女						

說明

一、持用此項證明書人以直接參與作戰及調回後方休養整訓軍人軍屬與發入新兵訓練處或常備隊之壯丁及運輸兵現役及其直系血親屬爲限

二、撥入常備隊之壯丁其家屬證明書概由該縣（市）國民兵團發給

三、國民兵團所發之證明書其有效時間除特别情形外普通以三個月爲限

四、新兵訓練處（補充團營）所發之證明書其有效期間除特别情形外普通以六個月爲限

五、出征者之服役機關部隊填發證明書時應直接寄往該出征者家屬住在地之縣（市）優待委員會轉發其家屬收執不得直接發給出征者本人其郵寄費得在其薪餉項下扣除

六、縣（市）優待委員會接到出征者家屬證明書時以當地郵戳爲憑於三日内應即轉發其家屬收執並同時予以優待不得藉故羈延遇後新兵訓練處（補充團營）與常備部隊遞寄該出征者家屬之證明書則依次予以註銷作廢存查以常備部隊所發之證明書爲該出征者家屬依法享受優待之根據

七、此項證明書不得借與他人冒用否則一經查出或被人告發即將該證明書沒收並取消其享受優待之權利冒用人並須依法懲處

八、此項證明書由某機關部隊填發時即用該機關部隊之番號

中華民國二十九年五月　日

温江县兵役协会、苏镇联保兵役协会关于优待壮丁周青云家属周雷氏的一组文件

温江县兵役协会关于准予壮丁周青云之母周雷氏填具证明书换取优待领谷单致苏镇联保兵役协会的指令

（一九四〇年七月二十六日收）

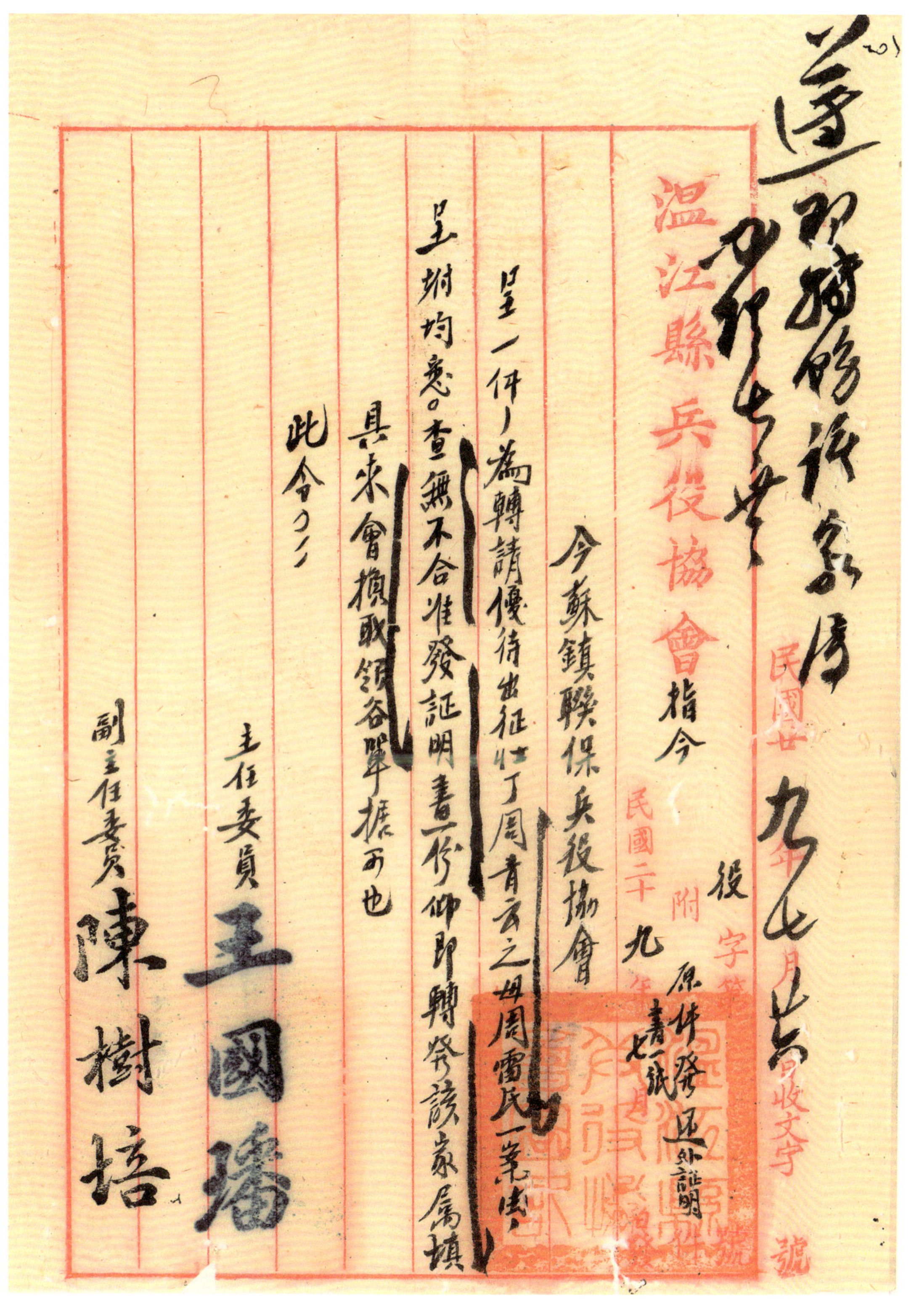

温江縣兵役協會指令 役字第 號

民國廿九年七月廿六日

令蘇鎮聯保兵役協會

呈一件，為轉請優待出征壯丁周青雲之母周雷氏一案由。

呈暨均悉。查無不合，准發證明書一份，仰即轉發該家屬填具來會換取領谷單據可也。

此令。

附：原件發還，外證明書一紙

主任委員 王國璠

副主任委員 陳樹培

王公度致雷古之的信（一九四〇年七月十一日）

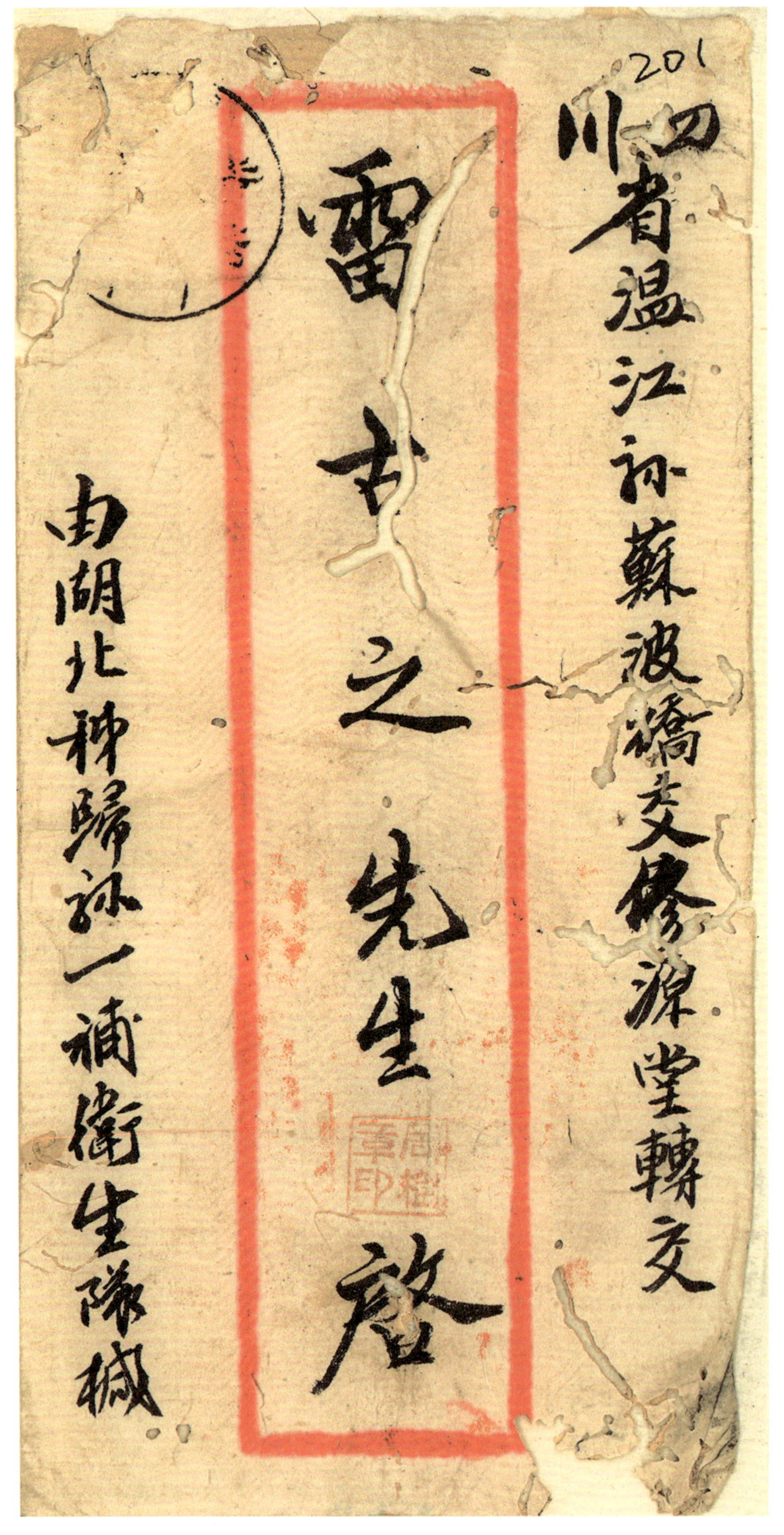

201

四川省温江縣蘇坡橋友修源堂轉交

雷古之先生啓

由湖北秭歸訓一補衛生隊緘

204

第九件

敬稟者：姪居之傳左邊因當此時處伊等周書六姪侍請

之將請傷移各來說和安西皮重之處客[illegible]是之因務存（二兩周述年）

思之請約定 安多拉之修于傷分弟存 客之[illegible]罷之

[illegible]以知益德儀公

叔[illegible]生之伏乞封號以西科

之任之[illegible]

七月廿[illegible]拜

附：周青云家书（一九四〇年六月十八日）

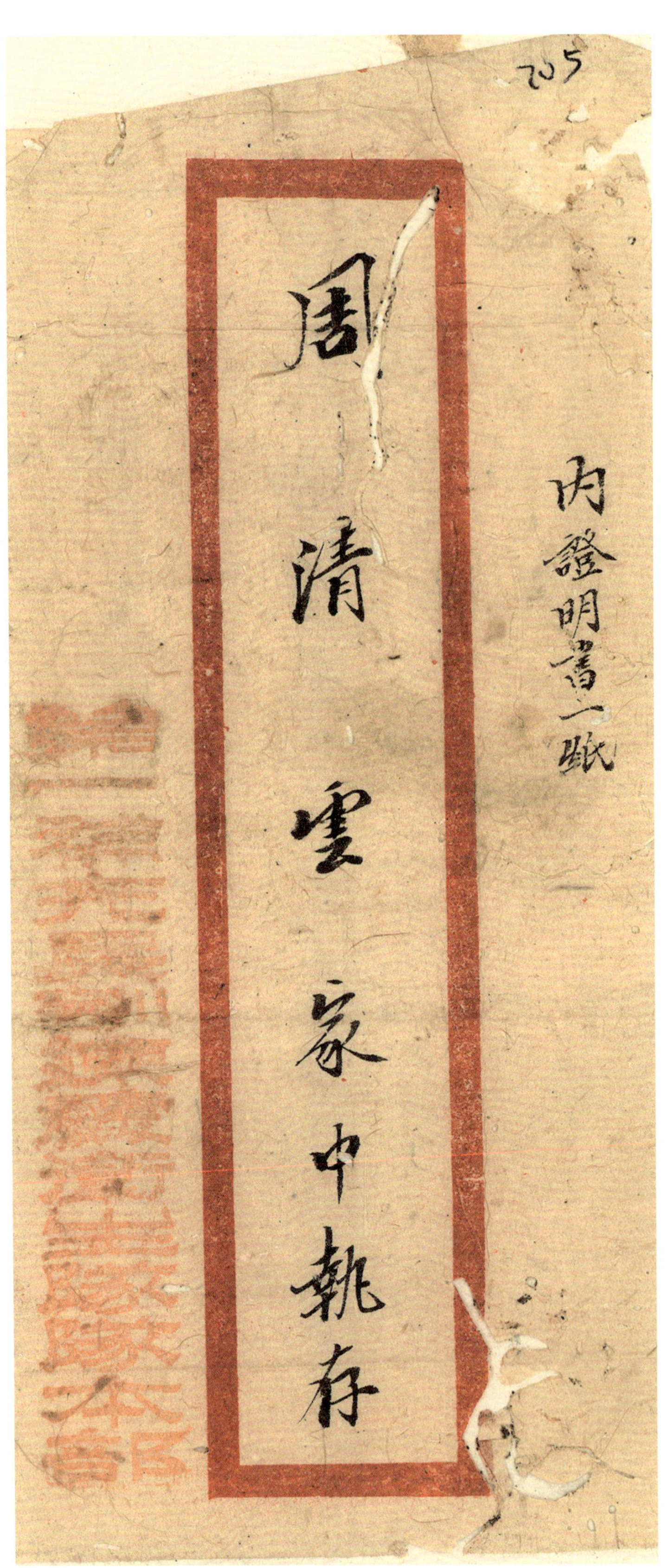
205

周清雲家中執存

內證明書一紙

206

舅母父二位老人家都好嗎？身体健康

若常照理，在我以出川了，家中事

須遥望二位大人照管帮同我們母親

憂心时請千萬勸〻我母，就感德不

完了。謹呈尊前

福安

甥 周青云 拜

周樹章印

六月十四日

207

母親大人敬前跪禀者無別，因男重慶出發現在已經到了湖北秭歸補往營，並莫有到前綫，每日奔跑不過有兩三百里，並且我們又是衛生人員，真是莫有危險的，千望請親不别掛念憂心，我的身体很好的，我們那裡伙食很相因的，又聽說隊伍又要回川往義[illegible]下，若有錢时，馬上就兑鈔回家，好了，

周樹章印

温江县政府关于转发周青云遗族住址单并转知来府承领恤令致苏镇联保办公处的训令（一九四〇年七月三十一日）

附：遗族住址单

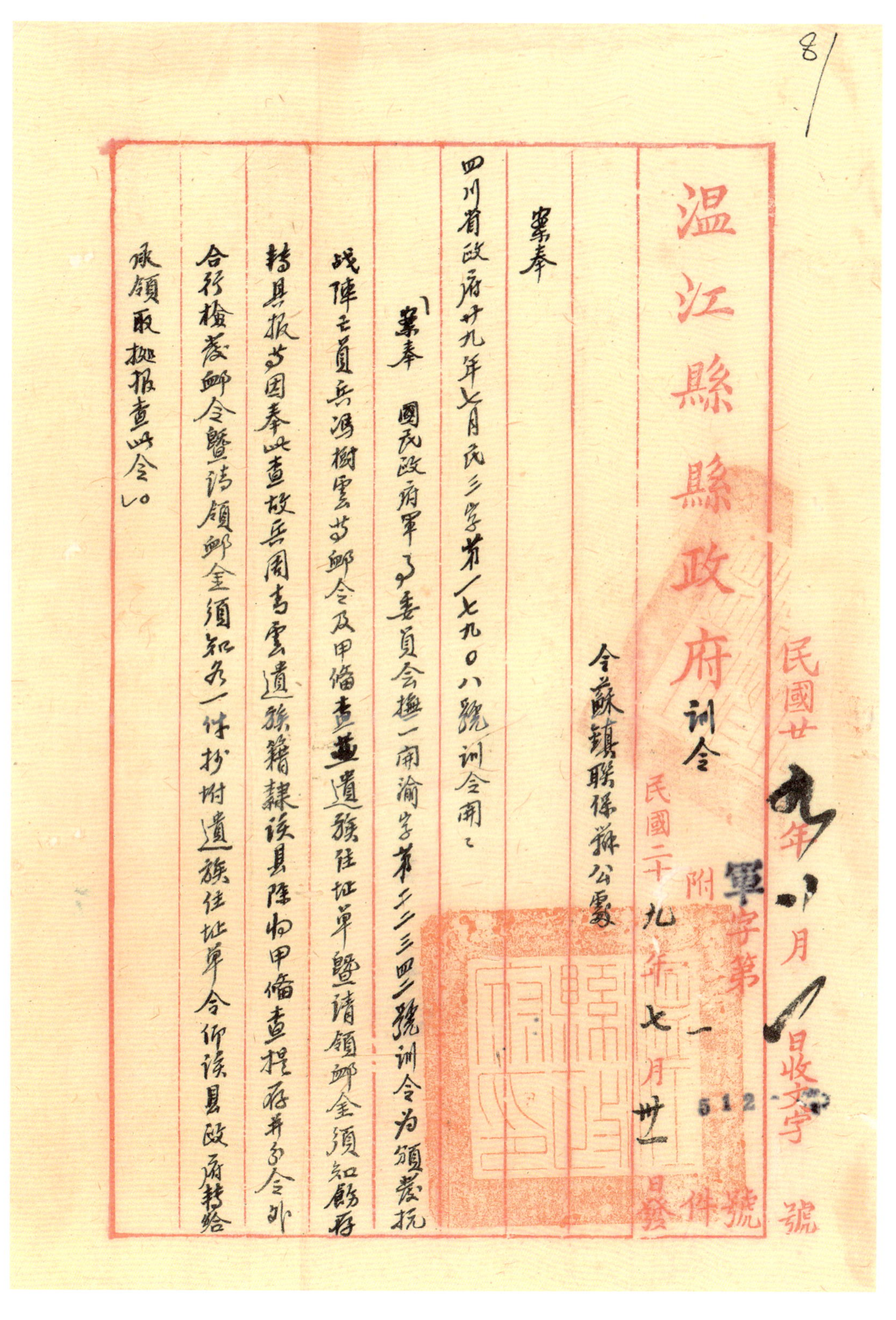

温江縣政府训令

民國廿九年八月 日收文字 號

軍字第 號 附 件

民國二十九年七月卅一日發

令蘇鎮聯保辦公處

案奉

四川省政府廿九年七月民三字第一七九〇八號训令開：

案奉 國民政府軍事委員會撫卹處渝字第二二三四二號训令，為頒發抗戰陣亡員兵馮樹雲等卹令及甲備查遺族住址單暨請領卹金須知，飭將轉縣報等因。奉此，查故兵周青雲遺族籍隸該縣，除將甲備查提存並分令外，合行檢發卹令暨請領卹金須知各一件，抄附遺族住址單，令仰該縣政府轉給承領取據報查。此令。

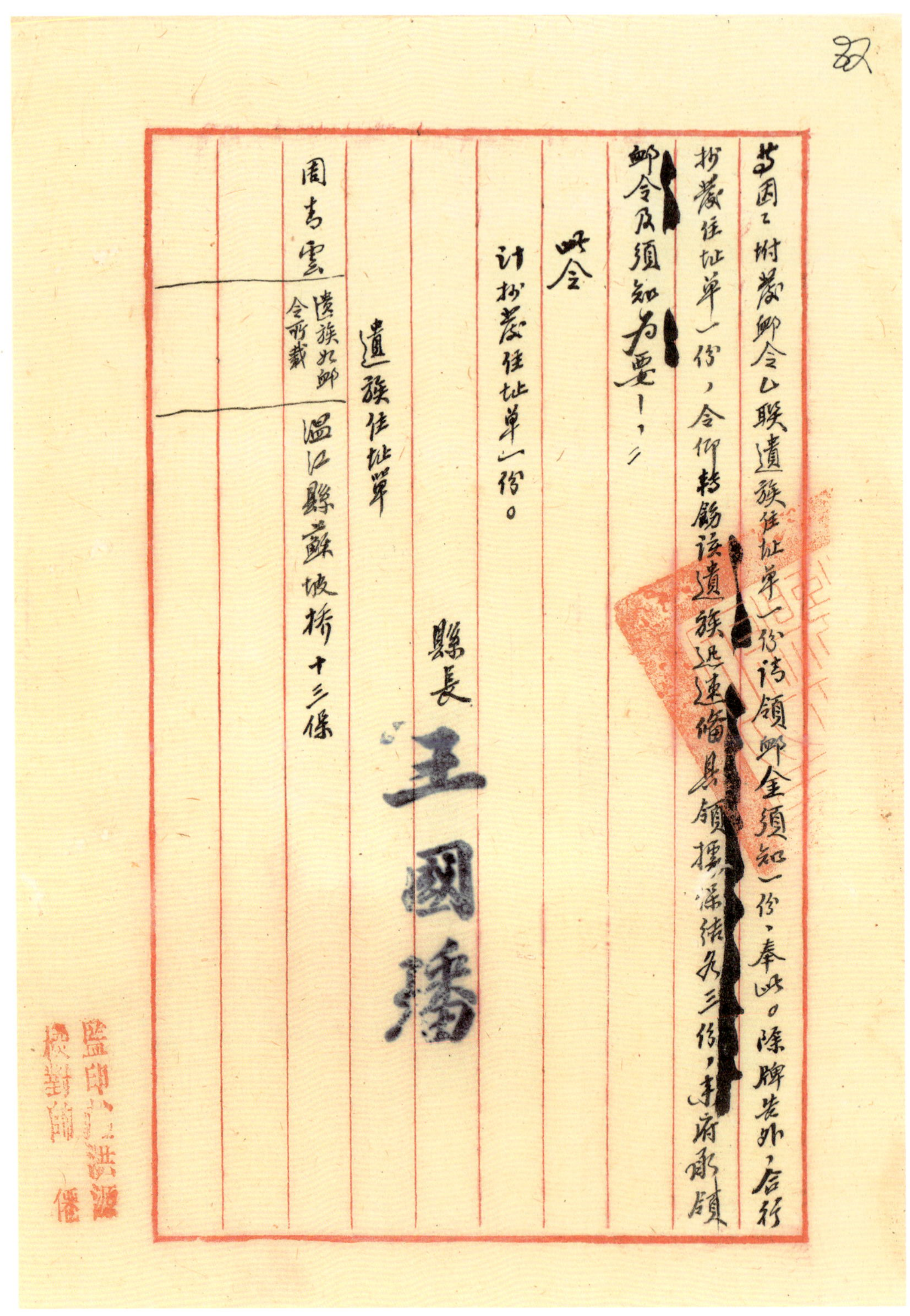
等因，附發卹令乙聯遺族住址單一份、請領卹金須知一份，奉此。除牌發外，合行抄發住址單一份，令仰轉飭該遺族迅速備具領據、保結各三份，賚府承領卹令及須知為要！！

此令

計抄發住址單一份。

縣長 王國藩

遺族住址單

周吉雲	遺族收卹令所載	溫江縣蘇坡橋十三保

温江县政府关于抄发四川省出征军人家属合作社推行方案致苏坡镇公所的训令（一九四〇年八月二十三日）

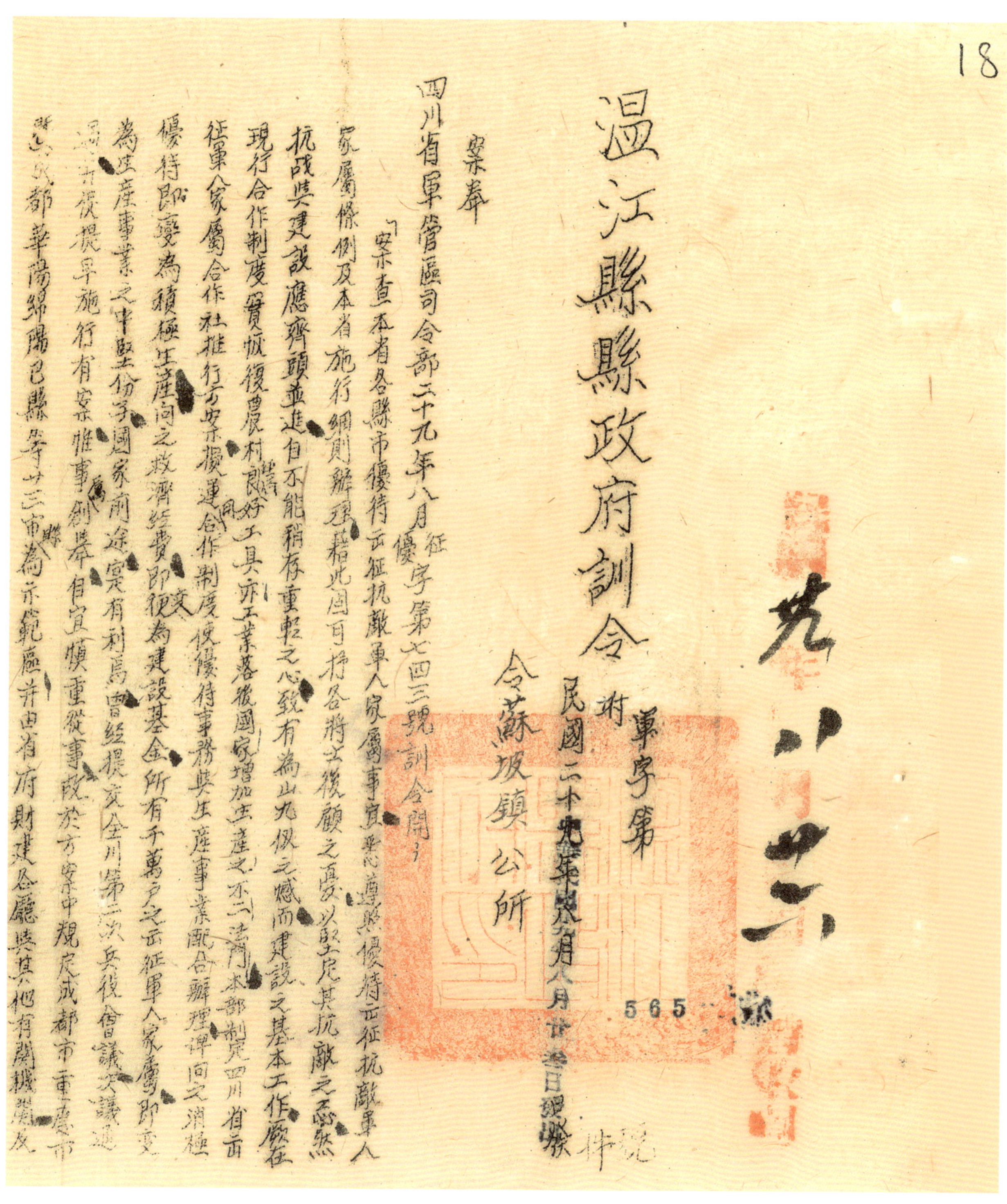

18

温江縣縣政府訓令　軍字第　號

民國二十九年八月廿三日發

令蘇坡鎮公所

案奉

四川省軍管區司令部二十九年八月征優字第七四三號訓令開：

「案查本省各縣市優待出征抗敵軍人家屬事宜，業已遵照優待出征抗敵軍人家屬條例及本省施行細則辦理，藉此固可扶各將士後顧之憂，以堅定其抗敵之志。然抗戰與建設應齊頭並進，自不能稍存重輕之心，致有為山九仞之憾。而建設之基本工作，厥在現行合作制度，實恢復農村，改良工具，亦工業落後國家增加生產之不二法門。本部制定四川省出征軍人家屬合作社推行方案，擬運用合作制度，使優待事務與生產事業配合辦理，俾向之消極優待變為積極生產，向之救濟經費即變為建設基金，所有千萬戶之出征軍人家屬即變為生產事業之中堅份子，國家前途實有利焉。曾經提交全川第二次兵役會議決議通過，并提早施行有案。惟事屬創舉，自宜慎重，發事改於方案中規定成都市、重慶市暨成都、華陽、綿陽[illegible]縣等廿三市縣為示範區，并由省府財建各廳與其他有關機關及

先八廿六

565

本部派員協組四川省出征軍人家屬生產事業貸款會以為監督指導設計之機構，務期切合實際，於有濟且兼優待出征抗敵軍人家屬條例及本省施行細則各項規定並并行不背。除呈報軍政部內政部備查，分令各師團管區各專員公署知照外，合亟檢發四川省出征軍人家屬合作社推行方案一份，仰該府即遵照規定，速督率鄉鎮長依照表式調查境內出征軍人家屬之經濟、丁口、生產能力等項，并擬具征屬合作社業務計劃書、收支概算書，於文到三月內辦齊呈部，候核事關役政，幸勿延誤，是為至要。

此令。

等因；計附發四川省出征軍人家屬合作社推行方案一份。奉此。除分令外，合行令仰該所即便遵照規定，督飭所屬依照表式調查，於文到二月內彙造呈報，以便本府於餘限一月內，遵奉方案第八條規定，各團体召開會議，會同籌組，并擬具應報各業務計劃書等。事關飭辦役政，要件仰該所務於飭限內呈報候核，幸勿延誤為要。此令。

計附發：四川省出征軍人家屬合作社推行方案一份。

統計表　份，調查　份。

縣長　王國璠

監印 [illegible]　校對 [illegible]

附：四川省出征军人家属合作社推行方案

19

四川省出征軍人家屬合作社推行方案

(一)四川省政府四川省軍管區司令部為改進優待出征軍人家屬辦法運用合作制度使出征軍人家屬從事生產堅強其經濟能力并改善其生活起見特訂定本方案(二)為使[illegible]與生產配合辦理特規定本省各縣市組織出征軍人家屬合作社其組織參左列各原則進行之。(1)出征軍人家屬(以下稱征屬)合作社採兼營制各兼營業務部門會計獨立(2)、征屬合作社社員以優待出征抗敵軍人家屬條例暨本省施行細則規定應受救濟而具有生產能力之征屬為限但有合作社法第三條情事之一者仍不得為社員其申請入社時除依合作社法及施行細則辦理外並須持有各該出征軍人直屬隊部營部以上之證明書或其他足資證明之函件(3)社股每股定為法幣弍元凡入社社員至少須向合作社認一股至多一百股如一時無力認繳者得在其優待費內扣繳(4)業務區域以社員能負有合作之範圍為準在同一縣境劃定區域外尚無征屬合作組織地方之征屬願意加入者取得其所屬鄉鎮長之證明書(證明書格式見附式(一))(5)、征屬合作社一律採取五倍之保證責任(三)、征屬已加入與征屬合作社相同性質之合作社者應向各合作社申請退社後方得加入征屬合作社為社員(四)、各縣市辦理征屬合作事業所需資金由四川省政府籌撥專款交由軍管區斟酌情形補助之其補助方式採取認購提倡股本辦法(五)推行征屬合作暫選定成都市成都、華陽、郫縣、崇寧、邛崍、綿陽、遂寧、南充、劍閣、樂山、眉山、瀘縣、宜賓、資中、重慶市、巴縣、江北、永川、涪陵、萬縣、達縣、大竹等二十三縣市為示範區其餘各縣市亦同時辦理但成都市成都、華陽、併為一單位重慶市巴縣江北亦併為一單位由軍管區派員督導辦理之(六)選定為示範區之各縣市征屬合作社所需資金得按其業務需要由單管區酌的情形認購十分之一至十分之五之提倡股其他各縣市亦須籌集資金積極開辦其極貧苦之縣亦得酌為認購若干提倡股無論示範區及其他各縣市其籌集資金辦法如次1、借用或征用公有房產及公有地產荒地2、借用救濟院資產3、由富戶認購提倡股本4、借用暫不支用之優待金5、借用省府四行農貸投資（其辦法由單管區會同省府決定公佈）6、縣市金融機關之貸款7、清理未經繳契之緩役金及優待捐8、農工商及其他之公私團体貸款9、其他（七）各縣市關于征屬之家庭經濟狀況丁口數目其及生產能力應由縣政府督同鄉鎮長詳加調查統限文到三月內完成逕報單管區司令部其調查表式另定之（見附表（附表二）

（八）前條所列調查事項辦理之同時即由縣市政府主持以縣府合作室單事科及當地兵役協會召集公私工農商各業團体法團士紳等會同籌組征屬合作社收集資金籌備一切調查完竣後即根據征屬之一般家庭情形生產能力準據當地經濟物質交通市場各條件決定征屬合作社所經營之主要生產事業並擬具其業務計劃及收支概算呈報單管區司令部核定辦理提單管區司令部得按照合作社之需要以生產工具及原料等實物折價給予之（九）單管區司令部認購征屬合作社之提倡股本由合作社社員就其應得盈餘項下提一部份增股收回其辦法另訂之（十）征屬合作社開始辦理時得應需要集合社員予以技術上之訓練按其事業性質編為若干小組每組指定一人為組長兼負聯發督率組員工作之責（十一）征屬合作社之生產部份得斟酌當地實際情形經營下列之業務爲原則1、有地產之征屬以辦理信用貸款發展農業副業為主2、無有地產之征屬而有固定家庭者以適於農家之手工業或運銷為主3、可以離開家庭或無家可歸之征屬以集體辦理工廠或農場為主4、集中辦理工廠者以紡織縫紉為主（四）征兵應需

之被服應儘先盡量交其製辦)，集中辦理。荒墒者得借(征)用公地或租用私地，辦
法由各縣市政府擬定之。(十二)征屬合作社業務以分左列各部為原則：(1)生產部，辦理
關于社員之(生產)規劃技術之指導、原料之供給、產品之推銷事宜，(2)銷費部，辦理採購社員
日常生活上必需用品轉售與社員。(十三)凡有單管區認縣提倡股本之征屬合作社得由
單管區派會計員掌管會計事務。(十四)征屬合作社開辦利撥以每縣(市)為單位，必要時
得設立分社。(十五)單管區司令部、四川省參議會、川康綏靖公署、川陝鄂邊區綏靖主任公
署、四川省政府民政廳、建設廳、財政廳、四川省農業改進所、四川省合作事業管理處、四
川省合作金庫、四川省棉紡織推廣委員會、川康各軍駐蓉聯合辦公處(中中交農)四行
聯合辦事處成都分處等機關為策進征屬合作事業，得協組出征軍人家屬合作事
業促進會，規劃征屬合作事業，稽核征屬合作社提倡股本之用途，考察征屬合作社業
務狀況，調整縣與縣間征屬合作社之關係，其組織規則另定之。(十六)本方案由軍管區
報 軍事委員會委員長成都行轅核准後施行。(十七)本方案如有未盡事宜，由軍管區
以命令修正之，並報 委員長成都行轅備查。

證明書

入社人姓名		年齡		住址	鄉鎮 保甲
家庭人口		能參加者之人人數性別年齡		介紹人姓名及其與入社人之親屬關係	

本鄉居民○○○請求加入

貴社為社員特出據証明書如右 此致

合作社

鄉鎮長○○○

中華民國 年 月 日

温江县政府关于抄发优待出征抗敌军人家属条例适用范围十项致苏坡镇公所的训令（一九四〇年九月六日）

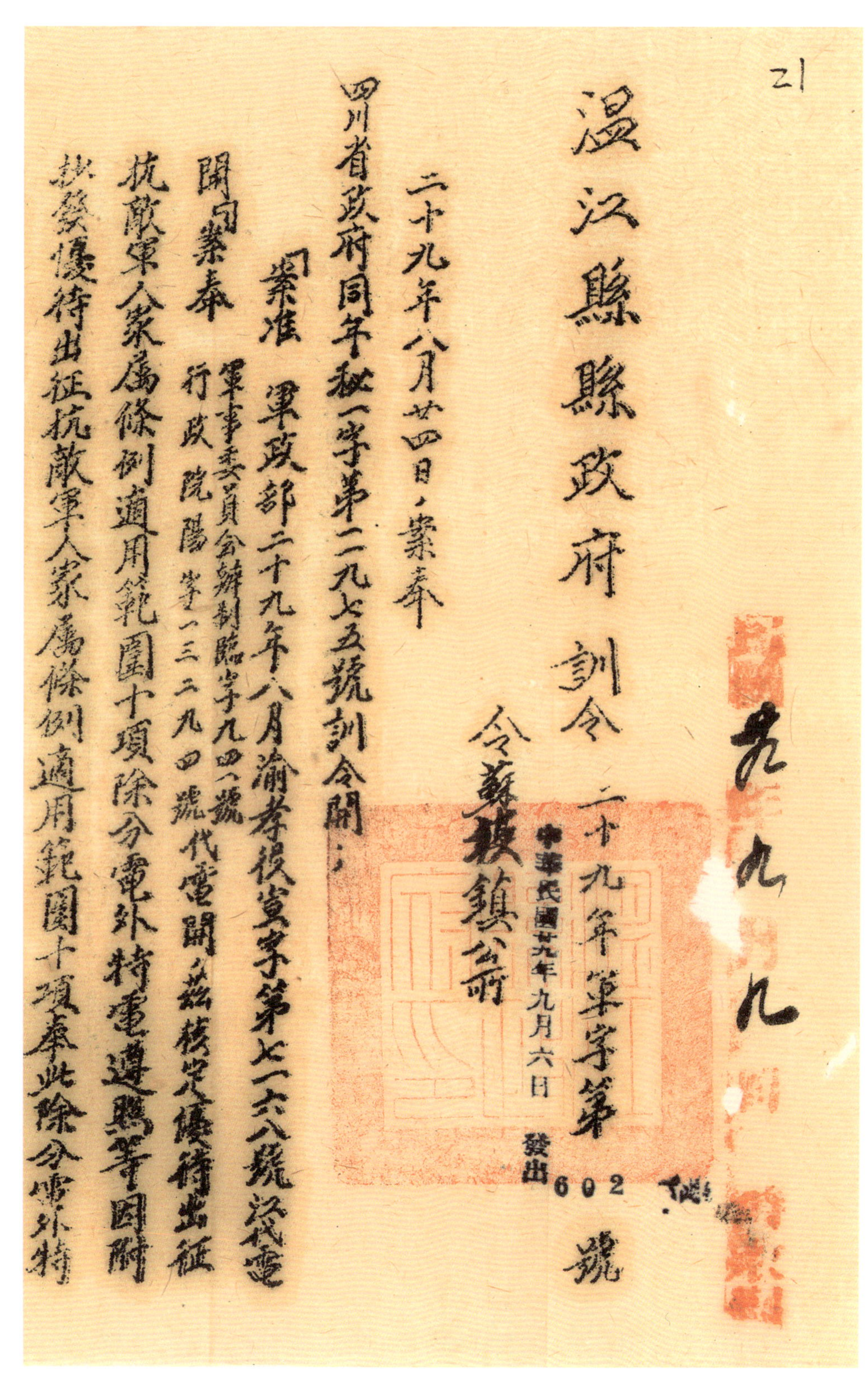
21

五九九

溫江縣政府訓令　二十九年箪字第602號

中華民國廿九年九月六日發出

令蘇坡鎮公所

二十九年八月廿四日案奉

四川省政府同年秋一字第一二九七五號訓令開：

案准　軍政部二十九年八月渝孝役宣字第七一六八號巧代電

開：案奉　軍事委員會辦制臨字第九四一號、行政院陽字第一三二九四號代電開：茲核定優待出征

抗敵軍人家屬條例適用範圍十項，除分電外，特電遵照等因，附

抄發優待出征抗敵軍人家屬條例適用範圍十項，奉此，除分電外，特

需轉送，即希查照并轉飭所屬一体遵照」等由，附送優待出征抗敵軍人家屬條例適用範圍十項一份，准此，除分令各專署各縣市政府暨其他機關一体知照外，合行抄發原附條例，令仰遵照并飭屬一体遵照，此令。

等因，附抄發優待出征抗敵軍人家屬條例適用範圍十項一份，奉此，除分令外，合行令仰該所即便遵照并飭一体遵照為要！

此令。

附抄發優待出征抗敵軍人家屬條例適用範圍十項一份。

縣長 王國璠

監印 趙洪源

校對 師儒

優待出征抗敵軍人家屬條例適用範圍十項

（一）空軍各大隊各中隊之空中勤務人員

（二）空軍各學校各總隊之負有戰鬥任務之空中勤務人員、

（三）服務地面勤務之對空作戰部隊及服務于戰區司令長官司令部聯絡人員

右列各種人員作為出征軍人其家屬應予一体優待

（四）撥入新兵訓練處或常備隊之壯丁及征備送往前方服務之運輸兵

（五）調回後方修養整訓之軍人軍屬

（六）自動應募者及在徵兵法令施行前入營服務至今仍參加作戰之軍人軍屬

其家屬持有該軍人軍屬現役在營證明書者

右列各種軍人其家屬應准一体優待

（七）在戰區（游擊區）內之憲兵警察及地方團隊若受軍隊指揮官之指揮擔任戰區之守備並協同受命攻敵或服陣中勤務令所規定在作戰時之勤務應視爲直接參加作戰

（八）自戰區司令長官司令部起以迄各高級司令部並其所直轄之特務部隊亦應視爲直接作戰部隊

右（七）（八）兩項者之家屬得享受條例全部之優待

（九）在戰區（游擊區）內之憲兵警察或地方團隊一時配合正規軍攻敵或禦敵而作戰者。

（十）憲兵因其經常服務區變爲戰區未及他調亦未受作戰指揮官之指揮一時服陣中勤務令所規定在作戰時之勤務者。

右（九）（十）兩項因作戰陣亡或受重傷致成殘廢者之家屬自其陣亡或殘廢之日起得依本條例第十一條之規定享受優待。

温江县政府关于抄发未领恤令故士一览表致苏坡镇公所的通令（一九四〇年十月二十三日）

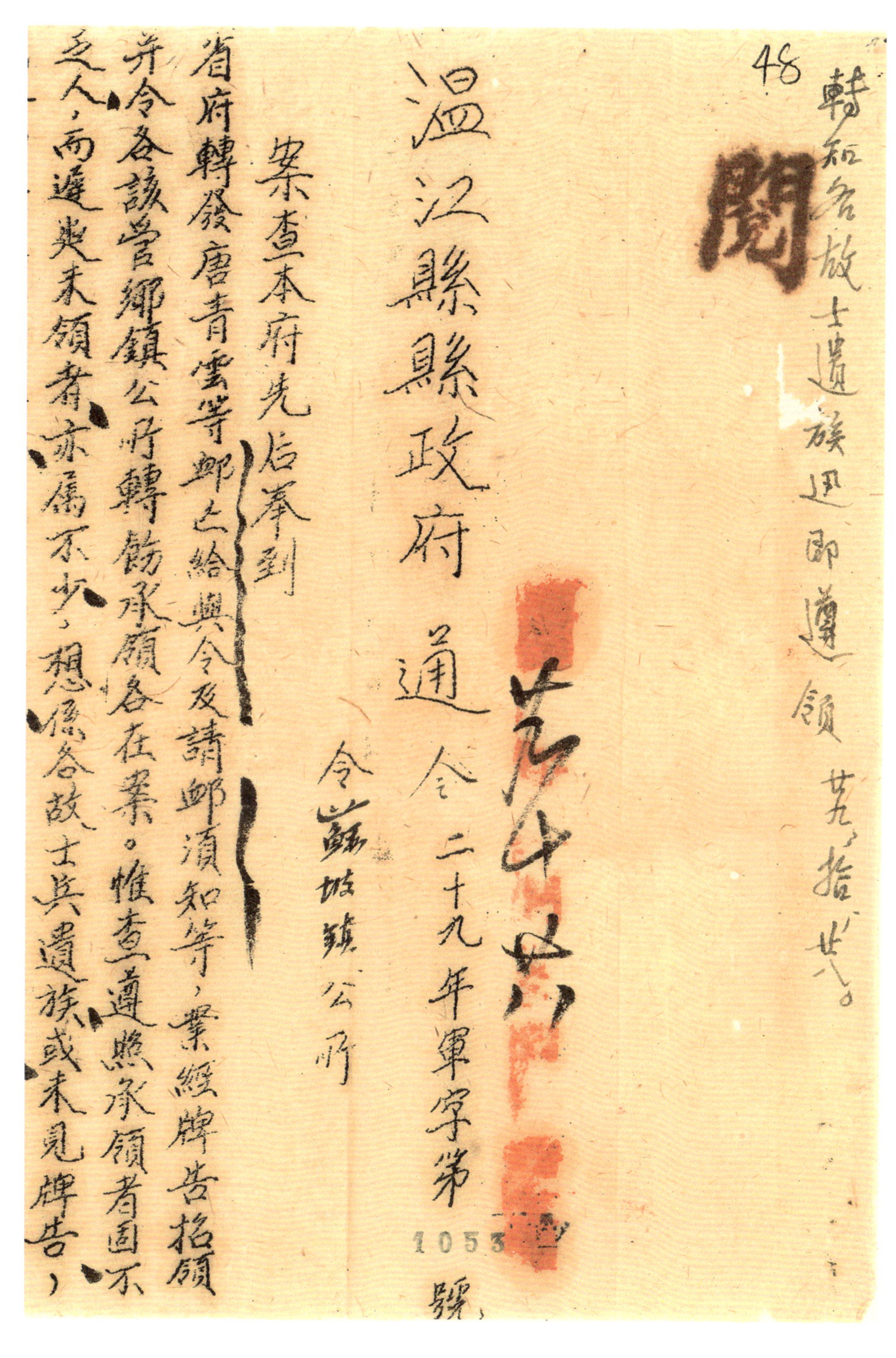

48

轉知各故士遺族迅即遵領 芄 指 廿六

閱

温江縣縣政府 通令 二十九年軍字第 1053 號

令蘇坡鎮公所

案查本府先后奉到

省府轉發唐青雲等卹令給與令及請卹須知等，業經牌告招領，并令各該管鄉鎮公所轉飭承領各在案。惟查遵照承領者固不乏人，而遷延未領者亦屬不少。想係各故士兵遺族或未見牌告，

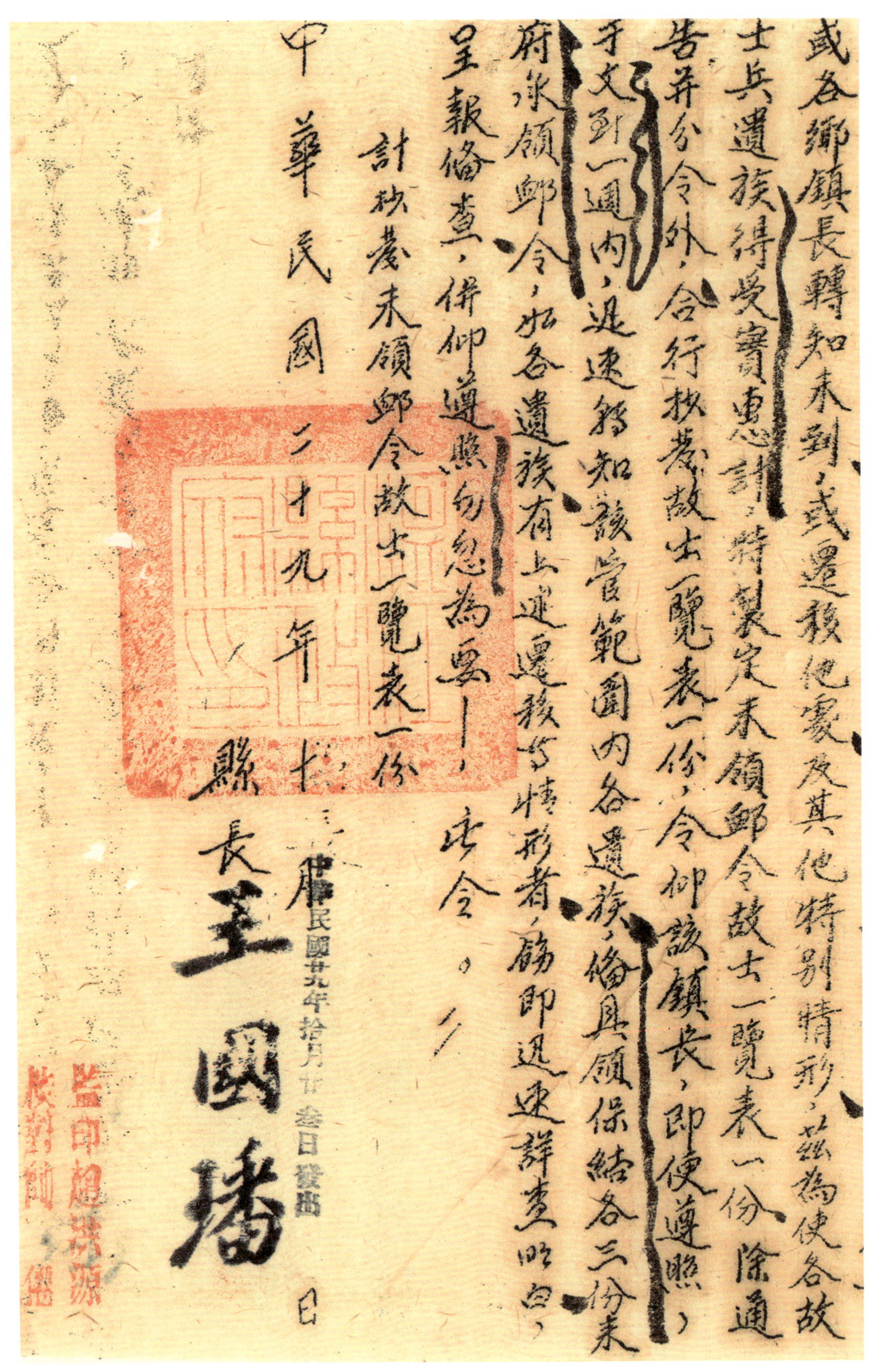

或各鄉鎮長轉知未到，或遷移他處及其他特别情形，茲為使各故士兵遺族得受實惠計，特製定未領卹令故士一覽表一份，除通告并分令外，合行抄發故士一覽表一份，令仰該鎮長，即便遵照，于文到一週内，迅速轉知該管範圍内各遺族，備具領保結各三份來府承領卹令，如各遺族有上述遷移等特形者，飭即迅速詳查明白，呈報備查，併仰遵照，勿忽為要！此令。

計抄發未領卹令故士一覽表一份

中華民國二十九年十月　日

縣長 王國璠

中華民國廿九年拾月廿叁日發出

監印

校對

49

温江縣未領卹令故士一覽表

姓名	住址	遺族姓名	備考
唐青云	魚凫鎮	母唐劉氏 妻唐潘氏	本年民字第二六五號訓令飭魚凫鎮轉知在案，
王正榮	仝	母王李氏	仝
周青云	蘇坡橋	父周[illegible]順 母周[illegible]氏 妻周何氏	本年第五一二號訓令飭蘇坡鎮轉知在案
胡青云	魚凫鎮	父胡洪順 母胡良氏	曾牌告週知
胡青云	仝	父胡光孝 母胡[illegible]氏 妻胡[illegible]氏	仝
程良才	仝	母高氏	廿七年民字第一三〇二號令飭魚凫鎮轉知在案
林雲	劉家巷	子林芳生 妻林何氏 弟林芳仙 妹林群芬	曾牌告週知
劉益三	劉記茶廠	妻劉馮氏 母劉王氏 父劉興賢	仝
胡義	魚凫鎮	父胡玉清 母胡何氏	仝
謝永光	壽安鎮	母廖氏	仝
張子林	魚凫鎮	父張成云 母張王氏	仝

宋楷	苏坡桥	母黄氏 妻瞿氏	仝
徐兴云	文家场	弟兴雨	仝
袁述华	庆丰场	父觐臣 母王氏	仝
汤继成	永丰场春和堂号	父齐云 母李氏	仝
廖吉盈	永丰化家祠	妻廖林氏 母廖钱氏	仝
李大用	鱼凫镇	母李王氏	廿八年兵字第五〇〇号训令饬鱼凫镇务知照在案
谭永昌	仝	妻谭黄氏	曾牌告通知在案
廖海清	仝	父廖文三 母刘氏	仝
王庆宇	仝	父王万安 母杨氏	仝
孙超	仝	母孙罗氏 孙青子	仝
张金山	三区	伤兵张金山	本年兵字第一〇八五号令三区署务知在案。
王晓富	鱼凫镇	父王咸章	曾牌告通知在案
赵海波	古镇	父赵廷见	仝

温江县政府关于检发已故士兵张泽乙种调查表及保结式样致苏坡镇公所的训令（一九四〇年十二月九日）

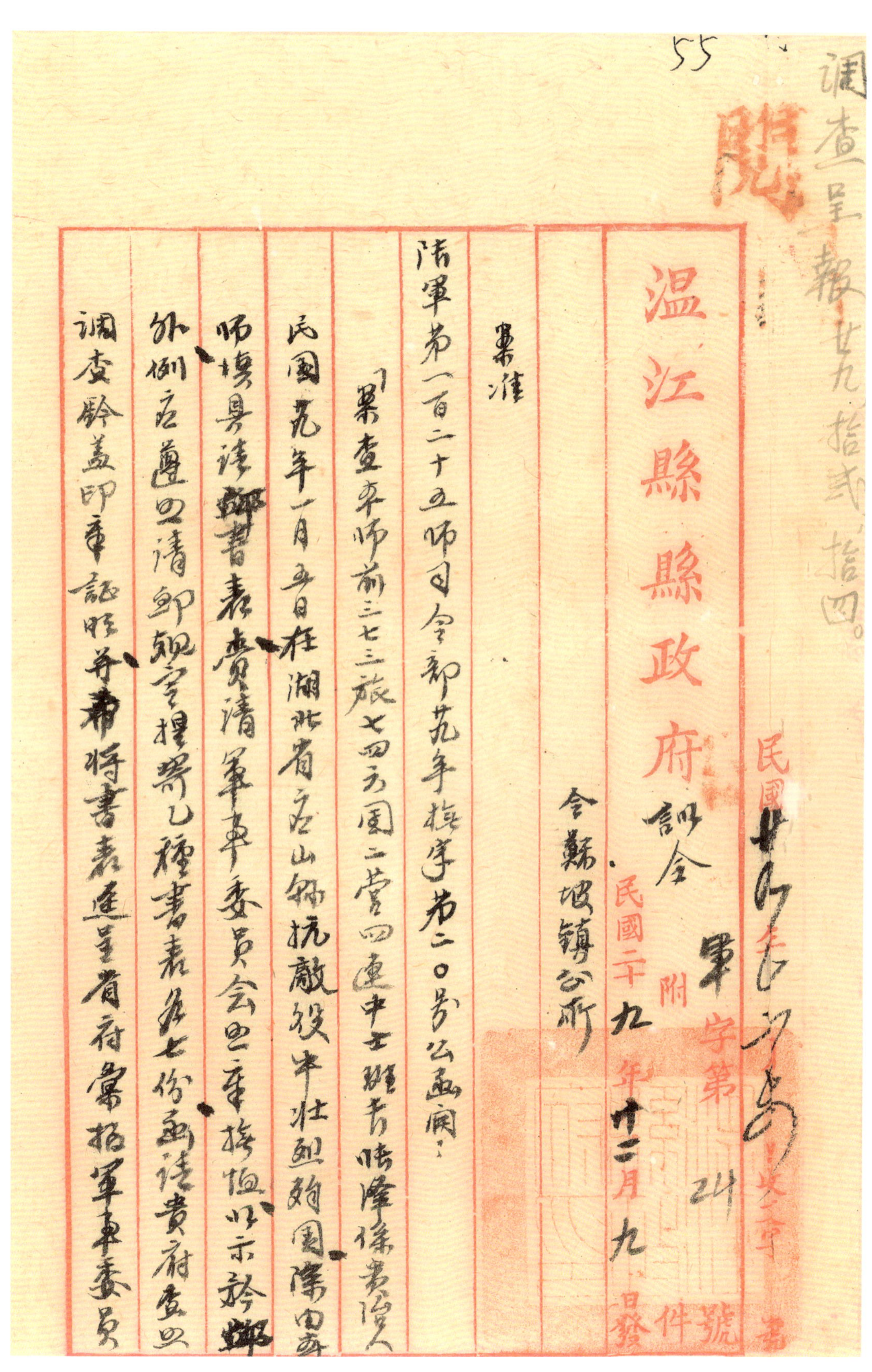

调查呈报 廿九 指式 指四

閱

温江縣縣政府訓令

民國廿九年 字第 24 號

民國二十九年十二月九日發

附件

令蘇坡鎮公所

案准

陸軍第一百二十五師司令部廿九年梓字第二〇號公函開：

「案查本師前三七三旅七四五團二營四連中士班長張澤係貴鎮人，民國廿九年一月五日在湖北省應山縣抗敵殺中壯烈殉國，業由本師填具請卹書表，賫請軍事委員會〔核〕恤，以示矜卹外，例應遵照請卹規定，撰寄乙種書表各七份，函請貴府查照調查驗蓋印章証明，並希將書表逕呈省府〔轉〕指軍事委員

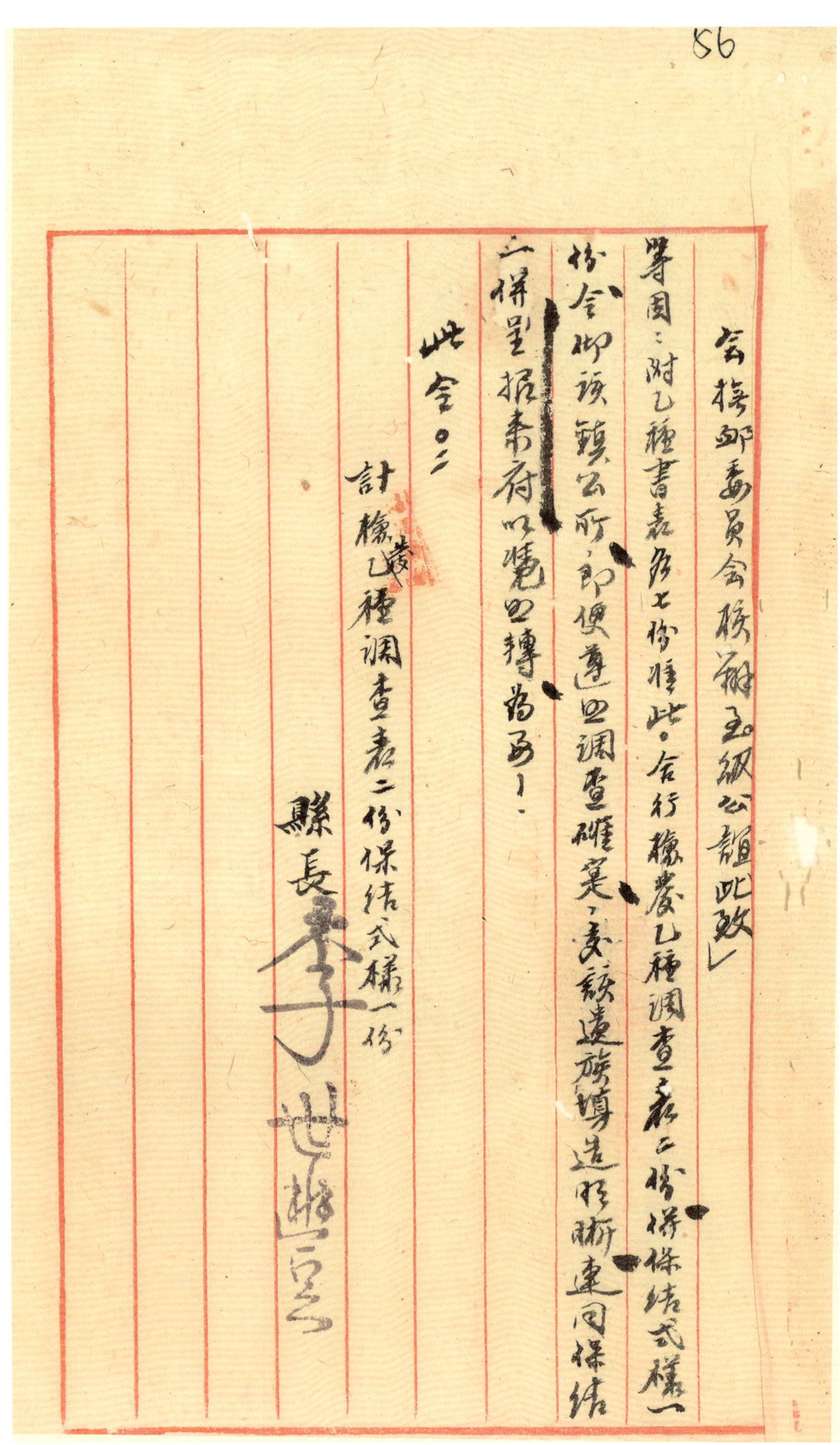

會撫卹委員會核辦，至紉公誼。此致」等因；附乙種書表各七份。准此。合行檢發乙種調查表二份併保結式樣一份，令仰該鎮公所即便遵照調查確實，飭該遺族填造清晰，連同保結一併呈報來府，以憑彙轉為要！

此令。

計檢發乙種調查表二份、保結式樣一份

縣長 李世□

附：阵亡士兵乙种调查表（张泽）

104

陣亡士兵調查表（乙）

隊號	陸軍第一二五師三七三旅七四六團二營四連
階級	中士
職務	班長
姓名	張澤
籍貫	四川省温江縣
年齡	四十一歲
家族名號　祖父母	
家族名號　父母	
家族名號　弟妹	
家族名號　妻	
家族名號　子女	學
原來職業	商
入伍日期	二十四年二月一日
陣亡事由	抗戰
陣亡年月日	二十九年一月五日
陣亡地點	湖北省應山縣余家店銀珠頂
埋葬地點	湖北省應山縣報本祠坍近
相貌或特徵	
遺族領郵人名號及住址	子學住四川省温江縣蘇坝橋雷家牌坊
備考	

中華民國二十九年　月　日　省　縣遺族領郵人　具

（乙種調查表發由原籍遺族填報）

附則

一、此表發給死亡者本籍地方長官轉給其遺族

二、遺族領郵人應按照本表切實填註交還本籍地方官

三、各該地方官應將已填之表以實調查後加具證明書呈繳省政府轉呈本行營

四、翻刻此表時其格式大小須與本表相同

第七表

保結式樣

分句

具保結保甲長

温江縣縣政府保得故兵(員)遺族祖父　年　歲(歿存)祖

母　氏年　歲(歿存)父　年　歲(歿存)母　氏年　歲(歿存)

妻　氏年　歲(如已歿應即填明)子　年　歲女

年　歲弟　年　歲妹　年　歲確

係屬實倘有捏報朦蔽等情一經查出保甲長甘受懲處并該遺族

以後如有變更仍當隨時報告所保是實須至保結者

具保結人某縣某區某保　保長姓名　(章)

某甲甲長姓名　(章)

中華民國　年　月　日

附記　一、此保結應填三份，一份存縣府，二份呈　省府分別存轉。

二、遺族姓名年歲應詳細查明填報，不准含混。

三、具結人如係保長即填保長二字，如係甲長即填甲長二字，下仿此。陣亡人如係軍官即填故員二字，如係列兵即填故兵二字。遺族人如尚存在即填一「存」字，如已亡故即填一「歿」字，不得并錄。

温江县兵役协会关于精确调查已领四期优待谷之各丁家属并换取领谷单据致苏坡镇兵役协会的训令
（一九四〇年十二月二十一日收）

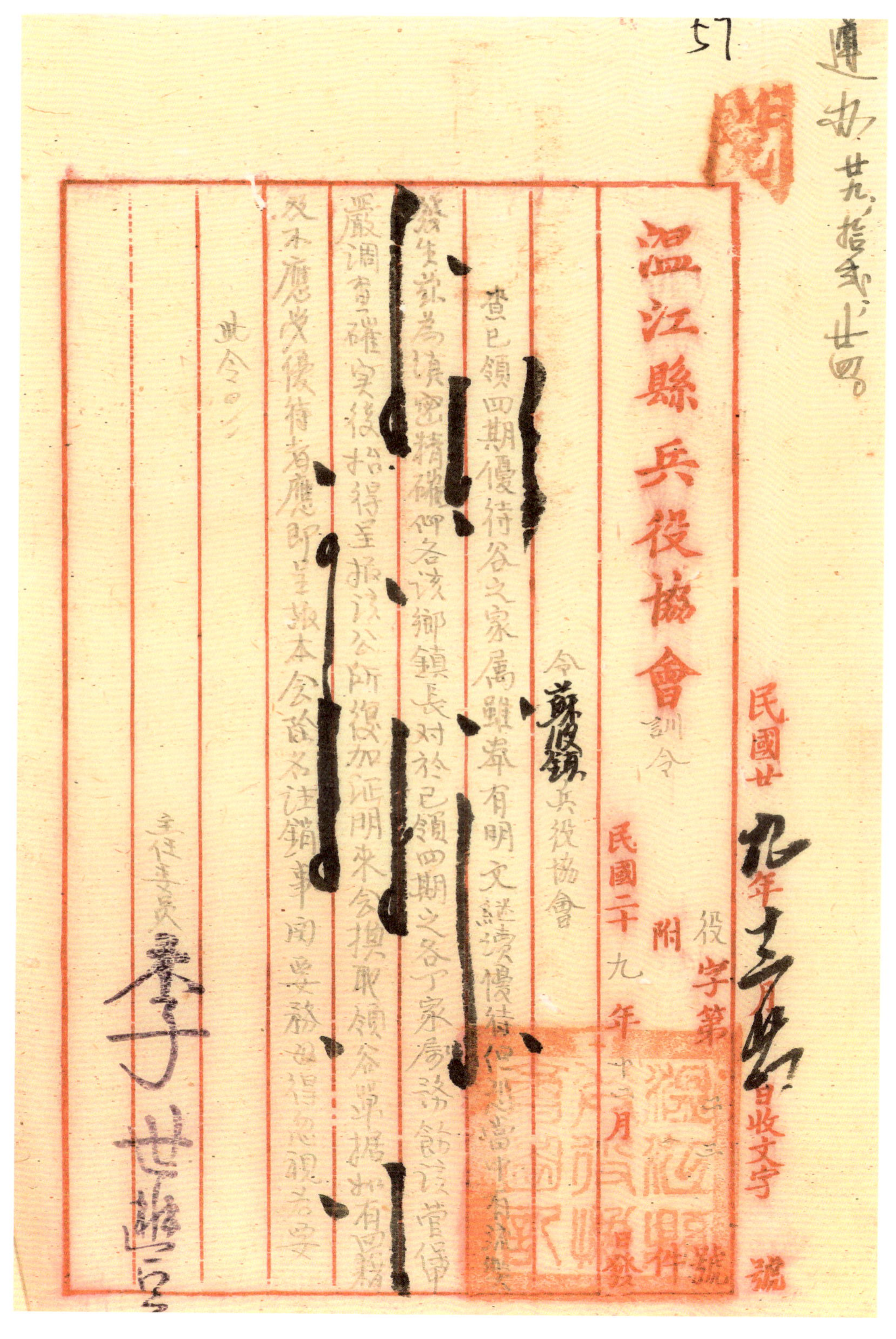

57

遵办 廿九，十二，廿四

民國廿九年十二月廿一日收文字 號

温江縣兵役協會訓令 役字第 號

附

民國二十九年十二月 日發

令蘇坡鎮兵役協會

查已領四期優待谷之家屬雖奉有明文繼續優待，但其中有流弊發生，兹為慎密精確，仰各該鄉鎮長對於已領四期之各丁家屬詳飭該管保甲嚴調查確實，役擬得呈報該公所復加證明，來會換取領谷單據，如有冒[illegible]及不應受優待者，應即呈報本會，簽名註銷，事關要務，毋得忽視為要。

此令。

主任委員 李世

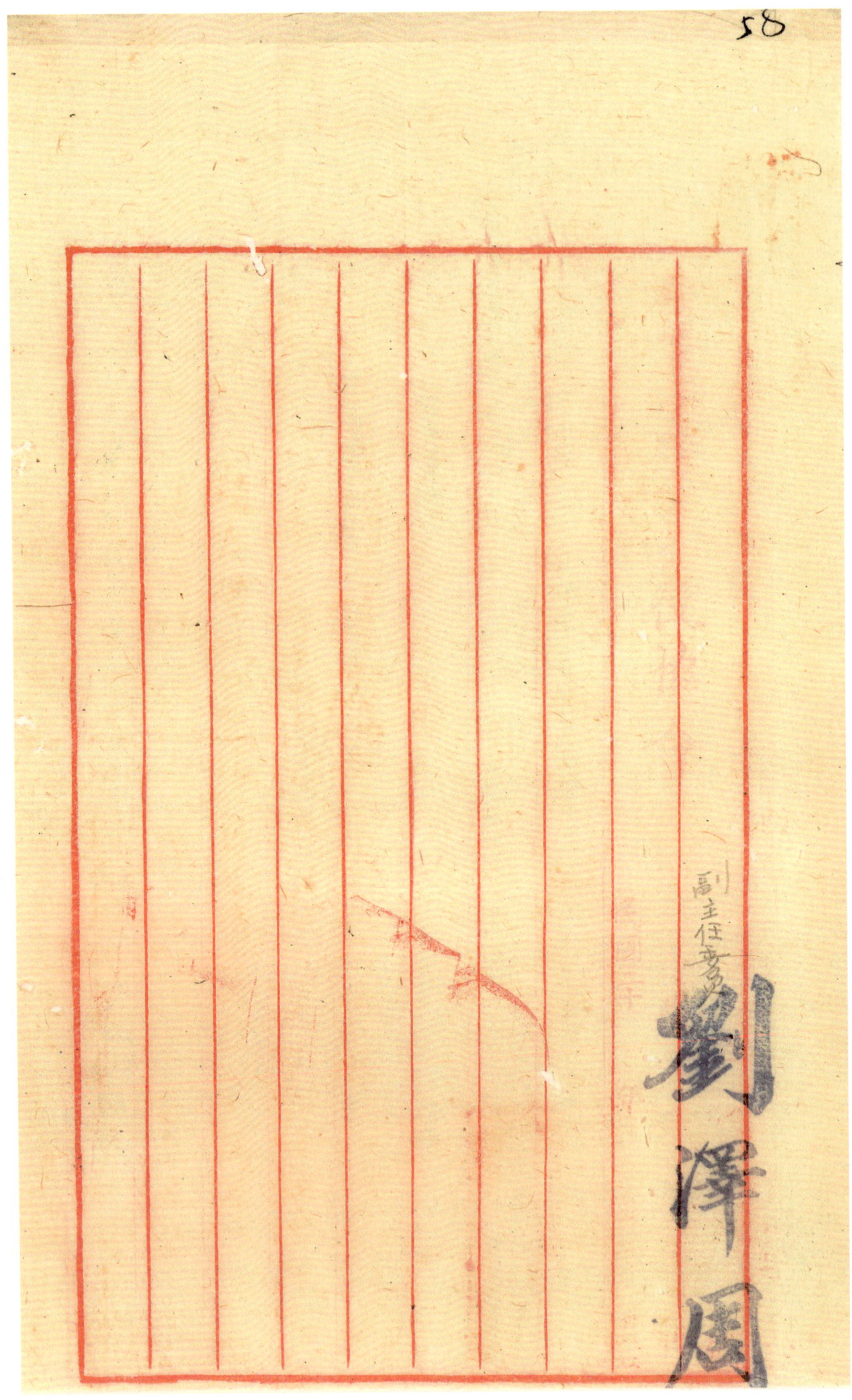
58

副主任委员
劉澤周

温江县政府关于抄发国民优待抗战军人家属公约一份致苏坡镇公所的训令（一九四一年三月十七日）

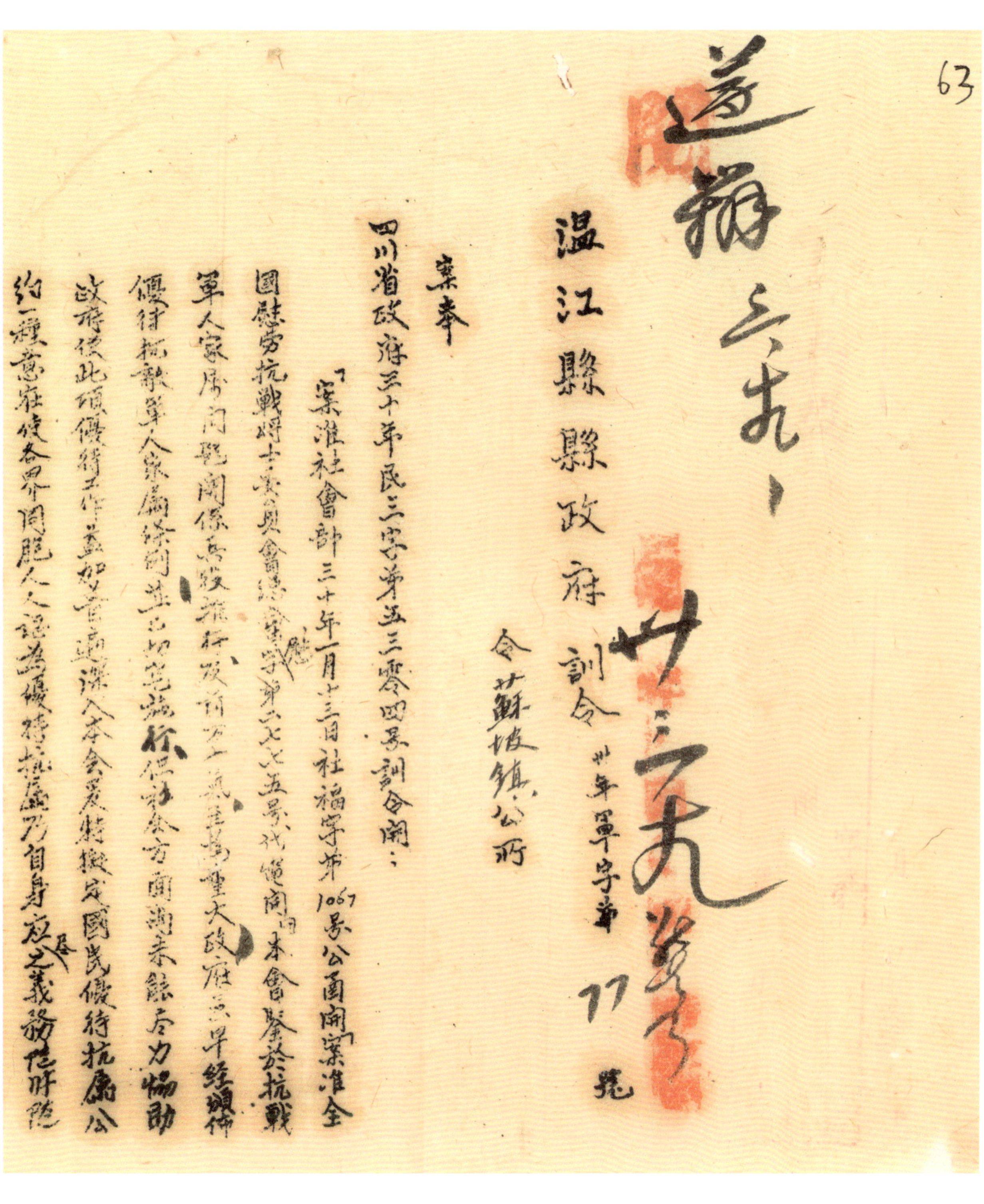

遂籍三九一

温江縣縣政府訓令 卅年軍字第77號

令蘇坡鎮公所

案奉

四川省政府三十年民三字第五三零四號訓令開：

「案准社會部三十年一月十三日社福字第1067號公函開：「案准全國慰勞抗戰將士委員會總會慰字第二七七五號代電開：查本會鑒於抗戰軍人家屬問題關係[illegible]重大，政府早經頒佈優待抗戰軍人家屬條例，並已如[illegible]施行，但各方面尚未能盡力協助政府使此項優待工作益加普遍深入，本會爰特擬定國民優待抗屬公約一種，意在使各界同胞人人認為優待抗屬乃自身應盡之義務[illegible]

地切實履行，進而造成社會優待抗屬之風氣，不僅使抗屬本身得到莫大的慰安，同時足以鼓勵前方士氣，茲謹擬就該項公約拾份，敬希通令所屬隨時隨地以身作則，倡導推行，毋任感禱"，等由，並附件，准此，除分函外，相應檢擬該公約一份，函請查照飭屬倡導推行為荷"，等由，附國民優待抗戰軍人家屬公約一份，准此，除分令各區署及各鄉鎮公所，合飭市政府一體遵照外，合行抄發原公約一份，令仰該府即便遵照，飭屬倡導推行為要"，此令"等因，計抄發國民優待抗戰軍人家屬公約一份。奉此，除分令外，合行抄發原公約一份，令仰該公所即便遵照，並轉飭所屬一體遵照，並各轉各保，依公約點所載各項規定辦理，以保國民公約得以鄭重張貼牆壁，以廣飭導，倡導推行，至意為要！

此令。

計抄發國民優待抗戰軍人家屬公約一份

中華民國三十年三月十七日

縣長

附：国民优待抗战军人家属公约

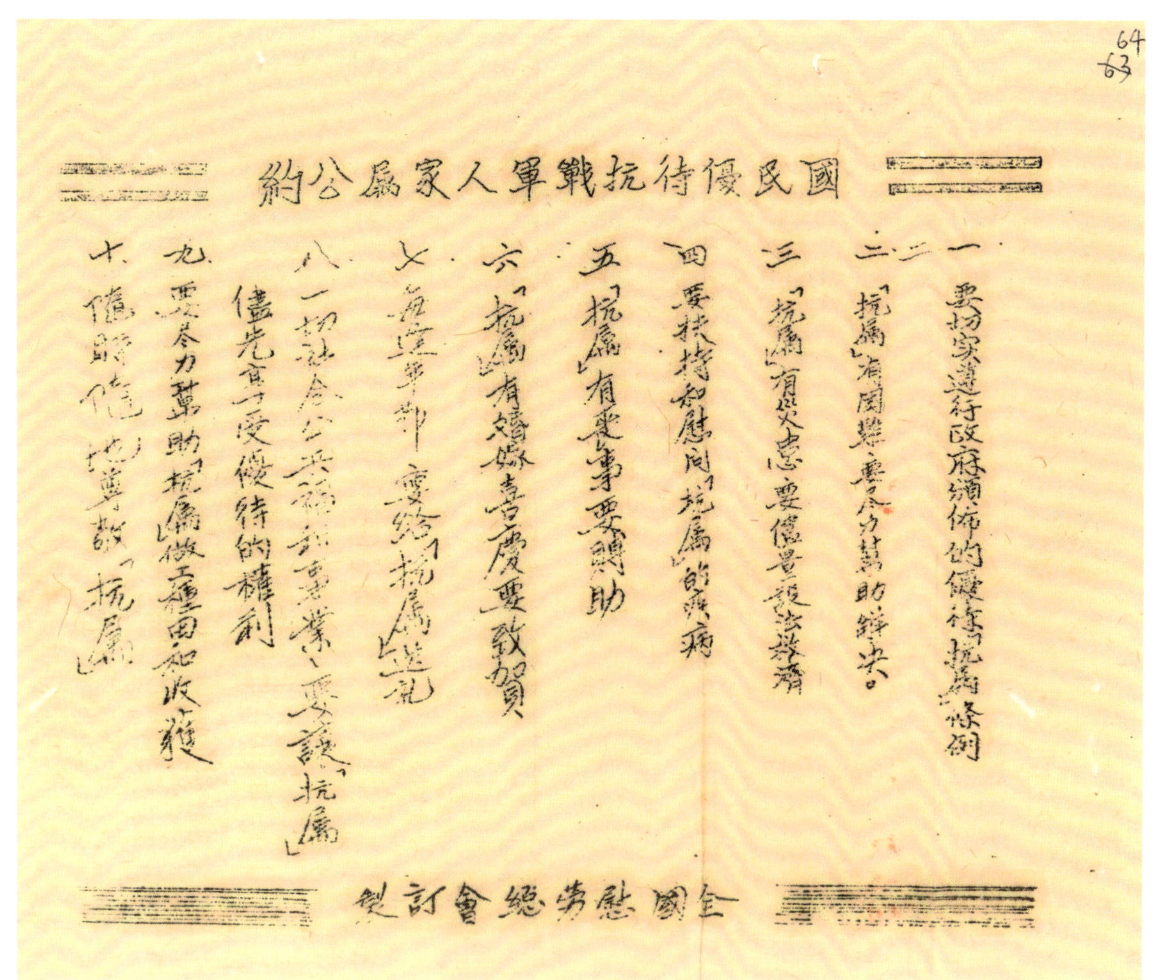

國民優待抗戰軍人家屬公約

一、要切實遵行政府頒佈的優待「抗屬」條例

二、「抗屬」有困難，要合力幫助解決。

三、「抗屬」有災患，要儘量設法救濟

四、要扶持和慰問「抗屬」的疾病

五、「抗屬」有喪事要贊助

六、「抗屬」有婚嫁喜慶要致賀

七、無論平時、變亂，要給「抗屬」避亂

八、一切社會公共福利事業，要讓「抗屬」儘先享受優待的權利

九、要合力幫助「抗屬」做工、種田和收穫

十、隨時隨地尊敬「抗屬」

全國慰勞總會訂製